dictionnaire de
la peinture
espagnole

et portugaise

ESSENTIELS

dictionnaire de la peinture espagnole

et portugaise

du Moyen Âge à nos jours

PRÉFACE D'ALFONSO E. PÉREZ SÁNCHEZ,
DIRECTEUR DU MUSÉE DU PRADO

Larousse

17, RUE DU MONTPARNASSE 75298 PARIS CEDEX 06

Conception éditoriale, réalisation et sélection iconographique
JEAN-PHILIPPE BREUILLE

Secrétariat d'édition
FRANÇOISE MOULARD

Service de correction-révision Larousse

Documentation iconographique
MARIANNE PROST

Fabrication
MICHEL PARÉ

Mise en pages
ALINE KŒNIG

ISBN 2-03-740016-0

Préface

La renommée et le succès de l'art espagnol du passé, et plus particulièrement de la peinture, se sont récemment accrus d'une manière spectaculaire ; les connaissances du public moyen ne se limitent plus, loin s'en faut, aux noms mythiques de Greco, Velázquez, Goya, Zurbarán ou Murillo qui, jusqu'à il y a à peine quelques décennies, étaient les seuls évoqués. D'autre part, la présence de l'Espagne dans les mouvements d'avant-garde de l'art contemporain a habitué l'opinion à reconnaître, parmi les figures insignes de la création universelle de notre siècle, de nombreux natifs de la péninsule Ibérique : Picasso, Gris, Dalí, Miró, bien sûr, mais aussi, plus proches de nous, Tàpies, Saura...

Il n'est pas tâche aisée de dérouler, dans les limites d'une préface, le panorama de la peinture espagnole et sa trame historique. Le fil conducteur crée, certes, un lien dans la production d'un pays qui n'a cessé d'être, du Moyen Âge jusqu'à aujourd'hui, un carrefour d'apports étrangers ; toutefois, ceux-ci ont toujours été cristallisés par une personnalité affirmée, capable de subordonner et d'unifier les éléments extérieurs pour donner en définitive des créations dont le caractère hispanique est nettement reconnaissable.

La peinture religieuse espagnole du bas Moyen Âge dépend étroitement, en Catalogne notamment, de la création italienne. Ainsi, des artistes comme Ferrer Bassa et son fils Arnau, au milieu du xive siècle, sont certainement tributaires de modèles toscans, siennois ou florentins. Cette influence est telle que le style du moment est qualifié d'« italo-gothique ». Toutefois, on décèle déjà, chez ces artistes, des accents d'âpreté, d'ascétisme, ainsi qu'une intensité expressive manifeste, annonçant des caractéristiques qui seront des constantes dans l'art espagnol.

Lors de la seconde moitié du xive siècle et des premières décennies du xve, l'intérêt, porté jusque-là à l'esthétique de préférence italienne – avec, notamment, le fort ascendant de la délicate école siennoise s'exerçant de façon patente sur la famille Serra –, se tourne vers des formes plus complexes d'obédience franco-flamande. Il en résulte une synthèse extrêmement originale, d'une élégance raffinée et d'une grande verve narrative, qui constitue le style dit « gothique international ».

Si ce caractère international semble écarter ou atténuer les particularités autochtones, il faut néanmoins signaler, dans le cas de l'Espagne, une acuité d'observation et un sens de l'individuel débouchant presque, parfois, sur une forme de caricature étonnamment plus proche de l'art germanique que du flamand ou du français. Quant à l'éclat saisissant du chromatisme, il procède sans doute de l'esthétique mauresque, tout comme ce goût prononcé pour les décorations géométriques et l'accumulation d'or qui, fréquemment, jouent un rôle essentiel dans les compositions. La Catalogne, avec des représentants comme Ramón de Mur, Luis Borrassá ou Bernardo Martorell, Valence, avec Marzal de Sax, Pere Nicolau, Miguel

Alcaniz et les Perez, ou la Castille, avec Nicolas Francés et l'Italien Starnina, offrent des exemples remarquables d'œuvres où l'apport étranger est subtilement imprégné du parfum des terres ibères.

Au milieu du XVe siècle, le style flamand bourguignon dérivé des Van Eyck finit par s'imposer et engendre même un langage nouveau, logiquement qualifié d'« hispano-flamand ». La précision objective, l'amour du détail, la force individuelle des visages et la conquête intuitive de formes de perspective offrant une évocation vraisemblable de l'espace cohabitent avec l'attrait de la richesse et des ors, héritage mauresque, ainsi qu'avec une intensité d'expression déjà spécifiquement espagnole.

En Catalogne, chez Jaime Huguet et ses disciples, les nouvelles formes s'unissent à l'élégance issue du milieu international, tandis que Luis Dalmau fait preuve d'une fidélité presque servile à l'égard de Van Eyck.

Avant les autres régions de la Péninsule, Valence reçoit d'Italie des motifs quattrocentesques, qui déjà deviennent renaissants chez Jacomart et Reixach. Bartolomé Bermejo, originaire d'une région tardivement intégrée à l'univers artistique gothique, l'Andalousie, sera actif à Valence, Daroca et Barcelone. Peut-être est-il, de tous les maîtres hispano-flamands, l'auteur de l'œuvre la plus attachante grâce à son extraordinaire force expressive et à sa puissante conception du paysage.

Mais, d'une façon générale, la Castille demeure la zone s'identifiant le mieux aux aspirations réalistes et ostentatoires du monde bourgeois à la mode flamande. Fernando Gallego et de nombreux artistes, dont certains sont restés anonymes, incarnent cette phase extrêmement originale au cours de laquelle la grâce eyckienne se change en énergie véhémente.

Le XVIe siècle est assurément celui de la consécration de la Renaissance à l'italienne, associée, pendant le premier tiers du siècle, aux réminiscences de la tradition flamande. À Valence, où Jacomart avait déjà introduit des thèmes d'inspiration italienne, une première Renaissance atteint sa plénitude avec l'œuvre de Paolo de San Leocadio et des deux Rodrigo de Osona, père et fils. Bientôt, la préciosité héritée du quattrocento fait place, avec Yañez de la Almedina et Fernando de Llanos, à l'empreinte appuyée mais personnalisée, exceptionnellement précoce, de Léonard de Vinci.

Le foyer artistique catalan, dont l'importance ira décroissante tout au long du siècle, s'illustre grâce à Ayne Brú et à Pedro Nuñes. En Andalousie, Alejo Fernández donne, à Séville, son interprétation des formes renaissantes, non exempte d'une forte intonation flamande à la manière de Quentin Metsys. Quant à Pedro Berruguete, la personnalité la plus affirmée du cercle castillan, qui séjourna longtemps en Italie, il synthétise, par un langage vigoureux et indépendant, ces deux univers qui, semble-t-il, orientent la création artistique espagnole, l'italien et le flamand, auxquels il ajoute des touches mudéjares fort originales. Parallèlement, Juan de Borgoña et Juan de Flandes modulent, par des notations résolument italiennes, leurs formations d'origine explicitement révélées par leurs noms.

Au fil du siècle, les accents flamands s'atténuent progressivement au profit d'une plus grande pureté italianisante : ainsi, les leçons et les modèles de Raphaël par leur classicisme viennent détrôner la préciosité de la tradition quattrocentesque. Témoins, Vicente Masip et son fils Juan de Juanes à Valence, Juan Correa de Vivar en Castille, Luis de Vargas et le Flamand Pedro de Campaña (Peter de Kempener) [dont l'œuvre se caractérise par un maniérisme singulièrement crispé] en Andalousie, région plus ouverte, à travers Séville, aux courants internationaux. Le Castillan Alonso Berruguete, fils de Pedro, et Pedro Machuca, tous deux formés en Italie, ont recours à un maniérisme nerveux et original, d'un genre différent. Pour sa part, l'étonnant Luis Morales, surnommé « el Divino » en raison du caractère pieux de son œuvre, semble unir les procédés léonardesques à une préciosité technique d'origine flamande, ainsi qu'à une certaine fébrilité maniériste. À la fin du siècle, la présence de modèles vénitiens et la nécessité, pour l'Église, de retrouver une lecture plus claire des représentations, disparues avec le Maniérisme, imposent de nouveaux idéaux. À l'Escorial, ambitieuse entreprise de Philippe II, Juan Fernández Navarrete, dit « el Mudo » (« le Muet »), donne vie à un langage d'une force expressive et d'une monumentalité remarquables, que ne parviendront pas à surpasser les divers artistes italiens et espagnols qui, à sa mort prématurée, prennent sa relève.

Quelque peu isolé à Tolède, Greco, Crétois formé à Venise et à Rome, porte à leur paroxysme les formes du Maniérisme le plus extrême. En marge de l'évolution artistique « officielle », il parvient néanmoins à traduire certains des caractères les plus profonds de la sensibilité espagnole : la passion dramatique, le goût de la couleur pure, l'expressivité et l'introspection, particulièrement manifestes sur ses magnifiques portraits, témoignages les plus forts et les plus directs de la vie espagnole de son temps.

Le XVIIe siècle est connu de tous comme le Siècle d'or de la peinture espagnole, au cours duquel celle-ci atteint son plus haut degré de splendeur et d'originalité. Au service de l'Église, pratiquement son unique cliente, l'art pictural espagnol trouve dans le Naturalisme, langage que la Contre-Réforme a fait sien, un excellent moyen de rapprocher le fait religieux des modes d'expression quotidiens. Il ne s'agit pas véritablement ici de « réalisme » au sens que revêt ce terme dans la peinture hollandaise et selon lequel la réalité quotidienne est l'objet ultime de la création. Certes, le « réalisme espagnol » est un instrument au service des desseins religieux, mais il réussit à créer des images inoubliables, d'une humanité immédiate, identifiant de façon fort singulière le réel et le transcendant.

Les artistes qui ouvrent le Siècle d'or ont été en grande partie formés à l'époque antérieure. C'est le cas de Carducho et de Cajés, Castillans d'origine italienne élevés à l'Escorial, du Catalan-Valencien Francisco Ribalta, du Sévillan Juan de las Roelas, du Tolédan Luis Tristán et du Murcien Pedro Orrente. Tous s'orientent résolument vers la reconquête de la réalité et donnent le jour à quelques-uns des premiers chefs-d'œuvre de ce nouveau style considéré comme pleinement espagnol. Appartenant à la même génération, le moine chartreux Juan Sánchez Cotán joue un rôle important et inédit en créant un type de nature morte (bodegón) d'une simplicité et d'une sobriété extraordinaires. Outre ces différents aspects, il faut noter la réceptivité de la création espagnole aux influences du ténébrisme caravagesque qui, nuancé, deviendra une autre de ses composantes stylistiques fondamentales. Juan Bautista Maino, artiste très personnel qui vécut un certain temps en Italie, est l'un des premiers à importer dans la Péninsule des échos du Caravagisme clair. Quant à la version du Caravagisme qu'offre Jusepe de Ribera, Espagnol établi à Naples, elle se distingue par la qualité de la matière, opulente, sensuelle, ainsi que par une prodigieuse intensité d'expression. Ribera, peintre capital pour la production tant italienne qu'espagnole, est certainement la personnalité majeure du monde artistique hispanique de ce temps.

Les trois grands maîtres nés au tournant du siècle, Zurbarán, Velázquez et Cano, ainsi que d'autres artistes contemporains moins illustres, tels Juan Ribalta, Juan Andrés Rizi et Jéronimo Jacinto Espinosa, représentent une génération exceptionnelle qui parvient à vivre le sublime équilibre entre le visible et le rêve. À Séville, Valence, et surtout à la cour de Madrid, leur postérité est immense.

Cependant, à partir du milieu du siècle, l'impétuosité du décor baroque fait irruption dans la peinture espagnole ; cela est essentiellement dû à l'entremise d'œuvres flamandes issues du cercle rubénien, ainsi qu'au regain d'intérêt pour l'étude des œuvres vénitiennes si nombreuses dans les collections de la Couronne et de la noblesse.

Des artistes comme Francisco Rizi, Juan Carreño de Miranda et leurs épigones (Cerezo, Antolínez, Escalante, Claudio Coello et bien d'autres) à Madrid et comme Murillo et Valdés Leal à Séville incarnent ce passage vers un style plus ample, plus exubérant, vers des formes opulentes, aux riches coloris et au dynamisme fougueux. Ces formes, que chaque peintre module selon sa sensibilité propre, se mettent à couvrir églises et palais et vont jusqu'à changer le traitement traditionnel, sobre et austère, des natures mortes, par des effets baroques, notables surtout chez Arellano et Cerezo.

La personnalité du Sévillan Murillo occupe une place de premier ordre. Au service de l'Église, mais également en contact avec le monde des commerçants et des banquiers flamands et hollandais établis à Séville, il crée un style très original, donnant une vision tempérée, adoucie, de la réalité, grâce à une langue aimable et délicate qui semble annoncer certains traits esthétiques propres au xviiie siècle. Pour cette raison, il reçut en Angleterre un accueil des plus enthousiastes.

Palomino, mort en 1726, est le dernier représentant de cet univers qui survit encore dans les premières années du xviiie siècle, mais exsangue et dépourvu de personnalités saillantes, notamment dans les milieux religieux et provinciaux. C'est à ce moment que l'accession au trône d'Espagne d'un Bourbon, Philippe V, coïncide avec l'introduction dans le cercle aulique d'une nouvelle esthétique raffinée, que des peintres, venus de l'étranger pour travailler au service du roi, ont apportée de France (Houasse, Ranc, Van Loo) ou d'Italie (Amigoni, Procaccini, Giaquinto).

Il faut attendre le milieu du siècle, et la création de l'Académie de San Fernando à Madrid – qui sera suivie de l'émergence d'académies provinciales calquées sur son modèle – pour assister à la rénovation de l'enseignement artistique. Celui-ci ne s'appuie plus désormais sur les anciens préceptes des ateliers apparentés au Baroque mais sur des règles et un système fortement influencés par la tradition académique italo-française dérivée de l'académie des Carrache à Bologne, d'une part, et par la sévère discipline classique du Bohémien Anton Raphael Mengs, d'autre part. Paradoxalement, l'arrivée à Madrid de ce dernier, venu offrir ses services au monarque Charles III, est concomitante de celle de Giambattista Tiepolo, le dernier porte-parole du somptueux Baroque vénitien.

C'est à l'Académie qu'est formée une grande partie de la génération d'artistes contemporains de Goya, actifs dans la seconde moitié du siècle. S'ils cultivent un art mineur, ils lui confèrent en tout cas beaucoup de grâce. Les frères Bayeu, José del Castillo, Maella et bien d'autres illustrent cette période, de même que Luis Paret, auteur savoureux de scènes exquises et de paysages charmants d'une tonalité rococo à la française. Enfin, avec Luis Meléndez, ce merveilleux peintre de natures mortes, semble renaître la fabuleuse obsession du réel dont avaient fait montre plusieurs peintres du XVIIᵉ siècle, tels Sánchez Cotán et Zurbarán.

Mais il est indéniable que la figure la plus marquante du moment est Francisco de Goya. Celui-ci en viendra même à incarner l'image du génie par excellence et à revêtir les caractères les plus saisissants du tempérament espagnol, puisque son art se montrera indépendant, rebelle jusqu'à la violence, expressif et déchiré, intimement rattaché à la réalité mais en même temps puissamment visionnaire, explorateur des abîmes de la conscience et précurseur de tant de traits propres à l'esthétique la plus contemporaine.

Le XIXᵉ siècle – dont Goya ne connut que les vingt-huit premières années – s'ouvre avec les formes, timides et rigides, du Néo-Classicisme davidien. Parvenu relativement tard en Espagne (Aparicio, José de Madrazo), celui-ci s'efface rapidement devant un Romantisme bien particulier qui voit cohabiter deux groupes d'artistes : d'une part, ceux qui se réclament des aspects les plus singuliers du « costumbrismo » (peinture de genre) et mettent en valeur les particularités d'un mode de vie populaire semblant déjà exotique aux Européens et se teintant parfois de réminiscences goyesques (Lucas, Alenza, Lameyer) ; d'autre part, ceux qui pratiquent un Romantisme bourgeois et larmoyant, dont nous sont parvenus essentiellement de superbes portraits d'une authenticité et d'une élégance admirables (Federico Madrazo, Carlos Luis de Ribera Esquivel).

Curieuse figure que celle du merveilleux portraitiste Vicente López, mort en 1850, mais témoin de la vitalité, dans certains milieux sociaux, d'une plastique et de sentiments encore enracinés dans le XVIIIᵉ siècle.

À la fin du XIXᵉ siècle, on assiste au développement de formes au réalisme puissant, peut-être inspirées de l'univers de Courbet (R. Martí Alsina), mais, simultanément, des voyages en Italie favorisent les échanges d'idées et de manières avec le cercle des Macchiaioli, ainsi que la création de certains types de peinture : la peinture d'histoire donne lieu à de grandes toiles à l'argument fondé sur un événement passé, au contenu politique et ayant vocation d'enseignement exemplaire (Gisbert, Casado del Alisal, Pradilla) ; le tableautin, pour sa part, anecdotique et précieux, a recours à des modèles anciens qu'il développe en de petites scènes exécutées avec charme et virtuosité. Se rattachant à cette tendance, le Catalan Mariano Fortuny s'érige en maître absolu du genre ; ses imitateurs ne se comptent pas. Plusieurs artistes formés à la peinture historique, comme Rosales, s'orientent vers une technique simplifiée et une manière efficace, choix fondé sur l'étude de Velázquez et parallèle à certaines réalisations du premier Impressionnisme (Manet, Degas). Des peintres un peu plus jeunes, en première ligne l'extraordinaire Ignacio Pinazo, s'exercent intuitivement, dans leur œuvre le plus personnel et le plus intime, à un traitement de la couleur et de la forme étonnamment nouveau, riche et audacieux.

La fin du siècle implique l'arrivée des courants impressionniste et pointilliste. Ceux-ci occasionnent l'émergence de personnalités importantes (Aureliano de Beruete et Darío de Regoyos), et entraînent la cristallisation d'un luminisme très particulier, qu'incarne de la meilleure façon le Valencien Joaquín Sorolla.

Peu à peu, les séjours formateurs en Italie sont remplacés par des voyages à Paris où sont à bonne école, auprès des représentants du Symbolisme et de l'Art nouveau, des artistes comme Ramón Casas, Anglada Camarasa, José María Sert, Ignacio Zuloaga... Ce dernier adopte un style d'une âpreté foncièrement espagnole qu'il met au service de thèmes littéraires.

Simultanément, lors de la première décennie du XXe siècle, plusieurs personnalités espagnoles prennent part aux mouvements d'avant-garde, en particulier dans la capitale française. Pablo Picasso donne naissance, avec le Français Braque, au Cubisme, auquel s'associeront sans délai d'autres protagonistes, tels Juan Gris et María Blanchard.

Quelques années plus tard, Dalí, Miró et Oscar Domínguez deviennent des acteurs incomparables du Surréalisme.

Dans la Péninsule, l'activité artistique, lors des premières décennies du siècle, présente un caractère plus conservateur et académique que seule la parenthèse républicaine tente timidement de briser. Néanmoins, aux côtés de peintres doués d'une indéniable habileté technique en dépit de leur sensibilité par trop conventionnelle, surgissent quelques créateurs originaux : José Gutiérrez Solana et son expressionnisme de filiation goyesque, Iturrino et Echeverría, peintres fauves, connaisseurs des milieux parisiens où ils firent leur apprentissage, Francisco Cossío (dit Pancho) et Daniel Vásquez Díaz enfin, les deux personnalités les plus marquantes du paysage pictural espagnol de la période immédiatement postérieure à la guerre civile ; bien que tous deux tributaires du Cubisme, ils font preuve, chacun à leur manière, d'un tempérament extrêmement original.

C'est grâce à leur enseignement et à leur exemple que l'art espagnol parvient à sortir lentement et difficilement de la crise provoquée par l'anéantissement, au lendemain de la guerre civile (1936-1939), de toute préoccupation avant-gardiste.

Mais, déjà, à l'aube des années 50, pointe une nouvelle génération de peintres décidés à se lancer dans l'expérimentation abstraite, partant, pour certains d'entre eux, du Surréalisme (Tàpies, Millarès), ou, pour d'autres, de l'Expressionnisme (Saura). Bien vite, leur notoriété et leur succès se propagent à l'intérieur comme à l'extérieur du pays. Leur art comporte parfois une forte charge critique. Il arrive, par ailleurs, que soient formés des groupes ayant pour vocation de dépasser la création individuelle (El Paso).

Dans la capitale française, où tâchent de se rendre sans délai les plus audacieux, continue d'exister une importante communauté d'exilés politiques. Totalement intégrés à l'« école de Paris », ils conservent, nonobstant, leurs caractéristiques spécifiquement espagnoles (Bores, Luis Fernández, Clavé). Pendant ce temps, d'autres artistes tournent leur regard vers les États-Unis, qui, à leur tour, exercent une puissante attraction.

La génération la plus récente s'illustre par un ton résolument cosmopolite, résultat de l'accroissement des échanges, à l'échelle universelle, des expériences artistiques, ainsi que de la multiplication des moyens d'informations. Néanmoins, la critique a décelé, chez les plus jeunes y compris (Miquel Barceló, Pérez Villalta), ces traits expressifs indubitablement hispaniques, grâce auxquels semble revivre l'élan dramatique et âpre qui a toujours distingué la plus grande partie des chefs-d'œuvre picturaux de la péninsule Ibérique.

Alfonso E. Pérez Sánchez,
Directeur du musée du Prado

Une partie des notices de cet ouvrage sont extraites du *Petit Larousse de la peinture* et du *Dictionnaire de la peinture,* publiés sous la direction de MICHEL LACLOTTE, directeur du musée du Louvre, assisté de JEAN-PIERRE CUZIN, conservateur en chef au département des Peintures du musée du Louvre.

L'éditeur remercie les spécialistes qui ont bien voulu apporter leur concours à la mise à jour des notices et à la rédaction de notices nouvelles.

SYLVIE COUDERC, chargée de la documentation au C.A.P.C., musée d'Art contemporain, Bordeaux.

VÉRONIQUE GERARD-POWELL, maître de conférences à l'université de Paris IV (Sorbonne).

CLAUDIE RESSORT, documentaliste au département des Peintures, musée du Louvre.

Collaborateurs

13

Les dimensions des œuvres sont exprimées en centimètres ;
la hauteur précède la largeur.

L'indication de la nationalité des artistes est mentionnée en début de notice pour ceux qui
ne sont pas espagnols.

Abréviations usuelles

Acad., Accad., Akad. : académie, accademia, Akademie, akademije
A.R.A. : associated member of the Royal Academy of Arts (membre associé de la Royal Academy)
auj. : aujourd'hui
autref. : autrefois
bibl. : bibliothèque
B.N. : Bibliothèque nationale
coll. part. : collection particulière
env. : environ
G. ou Gal. : galerie, gallery, galleria, gallerija
G.A.M. : galerie d'art moderne
Gg : Gemäldegalerie
id. : idem
Inst. : Institut, Institute, Instituto
K.M. : Kunstmuseum, Kunsthistorisches Museum
M.A.A. : musée d'art ancien, museu de arte antiga

M.A.C. : musée d'art contemporain
M.A.M., M.N.A.M. : musée d'art moderne, musée national d'art moderne
M.F.A. : Museum of Fine Arts
M.N. : musée national, museo nazionale
N. : nasjonal, national, nazionale, nacional, narodni
N.G. : National Gallery, Nationalgalerie
Mn : Nationalmuseum
N.P.G. : National Portrait Gallery
Pin. : pinacoteca, Pinakothek
P.N. : pinacoteca nazionale
R.A. : member of the Royal Academy (membre de la Royal Academy)
S. : San, Santo, Santa, Santi
s. : siècle
v. : vers

Abréviations des musées

Accademia : Galleria dell' Accademia
Albertina : Vienne, Graphische Sammlung Albertina.
Baltimore, W.A.G. : Baltimore, Walters Art Gallery
Barcelone M.A.C. : Barcelone, Museo de Bellas Artes de Cataluña
Berlin-Dahlem : Berlin, Staatliche Museen-Preussischer Kulturbesitz, Gemäldegalerie.
Brera : Milan, Pinacoteca di Brera
British Museum : Londres, British Museum
Bruxelles M.R.B.A. : Bruxelles, Musées royaux des Beaux-Arts
Budapest, G.N.H. : Budapest, Galerie nationale hongroise
Cologne W.R.M. : Cologne, Wallraf-Richartz Museum
Copenhague, N.C.G. : Copenhague, Ny Carlsberg Glyptotek
Copenhague, S.M.f.K. : Copenhague, Statens Museum for Kunst
Dresde, Gg : Dresde, Staatliche Kunstsammlungen, Gemäldegalerie
Düsseldorf, K.N.W. : Düsseldorf, Kunstsammlung Nordrhein-Westfalen
Ermitage : Leningrad, musée de l'Ermitage
Francfort, Städel, Inst. : Francfort, Städelsches Kunstinstitut und Städtische Galerie
Guggenheim Museum : New York, The Solomon R. Guggenheim Museum

Londres, V.A.M. : Londres, Victoria and Albert Museum
Louvre : Paris, musée du Louvre
Mauritshuis : La Haye, Mauritshuis
Metropolitan Museum : New York, Metropolitan Museum of Art
Munich, Alte Pin., Neue Pin : Munich, Bayerische Staatsgemäldesammlungen, Alte Pinakothek, Neue Pinakothek
New York, M.O.M.A. : New York, Museum of Modern Art
Offices : Florence, Galleria degli Uffizi
Paris, E.N.B.A. : Paris, École nationale de Beaux-Arts
Paris M.N.A.M. : Paris, musée national d'Art moderne, Centre national d'Art et de Culture Georges-Pompidou (C.N.A.C.)
Paris, Orangerie : Paris, musée de l'Orangerie
Paris, Orsay : Paris, musée d'Orsay
Prado : Madrid, Museo national del Prado
Rijksmuseum : Amsterdam, Rijksmuseum
Rotterdam, B.V.B. : Rotterdam, Museum Boymans Van Beuningen
Versailles : Versailles, musée national du château de Versailles
Vienne, Akademie : Vienne, Gemäldegalerie der Akademie der bildenden Künste
Vienne, Osterr. Gal. : Vienne, Osterreichische Galerie

14

A

AFONSO Jorge
peintre portugais
(? v. 1470-1475 - ? 1540).

Beau-frère du peintre Francisco Henriques, s'il n'est pas, comme on l'a supposé, un Flamand naturalisé, du moins reçut-il l'enseignement probable d'un maître étranger. Les débuts de son activité artistique, signalée dès 1504, coïncident avec les premières années du règne de Manuel Ier, qui l'attache à sa cour en 1508 et le nomme contrôleur et administrateur de toutes les entreprises de peinture royales, charges qui lui furent confirmées par Jean III en 1529. De nombreux documents (de 1509 à 1540) attestent l'existence de son atelier, près du monastère de S. Domingos à Lisbonne, où travaillèrent notamment son neveu Garcia Fernandes, son gendre Gregorio Lopes, Cristovão de Figueiredo, Pedro et Gaspar Vaz, ainsi que Vasco Fernandes, qui y figurait en 1514. Bien qu'on ne connaisse pas d'œuvres signées par le peintre ou documentées avec précision, on lui a attribué récemment, en raison de son importance, deux des meilleurs ensembles d'œuvres royales non identifiées qui semblent contenir en germe le style de son atelier. Il s'agit des peintures monumentales de la rotonde des Templiers (v. 1510, Tomar, couvent du Christ) et du grand retable de l'église de la Madre de Deus (Lisbonne, Xabregas), daté de 1515, sur le panneau de l'*Apparition du Christ à la Vierge.* On reconnaît également le style du maître dans le retable de l'église du Jesu (v. 1520, musée de Setubal) et dans la série dite « du Maître de São Bento » (v. 1528, Lisbonne, M. A. A.), où sont évidentes, comme à la Madre de Deus, la collaboration de disciples de son atelier, parmi lesquels ceux qu'on a appelés « les Maîtres de Ferreirim ». Ces œuvres témoignent d'un art sobre et vigoureux, éclectique et monumental, de caractère national. Elles furent déterminantes pour l'orientation de la peinture portugaise et confirmeraient avec la plus grande vraisemblance le rôle privilégié de Jorge Afonso, tant pour les charges qu'il exerça que pour l'atelier où il dirigea quelques-uns des meilleurs peintres de la génération suivante.

AGUAYO Fermín
(Sotillo de la Ribera,
Vieille-Castille, 1926).

Autodidacte, il commence à peindre en Espagne et, de 1947 à 1952, il participe aux expositions du groupe « Portico », qui réunit les premiers peintres abstraits espagnols. Il vit à Paris depuis 1952 et fait sa première exposition personnelle, gal. Jeanne Bucher, en 1958. Presque non figuratif à ses débuts, il se situe dans la tendance du « paysagisme abstrait » et travaille à des suites de tableaux, « murs-paysages » (1952-1954), plages et champs de blé (1956-1958). Vers 1960, il réintègre la réalité dans sa peinture, donnant une assise plus ferme à son sentiment de l'espace et de la lumière, qu'il s'agisse de paysages, de natures mortes ou de portraits inspirés par Velázquez *(Infants* et *Philippe IV),* et rendus à grandes touches plates dans un style qui rappelle les dernières œuvres de De Staël. Le développement thématique inclut ensuite, avec la même discrétion des effets, l'interprétation d'autoportraits de peintres célèbres *(Rembrandt,* 1972 ; *Titien,* 1972 ; *Cézanne,* 1974) et, en contrepoint, des objets, des personnages anonymes sobrement silhouettés (le *Livre*, 1971 ; *Pluie*, 1973). Aguayo est représenté dans les musées de Montpellier et de Dijon (donation Granville).

ALBACETE Alfonso
(Antequera 1950).

Il poursuit jusqu'en 1977 des études d'architecture et d'art à Valence, puis à Madrid. Sa première exposition personnelle a lieu en 1972 (gal. Chys, Murcia). Entre abstraction et figuration, ses toiles se constituent par séries (*Autoportrait ou Dans l'atelier*, 1979). Un voyage en Grèce en 1983 lui apporte la lumière méditerranéenne dans ses paysages. À partir de 1985, il s'oriente vers une peinture davantage figurative sous l'influence du nouvel Expressionnisme européen (*Vestiaire*, 1986). Les œuvres datées de 1985-86, proposant des personnages isolés, développent des thèmes existentialistes qui le rapprochent de la peinture de Barceló de la même période. Un ensemble de paysages urbains est exposé en 1986 par la galerie Egam de Madrid. L'œuvre d'Albacete est présente dans les collections des musées de Cuenca, de Murcia, de Madrid (M. E. A. C.).

ALCAÑIZ Miguel
(connu de 1408 à 1447).

Son activité s'exerça, d'après les documents connus, à Valence à partir de 1408 ; il est cité à Barcelone en 1415 puis à Majorque entre 1443 et 1447. L'identification de sa personnalité, faite à partir du *Retable de saint Michel*, commandé en 1421 par la ville de Jérica (prov. de Teruel) et dont le musée de Lyon conserve les panneaux latéraux, a permis de lui attribuer avec vraisemblance quelques-unes des œuvres les plus importantes du style Gothique international de Valence, et en particulier un diptyque avec la *Vierge et l'Enfant* (Barcelone, coll. Fontana) et une *Crucifixion* (Pittsburgh, Museum of Art), le *Retable de saint Marc* (Valence, coll. Serra de Algaza) et le *Reta-*

ble de la sainte Croix (musée de Valence), que l'on peut dater autour de 1408, date de la mort de son donateur, Nicolas Pujades. On doit également à Alcañiz un important retable commandé par Vicente Gil, partagé aujourd'hui entre le Metropolitan Museum et l'Hispanic Society de New York, qui fit désigner son auteur sous le nom de « Maître de Gil » avant son identification avec Alcañiz. De son séjour à Majorque datent des éléments de prédelle consacrée à la Vierge (1442, église de l'Alcudia) et le *Retable de la Vierge de Miséricorde* (musée de Pollensa et couvent de la Concepción à Palma). Son style est un excellent exemple de la nervosité du Gothique international, où viennent se fondre, d'une part, l'expressionnisme nordique introduit par Marzal de Sax et, d'autre part, le raffinement d'origine toscane que l'on retrouve dans le retable anonyme de Bonifaccio Ferrer. Les rapprochements avec certaines formes de l'art toscan sont si évidents que l'on a été jusqu'à identifier Alcañiz avec le Maître du Bambino Vispo (Starnina), après avoir d'abord supposé qu'il a fait dans sa jeunesse un voyage en Italie.

ALENZA Y NIETO Leonardo
(Madrid 1807 - id. 1845).

Il suivit à l'Académie des beaux-arts de Madrid les cours du peintre néo-classique Madrazo et, pendant toute sa courte vie, maladive, obscure et laborieuse, s'intéressa à la vie de cette institution, y présentant plusieurs toiles à sujet historique dont *David et Goliath* (Madrid, Acad. S. Fernando) pour sa réception comme académicien de mérite (1842). Son talent spécifique est pourtant la représentation de la vie du peuple madrilène, des portraits (*Concierge de l'Académie*, Madrid, Acad. S. Fernando) et des petites scènes de types populaires, traitées avec beaucoup de finesse (*El gallego de los curritos*, Madrid, Casón). Dessinateur fécond, il cultive ce genre (nombreux dessins à la B.N. de Madrid) et collabore aux *Seminario Pintóresco* et *Escenas Matritenses* de l'écrivain Mesonero Romanos, après 1836. Son chef-d'œuvre dans ce domaine est l'étude pour l'enseigne du *Café de Levante* (Madrid, Musée municipal), disparue en 1857. L'influence de Goya est sensible dans la reprise de certains thèmes, majas, sabbats, et dans certains recours techniques, sensibles dans les deux *Satires du suicide romantique* (Madrid, Museo Romántico) à l'humour féroce.

ALEXANDRINO DE CARVALHO Pedro
peintre portugais
(Lisbonne 1730 - id. 1810).

Formé dans son pays, cet artiste fut le disciple et le collaborateur d'André Gonçalves, à qui il succéda dans la seconde moitié du xviiie s. Peintre et dessinateur habile, il fut un décorateur d'une extrême fécondité, spécialisé dans la peinture de plafonds et de tableaux d'autel où se mêlent l'influence du baroque italien et du style rocaille français (église São Francisco de Paula, Lisbonne). Le *Sauveur du Monde*, exécuté en 1778 pour la cathédrale de Lisbonne (auj. disparu ; esquisse à Lisbonne, M. A. A.), considéré comme son chef-d'œuvre, lui assura le succès. Il s'inspire souvent pour ses compositions de gravures dont le dynamisme est atténué par un certain académisme dans les gestes (*Vierge et Saintes*, Museu nacional Soares dos Reis, Porto). Moins connu que certains de ses contemporains qui bénéficièrent d'une formation étrangère, il les surpasse pourtant par la liberté et le dynamisme de ses compositions. Ses œuvres figurent dans la plupart des édifices religieux reconstruits à Lisbonne après le tremblement de terre de 1755 (églises des Martyrs, de l'Incarnation) ainsi que dans de nombreux palais et églises portugais. Il fut aussi portraitiste, peintre de nature morte et scénographe.

ALMADA-NEGREIROS José de
peintre portugais
(île de São Tomé 1893 - Lisbonne 1970).

Cet artiste, également auteur de poèmes (*K4, le Carré bleu*, 1917), de romans (*Nom de guerre*, 1925, publié en 1938), d'essais et de pièces de théâtre, fut avec le poète Fernando Pessoa (1888-1935) la figure de proue de la première génération du « modernisme » portugais. Caricaturiste à ses débuts (1912), c'est comme poète qu'il a participé au mouvement futuriste de Lisbonne en 1915-1917. Après un court séjour à Paris (1919-20), qui l'orienta définitivement vers les arts plastiques, il émigra de 1927 à 1932 à Madrid, où il a laissé des peintures murales, maintenant disparues, pour des salles de spectacle et collabora à des journaux *(El Sol)*. Ce dessinateur habile a produit de nombreux portraits, dont quelques-uns en peinture (*Fernando Pessoa*, 1956, Lisbonne, fondation Gulbenkian). Il est aussi l'auteur des fresques des gares maritimes de Lisbonne (1943-1948), qui constituent l'ensemble le plus important de peinture moderne réalisé au Portugal, en même temps qu'un témoignage sensible de la nostalgie portugaise. Sa manière un peu précieuse (natures mortes, figures ; Lisbonne, coll. Pereira-Coutinho, coll. M. Vinhas) a retenu les stylisations du Cubisme, et son intérêt à la fois spéculatif et poétique pour la science des nombres (qui l'a amené à étudier sans cesse, depuis 1926, la composition du célèbre polyptyque du xve s. attribué à Nuno Gonçalves) est lié à l'Abstraction géométrique, à laquelle il a contribué en 1957 par des compositions fort rigoureuses (Lisbonne, coll. part.), dont on peut rapprocher le panneau *Commencer* (1969, Lisbonne, fondation Gulbenkian). Des tapisseries (1952, Lisbonne, hôtel Ritz) et des vitraux (1938, église de Fátima) complètent son œuvre.

AMAT Frédéric
(Barcelone 1952).

De 1969 à 1973, Amat étudie la scénographie à Barcelone auprès de Fabià Puigselver et, parallèlement, il étudie l'architecture et commence à peindre. Ses premières expositions personnelles ont lieu à Barcelone (gal. Trilce, 1970, et gal. Aquitiniu, 1971), à Madrid (gal. Redor, 1972). À partir de 1977, il vit à Oaxaca (Mexique), puis s'installe en 1979 à New York.

Hétérogène et métaphorique, l'œuvre d'Amat présente une certaine complexité. Si les figures animales, les signes sexuels et de mort dominent la peinture et les œuvres sur papier, ils sont également présents à l'intérieur des actions réalisées par l'artiste de 1973 à 1981, parmi lesquelles on peut citer les *Actions Zeros* (Barcelone 1973, Madrid 1977, New York 1978). Les expériences qu'il fait des matières et des supports, la liberté avec laquelle il trace les figures favorisent la rencontre de styles aussi différents que l'Action Painting, le Surréalisme, l'Expressionnisme abstrait ou figuratif... Des thèmes aussi classiques que la nature morte, l'autoportrait sont violemment transgressés pour libérer un univers fantasmatique, parfois fantastique.

À partir de 1980, la reconnaissance de l'œuvre d'Amat est internationale et consacrée par des expositions : Milan (gal. del Naviglio, 1980), Berlin (gal. Lietzow, 1982), New York (gal. Monique Knowlton, 1984, et gal. Allan Frumkin, 1985). Amat vit à Barcelone et à New York. Il est représenté par les musées de Barcelone (musée d'Art contemporain) et de Madrid (Reina Sofia).

ANGLADA CAMARASA Hermenegildo
(Barcelone 1872 - Pollensa 1959).

Il étudia à l'école des Beaux-Arts de Barcelone avec le peintre Modest Urgell comme professeur et, en 1898, séjourna à Paris. Il peignit surtout la vie populaire espagnole et les scènes de la vie parisienne.

Anglada Camarasa pratiqua également le paysage et le portrait. Son style moderniste, aux arabesques mouvantes, et une pâte hardiment colorée lui valurent une renommée internationale. Il a voyagé en Europe et aux États-Unis, ses œuvres ont été exposées à New York, Philadelphie et Pittsburg.

Présent en 1915 au Palais des expositions de Madrid, il a obtenu de nombreux prix (Venise en 1907 et 1911, prix March à Madrid en 1957). Il est représenté au M. A. C. de Barcelone et au M. A. M. de Madrid.

ANTOLINEZ José
(Madrid 1635 - id. 1675).

Cet élève de Francisco Rizi est l'une des personnalités les plus intéressantes de la peinture madrilène de son temps. Il est surtout connu pour ses interprétations de l'*Immaculée Conception* (1658, Prado ; 1666, Madrid, musée Lázaro Galdiano ; 1668, Munich, Alte Pin.), peintes dans une gamme délicate de tons froids qui font de lui l'émule madrilène de Murillo. À plusieurs reprises, il traite le *Ravissement de la Madeleine* (Prado ; Bucarest, M. N. R. P. R.) ou la Sainte repentante (Séville, musée des Beaux-Arts ; Madrid, coll. Santamarca) avec une verve très baroque. Dans certains tableaux de genre (le *Marchand de tableaux*, Munich, Alte Pin.), il semble s'être inspiré de Velázquez. Il est aussi un excellent portraitiste : l'*Ambassadeur Lerche et ses amis* (1662, Copenhague, S. M. f. K.) et les deux *Fillettes* (Prado). Sa technique habile et délicate, avec des emprunts à Rubens et aux Vénitiens, demeure très originale pour suggérer la vibration de l'atmosphère et la légèreté des tissus.

ANTOLINEZ Y SARABIA Francisco
(Séville 1644 - Madrid 1700).

Neveu de José Antolinez, il fit des études de droit tout en pratiquant la peinture. Sa profession d'avocat l'incita à séjourner à plusieurs reprises à Madrid pour occuper des postes officiels. De temps à autre il reprenait ses pinceaux pour exécuter de petites scènes bibliques qu'il vendait par séries de 6, 8 ou 12 toiles dont on connaît de nombreux exemples (Prado ; Lázaro Galdiano de Madrid ; musées de Ponce, Budapest ; Art Institute of Chicago). Parce qu'il préférait être connu davantage comme homme de lettres que comme peintre, il ne signait pas ses peintures, à l'exception de l'*Adoration des bergers* (1678, cath. de Séville), œuvre essentielle pour définir sa personnalité artistique. Dans toutes ses compositions apparaissent de petites figures graciles et nerveuses, situées au milieu d'amples espaces d'architecture ou de vastes paysages.

ANUNCIAÇÃO Tomàs da,
peintre portugais
(Lisbonne 1818 - id. 1879).

Après ses études à l'Académie des beaux-arts de Lisbonne, il se spécialisa dans le paysage. À Paris en 1867, il découvrit l'école de Barbizon et les peintres animaliers Troyon et Rosa Bonheur. Il introduisit le sentiment lyrique du paysage dans la peinture portugaise et, connu surtout comme peintre animalier, il exerça une grande influence sur ses disciples de l'Académie des beaux-arts de Lisbonne, où il fut nommé professeur de paysage en 1852. Fort apprécié de son temps, notamment du roi Fernando, il a laissé une œuvre abondante, et quelque peu monotone, dispersée entre des collections privées et les musées portugais. Le M. A. C. de Lisbonne conserve plusieurs de ses toiles, notamment *Vue d'Amora, Chemin de Sintra, Troupeau dans le paysage*, ainsi que la composition intitulée *Cinq Artistes à Sintra*, peinte par Cristino da Silva *(1829-1877)* en 1855, représentant Anunciação au travail, en pleine nature. Cet hommage rendu par ses compagnons, est le seul portrait collectif d'un groupe d'artistes exécuté dans le cadre du romantisme portugais.

APARICIO Y INGLADA José
(Alicante 1770 - Madrid 1838).

Élève de l'Académie San Carlos de Valence puis de San Fernando à Madrid, il obtint du roi d'Espagne une pension pour aller, en 1799, travailler à Paris dans l'atelier de David. *Athalie* (1804, Madrid, Acad. San Fernando) puis *l'Épidémie d'Espagne,* qui choqua tellement par son thème macabre les visiteurs de l'Exposition de 1806, montrent l'influence de David dans la composition, la gestuelle et le coloris. Comme J. de Madrazo, il quitta Paris pour Rome pendant que les troupes napoléoniennes enva-

hissaient l'Espagne. Rentré en 1814, il devint peintre de chambre de Ferdinand VII en 1815 puis directeur de l'Académie. Ses œuvres tardives (*Socrate instruisant un jeune poète,* musée de Castres, ou La *Faim à Madrid,* Madrid, Musée municipal) rappellent les principes de David mais laissent apparaître un violent réalisme, fort éloigné des préceptes du néo-classicisme.

ARAGON.

Il n'est pas facile de limiter aux frontières administratives l'histoire de la peinture dans le royaume d'Aragon, région de l'Espagne septentrionale : l'Aragon apparaît souvent comme un carrefour d'influences catalanes, castillanes, valenciennes, plus que comme un foyer créateur, et le seul peintre de génie qu'il ait donné à l'Espagne, Goya, s'il incarne bien la vitalité et la violence du tempérament aragonais, n'appartient vraiment à cette province que par ses années de jeunesse. L'école aragonaise occupe cependant une place honorable dans la peinture espagnole par la continuité de sa production et par l'activité assez brillante de sa capitale, Saragosse.

XIIIe-XIVe siècle. Les peintures murales (Tauste, Roda) et les « frontals » du Haut-Aragon ne sont guère que des traductions rustiques de modèles catalans. Le seul ensemble original (malheureusement très endommagé par l'incendie de 1936), la salle capitulaire du monastère royal de Sigena, qui date du milieu du XIIIe s., est sans doute l'œuvre d'un artiste nomade de formation internationale. C'est au sud du royaume, dans la partie reconquise dans la seconde moitié du XIIe s., que des peintres de formation « mudéjare » ont laissé des décorations murales animées et nerveuses, évocations de la vie du temps, chevaleresque ou populaire (château d'Alcañiz, plafond de la cathédrale de Teruel).

Dès avant 1400, la peinture sur panneaux fleurit en Aragon, reflétant de fortes influences issues de Valence et de la Catalogne. Le célèbre reliquaire du monastère de Piedra (Madrid, musée de la Academia de la Historia) encadre, dans son curieux décor mudéjar de bois, des compositions proches des Serra.

XVe siècle. Saragosse, Teruel, Tarazona, Daroca, Huesca et Calatayud sont des centres importants, où le style international, interprété avec les accents d'un terroir âpre et rude, plus épris de franchise que d'élégance, domine la première moitié du XVe s. C'est à cette époque que travaillent Nicolás Solana, le Maître d'Arguis (v. 1425), Pedro Zuera, Juan de Leví (entre 1402 et 1407), autour du *Retable de sainte Catherine* (cathédrale de Tarazona) et dont l'un des élèves, Arnaldín, exécuta v. 1415 le *Retable de saint Martin* à Torralba de Ribota, ainsi que Bonanat Zaortiga et Pascual Ortoneda, autour duquel ont été groupées les œuvres attribuées autrefois au Maître de Lanaja. Au cours de la seconde moitié du siècle, le style flamand l'emporte, et les fortes personnalités de Huguet et de Bermejo s'imposent. Ces artistes ont en commun leur goût pour le décor, les reliefs dorés, une vigueur dans l'interprétation des sujets. Parmi les disciples d'Huguet, il faut nommer Arnaut de Castellnou, Garcia de Benabarre, Giner, le Maître de Belmonte, Juan de la Abadía, le Maître de Morata et Martín de Soria, auteur du retable de Pallaruelos. À la même époque, l'art de Bermejo se prolonge chez Miguel Ximénez, Bernat et Solives.

XVIe siècle. Le XVIe s. aragonais, marqué dès ses premières années par une Renaissance très vite maniériste, est moins original ; il a été cependant représenté par une série de peintres honorables : au début du siècle, Pedro de Aponte, peintre des Rois Catholiques (*Retable* de San Miguel de Agreda, 1523), puis, entre 1520 et 1530, des « expressionnistes » (Martín Garcia, Maître de Sigena) influencés par les maîtres germaniques, Dürer notamment. Au milieu du siècle, les figures dominantes sont celles de Jerónimo Cosida (actif entre 1533 et 1592), peintre et conseiller artistique du petit-fils du Roi Catholique, l'archevêque D. Fernando de Aragón, qui fut un maniériste aimable (*Retable de la Vierge*, musée de Saragosse et *Retable* de Tulebras) et le

fresquiste et décorateur Thomas Pelegret (actif entre 1538 et 1570).

XVIIe siècle. L'Aragon n'a pas donné au XVIIe s. de peintre de premier plan, mais a entretenu de nombreux contacts avec l'Italie. Au début du siècle, un Florentin, Giovanni Battista Lupiccini, établi à Saragosse, peint fidèlement dans le style de ses contemporains toscans Cigoli ou Passignano (chapelle de la Sainte-Croix, à la Seo de Saragosse). À la même époque s'installe en Aragon un Français très italianisé, Pedro l'Horfelin, dont très peu d'œuvres subsistent mais qui jouit d'une grande réputation de portraitiste, et qui s'exprime d'une manière qui semble archaïque en raison des contraintes imposées par une clientèle dévote. Mais d'autres artistes formés en Italie ont apporté des innovations : Juan Galván, dont l'œuvre rappelle le style bolonais de Reni (chapelle de la Nativité, à la Seo de Saragosse), et Francisco Ximénez, qui importa de Rome des éléments issus de Pierre de Cortone (*Saint Pierre Arbués*, à la Seo de Saragosse) mais qui se limita souvent à copier des compositions flamandes en se servant d'estampes (*Adoration des mages*, cathédrale de Teruel).

On considère que la personnalité la plus marquante du milieu du XVIIe s. est celle de Jusepe Martínez, qui alla également en Italie et dont le fils, Antonio, frère chartreux, se montra un peintre discret, à la technique à la fois aisée et austère (*Autoportrait*, musée de Saragosse). Le passage dans cette ville de Claudio Coello, qui exécute en 1683 les fresques de l'église de la Manteria, laisse sur les artistes locaux l'empreinte d'un Baroque dynamique et théâtral. Les peintres qui lui succèdent adoptent ce langage, exubérant et véhément, qu'ils traduisent dans une technique parfois un peu rude : Vicente Verdusán et Pablo Raviella, dont le métier rapide et fougueux (*Bataille de Clavijo* et *Arrestation du Christ* à la Seo de Saragosse) fait un émule aragonais de Valdés Leal.

XVIIIe siècle. Au XVIIIe s., Saragosse reste un centre de peinture actif, peu original mais largement ouvert aux influences des fresquistes italiens. La grande œuvre de la seconde moitié du siècle — la décoration des voûtes et des chapelles de la basilique del Pilar — ouvre un champ très vaste à des artistes comme Antonio Gonzalez Velázquez (revenu en 1756 de Rome, après avoir travaillé avec Giaquinto), Francisco et Ramón Bayeu (dont le frère cadet, Manuel, devenu chartreux et demeuré en Aragon, est un peintre monastique traditionnel assez vigoureux) et Goya lui-même, qui, formé à Saragosse par un artiste médiocre mais bon professeur, Luzán, peignit au retour d'Italie et avant de se fixer à Madrid plusieurs ensembles remarquables (basilique del Pilar, chartreuse d'Aula Dei).

ARELLANO Juan de
(Santorcaz, prov. de Madrid, 1614 - Madrid 1676).

Élève du Madrilène Juan de Solis, peu doué pour les sujets de composition, il se spécialisa dans la peinture de fleurs, dont il devint en Espagne le maître incontesté. Ses premières œuvres dénotent une influence flamande (*Fleurs et paysage*, 1652, Prado), mais, par la suite, il s'inspira des Italiens, notamment de Mario Nuzzi ou de Margarita Caffi, dont il atteint fréquemment la maîtrise : *Corbeille de fleurs* (musée de Besançon). Certaines de ses compositions florales peuvent avoir une signification allégorique, la vanité de la beauté, telle cette corbeille aux fleurs épanouies qui se reflète dans un miroir (musée de la Coruña). Arellano forma plusieurs disciples : José, son fils *(actif entre 1670 et 1705)* et Bartolomé Perez, son gendre *(Madrid 1634 - id. 1693).*

ARIAS FERNANDEZ Antonio
(Madrid v. 1614 - id. 1684).

Cet artiste madrilène, disciple de Pedro de las Cuevas en même temps que Pereda, connut une renommée précoce pour avoir peint à 14 ans le retable des Carmelitas Descalzos de Tolède, aujourd'hui perdu. En 1639, il participe au décor du salon des comédies de l'Alcázar avec 2 portraits ; celui de *Charles V et Philippe II* (université de Grenade) annonce par sa conception monumentale et son modelé sec et sculptural ses œuvres postérieures : *Sainte Marie l'Égyptienne* (1641, Sotogrande, coll. part.) et le *Christ rassemblant ses vêtements* (1645, Madrid, Carboneras). Son œuvre la plus célèbre, la *Monnaie de César*, (1646, Prado), rappelle, comme la *Vierge et l'Enfant* (id.), l'art de Maino par la netteté de la mise en page et ses couleurs claires et brillantes.

ARROYO Eduardo
(Madrid 1937).

Installé en France depuis 1958, il s'est affirmé très vite, au Salon de la jeune peinture et à la Biennale de Paris, comme l'un des plus actifs représentants de la Nouvelle Figuration. Son esprit subversif, dévastateur de toutes les idolâtries, s'exprime souvent dans des toiles narratives aux teintes plates et stridentes : la *Maja de Torregon*, 1964 ; *Grand Pas du Saint-Bernard ou l'Âme du monde à cheval*, 1965. Utilisant la juxtaposition de scènes cloisonnées, Arroyo a aussi réalisé des peintures collectives avec ses camarades Aillaud et Recalcati (*Une passion dans le désert*, 1964-1965 ; *Vivre ou laisser mourir ou la fin tragique de Marcel Duchamp*, 1965). Il participe aux événements de mai 1968 à Paris, à la création de la Salle rouge pour le Viêt-nam (A.R.C.). Ainsi qu'à celle des affiches politiques de l'atelier populaire de l'École des beaux-arts. En mars 1971, il a exposé à Paris (M.A.M. de la Ville) une série de toiles sous le titre *Trente Ans après*, dont le thème est la guerre d'Espagne et où une satire virulente se donne libre cours : *France, sentinelle de l'Occident*, 1970 ; *Guernica*, 1970. Les *Portraits* (juin 1974, gal. Karl Flinker) sont, en revanche, un hommage de l'artiste à ses amis (Aillaud, Adami, Steinberg, Hélion), présentés dans des situations significatives.

Après 15 ans d'absence en Espagne, la galerie Maeght de Barcelone organise en 1977 une exposition de ses peintures. De

Eduardo Arroyo
Jean Hélion évadé, en route de Poméranie vers Paris, de face, 1974
100 × 81 cm
Paris, musée national d'Art moderne

nombreuses galeries européennes et américaines ont consacré des expositions personnelles à l'œuvre de l'artiste. Celle-ci est l'objet d'une importante rétrospective au M.N.A.M., Paris en 1982, au Guggenheim Museum de New York en 1984.

Arroyo a collaboré depuis 1969 à la création de décors de théâtre en Italie, en Allemagne, en France, en Espagne auprès des metteurs en scène Grüber et Gomez. L'œuvre d'Arroyo est représentée dans de nombreuses collections privées d'Europe, au musée des Beaux-Arts de Lausanne, et à Paris (M.N.A.M. et F.N.A.C.).

ARTEAGA Sebastián de,
actif au Mexique
(Séville 1610 - Mexico 1656).

Malgré la brièveté de sa carrière et le petit nombre d'œuvres qu'on peut lui attribuer avec certitude, Arteaga est un des peintres les plus importants du Mexique au XVIIe s.,

et celui qui marque un tournant : le triomphe — à retardement — du Ténébrisme.

Fils d'un orfèvre sévillan, Arteaga a pu travailler avec Zurbarán à Séville. En tout cas, il a vu les œuvres de sa maturité avant de s'embarquer pour le Mexique, où il arrive en 1643, comme notaire du Saint-Office. De cette même année 1643 date son chef-d'œuvre, l'*Incrédulité de saint Thomas* (Mexico, pin. Virreinal), saisissant par l'éclat des contrastes lumineux autant que par l'impérieuse sérénité du Christ en face de l'apôtre hésitant. Les *Christ en croix* (pin. Virreinal et sanctuaire de Guadalupe) sont aussi vigoureusement ténébristes et plus tourmentés de lignes que ceux de Zurbarán. Quant au *Mariage de la Vierge* (pin. Virreinal) signé par Arteaga, il offre de telles parentés avec les œuvres certaines de son élève et continuateur José Juarez qu'on tend aujourd'hui à considérer la signature comme postiche, ou de complaisance. Mais ce fait même prouve l'emprise exercée par le style d'Arteaga. À l'art probe et sympathique, mais timide et d'une placidité encore marquée par le Maniérisme qu'incarnaient les Echave — quarante ans après Caravage —, va succéder un style plus ample et monumental, issu de Herrera et de Zurbarán, auquel l'art colonial restera fidèle jusqu'au milieu du XVIIIe s.

AVELAR REBELO José de,
peintre portugais
(actif de 1635 à 1657).

Il fut le peintre officiel du roi Jean IV, dont il a laissé quelques portraits : l'un, daté de 1643, est conservé à Vila Viçosa (musée de la Restauration). Parmi ses peintures religieuses identifiées avec certitude, on cite le *Christ parmi les docteurs* (Lisbonne, église Saint-Roch) et le *Saint Jérôme* du réfectoire de Belém.

ÁVILA.

Sans avoir jamais été un centre de peinture, Ávila (Vieille-Castille) tient une place appréciable dans l'histoire de la peinture espagnole, au début de la Renaissance. Elle le doit aux deux grands ensembles auxquels est associé le nom de Pedro Berruguete et qui furent destinés aux deux églises principales de la ville. Au couvent dominicain de S. Tomas, dont le prieur était l'inquisiteur Torquemada, confesseur de la reine Isabelle, Berruguet peignit de 1494 à 1498 les 3 cycles narratifs (*Saint Thomas d'Aquin,* retable resté en place au grand autel ; *Saint Dominique* et *Saint Pierre martyr,* retables latéraux, auj. au Prado) qui sont les premiers chefs-d'œuvre mystiques et réalistes, gothiques par l'esprit et renaissants par la technique, de la peinture monastique espagnole. À la cathédrale, Berruguete entreprit en 1498 le grand retable consacré à la *Vie du Christ* (avec les *Docteurs de l'Église* à la prédelle), qu'il laissa inachevé lorsqu'il mourut en 1504. Les scènes manquantes furent confiées d'abord à l'obscur Santa Cruz, ensuite à Juan de Borgoña, venu de Florence à Tolède et dont l'œuvre marque une phase nouvelle dans la progression de l'italianisme en Espagne.

AYALA Josefa d'Obidos ou d',
peintre portugais d'origine espagnole
(Séville v. 1630 - Obidos 1684).

Née peut-être à Séville, où elle aurait accompli sa formation artistique, elle émigra au Portugal v. 1646 pour rejoindre son père, le peintre Balthasar Gomes Figueira, dont la présence est signalée à Obidos dès 1636. Elle s'installa dans cette ville et y résida jusqu'à sa mort, d'où l'appellation de Josefa d'Obidos par laquelle on la désigne le plus souvent. Son œuvre, marquée par le Ténébrisme sévillan, est d'une inspiration monotone et parfois ingénue. Mais le réalisme savoureux de ses natures mortes

occupe une place à part dans la peinture portugaise du XVIIe s. (Lisbonne, M. A. A. ; Santarem, bibliothèque-musée Braacamp Freire ; coll. part.). Plus importantes sont ses peintures religieuses, lorsqu'elles échappent à une certaine affectation béate ou à la fadeur décorative (Lisbonne, M. A. A. ; Porto, musée Soares dos Reis ; Coimbra, musée Machado de Castro, coll. part. ; Obidos, église de S. Maria ; église principale Cascais ; Peniche, église de la Miséricorde). Ses compositions de l'*Agneau* (Baltimore, W. A. G. ; musée d'Evora) ou de la *Sainte Face* (Peniche, église de la Misericordia) laissent supposer qu'elle a connu les œuvres de Zurbarán.

AZEVEDO Fernando,
peintre portugais
(Porto 1923).

Cet artiste est, au Portugal, l'une des figures principales de sa génération par la qualité raffinée de sa peinture et par sa culture. Il doit l'essentiel de son esthétique au mouvement surréaliste portugais, auquel il a participé de 1947 à 1949. Il explore un univers poétique en des compositions abstraites où prennent place des évocations magiques. Il évolue vers un art plus ample, d'une écriture libre et fluide au coloris nuancé. Ses œuvres sont peu nombreuses (*Ville,* 1955, Lisbonne, M.A.C. ; *Peinture,* 1960, Lisbonne, fondation Gulbenkian). Il n'a réalisé qu'une seule exposition personnelle, en 1952, mais a participé à la première exposition surréaliste de Lisbonne (1949), à quelques Salons indépendants et aux IIe et IVe Biennales de São Paulo. Depuis 1961, il est attaché aux expositions organisées par la fondation Gulbenkian. □

B

BARCELÓ Miquel
(Felanitx, Majorque, 1957).

Étudiant en 1973 aux Arts et Métiers de Palma, de 1974 à 1975 à l'école des Beaux-Arts de Barcelone, il expose pour la première fois au musée de Palma de Majorque en 1976. Remarqué lors de l'exposition « Otras Figuraciones » (Fundacion Caixa de Pensions, Madrid, 1981), il est invité à participer à la Documenta de Kassel en 1982. Avec cette date coïncident le début de sa carrière internationale et son départ d'Espagne. Ses œuvres abordent des genres traditionnels, paysages et portraits, et plus particulièrement la nature morte, pour laquelle il utilise une grande diversité de techniques. Vers 1981-82, de nombreuses œuvres font état de collages (toiles rapportées, papiers, objets). Des peintures plus tardives réalisées de 1984 à 1985 sont de grandes compositions où se mêlent sujets classiques et thèmes autobiographiques : paysages, natures mortes, autoportraits, peintures du musée du Louvre et des grandes bibliothèques (*Bibliothèque à la mer*, 1984 ; le *Louvre, Grande Galerie*, 1985). Plus que le sujet, le traitement de la matière est l'objet véritable de la recherche picturale de Barceló. Chaque toile est pour lui « une table d'expérience ».

De nombreuses galeries ont exposé l'œuvre de Barceló (gal. Yvon Lambert à Paris de 1983 à 1987 ; gal. Bischofberger à Zurich de 1984 à 1988 ; gal. Castelli à New York en 1986 et 1987). Sous l'intitulé « Barceló Barcelona », la ville de Barcelone consacre à l'artiste une importante exposition en 1987, organisée à l'intérieur de la Casa de la Caritat. Ses propres œuvres s'y trouvent confrontées à des pièces du patrimoine catalan, soulignant la richesse des sources et des citations qui traversent sa peinture. L'artiste vit à Paris et à Majorque.

BARCELONE.

Les origines. De son passé ibérique, romain et même wisigothique, Barcelone n'a conservé aucun témoignage d'une activité picturale notable. Au XIe et au XIIe s., le développement de la miniature romane est distancé par les productions des grands monastères du nord de la Catalogne.

L'époque gothique. C'est l'art gothique (XIVe et XVe s.) qui révélera à Barcelone ses propres possibilités : quelques peintures murales, rapidement, sont remplacées par des retables aux multiples panneaux.

La grande salle du Palais royal, le « Tinell », est décorée (v. 1300) d'un défilé guerrier en l'honneur des exploits de Pierre III le Grand et trahit ouvertement une influence du style français. Les fresques de la chapelle S. Miguel de Pedralbes (1346), exécutées par Ferrer Bassa, peintre et miniaturiste de la maison royale, sont la première manifestation du style italo-gothique qui se développera jusqu'à la fin du siècle. Arnau Bassa, fils et associé de Ferrer, reste fidèle aux modèles italiens *(Retable de saint Marc)*, de même que Ramón Destorrents, successeur de Ferrer Bassa à la cour de Catalogne et d'Aragon ; en 1357, Ramón

Miquel Barceló
Pinta gossos Vermell i Groc, 1982
Il peint des chiens rouges et jaunes
195 × 146,5 cm
Bordeaux, C.A.P.C., musée d'Art contemporain

Destorrents accueille dans son atelier Pedro Serra, continuateur du style italianisant *(Retable du Saint-Esprit)* et associé à son frère Jaime en 1363. Avec l'apparition de Borrassa, dix ans plus tard, la peinture se rallie au style gothique international, dont l'esprit naturaliste est riche et dynamique. **XVe siècle.** Barcelone est ainsi le foyer d'un art sans cesse rénové, dont les thèmes restent essentiellement religieux et dont les œuvres doivent répondre à des commandes de plus en plus nombreuses. La prospérité économique de la ville ajoute à la clientèle des chapitres, des paroisses, des monastères celle des confréries de métiers, dont les membres, récemment enrichis, désirent orner d'une peinture de valeur la chapelle de l'église où ils se réunissent. Alors s'organisent les ateliers des maîtres barcelonais, dont la réputation est faite, les Serra, Destorrents, Borrassa. Ce dernier engage non seulement de jeunes apprentis, mais aussi des peintres secondaires (Pedro Arcayna). Certains y restent longtemps, d'autres ne font qu'y passer (Gerardo Gener). Le maître signe les contrats, est responsable des thèmes choisis, exécute les esquisses et le dessin, surveille l'ensemble et fait les dernières retouches. Il est tout à fait admis que des collaborateurs interviendront dans l'exécution d'un retable, mais on exige du maître qu'il peigne les visages, les mains et, de façon générale, toutes les chairs. De l'atelier de Borrassa, dont il continua le style, dut sortir Bernardo Martorell, qui ne cesse d'affirmer la prépondérance du Gothique international. Son rôle est repris par Jaime Huguet (actif à Barcelone entre 1448 et 1492), qui ajoute à la continuité de l'école barcelonaise le souvenir des Flamands un apport personnel fait d'émotion contenue, de noblesse innée, de sérénité voilée. Figure dominante de la peinture gothique, il exécute d'immenses retables s'échelonnant depuis celui de *San Vicente* de Sarriá jusqu'à celui de *San Agustín* de Barcelone, où l'on peut percevoir déjà la part de plusieurs collaborateurs. Les plus proches de son talent sont les membres de la famille Vergos : Jaime

Vergos II et ses deux fils Pablo et Rafael. **XVIe siècle.** Après cet apogée, l'activité de Barcelone ne cesse pas, mais s'exprime différemment ; personne ne recueillant le legs du Gothique, nombre d'étrangers se succèdent dans la capitale de la Catalogne, privée de son rôle politique après l'échec de sa révolte contre le roi d'Aragon, déchue de sa puissance commerciale par les conquêtes turques en Méditerranée et par la découverte de l'Amérique. Le Cordouan Bermejo peint une *Pietà* (1490, Barcelone, musée diocésain) dont la perspective profonde du paysage annonce la Renaissance ; le Flamand Bru exécute le *Martyre de saint Cugat* (Barcelone, M.A.C.) ; le Portugais Pedro Nuñez résume les tendances nouvelles dans le *Retable de la Passion* destiné à l'église de S. Justo y Pastor ; le Grec Serafí peint des toiles pour les portes de l'orgue de la cathédrale (v. 1540, Barcelone, Musée diocésain). Le caractère religieux des sujets se maintient et tous ces artistes peignent des retables de façon quelque peu industrielle. Du moins le XVIe s. a-t-il eu le mérite de définir le rôle des peintres, qui, en 1519, obtinrent par privilège d'être divisés en trois groupes : peintres de retables, peintres sur toile, doreurs ; en 1596, les deux premières catégories n'en forment plus qu'une seule, dont la confrérie se réunit dans une chapelle de l'église S. Miguel, sous l'invocation de saint Luc.

XVIIe siècle. Au XVIIe s., période de guerre et de ruine pour la Catalogne, l'activité reste éparpillée parmi des peintres signalés à maintes reprises dans des documents contemporains, mais qui doivent cette publicité au fait qu'ils remplissent une charge de « consul » dans leur confrérie ou parce qu'ils sont peintres officiels de la ville. Cependant, Jaime Huguet décore murs et coupoles de la chapelle du Rosaire du couvent de S. Catalina ; Pedro Cuquet et son collaborateur Francisco Gassen consacrent à *Saint François de Paule* 40 tableaux pour le couvent de ce nom ; Abdon Ricart, comme peintre de la ville, organise le décor des solennités urbaines (funérailles de la reine Marie-Louise d'Orléans en 1689). Le portrait trouve un bon interprète en l'Italien Gallo, auteur d'un *Philippe IV* (1626, Barcelone, M.A.C.). En 1688, on réglemente la maîtrise, qui ne peut s'obtenir qu'après six ans d'apprentissage et deux ans d'atelier, confirmés par un examen de dessin et l'exécution d'un tableau.

XVIIIᵉ siècle. Au début du siècle suivant, un renouveau pictural s'ébauche – qui s'amplifiera dans la seconde moitié du siècle avec le « despotisme éclairé » de Charles III et la reprise de l'activité économique – avec Antonio Viladomat, décorateur (v. 1700) de la chapelle Saint-Paul de la maison de convalescence dans l'hôpital de Santa Cruz, auteur de scènes de la *Vie de saint François d'Assise,* de toiles allégoriques des *Quatre Saisons* (Barcelone, M.A.C.), les unes et les autres montrant un vif intérêt pour le paysage. Viladomat eut pour élèves les frères Tramulles : Manuel, décorateur de théâtre, et Francesco, qui tenta de créer à Barcelone une Académie des beaux-arts (1758), remplacée plus tard par l'École de dessin de la nouvelle Loge de commerce (la Lonja). Les deux frères donnèrent un large essor à la gravure, sans délaisser la peinture religieuse : Manuel a décrit *Charles III prenant possession de son canonicat* (1760, Barcelone, Musée diocésain), et Francesco a enrichi deux chapelles de la cathédrale de ses toiles relatives à *Saint Étienne* et à *Saint Marc* (1763). Certains artistes se spécialisèrent dans la décoration intérieure, tels Francisco Pla, au palais Moya et au palais épiscopal, et Pedro Pablo Fontana, à qui l'on doit les scènes historiques des salons de la Nouvelle Douane (Gobierno civil). Le Français Joseph Flaugier (disciple de David), directeur de l'École des beaux-arts de Barcelone sous l'occupation française, a orné d'une *Glorification de la Vierge* la coupole de l'église S. Severo y S. Carlo Borromeo.

XIXᵉ siècle. Des courants divers se partagent le XIXᵉ s., dont la plupart rompent avec la tradition. À l'académisme des premières années succède le style romantique avec J. C. Anglés et Pablo Rigalt. Plus originale est l'école réaliste personnifiée par Ramón

Martí Alsina, formé à l'école des Beaux-Arts de la Lonja, auteur de marines, de paysages, de scènes de la vie urbaine, et par son élève Torrescasano. Mariano Fortuny, élève du peintre nazaréen Lorenzale, attiré par l'éclat de la lumière et l'intensité chromatique (*Bataille de Tétouan,* Barcelone, M.A.M.), affectionne également les scènes de genre, qu'il traite avec virtuosité (la *Vicaría,* id.).

1900 et le « modernisme » catalan. Le « modernisme » catalan, qui concerne toutes les formes de l'art, trouve son apogée en 1900. Débutant en 1890, date de la première exposition de Casas, Clarasó et Rusiñol, il se terminera en 1911, année de la mort d'Isidro Nonell. Déjà, en 1888, lors de l'Exposition universelle de Barcelone, un mouvement complexe s'était formé, répondant à des inquiétudes diverses et aux courants européens. Un idéalisme formaliste très particulier se concrétise dans la peinture et réunit les tendances les plus hétérogènes : l'Impressionnisme, le Néo-Impressionnisme, les enseignements des Anglais Morris et Ruskin, le mouvement contemporain de Paris, la Sécession viennoise, le symbolisme de peintres comme Böcklin et Stück, mais aussi celui de musiciens comme Wagner et Debussy, d'écrivains comme Ibsen et Maeterlinck. Journaux et revues propagent des idées parfois si différentes qu'il est difficile de définir les traits communs aux diverses personnalités groupées sous le nom de « modernistes ». *La Vanguardia, l'Aveno, Forma* et *Pel y ploma* rendent compte de l'activité du modernisme barcelonais, diffusé en grande partie grâce à l'écrivain et peintre Santiago Rusiñol depuis sa résidence de Sitges (« Cau Ferrat ») et grâce aussi à Ramón Casas et à Miguel Utrillo. Dans les dernières années du XIXᵉ s., les artistes catalans trouvèrent que l'atmosphère de Paris leur était plus propice que celle de Rome, où il était traditionnel de se former. Tous, ou presque tous, passèrent leurs premières années d'apprentissage sur les bords de la Seine. Rapidement, la peinture catalane conquit sa personnalité.

Et, bien que la composition du groupe soit extrêmement complexe, on pourrait retracer l'histoire du mouvement en partant du Naturalisme, qui persiste encore chez l'habile Ramón Casas, portraitiste et chroniqueur de mœurs, pour arriver à l'Impressionnisme de l'école paysagiste d'Olot et aux coloris exaltés de Joaquín Mir, en passant par l'influence de Bonnard et de Vuillard sur Joaquin Sunyer, qui aboutit à une vision méditerranéenne, un peu italianisante. L'influence de Steinlen, de Beardsley, de Mucha et de Toulouse-Lautrec devient alors évidente et le mouvement s'achève avec le mélancolique Isidro Nonell et le luxuriant Anglada Camarasa, qui recueille l'approbation internationale. Il ne faut pas oublier de nommer le brillant décorateur José Maria Sert ni de rappeler que c'est dans ce climat artistique que se déroula une partie de la jeunesse de Picasso ; celui-ci fréquenta, malgré la différence d'âge, les maîtres reconnus du modernisme, principalement à la brasserie Els Quatre Gats, et subit entre autres les influences de Casas et de Nonell. La personnalité de l'architecte Gaudí contribua à stimuler les recherches novatrices du modernisme catalan, mais l'influence directe d'une œuvre aussi insolite est difficile à déterminer.

À partir de 1906, la gal. Dalmau donna une impulsion nouvelle en exposant les œuvres des peintres français contemporains (1912 : impressionnistes, fauves et cubistes), et, pendant la Première Guerre mondiale encore, Barcelone devint un centre particulièrement actif : exposition d'art français organisée par Vollard (1916), publication par Picabia de la revue dadaïste *391* (1917), traduction en catalan des poètes français Apollinaire, Reverdy, Max Jacob. C'est dans ce milieu que Miró découvrit les éléments fondamentaux de son style, élaboré dans la période dite « du Fauvisme catalan » (1915-1917) : paysages et portraits seront exposés à la gal. Dalmau en 1918, année où l'« Agrupacion Combat », avec Artigas et Miró, fut fondé. En 1921, enfin, c'est à Barcelone que Siqueiros publia son manifeste pour un « art révolutionnaire mexicain ».

Avec Madrid, Barcelone fut le principal foyer d'art contemporain espagnol. Y contribuèrent la création du musée Picasso (1961), la fondation Miró sur la colline de Montjuich (1970) et l'organisation de la première Foire de l'art (1976).

Musées. Depuis le début de notre siècle, la ville de Barcelone a fait un remarquable effort pour l'aménagement et l'enrichissement de collections installées jusque-là de façon précaire. Trois dates (1907, 1919, 1932) furent des jalons essentiels. La Junta de Museos (Conseil des musées), fondée en 1907, allait révéler très vite son efficacité par le regroupement des peintures dans un noble édifice classique – l'arsenal du XVIIIe s., cœur de la citadelle de Philippe V transformée en parc municipal – et par l'adjonction de deux ailes au corps central de cet édifice. D'autre part, elle installait en 1919 les fresques romanes d'églises pyrénéennes, détachées des murs au cours des années précédentes par des techniciens italiens et qui, sauvées de l'humidité et de l'abandon, allaient devenir la plus belle parure du musée. Enfin, en 1932, la ville achetait en bloc la collection Plandiura, ensemble exceptionnellement riche de primitifs, mais qui comprenait aussi des tableaux modernes importants et notamment un groupe d'œuvres de jeunesse de Picasso.

Le musée fut alors transféré sur la colline de Montjuich dans le palais construit pour l'Exposition de 1929 et qui offrait pour les peintures murales un cadre beaucoup plus ample. Ouvert en 1934, le musée suscita une curiosité admirative ; il traversa sans dommages la guerre civile. Mais, en 1945, on décida de séparer les collections de peinture ancienne et celles de peinture moderne. Le musée d'Art de Catalogne demeura à Montjuich, tandis que le musée d'Art moderne revenait à la Citadelle. Un nouveau programme muséographique engage le regroupement des collections modernes au palais de Montjuich.

Museo de Arte de Cataluña (Parque de Montjuich). La restructuration intérieure du musée (ouverture prévue en 1992) prévoit la possibilité d'un triple cheminement à travers l'espace du palais remodelé par l'architecte italienne Gae Aulenti. Un circuit chronologique classique, de l'époque romane à nos jours, sera mis en place, sur lequel doit se greffer une section iconographique, installée dans les deux tours, et une présentation typologique, dans la vaste salle centrale. Celle-ci doit permettre de suggérer l'architecture ou plus exactement de mettre en situation certains ensembles exemplaires tels que l'église romane de S. Maria de Tahull, la salle capitulaire de Sigena, les Carrache de la chapelle des Espagnols à Rome, le cloître franciscain avec les Viladomat, un salon baroque avec les Vigata, une salle de bal décoré par Sert, etc. Le circuit chronologique expose la collection de peinture romane sans rivale au monde. On peut y suivre tout le déroulement d'une école particulièrement riche, sous ses deux formes parallèles : peinture murale et « frontal ». De ces fresques d'églises montagnardes, préservées par leur éloignement des variations de la mode, on peut suivre le cycle complet du début du XIIe s. à la fin du XIIIe à travers ses meilleurs exemples (S. Quirce de Pedret, S. Juan de Bohí, S. Pedro del Burgal, Esterri de Cardos). La collection de « frontals » (devants d'autel) n'est pas moins riche, avec des exemples caractéristiques des divers types de majesté (Seo de Urgel) ou narratifs (Durro).

D'autre part, le déroulement des salles gothiques permet de suivre l'évolution complète de l'école catalane jusqu'au début du XVIe s. Outre l'idée très exacte qu'elles donnent d'une production moyenne surabondante, quelques-uns des principaux maîtres catalans y sont représentés par des œuvres capitales : les Serra pour l'art italianisant du XIVe s. *(Retable de la Vierge)*, le Valencien Dalmau, peintre de la municipalité *(Vierge des conseillers*, 1445) et introducteur des nouvelles techniques flamandes et surtout Jaime Huguet et ses disciples, les Vergos, qui dominent l'art barcelonais dans la seconde moitié du XVe s. *(Saint Georges, Retable de saint Vincent,*

Retable de saint Augustin de Huguet, *Retable de Granollers* des Vergos). Les artistes aragonais soumis à l'influence catalane, comme Garcia de Benabarre, ne sont pas moins bien représentés.

Un autre aspect de la peinture catalane, la renaissance du XVIIIe s., apparaît avec honneur : son protagoniste, Viladomat, peintre religieux vigoureux, peintre de genre et paysagiste agréable (les *Saisons*) prend à Barcelone la « dimension » qu'on ne lui a pas toujours suffisamment accordée.

Le musée de Barcelone s'est enrichi depuis trente ans de dons et d'acquisitions multiples qui y ont fait entrer plusieurs œuvres importantes : andalouses (le *Saint Paul* de Velázquez, une des rares œuvres religieuses de jeunesse connues ; l'*Immaculée* de 1632 et le *Saint François mort* de Zurbarán), valenciennes (le *Martyre de saint Barthélemy* de Ribera, de 1644 ; *Saint Jérôme* de Juan de Ribalta), voire castillanes (Carreño de Miranda, Camilo, Solis) ; la collection Cambo, comportant 50 tableaux d'artistes non espagnols (Filippo Lippi, Sebastiano del Piombo, Fragonard), léguée en 1947 à la ville.

La collection moderne est sans doute la plus complète d'Espagne, pour qui veut suivre le déroulement de la peinture d'histoire, de paysage et de genre ainsi que celle du portrait, du Néo-Classicisme à nos jours, en Catalogne. Parmi les ensembles les plus remarquables, il faut citer : la salle consacrée au Catalan Fortuny, le plus brillant virtuose et le plus coloriste du XIXe s. ; la réunion des paysagistes catalans du début du XXe s., parmi lesquels se détache Joaquin Mir ; et surtout l'excellente représentation du « modernisme » catalan de 1900 avec Rusiñol et Casas (dont l'ensemble de 175 portraits au fusain est aussi un document historique excellent et important). Si les œuvres de Picasso devaient passer logiquement au musée nouveau consacré à l'artiste, son ami et maître Nonell, peintre chatoyant et mélancolique des faubourgs barcelonais et des Gitanes, conserve dans cette collection la place de choix qu'il mérite.

Museo de la catedral. La cathédrale de Barcelone est par elle-même un musée, avec ses primitifs, ses chapelles conservant une dizaine de retables des principaux ateliers catalans du XVᵉ s. (Borrassa, Martorell, Garcia de Benabarre, Jaime Huguet), dont une œuvre maîtresse de Martorell, le *Retable de la Transfiguration* (1450). Mais en outre un musée, installé dans une chapelle du cloître, expose plusieurs peintures importantes : prédelle du XIVᵉ s. retraçant la *Vie de saint Onuphre,* prédelle d'un retable de Martorell (scènes de la *Passion*), *Pitié* de Jaime Huguet ainsi que la grandiose *Pitié du chanoine Despla,* de Bartolomé Bermejo (1490).

Museo de historia de la ciudad. Le musée historique de la Cité, qui retrace d'une façon exemplaire – au cœur du quartier ancien et sur les restes de la cité romaine – tout le développement urbain historique et économique de Barcelone, expose les peintures murales découvertes en 1944 dans le Palais royal tout proche. Ces peintures, qui décoraient la grande salle du « Tinell » et qui représentent les troupes catalanes en marche, sont des témoins exceptionnels de la peinture profane de cette région au XIIIᵉ s.

Fondation Miró. Construits sur les pentes de la colline de Montjuich par l'architecte Jose Luis Sert, ami de longue date de Miró, les bâtiments de la fondation Miró ont été inaugurés en juin 1975. L'artiste souhaitait en effet réserver à sa ville natale une partie importante de sa production : près de 300 œuvres (peintures, dessins, sculptures et tapisseries). À ce fonds, on a ajouté la collection de Joan Prats, ami d'enfance de l'artiste, qui compte quelques-unes des premières peintures du maître.

Les grandes salles, éclairées par des lanterneaux de coupe parabolique, ont été spécialement aménagées pour présenter les dernières compositions de l'artiste : « dripping », cordages, peintures murales *(Pour la cellule d'un solitaire).*

L'objet de cette fondation n'est pas seulement d'être un musée monographique, mais de créer un Centre d'études et d'art contemporain ouvert à toutes les recherches et créations actuelles.

Museo Picasso. La naissance du musée remonte à 1961, lorsque le poète et critique Jaime Sabartès, camarade de jeunesse, puis secrétaire dévoué de Picasso, fit don à la ville de Barcelone de quelques peintures (la *Célestine,* 1902) et de nombreuses estampes du maître. Considéré dès lors comme l'amorce d'une fondation beaucoup plus importante, le musée fut installé, d'accord avec l'artiste, dans un des plus beaux palais de la calle Moncada, rue aristocratique par excellence de la Barcelone médiévale, dont la restauration et l'aménagement furent réalisés avec un goût très sûr. Depuis lors, le musée s'est constamment enrichi ; Picasso lui a offert notamment une cinquantaine d'études peintes, variations sur *les Ménines* de Velázquez. Au début de 1970, quelques mois après la mort de Sabartès, Picasso faisait une donation beaucoup plus importante à la ville où sa vocation s'était affirmée et pour laquelle il gardait une prédilection : plusieurs centaines d'œuvres de jeunesse, peintes à Barcelone et qui y restaient chez son neveu, complètement inédites. De ce fait, le musée prend une importance unique pour l'étude de l'œuvre du maître et pour l'histoire de la peinture moderne.

BAROQUE.

C'est J. Burckhardt qui, dans son *Cicerone,* en 1860, réhabilita le mot *baroque,* mais sans se défaire vraiment du préjugé des classiques : « L'architecture baroque parle le même langage que la Renaissance, mais c'est un langage dégénéré. » Cette opinion va heureusement évoluer. Elle sert de point de départ à H. Wölfflin, qui la nuancera quelques années plus tard dans *Renaissance und Barock.* Pour la première fois, il y est affirmé que le Baroque n'est pas une période de décadence du style classique, mais qu'il a son style propre, irréductible au Classicisme. Cette thèse, Wölfflin la développe dans son œuvre majeure, *Principes fondamentaux de l'histoire de l'art*

Juan de Valdés Leal
In ictu oculi, 1672
(Allégorie de la Mort)
220 × 216 cm
Séville, hôpital de la Charité

(1915). Si les dates du Baroque varient d'un pays à l'autre, on s'accorde à situer l'ensemble entre le commencement du XVIIe et la première moitié du XVIIIe s., cela n'impliquant pas pour autant que tout ce qui appartient à cette époque soit baroque.

Au sens propre, le terme *baroque*, qui n'a d'ailleurs jamais été utilisé au XVIIe s., s'applique à un style architectural créé alors à Rome et qui s'est propagé dans d'autres pays. De l'architecture, ce vocable s'est étendu à la sculpture, à la peinture et aux autres formes de la production artistique contemporaine.

La peinture baroque en Espagne. L'Espagne de la seconde moitié du XVIIe s. a connu une véritable peinture baroque, répondant aux critères de dynamisme des formes et des compositions qui caractérisent le baroque européen, qu'on ne peut appliquer à l'œuvre de Velázquez – ou de Zurbarán – sensibles bien davantage à la veine classique de la peinture italienne contemporaine.

Deux foyers, Madrid avec la cour et Séville dans une moindre mesure, ont développé sciemment ce style en se fondant sur des références bien particulières : à côté du goût permanent pour les coloris et la fougue de la peinture vénitienne prédomine l'influence de la peinture flamande contemporaine, Rubens et Van Dyck, abondante en Espagne et surtout connue par un énorme trafic de gravures où les peintres puisent les nouveaux schémas de composition, voire la théâtralité de l'expression. À cela s'ajoute de façon plus ponctuelle le rôle joué par des œuvres italiennes avec, en premier lieu le décor à fresque illustré par deux générations d'Italiens venus à Madrid. D'abord, en 1658, Agostino Mitelli et Angelo Michele Colonna, recrutés par Velázquez pour peindre dans l'Alcázar (brûlé en 1734). Au palais, à San Antonio de los Alemanes de Madrid, ils formèrent deux des premiers peintres baroques madrilènes, Carreño de Miranda et Francisco Rizi qui achevèrent leurs œuvres. Plus tard, de 1792 à 1802, ce fut le long et fécond séjour de Luca Giordano, prélude à la venue, tout au long du XVIIIe s., de grands fresquistes italiens, de Giaquinto à G.B. Tiepolo. Entre-temps s'était formée la première génération (v. 1650-1685). À Carreño et Rizi s'ajoute Francisco de Herrera le Jeune, venu de Séville mais ayant séjourné à Rome et qui est le véritable introducteur du grand baroque italien, tant dans ses superbes retables (*San Antonio*, Séville, cathédrale) que dans ses décors de théâtre. Près d'eux, quelques épigones davantage liés au modèle flamand comme Cabezalero ou Camilo et surtout Antonio de Herrera Barnuevo, sculpteur, architecte et peintre, concepteur d'architectures éphémères dont le rôle dut être important dans le développement de cette école madrilène.

À Séville, ce baroque issu de Rubens est surtout représenté par Valdès Leal, non pas tant dans les compositions que dans la vibration de la touche et des couleurs. Et, lors de son retour à Séville (v. 1655-1660), Francisco de Herrera le Jeune influa considérablement sur la manière de Murillo (second cycle des Capucins, par exemple).

Cette première génération se prolonge et s'amplifie avec leurs disciples, au premier rang desquels Claudio Coello (*Annonciation* du couvent San Plácido, Madrid, *Sagrada Forma*, Escorial), qui travaille beaucoup avec José Jiménez Donoso : particulièrement caractéristique de cette période est le décor de l'escalier principal du monastère des Descalzas Reales (Madrid). Au même moment, à Séville, Lucas Valdès transforme la voûte des *Venerables Sacerdotes*.

Le séjour de Luca Giordano correspond à une période moins riche de la peinture espagnole, mais Palomino, qui travailla avec lui à l'Escorial, sut enrichir son style de réminiscences de la fougue du Napolitain dans des fresques qui s'intègrent parfois aux plus audacieuses créations du Baroque architectural espagnol (chartreuses de Grenade et du Paular).

L'Espagne est, au XVIIIᵉ s., l'un des lieux principaux du triomphe et de la permanence du baroque italien avec la venue d'artistes comme Giaquinto ou G.B. Tiepolo, l'envoi d'œuvres de Solimena pour décorer les palais royaux. L'importance de l'influence que leur technique, leur manière, développée par Antonio González Velázquez, aura sur la carrière des frères Bayeu, d'un Maella et du jeune Goya est démontrée depuis longtemps.

BASSA (les).
Ferrer *(connu à Barcelone de 1324 à 1348).*

Ferrer Bassa et son fils Arnau furent les initiateurs à Barcelone du style italo-gothique, reflétant le nouveau langage pictural élaboré en Toscane par Giotto et ses disciples.

Une série de documents révèlent l'activité d'enlumineur de Ferrer Bassa et de peintre au service des rois d'Aragon Alphonse IV et Pierre IV. Pour ce dernier, il exécute plusieurs retables pour les chapelles royales de Saragosse, Barcelone, Lérida, Majorque et Perpignan. Il signe également des contrats pour des œuvres destinées à la cathédrale de Lérida et aux monastères de S. Hilari et de Pedralbes.

Arnau
(connu à Barcelone de 1345 à 1348).
Il travaille en collaboration avec son père, tout en signant seul certains contrats, tel qu'un reçu relatif au *Retable de saint Marc* (1346, collégiale de Manresa).

Arnau et Ferrer sont probablement morts des suites de l'épidémie de peste qui a sévi à Barcelone à partir de 1348.

Des études récentes tendent à ne plus séparer la production de ces deux maîtres mais à considérer dans son ensemble l'œuvre de cet important atelier dont Ferrer Bassa fut le chef. Parmi les travaux documentés et conservés figure le remarquable *Livre d'heures de la reine Marie de Navarre* (1338-1342, Venise, Biblioteca Marciana), auquel on peut rattacher un groupe de livres enluminés : le *Psautier anglo-catalan* (Paris, B.N.), un *Décret de Gratien* (Londres, British Library), le *Ductor Perplexorum* de Maïmonides (1348, Copenhague, Bibliothèque royale), le *Llibre Verd* (1342-1348, Barcelone, Archives municipales) et les *Utsages de Ramon Ferrer* (id.). Ces miniatures présentent une grande affinité stylistique avec les *Retables de saint Marc* (1346, collégiale de Manresa) et de *Saint Jacques* (1347, Barcelone, musée diocésain), ainsi qu'avec un certain nombre de panneaux tels que 3 *Scènes de la Vie de*

Ferrer Bassa
Les Saintes Femmes au tombeau, 1346
peinture murale, détail
Barcelone, monastère
de Pedralbes

Saint Étienne (Barcelone, M.A.C. et coll. part.), 2 *Miracles de saint Bernard* (musée de Vich) et 2 polyptyques (New York, Pierpont Morgan Library et Baltimore, W.A.G.). À cette liste il faut ajouter une œuvre maîtresse, les peintures murales de la chapelle Saint-Michel, attenante au cloître du monastère de Pedralbes (1346, Barcelone). Ce décor comprend 15 compositions réparties sur 2 registres, le premier consacré aux joies de la Vierge et le second à la Passion du Christ.

Cet ensemble de peintures et de miniatures témoigne, par la conception de l'espace, le modelé plastique des figures et la gamme colorée, d'une assimilation des modèles siennois et, plus précisément, de Pietro et Ambrogio Lorenzetti, sans qu'il soit possible d'en préciser l'origine : voyage de Ferrer en Italie ou circulation de miniatures italiennes en Catalogne.

BAYEU Francisco
(Saragosse 1734 - Madrid 1795).

Abondante et diversifiée, son œuvre fait de lui l'une des figures dominantes du xviiie s. espagnol après son beau-frère Goya. Issu d'une famille noble d'Aragon, formé auprès du peintre bohémien Merclein, dont il devait épouser la fille Sebastiana, il fréquenta l'atelier de José Martínez Luzán, disciple de Giaquinto. Fortement influencé en 1753 par la fresque d'Antonio González

Velázquez, disciple de Giaquinto, pour la basilique du Pilar, il obtint en 1758 avec la *Tyrannie de Gérion* (Madrid, Acad. royale de San Fernando) une pension de l'Académie pour étudier à Madrid sous la direction du peintre.

Rentré à Saragosse en 1760, il travaille pour de nombreux édifices religieux (San Felipe y Santiago, chartreuse d'Aula Dei). Il y rencontre en 1763 Mengs, qui l'engage pour le seconder dans la réalisation des fresques du Palais royal de Madrid. De 1763 à sa mort, Bayeu ne cessa de participer aux décors des palais. Allégoriques ou mythologiques, ses fresques montrent une adhésion de plus en plus nette à l'académisme de Mengs (*Chute des géants*, 1764 ; *Apollon protégeant les sciences*, 1786, Palais royal, Madrid), plus lente à s'exprimer dans le domaine religieux (coupole de la chapelle de la Granja, v. 1772, détruite, esquisse au Prado, à Saragosse, à l'Hispanic Society of New York ; chapelle [1779] et surtout oratoire de la reine [1790] du palais d'Aranjuez, in situ).

Le sommet de son art est représenté par deux ensembles religieux : à Saragosse, il participe au grand chantier du Pilar, d'abord avec les deux voûtes *Regina Santorum* et *Regina Angelorum* (v. 1776) puis, après avoir pris la direction du chantier et avoir évincé Goya (1780), avec les deux superbes coupoles de *Regina Apostolorum* et *Regina Prophetarum*, marquant un bel équilibre entre l'influence de Mengs et la persistance des tendances baroques, particulièrement perceptibles dans les esquisses colorées ou en grisaille. À Tolède, il fut chargé, avec Maella, de décorer le grand cloître de la cathédrale (de 1776 à 1784) : la perfection du dessin et du coloris, le juste équilibre entre baroque et classicisme de scènes comme la *Mort de sainte Casilde* font oublier son échec dans sa participation à la décoration de San Francisco el Grande (Madrid).

Peintre de la chambre du roi en 1765, chargé de la conservation de la collection royale, il est nommé directeur de peinture de l'Académie San Fernando en 1788 puis directeur général en 1795, peu avant sa mort. Quoiqu'il ait peu développé ce genre, quelques portraits (*Sebastiana Merclein, Feliciana Bayeu*, musées de Saragosse et du Prado) témoignent de sa sensibilité, masquée souvent par un caractère autoritaire qui détériora ses relations avec Goya.

BAYEU Manuel
(Saragosse 1740 - chartreuse de Las Fuentes, près de Sariñena, 1809).

Comme ses frères, il étudia auprès de Merclein et de José Luzán qui fut le premier maître de Goya mais, dès 1757, entra à la chartreuse d'Aula Dei (Saragosse), où peignit Francisco. La majeure partie de sa vie se passa à la chartreuse de Las Fuentes.

Fidèle, à la différence de ses frères, au baroque de sa formation, il peignit abondamment pour les églises et les édifices religieux d'Aragon : toiles pour l'église San Gil de Saragosse, v. 1780, décor à fresque pour le sanctuaire de la cathédrale de Huesca, v. 1791-92, et surtout les 17 toiles de la *Vie de saint Bruno* pour son monastère, où il retrouvait la vigueur des peintres espagnols du XVIIe s. (en mauvais état au musée de Huesca), et les décors à fresque des monastères de Sijena (avec des portraits, détruits en 1936) et de la chartreuse de Valldemosa à Majorque (v. 1806) avec les toiles du *Via Crucis* de l'ermitage attenant (in situ). De cette époque date une intéressante correspondance échangée par l'artiste avec le philosophe Jovellanos, alors enfermé à Bellver.

BAYEU Ramón
(Saragosse 1746 - Aranjuez 1793).

Comme son frère aîné, il étudia à Saragosse dans les ateliers de Merclein et de Luzán. Lorsque Francisco commença à travailler

Francisco Bayeu
La Méridienne
278 × 173 cm
carton de tapisserie
Madrid, musée du Prado

à Madrid avec Mengs (1763), il fit venir Ramón, qui entra à l'Académie de San Fernando, dont il devait obtenir le premier prix en 1766, devant Goya. Sa carrière, prometteuse au départ mais finalement assez terne – il ne fut nommé peintre du Palais qu'en 1791 – suivit, dans l'ombre de son frère, deux directions. D'une part, il l'assista fréquemment, dès 1766, au Palais royal de Madrid puis, en 1781, sur le chantier du Pilar à Saragosse, où il remplaça Goya et décora deux coupoles, *Regina Virginum et Virgina Confessorum, Regina Patriarcharum*, travaillant aussi avec Goya en 1787, avec trois toiles pour Santa Ana de Valladolid (in situ) puis à Valdemoro (1790). D'autre part, et c'est l'aspect le plus caractéristique de son talent, il se spécialisa dans la réalisation de cartons de tapisserie pour la manufacture Santa Barbara, où il travaillait dès 1765. Avec Goya, Castillo et d'autres, il produisit plus de cent cartons dans les années 1776-1780 et, comme son beau-frère, fut nommé peintre officiel de la manufacture en 1786. À partir d'esquisses conçues par lui (*Treize Esquisses* montées ensemble, Prado) ou par son frère (*El Paseo de Las Delicias,* carton au Musée municipal, Madrid), il réalisa des œuvres vives, lumineuses où l'atmosphère joue un grand rôle (la *Cuisine,* Real Fabrica de Tapices, *Majos dansant,* Instituto Valencia de Don Juan, Madrid). Il fit aussi un certain nombre de peintures religieuses dont 6 toiles commandées par Charles III pour l'église de Tres Casas (1786, près Ségovie) et pratiqua la gravure chalcographique.

BECERRA Gaspar
(Baeza, Andalousie, 1520 - Madrid 1570).

Également sculpteur comme beaucoup d'artistes de sa génération, il passa ses années d'apprentissage en Italie. Adepte fervent de Michel-Ange, il collabora avec Vasari à la décoration de la Chancellerie de Rome (v. 1545) et travailla, dans l'atelier de D. da Volterra, au décor de la chapelle della Rovere de la Trinité-des-Monts (Rome). On lui attribue les dessins d'un traité d'anatomie publié en 1554 par le docteur Valverde. Rentré en Espagne en 1557, il travailla comme sculpteur au retable de la cathédrale d'Astorga et fut appelé au service de Philippe II en 1562 pour décorer à fresque, dans un esprit italien, les palais royaux : les fresques de l'Alcázar de Madrid sont détruites (cartons à l'Escurial) ; au Pardo, la *Fable de Persée,* répartie en 9 compartiments, témoigne de son goût des raccourcis et des volumes accusés. Nommé Peintre du roi en 1563, il mourut en 1568 en laissant de nombreux projets et fut remplacé par G.B. Castello ; l'influence de Michel-Ange est constamment présente chez Becerra, seul fresquiste espagnol de son époque.

BERMEJO Bartolomé
(documenté de 1468 à 1498).

On possède peu de documents concernant sa vie, et sa formation reste encore discutée. D'après la signature de la *Pietà* de la cathédrale de Barcelone, Bermejo serait né à Cordoue ; pourtant, son style ne s'apparente pas à celui des écoles andalouses. Parmi les érudits, Tormo estime qu'il aurait pu être en relation avec Nuño Gonçalvez, et Post avec Van Eyck. Récemment, J. M. Brown a fourni des preuves qui confirment cette dernière hypothèse. La *Mort de Marie* (Berlin-Dahlem) présenterait en effet des similitudes iconographiques qui lient étroitement l'art de Bermejo à celui qui était pratiqué à Bruges et à Gand. La *Madone* d'Acqui (Italie) prouve, d'autre part, un contact certain avec l'Italie. Par son style, Bermejo a été considéré comme faisant partie de l'école d'Aragon ; c'est dans ce royaume qu'il travailla v. 1474, 1486 et 1495 en collaboration avec Martín Bernat, Miguel Ximénez et Jaime Huguet.

L'œuvre de Bermejo n'atteint pas la beauté d'exécution des Flamands contemporains, mais elle possède une force profonde. Au souci de la construction monumentale, elle allie le sens du concret et une conception particulière des visages. Dans le paysage, le peintre se montre essentielle-

Bartolomé Bermejo
Pietà, 1490
bois, 175 × 189 cm
Barcelone, musée de la cathédrale

ment naturaliste. Bermejo sait capter les effets d'ombre et de lumière, avec des notations picturales qui lui sont propres. Son évolution tend vers un abandon progressif des types empruntés à l'Aragon en faveur de figures au modelé plus souple et d'un sentiment plus pathétique.

Entre 1474 et 1477, il peint *Saint Dominique de Silos bénissant* (Prado), provenant de Daroca (Aragon), grandiose figure solennelle, hiératique et ruisselante d'or, d'une majesté paisible rarement égalée. Le panneau formait la partie centrale d'un retable

exécuté pour cette paroisse et certainement achevé en 1477. L'artiste utilisa ici une construction pyramidale et une disposition frontale. Le réalisme du visage contraste avec la raideur et la richesse ornementale du trône et des vêtements. La conception générale reste soumise au plan, mais sont mis en relief les objets d'orfèvrerie, les broderies et les sujets allégoriques décoratifs.

La *Pietà* de la cathédrale de Barcelone porte l'inscription *Opus Bartholomei Vermeio Cordubensis impensa Lodovici de Spla barcinonensis archidiaconi absolutum XXIII aprilis anno salutis christianae MCCCCLXXXX.* Cette peinture, datée de 1490, correspond, par son contenu dramatique et sa qualité chromatique comme par la vigueur expressive et réaliste des figures orantes, à la maturité du style de Bermejo. La luminosité et la profondeur du vaste paysage sont l'une des meilleures réussites du peintre, dans un genre très peu pratiqué par les artistes espagnols.

La verrière de la cathédrale de Barcelone, fut exécutée par un certain Fontanet, d'après un dessin de Bermejo. Elle représente le *Noli me tangere*, et la date de son exécution est mentionnée dans le livre des œuvres de 1493-1495, où l'on peut lire également que, dans ces années, Bermejo poursuit les dessins de 9 autres verrières (auj. disparues) pour orner la coupole de la même cathédrale.

Les deux autres panneaux connus, signés, ne sont pas datés : le *Saint Michel* de Tous (Luton Hoo Bedfordshire, Werhner Coll.), signé *Bartolomeus Rubeus*, et la *Vierge de Monferrato* de la cathédrale d'Acqui, dont le paysage crépusculaire est traité dans la manière naturaliste et avec la même luminosité que celle de la *Pietà* de la cathédrale de Barcelone.

Au nombre des autres œuvres que les historiens s'accordent à attribuer à Bermejo, il faut au moins citer la *Mort de la Vierge* de Berlin-Dahlem, la *Pietà* de la coll. Mateu de Barcelone, qui datent sans doute de sa période valencienne, le retable de *Santa Engracia de Daroca* en Aragon (Gardner Museum de Boston musées de Daroca ; de Bilbao et de San Diego, Calif.), et 4 panneaux de la période catalane montrant les épisodes de la vie du Christ répartis entre le M. A. C. de Barcelone et la fondation Amatller de la même ville.

BERRUGUETE Alonso
(Paredes de Nava v. 1489 - Tolède 1561).

Instruit par son père, P. Berruguete, dans l'art de peindre, il étudia également la sculpture et l'architecture. À Rome, où il se trouvait pendant les premières années du XVIᵉ s., il devint le disciple de Michel-Ange, puis travailla à Florence, où il participa à l'achèvement du *Couronnement de la Vierge* (Louvre), commencé par Filip-pino Lippi. Berruguete semble avoir exercé alors une influence décisive sur Pontormo et Rosso, mais les œuvres de cette période sont encore mal connues (*Salomé*, Offices ; *Sainte Famille*, gal. Borghèse, Rome ; *Madone*, Munich, Alte Pin.). De retour en Espagne v. 1518, il jouit d'une réputation supérieure à celle de tous les artistes de sa génération même si sa carrière est difficile. Peintre de Charle V, il ne réalise pas les peintures murales la chapelle royale de Grenade et se consacra essentiellement à la sculpture. L'influence de Michel-Ange est sensible dans ses sculptures, tandis que ses œuvres peintes l'apparentent au maniérisme toscan de Rosso et à celui des élèves de Raphaël. Dans le retable consacré à saint Benoît (musée de Valladolid) apparaissent les interférences entre peinture et sculpture. Berruguete dote ses statues d'une riche polychromie et donne aux personnages des tableaux un relief accusé. Le paysage est à peine évoqué ; sur un fond neutre, le modelé accentué des corps, l'abondance des draperies agitées et les attitudes tourmentées transposent en peinture l'art fougueux du sculpteur. La *Nativité* et la *Fuite en Égypte* se déroulent sous une lumière crépusculaire ; la palette aux tons froids, où les gris prédominent, durcit les contours. Le visage de la Vierge s'inspire de Raphaël, mais les physionomies masculines évoquent les prophètes de la Sixtine. Le sens dramatique et le goût du clair-obscur deviennent plus intenses dans les tableaux du retable du collège des Irlandais à Salamanque v. 1530 et celui du couvent de Sainte-Ursule à Tolède (1546). On attribue également à Alonso Berruguete une *Crucifixion* conservée au musée de Valladolid, une série de panneaux avec des *Scènes de la vie de la Vierge et de sainte Lucie* à l'église S. Eulalia de Paredes de Nava et une *Mise au tombeau* à l'église S. Pietro de Fuentes de Nava.

Alonso Berruguete
La Fuite en Égypte
bois, 130 × 105 cm environ
Valladolid, musée national de Sculpture

BERRUGUETE Pedro
(Paredes de Nava v. 1450 - id. 1504).
Originaire de Vieille-Castille, dont l'activité artistique est dominée dans la seconde moitié du XVᵉ s. par des maîtres flamands appelés par les Rois Catholiques, il poursuit la tradition gothique tout en l'enrichissant des nouveaux apports de la Renaissance italienne. Peu de documents concernent ses travaux, et ils sont presque tous relatifs à des œuvres disparues.

Un séjour du peintre en Italie au début de sa carrière, approximativement entre 1472 et 1482, est admis par la plupart des historiens. R. Longhi, le premier, a reconnu la main de Berruguete dans une partie de la décoration du studiolo de Federico da Montefeltre au palais ducal d'Urbino, identification confirmée par la découverte de deux documents. L'un, dans les archives

Pedro Berruguete
Christ au tombeau
71 × 62 cm
Milan, Pinacoteca di Brera

notariales d'Urbino, signale en 1477 la présence d'un peintre nommé « Pietro Spagnolo » ; l'autre, dans le discours de Pablo de Céspedes (1604), mentionne qu'un peintre espagnol exécuta des portraits d'hommes célèbres au palais d'Urbino. Cette décoration comporte 28 figures de savants et de philosophes de l'Antiquité et des Temps modernes, présentés à mi-corps sur deux registres au-dessus d'un décor de marqueterie (14 au Louvre, 14 au palais d'Urbino). Si le dessin préparatoire et une partie de l'exécution peuvent être attribués à un Flamand, Juste de Gand, l'intervention de Berruguete est manifeste dans les modifications apportées au décor architectural et à un grand nombre de figures. Elle l'est également pour le *Portrait du duc Federico avec son fils Guidobaldo* (Urbino), et malgré quelques avis différents, pour le panneau représentant le *Duc, son fils et les membres de sa cour recevant les leçons d'un humaniste* (Hampton Court) ainsi que pour les 4 *Allégories des arts libéraux* peintes pour la bibliothèque du palais (2 à Londres, N. G. ; 2 détruites à Berlin). Pendant son séjour à Urbino, Berruguete dut rencontrer de nombreux artistes attirés par le mécénat ducal et certainement Piero della Francesca, pour qui il exécuta les mains et le casque de Federico dans son tableau de la *Vierge entre les saints* (Brera). Il est vraisemblable qu'il visita la Toscane et Venise, où il peignit le *Christ soutenu par deux anges* (Brera), qui provient de l'église S. Maria della Carità.

Son départ d'Italie dut coïncider avec la mort du duc Federico (1482) ; un document signale qu'en 1483 il décore à fresque le « Sagrario » de la cathédrale de Tolède (détruit au XVIᵉ s.). De son œuvre de fresquiste, il ne reste que deux épisodes de la *Vie de saint Pierre* (chapelle Saint-Pierre, cathédrale de Tolède). L'artiste peignit surtout un grand nombre de retables dans les provinces de Palencia, de Burgos, de Ségovie et finalement à Ávila. Peu après son retour d'Urbino, il dut exécuter les 2 panneaux de la *Vie de saint Jean-Baptiste* (église de S. Maria del Campo) et la *Messe de saint*

Grégoire (cathédrale de Tolède) ; il a gardé un souvenir précis des pilastres cannelés et des tympans en coquille de l'architecture renaissante ainsi que des compositions spatiales et lumineuses apprises de Piero della Francesca. Pour 3 églises de Paredes de Nava, sa ville natale, il peignit d'importants panneaux : 1 *Saint Pierre martyr* (musée paroissial S. Eulalia), 2 scènes de l'*Histoire de sainte Hélène* et du *Miracle de la Croix* (église S. Juan Bautista) et le *Retable de la Vierge* (église S. Eulalia). Ce dernier ensemble, bien que remonté dans des boiseries baroques, a conservé l'ordonnance de Berruguete, et l'une des scènes, représentant la visite du grand prêtre accompagné des prétendants pour persuader Marie de quitter le Temple et de se marier, est d'une grande originalité iconographique. Une récente restauration (1964) a permis de retrouver l'intensité des couleurs et la richesse des brocards. À la prédelle, les rois de Juda rappellent l'expression sereine et grave des *Sages* d'Urbino, et confirment la collaboration de Berruguete au studiolo ducal.

À Becerril de Campos, le *Retable de la Vierge* (église S. Maria) inaugure une nouvelle étape dans l'évolution de l'artiste, qui se dégage de plus en plus de ses souvenirs italiens et retrouve les formes gothiques, encore très en honneur dans la Castille des Rois Catholiques. Les scènes se situent dans un espace plus restreint, l'expression des personnages est plus réaliste, enfin les fonds d'or, les plafonds « artesonados » et les accessoires se multiplient. À cette époque peuvent être rattachés les 3 scènes de la *Vie de la Vierge* (Palencia, palais épiscopal) et le *Miracle des saints Cosme et Damien* (Covarrubias, collégiale). Puis le peintre travailla pour le couvent de S. Tomás de Ávila, administré par le prieur Fray Tomas de Torquemada, Grand Inquisiteur et confesseur de la reine. Au maître-autel dédié au saint titulaire, 4 grandes scènes quadrangulaires montrent l'intérêt particulier que Berruguete porte à la composition du retable et son indéniable originalité. Des figures à grande échelle, pour être

Pedro Berruguete
*Le Duc Federico da Montefeltro
avec son fils Guidobaldo*
Urbino, Galleria Nazionale delle Marche

lisibles de loin, tracées d'une ligne incisive sur des fonds plats, confèrent à l'ensemble un caractère monumental. Ces mêmes qualités se retrouvent dans les scènes du *Retable de la Passion* (cathédrale d'Ávila), pour lequel l'artiste reçut un paiement en 1499. Il n'exécuta que l'*Agonie*, la *Flagellation* et les 8 figures en pied de la prédelle ; Santa Cruz et Juan de Borgoña achevèrent l'ouvrage après sa mort. Peints également à Ávila, pour S. Tomás, les 10 panneaux de la *Vie de saint Dominique et de saint Pierre* (Prado) ont, par leur composition à nombreux personnages, des affinités avec Carpaccio. L'*Épiphanie, Saint Pierre et Saint Paul* (Prado) composaient sans doute les portes de l'orgue à l'église S.Pedro d'Ávila.

Avec l'*Annonciation* de la chartreuse de Miraflores (près de Burgos), il faut de nouveau évoquer des souvenirs ramenés d'Italie par l'artiste, qui avait peut-être vu la composition d'Antonello de Messine (musée de Syracuse) ou, mieux, le prototype, perdu, dû à Colantonio. Peintre de grands retables, Berruguete s'est rarement intéressé aux petits tableaux de piété ; citons cependant la *Vierge et l'Enfant* (coll. part. et cathédrale de Palencia). La région de Palencia fut un des centres artistiques les plus actifs du début du XVIe s. en Espagne, et de nombreux artistes, tels les Maîtres de Becerril et de Portillo, suivirent la voie tracée par Pedro Berruguete.

BERTHOLO René,
peintre portugais
(Alhandra, Lisbonne, 1935).

Après avoir suivi les cours de peinture de l'École des beaux-arts de Lisbonne, il partit pour Munich en 1957, puis s'installa à Paris en 1958. Intégré à la vie artistique parisienne, il fut un des créateurs de la revue *KWY*, organe d'un groupe international de jeunes artistes (1959-1963), et participa aux Salons Donner à Voir 2 (1962), Comparaisons (1964), Salon de mai (1964, 1965, 1969) et à la IIIe Biennale de Paris (1963). Depuis 1962, sa peinture s'est engagée dans la voie d'une « nouvelle imagerie » où l'inventaire obsessif d'objets hétéroclites joue un rôle poétique. Invité par le C.N.A.C. de Paris, il a réalisé en 1972 un mur peint (rue Dussoubs, Paris IIe). Vers 1966, il abandonna la peinture pour se consacrer à la réalisation d'objets peints, sortes de jouets animés d'un lent mouvement mécanique (les *Palmiers,* 1875). L'artiste vit à Paris.

BERUETE Aureliano de
(Madrid 1845 - id. 1912).

Après des études de droit et une brève carrière politique, Beruete suivit à l'académie San Fernando de Madrid les cours du paysagiste d'origine belge Carlos de Haes.

Avec lui, il rénova la conception espagnole du paysage, éliminant le folklore pour une étude des sites et de la lumière, à la recherche de la réalité « physique et métaphysique », dans un esprit proche des intellectuels de « la Generacion del 98 » ; de fréquents voyages en France lui font connaître les impressionnistes et on le classe parfois comme « le plus impressionniste des Espagnols », mais sa technique est surtout influencée par Velázquez. Après avoir peint des paysages de l'Espagne du Nord, il se consacre à la Castille, aux effets du soleil écrasant sur quelques éléments de nature ou d'architecture (*Vue de Madrid* 1907, Madrid, Prado (Cason), *Ségovie depuis la route de Boceguillas,* New York, Hispanic Society ; *Murailles d'Ávila,* 1909, Madrid, coll. part.). Collaborateur actif de l'Institution libre d'enseignement fondée en 1877 à Madrid par Francisco Giner de los Ríos, il fit aussi œuvre d'historien de l'art avec un livre magistral sur *Velázquez,* premier catalogue de son œuvre, publié en français à Paris (1898). Son fils, Aureliano de Beruete y Moret (1876 - 1922), qui épousa la fille de Dario de Regoyos, fut spécialiste de Goya et directeur du musée du Prado (1918-1922).

BLANCHARD,
Maria Gutierrez Blanchard, dite Maria
(Santander 1881 - Paris 1932).

De père espagnol et de mère francopolonaise, elle naquit infirme. Bossue, d'une santé fragile, elle lutta avec un grand courage contre un destin presque toujours contraire. Après des études à Madrid, sous la direction de peintres académiques comme Sotomayor, elle part pour Paris en 1908 et travaille à l'Académie Vitti avec Van Dongen. Revenue en Espagne de 1913 à 1916, où elle ne réussit pas à s'imposer, elle repart pour la France et se lie avec Juan Gris et Metzinger, dont l'influence sera décisive sur son art. À partir de 1919, soutenue par le gal. Rosenberg, elle connaît un succès croissant, bien que toujours limité à une élite. Comme André Lhote,

Maria Blanchard
Nature morte
collection Oscar Ghez

dont les critiques très lucides contribuèrent à sa renommée, et La Fresnaye, elle resta fortement marquée par le Cubisme ; mais celui-ci fut pour elle une discipline constructive, qui ne l'éloigna jamais de la peinture de la vie. Le souci de l'architecture et de l'équilibre des masses s'allie dans son œuvre à « une couleur austère et métallique », à des lumières « excessives et miroitantes » (Lhote) et à un sentiment grave et mélancolique, qui donne un accent très personnel à ses thèmes préférés : intimité familiale *(Brodeuse, Maternité)*, enfance *(Fillette se peignant, Communauté, Enfant au ballon)*, natures mortes. L'exposition espagnole de 1937, au Jeu de paume, où elle figura avec 12 toiles, constitua une sorte d'hommage posthume et la révéla au grand public. Maria Blanchard est représentée par plusieurs œuvres à Paris (M.N.A.M. et M.A.M. de la Ville) et au musée de Grenoble.

BOCANEGRA Pedro Atanasio
(Grenade 1638 - id. 1689).

Élève d'Alonso Cano, il a surtout vulgarisé le style de son maître, en y ajoutant parfois une certaine délicatesse, presque féminine, et un sens raffiné de la couleur. Il exécute de nombreux tableaux pour les églises de Grenade : le *Martyre de saint Jacques,*

(1663, Abbaye de Sacro Monte), *Saint Pierre* (1667, la Masdalena), *Apparition de saint Pierre à saint Ignace* (1668, S. Justo y Pastor). Par sa vivacité, il annonce certains aspects du Rococo (*Vie de la Vierge,* v. 1670, chartreuse de Grenade). Nommé peintre du roi en 1676, il séjourne peu de temps à la cour et regagne sa ville natale, où il produit de grandes compositions pour le couvent de Sainte-Catherine et le palais épiscopal.

BODEGÓN.

En Espagne, on attribue actuellement au mot *bodegón* (« nature morte ») un sens général qui se rapproche de celui qui est donné à la *nature morte* française, au *Still life* anglais et à la *Vanitas* des anciens Pays-Bas. À l'origine, le terme désignait uniquement les tableaux représentant la cuisine ou les aliments : gibier mort, poissons, gâteaux, accompagnés de vaisselle et parfois de personnages tels que marchands et cuisiniers. Les toiles où figuraient des vases de fleurs et des compotiers formaient alors un genre à part ; elles se regroupent aujourd'hui sous la même dénomination.

Le bodegón, qui avait pris naissance à la fin du XVIe s. à la suite de l'exemple italien, atteignit un développement exceptionnel au

Juan Sánchez Cotán
Melon, citrouille, chou et coing
64 × 81 cm
San Diego, Fine Arts Gallery

XVIIᵉ s. Parmi les artistes qui, les premiers, illustrèrent le genre, on cite Juan Labrador, originaire d'Estrémadure. On attribue à ce peintre, en relation avec Moralès, de très belles œuvres, mais qui, de toute évidence, sont de diverses mains. À ce même groupe appartient le Tolédan Blas de Prado, souvent confondu avec un certain Blas de Ledesma, qui signe des tableaux à Grenade et passe pour avoir défini le bodegón dans sa forme caractéristique. Dès le XVIIᵉ s. une sensibilité différente, humble et grave, profonde et imprégnée d'un sentiment religieux qui donne aux motifs une valeur de transcendance, oppose la nature morte espagnole à la sensualité opulente et spectaculaire des natures mortes flamandes, hollandaises ou italiennes. Sánchez Cotán dégage, dès 1602, les formules d'un bodegón plus typiquement espagnol : dans une ouverture carrée, sans doute une fenêtre, se trouvent quelques rares objets, fruits et légumes, disposés avec une rigueur géométrique absolue et éclairés par une lumière violente dont les ombres intenses donnent aux objets un relief presque irréel. C'est le schéma qu'utilisent tous les spécialistes de sa génération : Juan Van der Hamen, Felipe Ramírez, qui copie littéralement les compositions de Cotán avec une nuance baroque (*Bodegón*, 1628, Prado), Juan de Espinosa et même Zurbarán, dont les bodegones (1633, Pasadena, Norton Simon Foundation) traduisent fidèlement les aspects de la vie quotidienne, à la manière intense et pénétrée de Cotán. Simultanément, le bodegón à personnages se développe dans une direction parallèle, respectant toujours l'esthétique du clair-obscur naturaliste.

Les toiles du Tolédan Loarte, étonnamment proches de celles du Florentin Empoli, témoignent d'une technique assez rude, mais d'une évidente rigueur de composition. Francisco Barrera et Juan Esteban, tous deux Andalous, s'expriment d'une façon analogue dans une facture un peu grossière. Velázquez lui-même a peint à ses débuts, dans le style encore maniériste d'Aertsen ou de Beuckelaer, des sujets religieux (les *Pèlerins d'Emmaüs*, Blessington, coll. Beit, le *Christ chez Marthe et Marie*, Londres, N.G.) qui sont, en fait, de

Francisco de Zurbarán
Nature morte
46 × 81 cm
Madrid, musée du Prado

véritables bodegones par la présence et le réalisme saisissant des personnages. Dans la seconde moitié du XVIIe s., sous l'influence des Flamands et des Italiens, ce style évolue vers une plus grande mobilité et un certain baroquisme. Les délicates peintures de fleurs de Pedro de Camprobín, né à Almagro et établi à Séville, restent fidèles à la symétrie de Cotán et à la poésie de sa couleur, tandis que le Valencien Tomás de Hiepes ordonne ses toiles avec une rigueur géométrique déjà archaïque. En revanche, les maîtres tels que Pereda (*Vanitas*, Vienne, K.M.), Mateo Cerezo (*Poissons*, musée de Mexico), Francisco Palacios ou Andrés Deleito font preuve d'une technique brillante et disposent les objets en un désordre apparent, très différent de la rigoureuse mise en page antérieure. Les peintres de fleurs tels qu'Arellano, Bartolomé Pérez ou Gabriel de la Corte combinent les apports flamands de Bruegel avec ceux des Napolitains et de l'Italien Mario Nuzzi en une vaste synthèse,

très décorative. À la fin du siècle, le groupe andalou, moins connu et probablement influencé par les Flamands, se consacre aussi au trompe-l'œil d'objets suspendus ou fixés sur un panneau (tableaux signés de Marcos Correa à l'Hispanic Society de New York). Cette tradition se prolonge au XVIIIe s. à Séville avec Pedro de Acosta, Francisco Gallardo et le murillesque Llorente y German, tandis qu'à la même époque le Catalan Viladomat poursuit la veine ténébriste dans ses étalages de *Gibier* (Barcelone, M.A.C.). À Madrid, à côté des Italiens attirés à la cour des Bourbons, travaille Meléndez, qui se consacre à une description minutieuse et très plastique des fruits et ustensiles de cuisine. À l'opposé, les *Bouquets de fleurs* de Paret sont d'une élégance très rococo (Prado). À Valence, autour de l'Académie de S. Carlos et de son École de fleurs et d'ornements, se groupent des artistes tels que Benito Espinos et José Ferrer.

À la fin de sa vie, Goya se consacre également à la nature morte, il donne une direction nouvelle à ce genre qui sombrait dans le décoratif ; il réussit à nous émouvoir, certes par le réalisme cruel de ses animaux morts (*Dindon*, Prado ; *Nature*

morte à la tête de mouton, Louvre), mais également par la spontanéité de la facture et l'éclat des couleurs.

Francisco Bores
Nature morte au lapin, 1926
73 × 92 cm
collection particulière

BORES Francisco
(Madrid 1898 - Paris 1972).

Formé dans une académie madrilène et surtout au Prado, où il exécute de nombreuses copies, il expose pour la première fois, en 1925, au Salon des artistes ibériques. Il collabore avec différentes revues : *Revista de Occidente,* dirigée par Ortega y Gasset, *España, Alfaro* et *Indice,* dirigée par Juan Ramón Jímenez. Il se rend la même année à Paris, où il s'installe définitivement. Il y rencontre Picasso et Gris et subit alors l'influence de ce dernier, dont il se distingue par une vision plus dynamique, sensible aux valeurs. Il évolue alors vers un art plus réaliste, qu'il exprime en de vastes compositions au dessin aigu et vivant, et figure sur un mode parfois burlesque le petit monde des cafés. De 1923 à 1925, ses œuvres témoignent d'un classicisme qui évolue jusqu'en 1929 vers un style néo-cubiste. Après 1930, il perd en pittoresque ce qu'il gagne en savant raffinement, dans la représentation, intimiste, subtilement colorée,

d'ateliers et de natures mortes. Dans les œuvres qu'il a réalisées au cours des années 40, resurgit un esprit de la tradition espagnole baroque (Gaudí) et violent (Goya). Il est représenté notamment à Paris (M. N. A. M.), au musée de Lille et à New York (M. O. M. A.), à Londres (Tate Gal.) et à Madrid (M. E. A. C.) où se trouvent conservées d'importantes œuvres sur papier de l'artiste.

BORGOÑA. → *JUAN de BORGOÑA.*

BORRASSÁ Luis
(Gérone v. 1360 - Barcelone v. 1425).

Originaire d'une famille de modestes artistes de Gérone, il fut le premier représentant en Catalogne du Gothique international. Différents documents le mentionnent comme l'auteur de 48 retables exécutés entre 1383 et 1424 ; une douzaine subsistent en partie ou dans leur intégrité, mais de nombreuses peintures lui sont attribuées avec vraisemblance. Tout en gardant des contacts avec Gérone, l'artiste s'établit à Barcelone v. 1383 et organise un important atelier, dont les débuts sont mal connus (le grand retable qu'il exécute alors pour l'église du couvent de S. Damián n'existe plus). De cette première époque date la partie latérale d'un retable (v. 1385-1390, Paris, musée des Arts décoratifs) représentant la *Nativité*, l'*Adoration des mages*, la *Résurrection* et continuant la tradition italianisante de Destorrents et des frères Pedro et Jaime Serra. On attribue également à cette période le *Retable de l'archange Gabriel* de la cathédrale de Barcelone et celui de la *Vierge et saint Georges* (Villafranca del Panedès). En 1402 est documenté le *Retable de la Vierge* de Copons (Valence, coll. Montortal). Un caractère vigoureux anime une prédelle, la *Déploration du Christ* (1410), ajoutée ultérieurement au *Retable du Saint-Esprit* de Pedro Serra (collégiale de Manresa). Avec cette œuvre, l'artiste atteint sa pleine maturité. D'un thème alors courant en peinture comme en sculpture, Borrassá a fait un tableau tragique dans son réalisme, où la douleur de chacun s'exprime de façon différente ; les couleurs intenses s'équilibrent de part et d'autre de la Vierge. Désormais, Borrassá se rallie au style international, où interviennent des éléments flamands, parisiens, bourguignons. Les déplacements d'artistes, le mécénat des princes favorisèrent les contacts étrangers que Borrassá dut avoir à Gérone, où séjournait la cour du futur roi d'Aragon, Jean Ier, et de sa femme, Violante de Bar, nièce de Charles V.

Le *Retable de saint Pierre* (1411-1413, Tarrasa, église S. María), conservé partiellement, accuse un dynamisme accru. Le Calvaire de la partie haute équilibre les groupes de cavaliers de part et d'autre de la croix, chacun remplit son rôle en gesticulant ; les scènes secondaires sont pittoresques. Saint Pierre s'enfonce dans les eaux vertes de Tibériade ou est délivré de sa prison par un ange au geste expressif ; la

Luis Borrassá
*La Guérison d'Agbar,
roi d'Édesse, 1415*
bois, 144 × 124 cm
panneau du retable de sainte Claire
Vich, musée épiscopal

crucifixion de l'apôtre montre un enchevêtrement acrobatique de figures s'étageant dans un minimum d'espace. La technique de Borrassá, souple et fluide, révèle une maîtrise alors exceptionnelle en Espagne. L'apogée de la carrière de Borrassá semble être marqué par le *Retable de sainte Claire* (1415), exécuté pour le couvent des Clarisses de Vich ; l'œuvre avait 6 m de haut et comportait 4 registres superposés de panneaux ; elle est maintenant exposée en fragments au musée de Vich. Autour de saint François transmettant sa règle, les thèmes anecdotiques se sont renouvelés et multipliés : guérison miraculeuse du roi d'Édesse, massacre des Innocents, saint Dominique sauvant des naufragés.

Les œuvres suivantes sont plus discrètes : le *Retable de saint Jean-Baptiste* (v. 1415-

Luis Borrassá
Saint Dominique sauvant des naufragés, 1415
bois, 132 × 122 cm
panneau du retable de sainte Claire
Vich, musée épiscopal

1420, Paris, musée des Arts décoratifs), conservé en entier, présente l'image squelettique du Précurseur se détachant sur l'habituel fond d'or ; les scènes latérales se déroulent dans un pays rocheux *(Prédication du saint)* ponctué parfois de quelques arbres *(Baptême du Christ)*, et l'élégance raffinée des costumes se remarque dans le *Banquet d'Hérode,* auquel est associée, dans le même tableau, la *Décollation de saint Jean.* Le *Retable de saint Michel de Cruilles* (1416, musée de Gérone), où se reconnaît la main d'un collaborateur, ajoute à la figure traditionnelle de l'archange combattant le démon de curieux épisodes : *Messe des âmes du purgatoire,* dont le gouffre s'ouvre face à l'autel ; *Persécution de l'Antéchrist,* où saint Michel, luttant contre des démons, manifeste un dynamisme inédit dans l'œuvre du maître.

Borrassá domine toute la production barcelonaise de 1390 à 1420 env. Le type de ses retables à étages superposés, son chromatisme brillant, ses procédés techniques servirent d'exemples à ses nombreux élèves et imitateurs, qui cependant ne réussirent pas toujours à retrouver la même aisance narrative, aisance qui lui faisait heureusement mêler la violence et la grâce mondaine, ni le raffinement de sa manière. Son influence s'exerça avec bonheur sur des artistes catalans tels que Juan Mates ou le Maître du Roussillon ; son successeur à la tête de l'activité picturale de Barcelone, Bernardo Martorell documenté de 1427 à 1452, lui doit également beaucoup.

BROSSA Joan
(Barcelone 1919).

Artiste complexe et prolixe, il est aujourd'hui reconnu pour son œuvre plastique poétique, essentiellement visuelle. Créateur de nombreux poèmes-objets, il est également l'auteur de collages et de conceptions graphiques sur papier dont les qualités picturales sont indéniables. Marqué par sa rencontre avec Miró en 1941, il fonde avec Tapiès, Ponç, Cuixart, Tharrats et Puig la revue *Dau al Set* en 1948 à Barcelone. Ses premières créations sont exposées en 1951 (Sala Caralt, Barcelone). Artiste accompli, poète, éditeur de ses propres livres de poésie visuelle, concepteur d'affiches pour différentes manifestations artistiques, Brossa est l'incarnation la plus complète de l'artiste d'avant-garde, inspiré par le Surréalisme, le Lettrisme et l'esprit du Bauhaus.

Depuis 1951, il a présenté ses réalisations en Espagne et en France et publié l'ensemble de ses écrits et livres dans des villes européennes : Stockholm, Madrid, Barcelone, Cologne, Milan...

La fondation Miró de Barcelone a consacré en 1986 une importante rétrospective à l'œuvre de l'artiste alors que la même année une anthologie de ses poèmes fut publiée à Madrid.

Des pièces originales comme les poèmes visuels et les poèmes-objets sont conservées dans de nombreuses collections particulières.

BROTO José Manuel
(Saragosse 1949).

Broto abandonne des études de magistrature et se consacre à la peinture dès la fin des années 60, période au cours de laquelle il réalise des toiles d'inspiration constructiviste. Il s'installe à Barcelone en 1972. Aux côtés de Javier Rubio, de Gonzalo Tena et de Xavier Grau, José Manuel Broto représente une jeune génération d'abstraits dont les œuvres sont exposées à Saragosse (gal. Atenas, 1974), à Barcelone (gal. Maeght, 1976), à Valladolid (gal. Durango, 1976).

Influencé par la peinture minimaliste américaine de Ryman et de Reinhardt, Broto propose des tableaux blancs puis des peintures noires sur papier (1978). Après 1979, il découvre les qualités propres de la couleur et développe une peinture abstraite, plus expressionniste (*Rosa, Apache,* 1981) qui le rapproche des expériences de Clyfford Still, de Robert Motherwell ou de Joan Mitchell. À la suite d'un voyage en Italie en 1982, le peintre introduit dans ses toiles des formes architecturales monumentales (colonnes tronquées, ruines...). Cet hommage au passé est une étape qui lui permet d'aborder dès 1984-85 une recherche plus personnelle à travers la peinture d'un univers de signes mi-abstraits, mi-figuratifs. En 1985, il s'installe à Paris, rejoignant de plus jeunes artistes espagnols comme Barceló ou Sicilia, qui n'hésitent pas à le reconnaître comme l'un des Espagnols les plus marquants de sa génération. Broto travaille jusqu'en 1987 dans un atelier à Montrouge, en banlieue parisienne, alors que ses peintures sont exposées à Amsterdam (gal. Laurens A. Daane, 1986), au Danemark (gal. Moderne, Silkeborg, 1987), à New York (gal. Germans Van Eck, 1986). En 1987, le M.E.A.C. de Madrid lui consacre une importante exposition personnelle. Ses œuvres ont été acquises par les musées de Cuenca, de Marseille, par la fondation March, le M.E.A.C. de Madrid, le Metropolitan Museum de New York.

BRÚ Ayne
(peintre du duché de Brabant, documenté à Gérone en 1500, 1501 et à Barcelone de 1504 à 1507, mort à Albi avant 1510).

Il serait originaire de Lummen, en Belgique, si l'on interprète bien l'allusion à la ville de Lumeny qui apparaît dans son testament. Artiste sans doute nomade, il ne semble pas s'être fixé en Espagne. En 1500, il reçoit la commande d'un *Retable de la Vierge* pour le cloître des dominicains de Gérone (auj. perdu) et en 1502 celui du maître-autel du monastère de S. Cugat dont il reste le panneau principal et un saint guerrier (Barcelone, M. A. C.). Le *Martyre de saint Cugat* révèle un maître puissant, avec le contraste entre l'atroce égorgement du saint et la sérénité hautaine des fonctionnaires qui y président, somptueusement vêtus. Brú semble associer le réalisme septentrional — qui se manifeste aussi dans le fond de paysage, présentant une image très fidèle du monastère à la fin du xve s. — avec un souci de style et un sens de la couleur qui l'apparentent aux peintres de l'Italie du Nord.

BURGOS.

Capitale du Gothique hispano-flamand et hispano-rhénan dans la seconde moitié du xve s., Burgos (Vieille-Castille) eut à cette époque des ateliers de peinture assez florissants, qui demeurèrent actifs jusque v. 1520. De nombreux panneaux à la cathédrale, dans plusieurs églises de la ville (S. Esteban, S. Gil, S. Lesmes, S. Nicolas) et au Musée provincial permettent d'apprécier leur vigueur réaliste, leur dessin souvent anguleux, mais expressif et dramatique. On citera au moins, dans le cloître de la cathédrale (Musée diocésain), les *Scènes de la Passion*, œuvre d'un « Maître de Burgos » identifié avec Alonso de Sedano (v. 1500), bons exemples d'un style tendu et tourmenté, proche de Gallego mais avec plus de mouvement. Un autre peintre, celui qu'on appelle le « Maître de Saint Nicolas » (son œuvre majeure étant l'ancien grand retable de Saint Nicolas, peint entre 1480 et 1505 et relégué aujourd'hui dans une nef latérale), plus coloriste et dont le style flamand est déjà touché par la Renaissance, figure également au Musée diocésain avec le beau triptyque de l'*Épiphanie*. Au Musée provincial, longtemps à l'étroit dans le cadre pittoresque mais incommode d'une ancienne porte de la ville, l'Arco de S. Maria, et depuis 1952 installé dans la Casa de Miranda, beau palais de la Renaissance, heureusement restauré, la peinture n'occupe qu'une place secondaire à côté de chefs-d'œuvre de sculpture funéraire et d'orfèvrerie. Cependant, plusieurs ensembles y représentent très dignement le xve s. castillan (retable de *Saint Michel au Monte Gargano*, série de 8 grandes *Scènes de la Passion)*, tandis que diverses peintures de León Picardo *(Résurrection, Histoire de saint Côme et de saint Damien)* affirment l'orientation déjà renaissante de ce solide artiste. Enfin, le grand introducteur d'un italianisme qui reste pénétré de sentiment castillan, Pedro Berruguete, est représenté au musée par sa *Messe de saint Grégoire* et à la chartreuse de Miraflores par une belle *Annonciation*.

De Mateo Cerezo (né à Burgos en 1637) restent à la cathédrale un *Saint François et l'ange* et le *Christ de l'agonie*. D'autre part, un des grands peintres religieux du Siècle d'or espagnol, le bénédictin Fray Juan Rizi, résida quelques années au monastère de Burgos (1656-1659). Il peignit pour le « trascoro » de la cathédrale 6 tableaux d'une couleur profonde et sombre (*Sainte Casilde, Martyre des saintes Centella et Elena*, chanté par un sonnet de Th. Gautier, *Stigmatisation de saint François)*, qui comptent parmi ses toiles les plus caractéristiques ; et son chef-d'œuvre de portraitiste, l'évêque bénédictin *Fray Alonso de San Vitores*, est aujourd'hui le meilleur tableau du Musée provincial. Dans la même tradition, celui-ci possède l'excellente *Vie de saint Iñigo*, peinte au début du xviiie s. pour le monastère d'Oña par les Burgalais Valle et Salinas. □

C

CABALLERO José
(Huelva 1916).

Il entreprend en 1931 des études d'ingénieur, qu'il abandonne en 1933 pour se consacrer à des études artistiques. Caballero fréquente l'École des beaux-arts de San Fernando de Madrid et se lie dès 1932 avec Frederico García Lorca, auprès de qui il réalise ses premières scénographies (théâtre universitaire « La Barraca », fondé par Lorca en 1933).

Caballero illustre des textes du poète, apporte également sa collaboration à Pablo Neruda, en 1936, pour la revue *Caballo verde para la poesia*. À partir de 1940, il conçoit des décors pour le théâtre, le cinéma et la danse : ballets de Pilar Lopez à Madrid, Paris et Londres en 1957, peintures murales pour le transatlantique espagnol « Cabo San Vicente » en 1959, murals pour le pavillon du tourisme de Nerja en 1963 et pour le grand hôpital de Salamanque en 1964. Il développe parallèlement une activité de peintre. Sous l'influence de Dalí puis de Picasso, il aborde, à partir de la fin des années 50, une peinture abstraite plus personnelle, utilisant des techniques mixtes et des collages. Ces procédés l'inscrivent dans le courant matiériste espagnol dont Tapiès peut être considéré comme le précurseur.

Sa première exposition personnelle a lieu à Madrid en 1950 (gal. Clan). Des expositions importantes sont organisées par le M.E.A.C. de Madrid (1953 et 1959), par la fondation Gulbenkian de Lisbonne (1973).

Ses œuvres sont présentes dans les musées de Tamayo (Mexique), de Madrid (M.E.A.C.), de Bilbao (musée d'Art moderne), dans les collections de la fondation March de Madrid et du Carnegie Institute de Pittsburgh. Caballero vit à Madrid.

CABEZALÉRO Juan Martin
(Almaden, Nouvelle-Castille, 1633 - Madrid 1673).

Cabezaléro, mort alors que sa renommée s'affirmait, compte parmi les bons peintres

José Caballero
Composition
Madrid, musée d'art contemporain

madrilènes de la seconde moitié du XVIIe s. Il fut un des meilleurs élèves de Carreño de Miranda et apprécié comme fresquiste autant que comme peintre de chevalet. Il peignit surtout pour les églises de Madrid. Une grande partie de ses œuvres ont disparu ; d'autres attributions sont incertaines. Le *Saint Jérôme* de l'ancienne coll. Cook de Richmond (1666), les 4 grandes *Scènes de la Passion* de la chapelle du tiers ordre franciscain à Madrid (1667-68) et celle de la *Vie de saint François* (Prado) manifestent, avec l'influence habituelle de Rubens et de Van Dyck, un métier solide, une vigueur expressive presque brutale. L'*Assomption de la Vierge* (Prado) est très caractéristique pour sa manière de saisir le mouvement des figures dans la lumière et de les modeler par de larges pans de couleurs claires.

CABRERA Jaime
(documenté à Barcelone de 1394 à 1432).

Il se forma sans doute dans l'atelier de Jaime Serra, dont il continua la tradition italianisante. Auteur du *Retable de saint Nicolas* (1406, Manresa, Collégiale), il crée des figures massives au canon court, enveloppées de plis rigides, très sculpturaux ; l'influence de Borrassá est sensible dans certaines peintures qui lui sont attribuées : le *Retable d'Alzina de Ribelles* (Sitges, musée Maricel), la *Mise au tombeau* (Gérone, cath.) et le *Retable de la Vierge* (Sarroca, église S. Martin).

CADIX.

Cette ville d'Andalousie n'a jamais été un foyer de peinture, mais sa prospérité commerciale au XVIIe et surtout au XVIIIe s., où elle supplanta Séville comme port de la flotte des Indes, la richesse des amateurs gaditans et des colonies étrangères (génoise et flamande notamment) provoquèrent un afflux de peintures espagnoles et européennes dans les églises comme chez les particuliers. Cette richesse s'est dissipée en grande partie avec le déclin de Cadix au

XIXe s. Il en reste pourtant des traces importantes dans les églises. Il faut rappeler au moins la *Vision de saint François* du Greco à l'hopital N. Señora del Carmen, les dernières peintures de Murillo commandées par les Capucins et laissées inachevées en 1682 (elles furent terminées par Meneses Osorio) et les 3 scènes du Nouveau Testament *(Multiplication des pains, Cène, Parabole de la noce)* peintes par Goya à l'Oratoire de la S. Cueva, très vraisemblablement lors de son séjour au palais de la duchesse d'Albe à S. Lucar de Barrameda en 1797. **Museo provincial de bellas artes.** Ouvert en 1852 sous le contrôle de l'Académie des beaux-arts de Cadix et modernisé par Cesar Pemán, il présente un intérêt de premier ordre. Il réunit de bons tableaux de provenances et d'écoles très diverses : primitifs espagnols et flamands ; triptyques de Luis de Morales ; Espagnols, Italiens et Flamands du XVIIe s. *(Immaculée* de F. Rizi, *Extase de la Madeleine* de Cl. Coello, *Présentation au Temple* de Solis, *Christ en croix* de Borgianni, *Jugement dernier* de Pickenoy) ainsi qu'un groupe intéressant d'Espagnols du XIXe s., notamment de romantiques andalous (Rodriguez El Panadero, Fernandez Cruzado, Becquer). Mais l'attrait majeur du musée est dû au groupe exceptionnel de Zurbarán. Outre la magnifique *Portioncule*, provenant des Capucinos de Jerez, il a recueilli une part importante de l'ensemble peint de 1637 à 1639 pour la chartreuse de Jerez. Il possède, avec le *Saint Bruno en extase* et la *Pentecôte*, tous les tableaux du couloir d'accès à la chapelle du Saint-Sacrement : 2 anges thuriféraires et 8 saints chartreux, qui, par la qualité des blancs et l'intensité expressive, comptent parmi les chefs-d'œuvre du peintre.

CAJÉS ou Caxés Eugenio
(Madrid 1574 - id. 1634).

Fils de Patricio Cajés, artiste toscan *(† 1612)* venu à l'Escorial, il représente, comme son ami Vicente Carducho, l'époque de transition du Maniérisme au Naturalisme baro-

Eugenio Cajés
*L'Étreinte devant
la porte Dorée, apr. 1604*
272 × 143 cm
Madrid, Académie royale
des Beaux-Arts
de San Fernando

que. Un séjour possible à Rome lui permit sans doute de connaître les œuvres du Cavalier d'Arpin et du Baroche. Malgré d'évidentes réminiscences du Corrège sensibles dans d'audacieux raccourcis (l'*Étreinte à la Porte dorée*, Madrid, Académie S. Fernando) et la suavité morbide des visages (*Sainte Léocadie*, Tolède, église S. Leocadia), il atteint une expression intense très personnelle (*Christ au Calvaire*, 1619, Madrid, couvent de la Merci). Ses personnages d'une corpulence un peu massive sont très caractéristiques avec un faciès aux traits un peu épais et des vêtements aux plis souples (*Vierge avec l'Enfant endormi*, Prado ; *Adoration des Mages*, musée de Budapest). Il collabora maintes fois avec Carducho à l'exécution de fresques, de retables et de cycles (cath. de Tolède, Sagrario ; monastère de Guadalupe).

CAMARÓN Y BORONAT José
(Ségorbe, près de Valence, 1731 - Valence 1803).

Fils d'un sculpteur d'origine aragonaise, Camarón acheva ses études à Madrid (1752) puis se fixa à Valence, où il tint une place considérable pendant un demi-siècle, comme peintre et comme membre fondateur de l'Académie de San Carlos (1768). Virtuose fécond, décorateur habile, il pratiqua tous les genres : peinture religieuse à Valence (*Couronnement d'épines*, cathédrale ; *Martyre, de Sainte Catherine*, grand retable de l'église Santa Catalina ; *Vierge des affligés*, musée de Valence) et à Madrid (participation au décor du cloître de San Francisco el Grande) ; compositions allégoriques (*Allégorie des Arts*, musée de Valence), portraits (*Charles III protecteur de l'Académie*, id.). Mais la part la plus caractéristique de son talent s'exprime dans des scènes de genre, sujets champêtres, masques, « majas » aux figures curieusement allongées (*Couples dans un parc, Romería*, Prado). Ses fils **Juan** *(1760-1819)* et **Manuel Camarón Melía** *(1763-1806)* furent également de notables peintres.

CAMILO Francisco
(Madrid v. 1615 - id. 1673).

De mère espagnole et de père italien, il fut élevé, après la mort de ce dernier, par son beau-père Pedro de las Cuevas, alors peintre de renom mais dont nous ne connaissons aujourd'hui aucune œuvre. Introducteur du mouvement baroque avec Herrera le Jeune et Francisco Rizi, c'est une des plus intéressantes figures du Madrid de Philippe IV. À côté de quelques travaux sur des décors à fresque et de portraits des rois médiévaux dans l'Alcázar de Madrid (disparus), il travailla surtout pour les ordres religieux. Abondante, son œuvre se caractérise par la sveltesse des formes, une gamme raffinée de coloris et un ton souvent aimable et délicat ; il s'inspire fréquemment de gravures (*Martyre de saint Barthélemy*, Prado, issu de Ribera ; *Conversion de saint Paul*, Ségovie, Musée provincial). Parmi ses œuvres les plus remarquables, citons *Saint Jérôme fouetté par les anges* (1651, Prado), la *Vierge et saint Jean l'Évangéliste couronnant saint Jean de Dieu* (Barnard Castle, Bowes Museum), les deux toiles du retable de Fuencisla (Ségovie, v. 1659) et, v. 1670, le grand *Saint Charles Borromée* pour les clercs mineurs de Salamanque (Salamanque, cathédrale nouvelle).

CAMPAÑA Pedro ou Kempener Peter de, peintre flamand
(Bruxelles 1503 - id. 1580).

Attiré par la prospérité de Séville, il vint s'y établir, avant 1537, après avoir étudié en Italie les sciences et les arts et participé en 1530 à la décoration de l'arc de triomphe élevé à Bologne lors du couronnement de Charles Quint. Son principal mérite, selon ses contemporains, est d'avoir introduit en Espagne le style de Raphaël, mais l'observation directe de la nature tempère l'imitation des modèles classiques, dont il ne s'inspire jamais servilement. Son tempérament dramatique s'exprime dans ses premières œuvres importantes peintes sur bois comme l'est toute sa production : *Crucifixion* (Lou-

Pedro de Campaña
Descente de Croix, v. 1547
bois, 189 × 179 cm
Montpellier, musée Fabre

vre), *Flagellation* (musée de Varsovie), *Saint Antoine et saint Paul ermite* (Séville, S. Isidoro), *Christ à la colonne* (Séville, S. Catalina). La *Crucifixion* du Louvre, en particulier, par le groupement dense des figures aux visages tourmentés, offre des affinités avec certaines œuvres siciliennes de Polidoro da Caravaggio, qui permettent de conclure à une probable collaboration entre les 2 artistes à Messine, avant que Campaña ne parte pour l'Espagne. Dans la *Descente de Croix* (av. 1547, musée de Montpellier), Campaña développe la scène sur un paysage violemment éclairé d'où se détachent, au premier plan, les silhouettes sombres des personnages. Une lumière oblique vient frapper les visages dans un effet saisissant de clair-obscur. L'artiste s'engagea, en 1547, à reprendre le même thème pour l'église Santa Cruz (auj. à la cath. de Séville) en promettant d'exécuter une œuvre supérieure à la précédente, alors conservée dans le couvent sévillan de S. Maria de Gracia. Campaña tint parole et intensifia l'aspect dramatique de la scène, grâce à la suppression de certains person-nages et à une composition plus rigoureuse s'ordonnant autour du corps du Christ ; les réminiscences italiennes se sont estompées, et le tempérament flamand a inspiré l'expression pathétique des visages. Le reta-ble de la *Purification* (cathédrale de Séville) est surtout redevable aux grandes compositions peintes par Raphaël pour le Vatican ; certains détails réalistes animent les tableaux d'un accent particulier et les por-traits des donateurs échappent à toute convention. Les dernières peintures de Campaña à Séville furent exécutées pour un retable de l'église S. Ana de Triana. Un élan lyrique anime chaque scène, grâce aux effets de lumière, qui concentrent l'atten-tion sur l'expression des visages. Certains épisodes ont été traités par des disciples ; mais le style propre de Campaña atteint à sa plénitude dans le *Départ de Joachim*, la *Rencontre à la porte Dorée* et la *Nativité du Christ*. D'étonnants effets de perspective et de clair-obscur, l'apparition de la réalité quotidienne dans l'histoire sacrée ouvrent la voie aux peintres sévillans du Siècle d'or. Campaña exécuta aussi un retable pour la chapelle Saint-Nicolas de la cathédrale de Cordoue. En 1563, il avait regagné Bruxelles, où il succéda à M. Coxcie comme peintre de cartons pour la manufacture de tapisseries (tapisserie de l'*Histoire de saint Paul*, coll. part ; ensemble de la Chiesa Madre, Marsala). Dans une série d'œuvres de petits formats, aux compositions plus dépouillées et traitées presque en grisaille, il reprend le thème de la *Descente de Croix* (musée de Prague, New York, coll. part., coll. Despujol) auquel s'apparente un triptyque (Barcelone, coll. part.).

CAMPANO Miguel Angel
(Madrid 1948).

Il étudie l'architecture et les beaux-arts à Madrid et Valence, puis réside à la Cité des arts de Paris en 1976-77. À partir de 1971, il réalise des expositions personnelles en Espagne. En 1974, ses œuvres sont d'inspiration constructiviste (gal. Iolas-Velasco, Madrid). À partir de 1980, il s'installe à Paris et participe en 1982 à la XIIIe Biennale de Paris. Aux côtés de Barceló et de Sicilia, avec qui il va peindre « sur le motif », il représente en France l'actualité de la jeune peinture espagnole.

Il est un abstrait aux confluences de l'Expressionnisme américain et des courants non-figuratifs qui, en Espagne, le rapprochent de Broto et de Grau. Ses références, cependant, l'écartent de la tradition espagnole, car elles l'inscrivent dans une mémoire de la culture française : Poussin, Cézanne, Rimbaud, dont le poème « Voyelles » lui inspire, en 1979-80, une série de peintures (gal. Juana de Aizpuru, Séville, 1980). Campano saura user, au cours des années 80, du renouveau de la peinture figurative sans pour cela renier son projet pictural (*Triptyque*, 1983-84). Fasciné par les romantiques Delacroix et Géricault, il réalisera la suite des « Naufrages » (gal. Egam, Madrid, 1984) puis le cycle des « Omphalos », hommage explicite aux paysages grecs.

Il est présent dans les coll. du M.N.A.M. de Paris, du musée de Cuenca, du British Museum de Londres, du musée des Beaux-Arts de Bilbao et de la fondation Hastings de New York.

CAMPROBIN PASSANO Pedro de
(Almagro, prov. de Ciudad Real, 1605 - Séville 1674).

Comme apprenti de Luis Tristan (1619), il s'est formé dans le groupe des peintres tolédans marqué d'un fort accent ténébriste. Il a pu voir les œuvres de Loarte et à Madrid celles de Van der Hamen qui l'incitèrent sans doute à pratiquer la nature morte. Il se rend ensuite à Séville où il passe son examen de peintre en 1630 ; des documents attestent alors des travaux de restauration de tableaux d'autel (1652, église de l'hôpital de Las Llaguas) et l'exécution d'une série de 12 peintures de fleurs pour le couvent dominicain de S. Pablo. En 1660, il figure parmi les fondateurs de l'Académie sévillane de peinture à côté de Murillo, Herrera-le-Jeune et Valdés Leal. Ses compositions florales, où l'on décèle l'influence de Zurbarán (*Panier de fleurs et tasse*, Séville, coll. Ibarra) ou des éléments d'origine flamande (Madrid, coll. part.), sont traitées avec sobriété et raffinement dans une gamme chromatique restreinte et subtile. La *Nature morte avec des oiseaux morts* (1653, Dallas, The Meadows Museum) est un bel exemple de ses compositions plus rustiques échelonnées sur différents plans. Il s'intéressa également à la figure humaine (la *Madeleine*, 1634, Séville, église El Salvador ; et la *Mort et le galant* (Séville, Hospital de la Caridad).

CANELO Luis
(Moraleja, Cáceres, 1942).

Licencié de philosophie et de pédagogie, en 1970-71, de l'université de Madrid, Canelo peint depuis 1952. Il a subi des influences aussi diverses que celles des impressionnistes, de Cézanne, de Picasso, de Klee, de Matisse ou de Tàpies.

Son intérêt pour la géographie et la minéralogie lui permet de développer une abstraction personnelle. La réflexion qu'il porte sur la matière végétale et minérale est à l'origine des toiles peintes depuis la fin des années 60.

Depuis 1970, date de sa première exposition personnelle à Madrid (gal. Edurne), son œuvre, exposée par diverses galeries espagnoles, est présente au musée de Cuenca, de Pedraza à Ségovie, au musée d'Art contemporain de Séville, au Museum of Art de Cleveland.

CANO Alonso
(Grenade 1601 - id. 1667).

Peintre, architecte et sculpteur, Cano est l'artiste le plus complet du Siècle d'or. Il part de bonne heure à Séville, où il collabore avec son père à la construction de retables. En 1616, il entre dans l'atelier de Pacheco, où il rencontre Velázquez, et, en même temps, il semble avoir appris la sculpture avec Montañés. De cette époque, deux ensembles sculptés sont conservés : le *Retable de Lebrija* (1629-1631) et le *Retable de saint Jean l'Évangéliste* au couvent de Santa Paula de Séville, pour lequel Cano exécute également les peintures, aujourd'hui dispersées (Londres, Wallace coll. ; Sarasota, Ringling Museum ; Louvre).

En 1638, il passe au service du comte-duc d'Olivares à Madrid et se consacre surtout à la peinture. On conserve quelques compositions de cette époque, qui marquent bien le passage de la technique encore ténébriste, aux modelés sombres, de la période sévillane (*Saint François Borgia*, 1624, musée de Séville), à une manière plus légère, aux couleurs claires et aux touches plus déliées (*Christ en croix*, 1643, Madrid, coll. part.). En 1644, son épouse est assassinée. Impliqué dans le procès, il semble qu'il ait été disculpé, car, après un court séjour à Valence, il reprend son travail à la Cour (les *Rois goths*, Prado ; Retable de l'église de Getafe, près de Madrid, 1645). Durant ces années, son style s'allège et s'oriente vers une recherche de beauté idéale et un coloris clair et raffiné d'origine vénitienne, mais qui demeure sensible à celui de Velázquez

Alonso Cano
Le Miracle du puits de saint Isidore
216 × 149 cm
Madrid, musée du Prado

(*Miracle du puits de saint Isidore,* Prado ; l'*Immaculée,* musée de Vitoria.) En 1652, sur la promesse de recevoir les ordres sacrés, il sollicite la charge de chanoine économe de la cathédrale de Grenade. Il l'obtient et revient dans sa ville natale, où il commence un grand cycle de 7 toiles de la *Vie de la Vierge* pour décorer le chœur de la cathédrale. Son style acquiert alors une certaine emphase baroque et une relative grandiloquence. De continuels procès avec le chapitre de la cathédrale l'obligent à revenir à Madrid en 1657, où il travaille pour des églises (le *Christ à la colonne,* Carmélites d'Ávila). En 1658, le procès s'étant terminé par son ordination sacerdotale, il revient à Grenade, s'installe de nouveau à son poste

Rafael Canogar
La Marche des prisonniers, 1972
collection particulière

et réalise alors ses dernières œuvres (la *Vierge du rosaire,* cathédrale de Málaga).

Parmi ses autres peintures, conservées hors d'Espagne, on peut citer la *Via dolorosa* du musée de Worcester, le *Portrait d'un ecclésiastique* (New York, Hispanic Society), *Saint Jean l'Évangéliste* et *Noli me tangere* (musée de Budapest), et le *Christ aux limbes* de Los Angeles (County Museum of Art). Cité le plus souvent comme sculpteur, il atteint cependant à la qualité des plus grands peintres espagnols, et c'est peut-être le seul qui, en s'inspirant directement de la Renaissance, conçut un art fort éloigné du naturalisme et imprégné d'un souci lyrique de beauté idéale.

CANOGAR Rafael
(Tolède 1935).

Élève de Vazquez Diaz de 1948 à 1953, il s'orienta ensuite vers les techniques de l'Abstraction, et, en particulier, vers les effets de matière. Membre du groupe El Paso dès sa création en 1957, sa peinture acquiert vers cette date ses principaux caractères : qualité onctueuse de la matière, arabesque des tracés, force expressive. L'influence de l'Action Painting américaine y est sensible, l'exécution fait appel non seulement à la puissance, mais aussi au rythme et à la mesure. Les problèmes de l'espace, de l'environnement, du mouvement vont ensuite l'emporter et amorcent, vers 1963, un retour progressif à la réalité et à une figuration complexe, de plus en plus narrative. Cette évolution, très semblable à celle de la Nouvelle Figuration, doit beaucoup au langage objectif du Pop'Art, et Canogar exécute au début des années 70 des reliefs et des assemblages qui témoignent des techniques conjuguées de la peinture et de la sculpture. L'année 1976 marque un retour à la peinture abstraite. Canogar a participé à d'importantes expositions de groupe : 1960 à New York « New Spanish Painting & Sculpture », M.O.M.A. ; « Before Picasso, After Miró », Guggenheim Museum, 1962 ; Biennale de Venise. En 1971, il obtient le grand prix international de la Biennale de São Paulo, et le M.A.M. de la Ville de Paris lui consacre une exposition personnelle en 1975. Canogar vit et travaille à Madrid.

Il est représenté dans les musées d'art moderne de Cuenca, de Madrid, de Barcelone, de Bilbao, de Turin, de Rome, de Caracas, de São Paulo et de Pittsburgh (Carnegie Inst.).

CARAVAGISME.

La révolution accomplie par Caravage sur le plan formel et iconographique était le résultat d'un changement radical des rapports entre le peintre et le monde : la force de pénétration du Caravagisme était d'autant plus efficace qu'il pouvait répondre aux exigences de renouvellement d'un certain nombre de milieux culturels et sociaux, et surtout atteindre les sensibilités individuelles les plus originales sans s'imposer sous la forme d'un langage codifié. L'une des conséquences de la leçon caravagesque fut pourtant l'établissement d'un répertoire de formules (naturalisme de la représentation, figures grandeur nature, lumière incidente, valeur expressive du clair-obscur) et de thèmes iconographiques (scènes de taverne, joueurs de luth, diseuses de bonne aventure), adopté et divulgué par nombre de peintres italiens et étrangers, auxquels revient le titre de « caravagesques », bien que le maître lombard n'ait jamais eu la volonté de fonder une école. C'est entre les pôles d'une adhésion libre à une attitude mentale, d'une part, et de l'adoption fidèle (poussée souvent jusqu'à la copie) d'une manière picturale, d'autre part, que se situe l'impact de Caravage sur la peinture européenne. D'une façon générale, et abstraction faite des conflits personnels de certains, la lignée de souche caravagesque représente, au cours du xviiᵉ s., le courant d'opposition à la rhétorique classique des

académies et à la brillante verve illusionniste et décorative du Baroque.

Le Caravagisme en Espagne. L'Espagne fut l'un des premiers pays étrangers à connaître Caravage. Quelques-unes de ses œuvres sont venues très tôt dans la péninsule, telles que le *Martyre de saint André* appartenant au comte de Benavente avant 1614, la figure de *David* du comte de Villamediana ou la *Salomé* (auj. au Palais royal de Madrid). Plusieurs copies du *Martyre de saint Pierre* (dont l'une de F. Ribalta) ou du *Sacrifice d'Isaac* témoignent de l'intérêt suscité par ses compositions. L'influence caravagesque dut également s'exercer par l'intermédiaire de ses émules, en particulier par celle de Borgiani, qui séjourna à Madrid en 1605 et qui envoya par la suite au couvent de Porta Coeli de Valladolid plusieurs scènes de la vie de la Vierge. À Tolède, trois toiles de Saraceni (*Martyre de saint Eugène, Imposition de la chasuble à saint Ildefonse, Sainte Léocadie en prison*) sont placées, dès 1614, dans la chapelle du Sagrario de la cathédrale.

Las du Maniérisme, les peintres espagnols étaient prédestinés à donner une adhésion quasi massive à ce « populisme héroïque » de Caravage qui répondait à leur sensibilité profonde. De plus, ils étaient préparés à l'accueillir par deux « vagues » antérieures de peinture réaliste et luministe, dont les historiens espagnols récents ont justement souligné l'importance entre 1570 et 1600 : celle du nocturne pastoral issu des Vénitiens (le dernier Titien et surtout Bassano) que représente Navarrete à l'Escorial, Greco à Tolède et qu'Orrente prolonge au début du xviiᵉ s. ; celle qui, v. 1600, part de Tolède, d'un faire plus large et plus plastique, qu'incarnent Luis Tristan, disciple émancipé de Greco, et le peintre chartreux Sánchez Cotan (particulièrement dans ses natures mortes). On peut rattacher à ce courant, dans une large mesure, l'art de maturité de Ribalta, Catalan qui se forme en Castille avant de se fixer à Valence. Sur ce fonds antérieur, le Caravagisme va se greffer tout naturellement, apportant aux Espagnols l'exemple d'un « relief » — c'est le terme qu'emploie Pacheco — sculptural et d'une violence neuve dans les contrastes lumineux. Les théoriciens académiques, en dépit de leurs réactions hostiles, jettent du lest : Pacheco, s'il exige une interprétation idéaliste de la figure humaine dans les sujets sacrés, conseille l'étude du « relief » comme une excellente école pour les jeunes peintres et ceux qui peignent des poissonneries, des « bodegones », des animaux, des fruits et des paysages (Velázquez suivra ce conseil dans ses premières œuvres). Carducho lui-même, s'il considère en 1634 Caravage comme une sorte d'Antéchrist venu pour détruire la peinture, évolue sous son influence et, dans maint tableau, notamment dans son grand cycle chartreux du Paular, pratique un ténébrisme modéré.

En dehors de Ribera — grand maître si profondément espagnol par le sentiment, mais qui relève directement de Caravage et de l'Italie —, on peut dire que, entre 1620 et 1635, toute l'aile marchante de la peinture espagnole est caravagesque. En tout premier lieu, le *Retable des « Cuatro Pascuas »* peint par Maino pour S. Pedro Mártir de Tolède en 1612. Les dernières œuvres de Ribalta v. 1625 (*Évangélistes et saints* de la chartreuse de Porta Cœli) sont délibérément ténébristes. Les œuvres sévillanes de Velázquez sont caravagesques non seulement dans l'ordre profane *(Musiciens, Femme faisant frire des œufs, Vendeurs d'eau)*, mais aussi dans les tableaux religieux *(Apparition de la Vierge à saint Ildefonse, Adoration des mages)* et le portrait *(Mère Jerónima de la Fuente)* ; en 1629, à la veille de son premier voyage à Rome, il interprète le thème de Bacchus selon un réalisme picaresque et goguenard auquel le public donnera caution en appelant le tableau *Los borrachos* (les *Buveurs).* Quant à Zurbarán, il traverse entre 1627 (date où il devient brusquement célèbre grâce à ce *Christ en croix,* peint pour S. Pablo de Séville, qu'on prenait pour une sculpture dans le demi-jour de sa chapelle grillée) et 1633 (date du cycle des *Apôtres* du M.A.A. de Lisbonne) une crise de ténébrisme aigu.

Après 1635, pour toute l'Espagne, le Caravagisme est assimilé et dépassé : d'autres influences, celle de Venise, puis celles de Rubens et de Van Dyck, vont lui succéder. Mais il reste en quelque sorte consubstantiel aux peintres espagnols, sous son double aspect de vigueur plastique et de réalisme épique.

CARDERERA Valentin
(Huesca 1796 - Madrid 1880).

Cet Aragonais est l'une des figures les plus intéressantes du XIXe s. espagnol par sa curiosité intellectuelle, son ouverture internationale et la sûreté de son goût. Après avoir étudié à l'Académie de San Luis de Saragosse, il alla à Madrid et fut l'élève du peintre académique Maella, puis obtint du duc de Villahermosa une pension pour Rome de 1822 à 1831. Comme peintre, il fut surtout un bon portraitiste, encore très classique, d'une élégance un peu compassée : le *Prince d'Anglona* (Madrid, Museo romántico). En revanche, le large éclectisme de ses goûts, son intérêt pour le passé national, plus spécialement pour l'archéologie, l'architecture et la peinture du Moyen Âge, ses amitiés littéraires et sa collaboration aux jeunes revues comme *El artista* le rattachent au Romantisme militant. Outre les travaux d'érudition, dont le plus considérable est sa monumentale *Iconografía española* (2 vol., 1855-1864), recueil de dessins sur les édifices espagnols menacés par la *Desamortización,* il publia de nombreuses études sur les peintres espagnols, et notamment sur Goya. Admirateur de son grand compatriote aragonais, il fut l'un de ses premiers biographes et l'un des plus sûrs, de l'article d'*El artista* (1835) à celui de la *Gazette des beaux-arts* (1860). Membre de plusieurs académies, collectionneur inlassable autant qu'averti, il participa à

Juan Bautista Maino
L'Adoration des mages
315 × 174 cm
Madrid, musée du Prado

Vincente Carducho
*Saint Jean de Matha
renonce au doctorat
puis l'accepte
par inspiration divine*
240 × 234 cm
Madrid, musée du Prado

l'organisation du Musée national de la Trinidad, où furent rassemblés les tableaux sauvés lors de la fermeture des édifices religieux (1848), enseigna la théorie et l'histoire des beaux-arts à l'Académie de S. Fernando de Madrid et contribua largement à la création, en 1873, du Museo provincial de Huesca, auquel il donna 72 œuvres dont de nombreux primitifs. Sa collection de lithographies et de gravures y est présentée dans une salle où figure aussi son portrait par Federico Madrazo. De même, c'est à lui que la Biblioteca national et l'Academia de S. Fernando de Madrid doivent, chacune, plusieurs centaines de dessins de haute qualité.

CARDUCHO Vicente,
peintre espagnol d'origine italienne
(Florence 1570 - Madrid 1638).

Il se fixa en Espagne, où il arriva à l'âge de neuf ans avec son frère **Bartolomé** *(Florence 1560 - Madrid 1608)*, peintre à l'Escorial, et se forma sous sa direction. Il est la figure la plus influente du monde artistique madrilène avant la venue de Velázquez. Peintre du roi depuis 1609, il reçoit de nombreuses commandes pour le Pardo, le couvent de la Encarnación et l'église S. Sebastián ; avec Cajès, il décore le Sagrario de la cathédrale de Tolède. Très en faveur sous Philippe III, il fut supplanté par Velázquez auprès du nouveau roi. Il vécut dès lors un peu à l'écart, se consacrant au grand ensemble qui devait décorer le grand cloître de la chartreuse du Paular (1626-1632) : scènes de l'histoire de l'ordre, visions, miracles, depuis sa fondation par saint Bruno jusqu'aux persécutions subies pendant les guerres religieuses du XVIᵉ s. Son style, proche de celui des artistes toscans de sa génération (Ludovico Cardi, dit Cigoli), unit la tradition académique et les débuts du naturalisme à un souci de la couleur hérité des Vénitiens. Les 56 toiles qui constituent son œuvre maîtresse ont été malheureusement réparties entre une vingtaine de musées et d'édifices publics.

Carducho est, avant Zurbarán, le grand pourvoyeur des ordres religieux, franciscains, trinitaires, moines de la Merci. Son art probe et savant est souvent un peu froid ; néanmoins, la sincérité du sentiment, la qualité des blancs, le sens du paysage, voire l'emploi timide des procédés ténébristes (en dépit de sa défiance envers Caravage) conservent à son œuvre abondante un intérêt très vif. Il écrivit un ouvrage théorique : *Diálogos de la pintura* (Madrid, 1633), qui est, malgré l'archaïsme relatif de ses principes, le plus important de l'époque en Espagne.

CARLOS Frei,
peintre portugais d'origine flamande
(actif de 1517 à 1540).

Frei Carlos, dit O Flamengo (le Flamand), travailla jusqu'en 1540 au monastère hiéronymite d'Espinheiro, près d'Évora, où il avait fait profession en 1517. On ignore les étapes de sa formation, mais son œuvre est liée au milieu artistique d'Évora, largement ouvert aux influences septentrionales. D'anciens documents attestent qu'il reçut du roi Manuel la commande du retable principal et des autels collatéraux de la chapelle Notre-Dame d'Espinheiro, d'où proviennent, sans qu'on puisse en préciser la disposition initiale, la plupart des peintures qui lui sont attribuées (Lisbonne, M. A. A.) ; parmi celles-ci, deux sont datées : l'*Annonciation* en 1523 et l'*Apparition du Christ à la Vierge* en 1529. Il travailla également pour d'autres monastères de son ordre (Belem, S. Marinha da Costa). Autour de son œuvre capitale, on a groupé, grâce à des parentés de style, quelques panneaux contestés, compositions calmes et équilibrées, qui ont en commun précision, clarté limpide, suavité et intériorité mystique des personnages. Frei Carlos semble s'être inspiré de la technique flamande à la manière de Memling et de Gérard David : le *Bon Pasteur*, le *Christ bénissant*, au revers de la *Vierge avec le Christ enfant et deux anges* (Lisbonne, M. A. A.). La découverte du

Triptyque Vilhena, d'un dessin plus animé (le *Calvaire, Saint Jean-Baptiste* et *Saint Jérôme,* 1520, Lisbonne, coll. part.), confirme les attributions qu'on lui avait faites de la *Résurrection,* de l'*Assomption,* de l'*Ascension* (Lisbonne, M. A. A.) et de la *Nativité* (musée d'Évora), exécutées peut-être antérieurement à 1529. Étrangère à l'influence des écoles italiennes, l'œuvre de Frei Carlos représente au Portugal les traditions de la peinture flamande du xve s. On a rattaché à ce cycle quelques tableaux groupés autour du Maître de Lourinhà (*Saint Jean l'Évangéliste,* couvent de la Miséricorde de Lourinhà).

CARNEIRO Antonio,
peintre portugais
(Amarante 1872 - Porto 1930).

Formé à Porto, il reçut à Paris les leçons de B. Constant et de J.-P. Laurens. Auteur de poèmes, ce peintre d'inspiration littéraire fut marqué par le Symbolisme : *Triptyque de la vie* (Lisbonne, coll. M. Brito), *Camoens* (São Paulo, musée de l'État). On peut également rattacher son œuvre à certaines recherches de Munch dans le domaine du paysage expressionniste aux couleurs symboliques (Lisbonne, coll. J. Brito). Ses portraits au fusain, où l'on décèle l'influence de Carrière, furent très appréciés. Vers la fin des années 20, il travailla également avec succès au Brésil. Nombre de ses aquarelles sont conservées dans des coll. part. brésiliennes et portugaises. À Porto, un atelier-musée conserve une grande partie de son œuvre, qui a été remise en valeur par une grande exposition rétrospective, en 1972, à Lisbonne (fondation Gulbenkian).

CARNICERO Antonio
(Salamanque 1748 - Madrid 1814).

Fils d'un sculpteur de Salamanque appelé à Madrid pour la décoration du nouveau Palais royal, Antonio Carnicero, comme ses trois frères, étudia les arts du dessin ; il passe une partie de sa jeunesse à Rome

(1760-1766). Sa carrière officielle fut régulière et brillante : prix de l'Académie en 1769, académicien en 1788, « pintor de Cámara » en 1796, maître de dessin des Infants en 1806, il fut en outre l'artiste préféré du favori de la reine, Godoy, dont il fit plusieurs bons portraits, notamment celui de l'Académie de San Fernando. D'autres portraits, moins gourmés, évoquent les relations de l'artiste : l'acteur *Vicente Garcia* (1802), la vigoureuse *Doña Tomasa de Aliaga*, au Prado. En 1808, avant de devenir « pintor de Cámara » de Joseph Bonaparte, il peignit *Ferdinand VII* (Real Academia de la Historia, Madrid). Mais une part aussi importante de l'œuvre de Carnicero est consacrée à la vie populaire du temps, traitée avec moins de grâce que chez Paret, moins de verve que chez Goya, mais de façon attrayante bien qu'un peu rigide, soit par la peinture (l'*Ascension de la montgolfière*, au Prado, *Toreros, Majas*), soit par la gravure. Dans ce domaine, 2 suites sont particulièrement significatives. La *Coleccion de las principales suertes de una corrida de toros* (1790) est la première en date, sinon la meilleure du genre que Goya devait illustrer au moment où l'art tauromachique est en pleine rénovation ; le succès en fut rapide et les imitations nombreuses. L'autre, le *Real Picadero*, présente des scènes d'équitation dont les acteurs sont de hauts personnages : Charles IV, Godoy. Il participa avec les autres peintres contemporains à la décoration de *San Franscisco el Grande* de Madrid en exécutant 6 toiles pour le cloître.

CARREÑO DE MIRANDA Juan
(Avilès 1614 - Madrid 1685).

D'une famille noble asturienne, il vint à Madrid à l'âge de onze ans et entra dans l'atelier de Pedro de las Cuevas, puis travailla avec Bartolomé Román, imitateur de Rubens, mais disciple de Velázquez. Ses premières œuvres le montrent entièrement inféodé au style et à la technique des Flamands et dénotent déjà un sens de la composition classique, rare chez les maîtres espagnols. Le *Saint François prêchant aux poissons* (1646, Villanueva y Geltrú, musée Balaguer) et surtout l'*Annonciation* (1653, Madrid, hôpital de la Orden Tercera) décèlent des emprunts évidents à Rubens. L'ampleur des formes, l'aisance du dessin, l'éclat des couleurs, la lumière dorée ne doivent rien aux compatriotes de Carreño. Il semble bien que sa production ait augmenté considérablement entre 1650 et 1660, période où apparaissent de nombreuses toiles religieuses signées et datées. Carreño, qui assumait une charge officielle à la cour du roi Philippe IV, rendait souvent visite à Velázquez ; ce dernier, probablement entre 1655 et 1659, selon Palomino, lui proposait de l'aider pour la décoration du salon des Miroirs à l'Alcazar de Madrid. Carreño, qui possédait la technique de la fresque, entreprit deux compositions (disparues dans l'incendie de l'Alcazar en 1734). La coupole de S. Antonio de los Portugueses, exécutée sur un projet de Colonna et fortement retouchée par Giordano, ne permet pas d'évaluer avec précision la science de l'artiste dans ce domaine, de même qu'une coupole de la cathédrale de Tolède, entièrement repeinte au XVIIIe s. par Maella. En 1657, le maître asturien représentait le *Songe du pape Honorius* dans l'église du collège Saint-Thomas de Madrid ; cette composition, auj. disparue, avait suscité l'admiration du décorateur italien Michele Colonna, qui déclarait que Carreño était le meilleur peintre de la cour d'Espagne. Sa collaboration étroite et permanente avec Velázquez peut être considérée comme le tournant capital de son évolution ; c'est à ce moment-là que le peintre, sans renoncer à l'esthétique flamande, lui insuffle les sentiments de gravité et de passion qui lui donnent alors un cachet authentiquement espagnol. Seul véritable disciple de Velázquez, Carreño résolut, grâce à lui, les problèmes de lumière, d'atmosphère et d'espace d'une manière tout à fait novatrice. Cette transformation, déjà sensible dans le *Saint Dominique* (1661, musée de Budapest), devient évidente avec le chef-d'œuvre de Carreño, la

Juan Carreño de Miranda
La Messe de fondation
de l'ordre des Trinitaires, 1666
500 × 315 cm
Paris, musée du Louvre

Messe de fondation de l'ordre des Trinitaires (1666, Louvre), toile exécutée pour les moines trinitaires de Pampelune. Dans un espace clair et lumineux, défini suivant les conceptions de Velázquez, les personnages sont harmonieusement groupés ; le recueillement, l'expression extatique des visages surprennent par leur intensité ; les couleurs vives et riches — bleu, rouge, ors bruns —, appliquées avec vigueur, font penser au romantisme polychrome de Delacroix. Carreño réalise dans d'autres toiles de la même période un heureux compromis entre l'exemple de Velázquez, le souvenir de Titien et le style septentrional, auquel il

demeure attaché : *Sainte Anne* (1669, Prado), l'*Immaculée Conception* (1670, New York, Hispanic Society), l'*Assomption* (musée de Poznań). En 1669, il fut nommé peintre du roi, et en 1671 « pintor de Cámara » ; il s'affirma dès lors comme portraitiste. Outre de nombreux portraits de *Charles II enfant* (Berlin, K. M. ; Vienne, coll. Harrach ; Prado), où l'image qu'il a laissée du petit prince débile est saisissante, Carreño de Miranda a représenté à plusieurs reprises la *Reine Marianne* en costume de veuve (Prado ; Vienne, K. M.). Il a laissé également de prestigieuses effigies de hauts personnages de cour, tels que le

Marquis de Santa Cruz (Madrid, coll. part.), le *Duc de Pastrana* et l'*Ambassadeur russe Potemkine* (Prado).

CARVAJAL Luis de
(Tolède 1534 - El Pardo 1607).

De famille tolédane, demi-frère du sculpteur Monegro et disciple de Villoldo, Carvajal compléta sa formation artistique par un voyage en Italie attesté par sa présence à l'Académie de Saint-Luc en 1577. Il fut distingué par Philippe II et prit une part importante à la décoration de l'Escorial, où il réside souvent entre 1579 et 1590. Il y peignit divers tableaux *(Madeleine, Nativité)* ainsi que 2 triptyques sur la vie du Christ pour le grand cloître. La mort de Navarrete ayant interrompu l'exécution des grands couples de saints prévus pour les autels de l'église, il joua un rôle prédominant au sein de l'équipe qui acheva la décoration : les 7 tableaux qu'il peignit de 1580 à 1582 surpassent ceux de ses collègues (Sánchez Coello, Diego de Urbina) par la gravité virile et le réalisme des figures processionnelles. Il peignit par la suite d'autres retables pour des églises et des couvents de la Castille centrale (Madrigal, Tolède, Ocaña, Yepes), avant de mourir au Pardo, où Philippe II l'avait appelé pour participer à la décoration du palais après l'incendie de 1604. Carvajal est l'unique peintre espagnol à pouvoir rivaliser avec les Italiens venus travailler à l'Escorial (Zuccaro, Cambiaso, Tibaldi).

CASADO DEL ALISAL José
(Palencia 1812 - Madrid 1886).

Élève de F. de Madrazo à l'Académie de San Fernando de Madrid, il obtint en 1855 une bourse royale pour étudier à Rome, où il passa plusieurs années, et se rendit en France. En 1874, il fut nommé directeur de l'Académie espagnole des Beaux-Arts de Rome, créée en 1873, et le demeura jusqu'en 1881. Il est, avec Gisbert et Rosales, le grand représentant de la peinture d'histoire du XIXe s. espagnol et connut un grand succès. De *Bernardo del Carpio* (Palma de Majorque, musée des Beaux-Arts), peint à Rome en 1858, des *Dos Caudillos* (1866, Madrid, Senado) ou de *la Reddition de Bailen* (1864, Madrid, Casón) à la *Campagne de Huesca* (1882, Huesca, mairie), exposée à Paris en 1889, et à *Santiago en la Batalla de Clavijo* (1885, pour le maître-autel de la chapelle des ordres militaires à San Francisco el Grande, Madrid, *in situ*), ses compositions aux effets lumineux, au réalisme violent avec une forte expression des sentiments par les gestes ont inspiré beaucoup d'épigones.

CASAS Y CARBO Ramón
(Barcelone 1866 - id. 1932).

Disciple du peintre Juan Vicens, il partit en 1882 pour Paris, où il fut l'élève de Carolus-Duran. Après des séjours à Madrid, à Grenade et à Barcelone, il revint à Paris en 1885, fréquenta l'Académie Gervex et se lia avec d'autres Espagnols de Paris, le Basque Zuloaga, les Catalans Rusiñol et Utrillo, en compagnie desquels il vécut à Montmartre

Ramón Casas
Ramón Casas et Pere Romeu en tandem, 1897
191 × 215 cm
Barcelone, musée d'Art de Catalogne

jusqu'en 1894. Durant cette période, il peignit de nombreuses scènes de la vie parisienne, adroites et sensibles. Revenu à Barcelone, il y apporta un peu de l'atmosphère montmartroise, fondant, à l'imitation du Chat-Noir, le cabaret des Quatre Gats, dont la revue du même nom (à laquelle succéda en 1899 *Pel i Ploma*) fut, par ses articles et ses illustrations, un foyer d'élection pour le « modernisme » catalan. Casas fit surtout, depuis cette époque, œuvre de portraitiste. Dessinateur large et incisif, il influença certainement le jeune Picasso ; la collection de grands fusains qui est entrée au M. A. C. de Barcelone est à la fois une galerie de portraits et un document d'histoire où revit toute l'intelligentsia catalane des années 1900. Casas laissa, à la même époque, un ensemble intéressant d'affiches. Il a fondé et dirigé deux revues d'art à Barcelone : *Forma* et *Pel i Ploma*. Ses œuvres ont été exposées dans des capitales européennes : Madrid, Paris, Vienne, Berlin et Münich. Il est représenté à Madrid dans les collections du M. E. A. C.

CASTELO Felix
(Madrid v. 1600 - id. 1651/52).

Petit-fils de G. B. Castello, dit le Bergamasque, et fils de Fabrizio Castelo, peintre du roi, il travailla constamment pour les palais de Philippe IV en participant aux plus importants chantiers décoratifs mais ne reçut jamais de consécration officielle : il peignit des portraits de souverains médiévaux pour l'Alcazar et le Buen Retiro (*Teodoric,* musée de l'Armée, Madrid), la *Récupération de l'île de San Cristobal* (Prado) pour le Salon des royaumes du Buen Retiro, décora à fresque le *Sagrario* de la chapelle de l'Alcazar (détruit) et réalisa de nombreuses œuvres religieuses (*Parabole de l'invité aux noces,* Madrid, coll. part, deux toiles pour le retable principal de l'église Sainte-Madeleine de Getafe) qui montrent sa forte dépendance vis-à-vis de Bartolomé Carducho, aux grandes entreprises de qui il dut collaborer. Son œuvre est encore mal connue.

CASTILLO Antonio del
(Cordoue 1616 - id. 1668).

Fils d'un peintre médiocre, Agustín, et neveu du Sévillan Juan del Castillo, il est la figure capitale du XVIIe s. à Cordoue, centre artistique d'une remarquable indépendance. Orphelin à dix ans, il acheva ses études de peinture v. 1635 à Séville, où il fut sans doute élève de Zurbarán, avant de revenir à Cordoue, en 1645 (date du grand *Martyre de saint Pélage* de la cathédrale). Il a laissé dans les églises de Cordoue un grand nombre de toiles vigoureuses, dont le musée a recueilli une partie. Son style reflète partiellement le réalisme sévère de Zurbarán (*Calvaire,* musée de Cordoue), avec plus d'emphase et de brutalité (*Saint Paul,* id. ; *Saint Bonaventure,* musée de Bilbao), mais aussi parfois avec un sens narratif vif et nerveux dont manquaient ses maîtres et qu'il atteignit par une intelligente assimilation des estampes flamandes, qu'il utilisait fréquemment (*Baptême de saint François,* musée de Cordoue ; *Histoires de Joseph,* Prado). Son œuvre graphique, que caractérise l'esprit de synthèse, le désigne comme le dessinateur le plus fécond de l'école espagnole (Madrid, B. N. ; musée de Cordoue ; Louvre).

CASTILLO José del
(Madrid 1737 - id. 1793).

Ayant commencé très jeune son apprentissage aux cours du Conseil préparatoire de l'Académie, il fut remarqué par Don José Carvajal y Lancaster qui finança sa formation à Rome auprès de Giaquinto (1751-1753). Rentré à Madrid avec son maître appelé au service de Ferdinand VI, il fut lauréat de l'Académie et commença à travailler pour la manufacture de tapisseries de Santa Barbara. Une nouvelle pension lui valut un second séjour à Rome (1757-1764). Revenu définitivement à Madrid, il entre à la Manufacture de tapisseries et la réalisation de cartons est la partie la plus spécifique de son œuvre : travaillant d'abord à partir d'œuvres de Giaquinto ou Giordano, il renouvelle le genre en concevant des scènes populaires, notamment pour les appartements des Princes (le *Marchand d'éventails,* Madrid, Théâtre royal, *Jeux d'enfants,* Madrid, Museo romántico), des scènes de chasse et des nature mortes. Ses cartons sur la vie madrilène (*Pradera de San Isidro,* Madrid, Musée municipal) aux couleurs audacieuses, pleines d'atmosphère, s'apparentent aux œuvres de jeunesse de Goya. Il dut aussi participer à la décoration peinte des demeures royales, comme le montre l'*Allégorie du roi Charles III* (musée de Castres), grisaille, qui révèle ses talents de dessinateur (nombreux dessins au Prado). Il fit notamment les dessins préparatoires aux gravures de la série *Varones Ilustres* de la nouvelle Chalcographie (in situ) et à une édition de *Don Quichotte* (Academia Española). Son œuvre religieuse montre aussi une fusion, parfois heureuse, entre les principes de Giaquinto et l'académisme de Mengs (Madrid, San Francisco el Grande). Académicien en 1785, directeur-adjoint de peinture en 1792 mais aussitôt destitué, il mourut dans la misère et son talent, véritable (mais étouffé par une production parfois expéditive) fut longtemps occulté.

CASTILLO Juan del
(Séville v. 1590 - Cadix v. 1658).

Artiste secondaire, au style parfois archaïque et fort éclectique, il fit de timides tentatives vers le naturalisme (*Retable de l'Assomption,* musée de Séville). Il est surtout connu pour avoir été le maître de Murillo.

CASTRO Lourdes,
peintre portugais
(Funchal, Madère, 1930).

Diplômée de peinture de l'École des beaux-arts de Lisbonne, elle partit en 1957 pour Munich et s'installa l'année suivante à Paris avec son mari, le peintre R. Bertholo. Lourdes Castro participa à la première Biennale de Paris en 1959, puis, après avoir pratiqué l'Abstraction lyrique, elle exposa à Paris en 1961 des collages d'objets peints en teintes argentées. Douée d'un remarquable pouvoir inventif, elle crée des livres aux collages pleins d'humour en exemplaires uniques, et ses *Silhouettes* peintes sur Plexiglas, découpées ou brodées sur des draps, présentées pour la première fois en 1963, introduisent une nouvelle dimension dans le Pop'Art, par une sorte de dialectique de « présence-absence » de l'image (*Ombres couchées,* 1972, drap brodé à la main, coll. R. Topor). L'artiste a également réalisé des projets pour la fondation Woolmark en 1973. En 1974, elle présente le spectacle *les Ombres* à Anvers, à Amsterdam, à Aix-la-Chapelle, à Hanovre et, en 1975, à Paris (M. A. M. de la Ville, A. R. C . II). Elle a ensuite participé à de nombreuses expositions de groupes en R.F.A., en Italie, aux États-Unis et en Amérique latine et, depuis 1983, s'est fixée à Madère.

CATALOGNE.

La Catalogne est, à l'époque romane, un avant-poste du monde chrétien, la Marche hispanique du royaume de France, s'étendant du Roussillon à Barcelone. Elle n'atteint l'Èbre qu'au cours du XIIe s. Les souvenirs wisigothiques et les influences musulmanes, sensibles dans l'architecture et la sculpture mozarabes du Xe s., y sont submergés dès le XIe s. par l'action de l'art français et de l'art italien. L'influence de ceux-ci s'exerce aussi bien au temps du « premier art roman méditerranéen » que plus tard. Malgré l'adoption de la voûte d'ogives, le style gothique n'élimine complètement le roman que vers la fin du XIIIe s.

Du fait de leur isolement dans des régions lointaines et aujourd'hui pauvres, de nombreuses églises ont conservé des fresques et des pièces de mobilier peint : ces œuvres figurent pour la plupart dans les musées de Barcelone (M.A.C.), de Vich, de Solsona et de Gérone, ainsi que dans diverses collections particulières. On a attribué à la période préromane des œuvres très rustiques, comme les peintures disparues de Campdavenol et la couche la plus ancienne de Pedret (xe s.). La date des fresques de S. Miguel et de S. María de Tarrasa, qui présentent des affinités carolingiennes et orientales, est incertaine et l'on a proposé tantôt le ixe s., tantôt le xe s.

Les ensembles romans sont beaucoup plus nombreux. Ce sont pour la plupart des décors d'absides, développant le thème de la *majestas Domini* ou de la *majestas Mariae* au cul-de-four. Un « apostolado » ou un choix de scènes variées garnissent les parois des chevets. Les arcs triomphaux, les murs latéraux, le mur occidental ont aussi été souvent recouverts de peintures. La technique employée est celle de la fresque ou, plus souvent, de la détrempe sur enduit blanc de chaux, avec retouches effectuées à sec, donc fragiles.

Si la richesse de la Catalogne en peintures romanes est considérable, il ne faut pas oublier que presque toutes les œuvres majeures — celles de Barcelone, de Vich. de Ripoll, de Gérone — ont totalement disparu. Toutefois, nous connaissons les productions de maîtres importants : celui qui travailla à S. Pedro de la Seo d'Urgel, celui de S. Clemente de Tahull (qui œuvra à la cathédrale de Roda de Isabeña, Aragon), celui de Pedret, dont on a retrouvé la trace à la cathédrale de Saint-Lizier (Ariège). Ainsi, beaucoup de fresques sont dues à des artisans locaux qui ont utilisé plus ou moins heureusement les formules apprises auprès de quelques artistes plus expérimentés.

L'étude de l'origine et de l'évolution des styles n'est pas facile. Les chronologies ne s'appuient que sur des bases fragiles, fournies souvent par des consécrations d'églises : seules celles de S. Clemente et de S. María de Tahull (1123) semblent fournir un jalon longtemps accepté mais aujourd'hui remis en question. Certains traits (absence de relief, simplification des silhouettes) montreraient la persistance de traditions mozarabes que nous ne connaissons d'ailleurs pratiquement que par la miniature, aucune fresque n'ayant pu être attribuée aux deux premiers tiers du xie s. Des rapports ont pu être établis avec la France (Bohí et Vic, le Maître d'Osormort et Saint-Savin) ou l'Italie (Tahull et Revello). Cela s'explique par la mobilité des peintres, mais, si les relations sont certaines, on ne peut établir, du fait de la disparition de l'immense majorité des ensembles picturaux romans de ces pays, une véritable filiation.

Les conclusions de la critique restent donc sujettes à révision. On a daté ainsi de la fin du xie s. les peintures de Bohí et celles du Maître d'Osormort (Bellcaire, El Brull). Dans la première moitié du xiie s. se placent les œuvres principales. Les Maîtres de Tahull, celui de Saint-Clément et celui dit « de Maderuelo », créent des ensembles grandioses, où un style qui va jusqu'à une rigidité presque métallique est appliqué à des figures héritées de l'art lombard et romain : leur influence s'exerça surtout dans la région pyrénéenne du Pallars, au nord-ouest de la Catalogne. Le Maître de Pedret, plus imprégné de traditions d'origine hellénistique, s'est déplacé à travers tout le secteur montagnard central, jusque sur son versant nord (Saint-Lizier). Son héritage a été recueilli par de nombreux artisans dans la province de Barcelone, le diocèse d'Urgel, le pays fuxéen et même le Pallars. À Urgel même, un fresquiste créa pour l'église S. Pedro des formes puissantes, géométrisées et richement colorées. Dans l'est, à Poliña, à Barbara, se maintient une autre tradition picturale, qui remonte peut-être au xie s.

L'emprise des conventions stylistiques romanes se relâcha cependant au cours de la seconde moitié du xiie s. Cet abandon de l'ancien hiératisme est sensible par exemple dans l'œuvre du « Maître d'Espinelvas » à S. María de Tarrasa : le *Martyre de saint Thomas Becket*, postérieur à sa canonisation, en 1173. D'autres tendances s'expriment après cette « détente », vers la fin du siècle et pendant une bonne partie du xiiie. Il s'agit d'un courant « néo-byzantin » dont le relais a été l'Italie, plus spécialement la Toscane. Il apparaît notamment dans les fresques de l'église d'Andorra La Vella ou dans la *Vie de sainte Catherine*, à la Seo de

Urgel. En même temps, la peinture murale subit l'influence du décor anecdotique des retables, dont l'importance grandissante fait passer peu à peu au second plan les productions des fresquistes.

Peinture romane sur panneaux. De nombreux objets mobiliers romans — autels avec leurs panneaux latéraux et leur face antérieure, dite « frontal » ou « antependium », baldaquins, croix, coffrets et, plus rarement, retables — proviennent des vieilles églises catalanes. Ces pièces reproduisent « à bon marché » les œuvres luxueuses de métal réservées aux grands sanctuaires. La composition des antependia ressemble ainsi à celle de la plaque d'argent travaillée au repoussé qui protège l'*Arca santa* d'Oviedo (1075) : au centre, dans une mandorle, une *majestas Domini*, une *majestas Mariae* ou, parfois, la figure d'un saint ; de chaque côté une série, double le plus souvent, d'arcades ou de petits tableaux rectangulaires encadrant des scènes tirées de la Bible ou de la vie des saints. Certains frontaux sont ainsi taillés dans le bois ou décorés de reliefs de stuc. Le plus souvent, ils étaient seulement peints : les couleurs, préparées à l'œuf, étaient posées sur une couche de plâtre soigneusement uniformisée couvrant les planches, dont les joints et les crevasses étaient obturés par des chiffons ou du parchemin.

L'évolution stylistique rappelle celle de la peinture murale. Toutefois, du moins au XIIe s., les rapports sont peu précis entre les fresquistes nomades et les décorateurs de mobilier, groupés en ateliers fixes, aux fortes traditions. Cook et Gudiol Ricart ont donc tenté de localiser les principaux d'entre eux auprès des grands centres religieux de Vich, de Ripoll et d'Urgel, plus tard de Barcelone et de Lérida, et de les caractériser. Il existe en outre, comme dans le domaine de la fresque, des œuvres rustiques difficiles à classer.

Quelques-unes de ces dernières, d'un aspect primitif, ont été parfois datées du XIe s. : cette ancienneté, refusée au frontal de Montgrony, a été attribuée à celui de Durro par J. Ainaud. Aux ensembles mu-

raux plus tardifs de Tahull, de Pedret ou d'Urgel répondent des pièces conçues dans le même esprit de grandeur et de noblesse. Comme dans les absides, c'est en effet le Pantocrator, entouré du Tétramorphe et des apôtres, qui constitue l'élément essentiel des œuvres majeures que sont les baldaquins de Ribas et de Tost, les devants d'autel d'Urgel et de Hix (ces derniers de la même main que les fresques de S. Pedro de la Seo). Les jeux de lignes qui résultent de la stylisation romane des plis se compliquent encore dans le *Frontal de Sainte-Marguerite* de Torello (musée de Vich). Une agitation plus ou moins heureusement traduite règne dans le frontal de Sagars et dans celui d'Espinelvas, que peignit vers la fin du XIIe s. l'auteur du *Martyre de Thomas Becket* à Tarrasa.

À cette époque s'introduit, comme dans le reste des arts picturaux, l'influence de l'Italie et, à travers elle, de la Byzance contemporaine. Son grand chef-d'œuvre est l'*Antependium de Valltarga*, que l'on a rapproché d'un crucifix de la cathédrale de Spolète daté de 1187. Assez différentes sont les productions des Maîtres dits « de Llussanes » et « d'Avia » : elles témoignent surtout d'une « détente » des formes romanes. Dans le frontal de Soriguerola, à la fin du XIIIe s., se manifeste enfin pleinement l'action du Gothique français. Cependant, la volonté d'imiter les meubles liturgiques précieux entraîne les artistes à multiplier les fonds en relief guillochés ou quadrillés, les pastillages rappelant les cabochons, réalisés en plâtre, et aussi à insérer des plaques d'argent ou d'étain. Ces raffinements techniques marquent également la fin du développement de la grande tradition romane dans les ateliers catalans de peinture sur panneaux.

Miniature romane. Les grands « scriptoria » de la Catalogne médiévale furent d'abord ceux du Nord, ceux des cathédrales de Gérone et de Vich, des abbayes de Cuxa et surtout de Ripoll. Dans ce monastère, principalement, eurent lieu, aux Xe et XIe s., les premiers contacts de la pensée et de la science arabes avec le monde chrétien latin.

Deux cent trente-trois volumes issus de ce seul centre sont parvenus jusqu'à nous.

Dans l'art des illustrateurs on peut déceler, à côté d'importants apports carolingiens, ottoniens et romans, des éléments mozarabes. Ceux-ci apparaissent nettement dans les miniatures de l'*Évangéliaire de Gérone* (v. 1000) et du *Beatus* de même provenance conservé à Turin (v. 1100) : les larges aplats de couleurs et les vues en coupe des intérieurs y sont par exemple les mêmes que dans l'enluminure léonaise du xe s. Plus tard encore, les canons couronnés d'arcs outrepassés de la *Bible de Cuxa* (Perpignan) et les compositions circulaires du *Liber feudorum major* (enluminé entre 1162 et 1196 sous Alphonse Ier) témoignent encore de cet hispanisme conservateur. Il ne se manifeste pourtant pas dans les deux chefs-d'œuvre du scriptorium de Ripoll au xie s., les *Bibles* dites « de Roda » (Paris, B.N.) et « de Ripoll » (bibl. Vaticane). Les illustrations en sont nombreuses, et remarquables par leur modelé assez naturaliste, l'élégance des plis, l'échelonnement des personnages en plusieurs plans figurés sur toute la hauteur de la composition. Les cycles iconographiques de la *Bible de Ripoll* ont été la source du programme qui a été développé par les sculpteurs du portail de l'abbatiale.

La calligraphie du dessin roman, dont on a su tirer parti avec beaucoup de liberté, se retrouve dans les miniatures des xie et xiie s. provenant de Vich, de S. Cugat del Vallés et de certains enlumineurs de Ripoll. Le *Liber feudorum major* et le *Liber feudorum Ceritanie* ont été décorés de scènes d'hommage, les unes de composition simple, les autres, plus récentes, abondamment polychromées et dorées. Elles sont sans doute l'œuvre d'un atelier barcelonais.

On note à la fin du xiie s. et au xiiie s. la pénétration d'influences provençales plus nettes, à Tortosa en particulier. Le style de la peinture mobilière tardive, celui des antependia (parements d'autels) d'Avia et de Llusa, se rattache à celui d'une miniature placée en frontispice d'un acte de Saint-Martin-du-Canigou, daté de 1195.

Peinture et enluminure XIVe-XVIe s. Aux grandes surfaces imagées de l'art roman succéda en Catalogne un style pictural d'une expression différente. La peinture murale disparaît progressivement au profit du retable, qui constitue bientôt la manifestation essentielle du Gothique catalan. Composé le plus souvent de multiples panneaux, il comporte au centre la haute figure du titulaire (saint Vincent, saint Michel, saint Jacques, saint Jean-Baptiste, saint Pierre, la Vierge aux anges musiciens, la Vierge d'humilité) ; au sommet, presque toujours une *Crucifixion ;* les panneaux latéraux représentent chacun soit un épisode de la vie du saint, soit des scènes de l'Ancien et du Nouveau Testament. À la prédelle, des saints personnages traités isolément ou des scènes de la vie du Christ, dont la *Mise au tombeau,* se rencontrent fréquemment. La technique minutieuse rappelle celle de la miniature, et les fonds d'or estampés, gaufrés, ciselés, guillochés se maintiennent traditionnellement pendant toute cette période aux dépens de paysages naturels.

Dès la fin du xiiie s., le caractère hiératique des peintures romanes s'était humanisé ; sous l'influence du Gothique français, un changement de style s'annonce chez le Maître d'Espinelvas et chez le Maître de Soriguerola (panneaux de *Sainte Eugénie,* Paris, musée des Arts décoratifs). Les fresques du réfectoire des pèlerins à la cathédrale de Lérida, la décoration de la salle dite « du Tinell », au palais royal de Barcelone, les peintures de l'église Saint-Dominique de Puigcerdá (Gérone, Musée archéologique) appartiennent à ce gothique linéaire d'inspiration française.

Ferrer Bassa, peintre et miniaturiste de la maison royale, révèle une tout autre orientation dans les fresques décorant la chapelle Saint-Michel du monastère de Pedralbes à Barcelone. Tableaux de la Passion et scènes de la vie de la Vierge sont inspirés de l'école siennoise et de Giotto ; à ce style italo-gothique appartiennent les œuvres capitales du xive s. : *Retable de saint Marc* d'Arnau Bassa, *Retable de sainte Anne* de Destorrents, *Retable de la Vierge* de Jaime Serra, *Retable du Saint-Esprit* de Pedro Serra. Barcelone est le foyer de cette peinture religieuse et centralise les commandes d'une clientèle sans cesse accrue ; les artistes catalans s'y établissent ou y font de longs séjours. Borrassá, originaire de Gérone, ne s'attarde pas dans cette ville, malgré des contacts qu'il eut, à la cour du futur Jean Ier d'Aragon, avec les styles français et flamand. Arrivé v. 1383 à Barcelone, il y introduit l'esprit réaliste, le dynamisme du Gothique international, qu'adoptera et qu'enrichira son élève Bernardo Martorell *(Retable de saint Pierre de Pubol, Retable de la Transfiguration)*, dont la personnalité s'affirme malgré les exigences d'une peinture liée à la tradition.

À l'exécution de retables, les ateliers des maîtres ajoutent l'enluminure de nombreux manuscrits. À Ferrer Bassa et à son atelier on a attribuée une série de miniatures parmi lesquelles se détachent : le *Livre d'Heures de la reine Marie de Navarre* (Venise, bibl. Marciana), le *Psautier anglo-catalan* (Paris, B.N.) et le *Llibre Verd* (Barcelone, Archives municipales) ; Rafael Destorrents a enluminé le célèbre *Missel de sainte Eulalie* (cathédrale de Barcelone). À Martorell serait dû un livre d'heures (Institut municipal d'histoire), dont les miniatures *(Annonciation, Calvaire, David jouant de la cithare)* s'apparentent au faire de l'artiste.

Autour des chefs de file gravitent de nombreux peintres secondaires, généralement collaborateurs des premiers et rarement indépendants : Francisco Serra II (milieu du XIVe s.), Juan Mates, Jaime Cabrera, Guerau Gener, Ramon de Mur, Jaime Cirera, Pedro Garcia, Miguel Nadal, chargé en 1452 de terminer les œuvres inachevées de Martorell, Luis Dalmau, qui introduisit en Catalogne le style flamand *(Vierge des conseillers,* 1445, Barcelone, M.A.C.). Beaucoup d'autres peintres sont encore anonymes : Maître de Rubió, Maître d'Estamariu, Maître de Rusiñol. Jaime Huguet résume toutes les recherches antérieures, qu'il transforme par son talent personnel, dont le lyrisme intense, la noblesse instinctive, la mélancolie voilée n'excluent pas une grande somptuosité décorative. Ses œuvres les plus célèbres : retables de *Saint Vincent de Sarria,* de *Saint Antoine abbé,* des *Revendeurs,* des *Saints Abdon et Senén,* du *Connétable,* de *Saint Bernardin,* de *Saint Augustin,* marquent le sommet, mais aussi le terme de l'art gothique catalan, dont les derniers représentants ne sont, au XVIe s. que les pâles reflets du maître.

CAXÉS. → *CAJÉS.*

CEREZO Mateo
(Burgos 1637 - Madrid 1666).

Disciple de Carreño de Miranda, il fut l'un des maîtres les plus habiles de l'école madrilène. Souple et raffinée, sa technique

Mateo Cerezo
Ecce Homo, v. 1665-1670
98 × 75 cm
Budapest, musée des Beaux-Arts

allie la leçon vénitienne (Titien), sensible dans le coloris riche et sensuel, à l'influence flamande héritée de Van Dyck. Son œuvre connue est peu abondante en raison de sa mort précoce à 29 ans. Parmi ses premiers tableaux, il faut citer le *Retable du couvent de Jésus et Maria* (Valladolid), d'une technique un peu sèche, puis l'influence de Carreño est manifeste dans ses *Immaculée Conception,* animées de groupes d'angelots exubérants (Madrid, coll. Benavites), l'*Ecce Homo* (musée de Budapest), le *Saint Jean-Baptiste* (musée de Kassel) et la *Madeleine* (Amsterdam, Rijksmuseum). Il réalise de somptueux effets de lumière et de perspective dans le *Mariage mystique de sainte catherine* (Prado) où la belle nature morte du premier plan rappelle qu'il cultiva avec un égal succès ce genre (Mexico, Musée San Carlos ; Prado ; Bilbao, coll. Arasjauregui).

CÉSPEDES Pablo de
*(Alcolea de Torote, prov. de Tolède
av. 1548 - Cordoue 1608).*

Il est le représentant le plus important de l'école de Cordoue pendant le dernier tiers du XVIᵉ s. Après des études à l'université d'Alcalá qui firent de lui un véritable humaniste, il séjourna à Rome plusieurs années avant 1577, puis de nouveau en 1852 ; il y travailla avec F. Zuccaro. Ses contemporains ont loué dans sa peinture le coloris qui l'apparente à Corrège, mais les œuvres qui nous sont parvenues sont plus proches de Michel-Ange que du maître de Parme (*Nativité,* chapelle de la Descente de Croix, Rome, église de la Trinité-des-Monts). De retour en Espagne, il s'installa à Cordoue mais se rendit à maintes reprises à Séville, où il fréquenta l'Académie de Mal Lara et Pacheco. En 1587, il peignit à Guadalupe, où il se rendit avec F. Zuccaro, le retable de la chapelle Sainte-Anne dans un pur style romaniste. Le Retable de la *Cène* et celui de *Sainte Anne* (cath. de Cordoue, peints en 1595) ont des accents plus personnels : éclairage latéral, lourdes draperies, nature morte au premier plan annoncent l'école andalouse du début du

XVIIᵉ s. Cespedes doit sa célébrité à ses écrits théoriques, dont les principaux sont le *Discours sur la comparaison de l'art antique et moderne* (1604) et le *Poème de la Peinture,* publié par Francisco Pacheco dans son *Art de la peinture,* paru en 1649. Ces ouvrages, qui témoignent de l'érudition de leur auteur, firent connaître à l'Espagne les peintres italiens contemporains.

CHACÓN Y RINCÓN Francisco
(fin du XVᵉ s.).

Ce peintre castillan, dont on sait très peu de chose, offre un double intérêt : d'une part, dans un document de 1480, il apparaît comme « pintor mayor » des Rois Catholiques et chargé d'une sorte d'inspection des peintures du royaume, très significative des préoccupations de la reine Isabelle ; d'autre part, une *Pietà* signée de lui (Grenade, Escuelas Pias) montre une adaptation assez heureuse, dans un style plus détendu, des compositions de Van der Weyden (et peut-être aussi de la *Pietà* de Bermejo à la cathédrale de Barcelone).

CLAVÉ Antoni
(Barcelone 1913).

Il bénéficie de l'enseignement des cours du soir de l'École des beaux-arts de Barcelone de 1926 à 1932. Peintre et décorateur, il travaille pour le cinéma et la publicité. En 1937, il s'engage dans l'armée de la République, puis, après la victoire des nationalistes en 1939 émigre en France.

Ses premiers travaux témoignent de son intérêt pour les collages cubistes. Il expérimente divers papiers (papier peint, carton). En 1939, il réalise à Paris ses premières lithographies. Il y demeure le temps de la Seconde Guerre mondiale, y expose pour la première fois en 1942 (gal. Castelucho), l'année de sa rencontre avec Picasso. Jusqu'à la fin des années 50, des thèmes classiques — intérieurs et portraits — dominent l'œuvre. Son expérience des arts graphiques le conduit, à partir de 1959-60, vers l'abstraction. Elle lui permet égale-

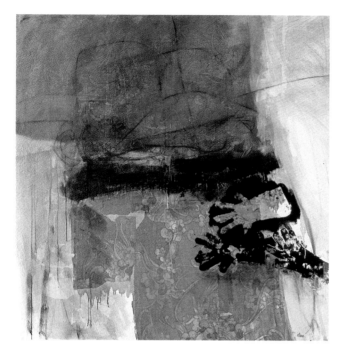

Antoni Clavé
Tres Guants, 1972
(Trois gants)
130 × 130 cm
Madrid, collection
particulière

ment de développer son goût pour la matérialité de la peinture et pour des supports diversifiés (aluminium, tissu peint, teint ou imprimé, journaux). À plusieurs reprises, il utilise la technique de l'empreinte : la *Main* (1960-1964), *Souvenir de l'année 28* (1968), *À Saint-John Perse* (1977). Clavé est l'auteur de reliefs en bronze (*Trois Visages,* 1966), d'assemblages et de sculptures en plomb (*Armoire bleue,* 1962) qui le rapprochent de l'Art brut.

L'œuvre de Clavé est connu en Europe depuis la fin des années 40 (Anglo – French Art Center, Londres, 1947 ; gal. Obelisco, Rome 1951 ; gal. Drouant David, Paris 1953). Il obtient une reconnaissance internationale dès 1961, date à laquelle le musée Rath de Genève lui consacre une première rétrospective. Les *Instrumentos Extranos* sont présentés Sala Gaspar en 1977, au centre Georges-Pompidou à Paris en 1978. Une centaine d'œuvres de Clavé sont exposées dans le pavillon espagnol lors de la Biennale de Venise de 1984. L'artiste n'aura

de cesse de diversifier les techniques : « Tapicerias – Assemblages » exposés en 1964 par le musée d'Art moderne de Bilbao, eaux-fortes et aquatintes réalisées en Provence en 1965, « gaufrages » sur aluminium en 1972, papiers et toiles froissées ou plissées (*Toile froissée sur fond noir,* 1978). Il est l'auteur de nombreux décors pour le ballet (notamment pour Roland Petit) et pour le cinéma.

Ses œuvres sont présentes dans les collections du M.E.A.C. de Madrid, de la Fundació Caixa de Pensions de Barcelone, du M.A.M. de la Ville de Paris et des musées de Genève, Boston, São Paulo.

COBO Y GUZMÁN José
(Jaén, Andalousie, 1666 - Cordoue 1746).

Il fut à Jaén l'élève de Sebastián Martinez, puis vint s'installer à Cordoue, où il vécut jusqu'à sa mort. Estimé de son vivant, loué par Céan Bermudez, mais négligé par les historiens modernes, un seul ensemble important permet d'apprécier cet artiste provincial : la *Vie de saint Pierre Nolasque*, partagée entre l'hôpital de la Merced à Cordoue et le musée de la ville. Par la solidité simple de la composition, par l'agrément de la couleur et le sens narratif, Cobo y Guzmán continue la meilleure tradition du XVIIᵉ s. (comme dans le même temps Viladomat en Catalogne) en face du Rococo « officiel » importé par les peintres des Bourbons.

COELHO DA SILVEIRA Bento,
peintre portugais
(? 1617 - ? 1708).

Cité pour la première fois en 1648, il séjourna peut-être en Espagne et succéda à Domingos Vieira dès 1678 dans la charge de peintre royal. Sa *Descente de croix* (1656, Lisbonne, coll. vicomte de Sacavem) semble influencée par l'œuvre de Josefa d'Obidos. Dessinateur rapide et fécond, sa personnalité artistique est comparable à celle de son contemporain espagnol Matias Arteaga, disciple de Valdés Leal. Bien qu'il néglige les détails de l'exécution, ses peintures religieuses, dont les couleurs brillantes se détachent sur un fond sombre, ne manquent ni de verve ni d'intensité (le *Christ apparaissant à la Vierge*, l'*Ascension*, Lisbonne, église Saint-Roque ; la *Cène*, v. 1705, Évora, église Saint-Antoine).

COELLO Claudio
(Madrid 1642 - id. 1693).

D'origine portugaise, Claudio Coello, débute dans l'atelier de F. Rizi et complète sa formation devant les œuvres des collections royales : il y étudie les maîtres vénitiens et flamands, qui influencent d'une façon décisive ses premières séries de grands tableaux d'autel et l'occupent jusqu'à son entrée à la Cour (*le Triomphe de saint Augustin*, 1664, Prado ; *Annonciation*, 1668, Madrid, couvent de S. Placido).

En revanche, rien ne confirme que Coello ait effectué un voyage en italie. Décorateur à la détrempe et peintre de fresques, il

Claudio Coello
La Sagrada Forma, 1690
500 × 300 cm
Escorial, sacristie

travaille beaucoup en collaboration avec Jimenez Donoso (sacristie de la cathédrale de Tolède, 1671), artiste très apprécié par ses contemporains. En 1680, il décore les arcs dressés en l'honneur de l'entrée de la reine Marie-Louise d'Orléans et, en 1683, est nommé peintre du roi. En 1684, il exécute les décorations murales de l'église de la Manteria à Saragosse et, à son retour à Madrid, les scènes mythologiques de la galerie de la reine à l'Alcázar (aujourd'hui perdues). À la mort de Francisco Rizi (1685), il se charge de terminer le grand tableau que celui-ci préparait pour l'Escorial — et qui est son chef-d'œuvre (signé en 1690 avec le titre de « pintor de Cámara ») —, la *Sagrada Forma*, montrant Charles II vénérant la sainte hos-

Francisco Collantes
Le Buisson ardent.
L'Éternel ordonne à Moïse
de faire sortir les Israélites d'Égypte
116 × 163 cm
Paris, musée du Louvre

tie. L'année même de sa mort, il exécute le grand *Martyre de saint Étienne* pour l'église S. Estebán de Salamanque.

Dernière figure marquante du Baroque espagnol, Claudio Coello est un artiste de formation complexe. Grand coloriste, il aime et utilise les tons chauds et raffinés hérités des Vénitiens. Il possède un sens dynamique de la composition tout à fait baroque et, en même temps, une conception équilibrée de la réalité qui, donnant sérieux et vérité à ses personnages, font de lui un excellent portraitiste (*Dóna Nicolasa Manrique*, Madrid, Instituto Valencia de don Juan). Décorateur (peintures murales de l'église de la Mantería, Saragosse), Claude Coello est l'héritier de la tradition italienne et, dans la *Sagrada Forma* de l'Escorial, son souci d'espace, de perspective et d'atmosphère, qui s'exprime à travers une très ample architecture, est proche de celui de Velázquez. Ses meilleures exécutions, aux touches fluides, légères et mesurées, procèdent aussi de la leçon de ce dernier : *Vierge et l'Enfant vénérés par saint Louis* (Prado).

Parmi ses autres œuvres, on peut encore citer la *Vision de saint Antoine de Padoue* (1663, Norfolk, Chrysler Museum), *Saint Joseph et l'Enfant* (The Toledo Museum of Art, Ohió), le *Retable de sainte Gertrude* et le *Retable des saints Benoît et Scholastique* (Madrid, couvent de S. Plácido), le *Martyre de saint Jean l'Évangéliste* (église de Torrejón de Ardoz, près de Madrid), l'*Apparition de la Vierge à saint Dominique* (Madrid, Acad. S. Fernando), le *Repas chez Simon* (1676, Madrid, coll. part.), le *Miracle de saint Pierre d'Alcántara* (Munich, Alte Pin.), la *Sainte Famille* (musée de Budapest).

COLLANTES Francisco
(Madrid v. 1599 - id. 1656).

Élève de Vicente Carducho, fortement influencé par la peinture flamande et italienne, il est le meilleur représentant en Espagne d'un genre de paysage touffu, d'origine flamande, articulé en nombreux plans lumineux et peuplé de petits personnages d'inspiration vénitienne ou napolitaine (le *Buisson ardent*, Louvre ; *Agar et Ismaël*, musée de Providence, Rhode Island ; la *Vision d'Ézéchiel*, 1630, Prado). Ses tableaux religieux, où prennent place de grandes figures, s'apparentent étroitement à ceux de Ribera (*Saint Onufre*, Prado). Très apprécié à son époque, il exécuta, v. 1635, pour le palais du Buen Retiro, une série de peintures, aujourd'hui dispersées, aux motifs bibliques et mythologiques (la *Chute de Troie*, Prado), qui le rattache à l'école napolitaine contemporaine.

COLUMBANO Columbano,
Bordalo Pinheiro, dit,
peintre portugais
(Lisbonne 1857 - Lisbonne 1929).

Formé par son père, le peintre romantique Manuel Maria Bordalo Pinheiro, il montra très jeune de grandes dispositions pour le portrait et étudia à l'École des beaux-arts de Lisbonne. De son séjour à Paris (1880-1883), où il fut influencé par Carolus-Duran, ressort la scène nocturne et intimiste de *Soirée chez lui* (Lisbonne, M.A.C.), exposée au Salon de 1882. Rentré à Lisbonne, il adhère au Groupe du Lion, dont il réalise en 1885 l'important portrait collectif (Lisbonne, M.A.C.), d'un naturalisme saisissant. Il se consacre essentiellement au portrait, souvent fondé sur des effets de pénombre, une recherche « naturaliste » de la personnalité, et marqué par son tempérament romantique et son caractère difficile (nombreux portraits au musée d'Art contemporain de Lisbonne, dont celui du poète Antero de Quintal, 1889, Teixeira Gomez, Oliveira Martins, etc.). Il exécuta de nombreux autoportraits (1926, Florence, Gal.

Pitti. Lisbonne, M.A.C.). Délicat peintre de nature morte (*Nature morte*, 1917, Paris, M.N.A.M.), il ne se montre guère novateur dans ses peintures religieuses ou mythologiques. Reprenant les thèmes historiques traditionnels du Portugal et le thème littéraire des *Lusiades* de Camoëns, il exécuta de nombreux décors (Lisbonne, Palacio do Conde de Valenças, 1888 ; Musée militaire, 1899-1904).

Professeur à l'École beaux-arts de Lisbonne (1901-1913), il devint académicien, directeur du musée d'Art contemporain de Lisbonne (1901-1927), il fut très célébré de son vivant, même si sa peinture, profondément enracinée dans le réalisme, est à l'écart des courants européens du début du siècle.

COMONTES Francisco
(? - Tolède 1565).

Fils de Iñigo Comontes et neveu d'Antonio Comontes, peintres actifs au début du XVIe s., il travailla dans le milieu artistique tolédan dominé par la personnalité de Juan de Borgoña. L'influence de ce maître marque la première étape de sa carrière, comme celle de Correa, à qui ses œuvres ont été parfois attribuées. Son œuvre la plus importante relate l'histoire de sainte Hélène et la découverte de la Croix (1541-1552, Tolède, église de S. Juan de los Reyes), qui était destinée à orner la chapelle de l'hôpital de S. Cruz.

Bien qu'il ait été peintre de la cathédrale de 1547 à sa mort, il nous reste peu d'œuvres de sa main, un grand nombre de ses retables ayant été remplacés par des ensembles baroques. Sont conservés des portes d'orgue à la sacristie et à l'ermitage S. Eugenio ainsi que les portraits des cardinaux Tavera et Silíceo dans la salle capitulaire. Son style maniériste est en grande partie d'origine flamande avec des emprunts rapha- élesques évidents dans le modelé des visages et des draperies. Dans le fond des paysages apparaissent des monuments romains inspirés des dessins de Francisco de Holanda.

CONCHILLOS FALCÓ Juan
(Valence 1641 - ? 1711).

Valencien, disciple d'Esteban March, il fut, pendant la seconde moitié du xvıı^e s., le pourvoyeur principal des églises et des couvents de Valence et de Murcie (grands tableaux des *Miracles du Christ de Berito* du Salvador de Valence, détruits en 1936 ; peintures du monastère de la Sainte-Face à Alicante ; collaboration avec Palomino, en 1697, aux célèbres fresques de S. Juan del Mercado). Il avait également travaillé avec succès à Madrid. La plupart de ses grands cycles ont été dispersés ou détruits pendant les guerres napoléoniennes et la guerre civile de 1936. Nous le connaissons mieux aujourd'hui par ses dessins et ses lavis, très décoratifs et d'un grand dynamisme baroque, que la B. N. de Madrid et le musée de Valence possèdent en nombre.

CORDOUE.

Centre de l'Empire ommeyade occidental, Cordoue connut un éclat particulier sous El Hakam II, qui fit agrandir la mosquée commencée depuis le vıı^e s. La porte du mirhâb, la coupole de la salle devant le mirhâb, furent revêtues de mosaïques exécutées, selon les textes, par un artiste byzantin envoyé par Nicéphore II Phocas. L'inspiration byzantine est moins nette dans le décor de la porte occidentale, dite de « Passage » : daté de 965 par une inscription contenant des vers du Coran, il révèle une conception typiquement arabe mêlée à des traits grecs et désireuse de rivaliser avec l'art byzantin.

Trop proche de Séville, éclipsée par elle depuis la fin du Moyen Âge, Cordoue n'a pas eu d'école de peinture homogène et continue comparable à celles de Séville ou de Grenade. Mais elle a eu de nombreux peintres de valeur, autochtones ou venus du dehors, qu'elle n'a souvent gardés que pendant une époque de leur carrière (Bermejo, Alejo Fernández, Pablo de Céspedes, Valdés Leal). Cependant, et surtout dans la première moitié du xvıı^e s., nombre de bons peintres (Peñalosa, Zambrano, Sarabia et, surtout, Antonio del Castillo), définissent un « style cordouan », plus rude et plus emphatique que celui des maîtres de Séville. Cordoue conserve encore une place honorable au début du xvııı^e s. grâce à un peintre qui maintient avec talent la tradition réaliste du Siècle d'or, José Cobo y Guzmán.

Les églises de Cordoue permettent autant, et peut-être mieux que le musée, de connaître ces peintres. En premier lieu, la cathédrale, qui possède quelques œuvres essentielles : *Annonciation* de Pedro de Córdoba (1475), retable de la chapelle Saint-Nicolas de Bari par Pedro Campaña, *Cène* de Pablo de Céspedes, *Martyre de saint Sébastien* de Zambrano et *Martyre de saint Pélage* d'Antonio del Castillo, qui figure également à S. Marina et à l'hôpital de Jesus Nazareno. Les églises S. Lorenzo et S. Nicolas font apprécier l'intérêt des peintures murales du xve s., tandis que l'époque cordouane de Valdés Leal est brillamment représentée par le *Saint André* de S. Francisco (1649) et par le magnifique retable du Cármen (*Histoire d'Élie et d'Élisée,* 1658). Enfin, les meilleures scènes de l'*Histoire de saint Pierre Nolasque* de Cobo y Guzmán se trouvent à l'hôpital de la Merced.

Museo provincial de bellas artes. Installé dans le bel hôpital de la Caritad, fondation des Rois Catholiques, il réunit un important ensemble de peintures, parfois extérieures à Cordoue (Ribera : *Repos pendant la fuite en Égypte ;* Zurbarán : *Saints* et *Fondateurs d'ordres*), plus souvent cordouanes : on relève spécialement parmi celles-ci les primitifs (fin du xve et début du xvı^e s. : *Retable de l'hôpital,* par Alfonso de Aguilar, 1494 ; *Christ à la colonne,* par Alejo Fernández ; *Vierge et Enfant,* par Pedro Romano) et la salle riche et variée consacrée à A. del Castillo *(Calvaire,* 1645 ; *Saint Martin, Saint Bonaventure, Baptême de saint François).*

En outre, un bâtiment annexe, le **Museo Romero de Torres,** présente, en plusieurs salles, une sélection importante de ce peintre cordouan (1885-1930), très en vogue au début du siècle et peut-être prisonnier de la mode et de la facilité.

Francisco Cossio
Bodegón
collection particulière

CORREA DE VIVAR Juan
*(Mascaraque, prov. de Tolède,
v. 1510 - Tolède 1566).*

Correa semble avoir joué un rôle important, dans le milieu artistique tolédan, mais, n'ayant pu obtenir la charge de peintre de la cathédrale de Tolède, donnée à Comontes en 1547, il travaille pour divers couvents et églises de la ville impériale et des provinces d'Ávila et de Guadalajara. Ses premières œuvres (retables pour les Clarisses de Griñon, 1530, et les églises de Meco, prov. de Madrid, et de Mora) témoignent d'une très nette influence de Juan de Borgoña, avec lequel il dut faire son apprentissage. À partir de 1540, on observe de clairs emprunts aux grands maîtres de la Renaissance, connus par l'intermédiaire de gravures mais aussi au contact des artistes espagnols ayant séjourné en Italie tels que Juanes et A. Berruguete. La *Vierge de l'Annonciation* (musée d'Oviedo) est proche de Yanez. La pratique de modèles

raphaélesques est sensible dans la *Mort de la Vierge* (Prado) et dans les panneaux de S. Martin de Valdeiglesias (vies de saint Bruno et de saint Bernard) recueillis par le Prado et déposés dans plusieurs musées de province. Le retable d'Almonacid de Zorita (1554), consacré à la vie de la Vierge, a été retrouvé au couvent des oblats d'Oropesa (prov. de Tolède). Correa apparaît comme un romaniste habile, sensible au paysage mais dépourvu de vigueur.

COSSIO Francisco Gutiérrez,
dit Pancho
*(San Diego de Banos, Pinar del Rio,
Cuba, 1894 - Alicante 1970).*

Installé avec sa famille en 1898 à Santander, il étudie à Madrid en 1914 dans l'atelier de don Ceciliopha, puis à Paris en 1923 avec

Daniel Alegre, sculpteur. La même année, il expose, pour la première fois, au Salon des indépendants de Paris. Avant son retour en Espagne, en 1932, son œuvre est présenté par les gal. Boucher (1928), Bernheim, de France (1929). La peinture de Cossio est caractérisée par une grande homogénéité stylistique. Exploitant des thèmes aussi traditionnels que la nature morte, le paysage et le portrait, elle affirme une personnalité tout à fait originale, à travers notamment les marines, dont la transparence et la fluidité témoignent d'une certaine liberté d'expression.

En 1950, le musée d'Art moderne de Madrid consacre à l'artiste une importante exposition personnelle. Cossio réalise en 1950-51 deux grands tableaux pour l'église des Carmélites à Madrid, dont l'iconographie religieuse, inspirée par la tradition de la peinture espagnole, rompt avec ses thèmes naturalistes. Il meurt en 1970 à Alicante. L'artiste est présent dans les collections du M.E.A.C. de Madrid.

COSTA Vasco,
peintre portugais
(Lisbonne 1917).

D'abord décorateur, il travailla pour l'Exposition internationale de New York en 1940, puis s'engagea dans l'armée américaine. Démobilisé, il s'installa dans les environs de Paris et se consacra à la peinture abstraite v. 1959. Son œuvre, déjà très vaste (*Composition,* Lisbonne, fondation Gulbenkian), révèle un créateur puissant dont l'exécution violente, qui n'est pas sans rapports avec la technique de l'Informel, est au service d'une riche sensualité (*Tonnerre,* 1973, Lisbonne, coll. part.). Costa a exposé pour la première fois en 1969 (Paris et Lisbonne, fondation Gulbenkian).

COSTA-PINHEIRO,
peintre portugais
(Moura 1932).

Après avoir fréquenté l'École des beaux-arts de Lisbonne, il émigra en Allemagne,

travailla à Paris et se fixa finalement à Munich en 1958. Il commença par exécuter une peinture expressionniste lyrique, á la fois violente et délicate, où intervenaient des taches sombres et un graphisme très libre. Vers 1965, sa peinture a adopté des schémas figuratifs qui révèlent une sorte d'humour incantatoire. La série de ses toiles sur les *Princes de Portugal* (1968-1970, Lisbonne, fondation Gulbenkian, et Allemagne, coll. part.) est fort originale. L'artiste atteint à l'univers du mythe par le biais d'une ironie qui exclut toute critique sociale (l'*Astronaute et la planète des poussières cosmiques,* 1971-1973, Munich, coll. part.).

Vers 1970, il se consacra à des projets d'environnement (« project-art ») de caractère utopique, où la féerie n'est pas absente. Costa-Pinheiro a fréquemment exposé en Allemagne et vit à Munich.

COSTUMBRISMO.

Ce terme espagnol, signifiant l'intérêt pour la représentation des coutumes et des mœurs *(costumbres)* typiques d'une région, représente une tendance importante de la littérature et de la peinture espagnoles à partir des années 1830. Cette tendance trouve en partie son origine dans les bouleversements qu'a connus l'Espagne depuis l'occupation napoléonienne. Les guerres de succession ont en effet entraîné un repli sur soi, un regard tourné vers l'intérieur sur les édifices aussi bien que sur les coutumes que découvraient alors avec passion les voyageurs étrangers.

Ce mouvement, représenté en littérature par des écrivains comme Mesonero Romanos à Madrid, G.A. Becquer à Séville, se développe dans la peinture madrilène (Alenza), à Valence (Muñoz Degrain) mais surtout à Séville, où il crée un véritable mouvement dominé par la famille des Dominguez Becquer, Rodríguez de Guzman ou José Roldán. D'abord nettement influencé par les romantiques britanniques comme David Roberts, il évolue peu à peu vers le réalisme et vers la critique sociale et politique, qui domine, en littérature comme en peinture, la fin du siècle.

CRUZ Diego de la
(Castille fin du XVe s.).

La découverte de la signature « Diego de la + » sur le panneau du *Christ de pitié entre la Vierge et saint Jean* (Barcelone, coll. Bonova) a permis d'établir l'identité d'un artiste connu auparavant sous le nom de Maître des Rois Catholiques. Des documents datés entre 1488 et 1499 attestent son activité dans la région de Burgos et de Valladolid et sa collaboration de plus de dix ans avec le sculpteur Gil de Siloe. Certaines œuvres qui lui sont attribuées, comme le *Christ de pitié entre deux anges* (collégiale de Covarrubias), la *Messe de saint Grégoire* (Barcelone, coll. Torello) et le *Christ de pitié* (musée de Bilbao), montrent une parfaite connaissance des maîtres flamands et laissent supposer que cet artiste était d'origine flamande. Si les compositions dérivent le plus souvent de R. Van der Weyden, comme celle du *Triptyque de l'Épiphanie* (cathédrale de Burgos), le canon plus trapu des personnages, le modelé plus vigoureux et le réalisme des visages indiquent une progressive hispanisation des modèles, qui est notable dans le *Christ de pitié entre David et Jérémie* (Greenville, Bob Jones University) et *Saint Jean-Baptiste* (Prado). Son œuvre la plus importante est le *Retable des Rois Catholiques,* aujourd'hui dispersé dans plusieurs musées nord-américains : 4 scènes parmi les 6 de cet ensemble lui sont attribuées : l'*Annonciation* et la *Nativité* (San Francisco, De Young Memorial Museum), la *Visitation* (Tucson University) et l'*Épiphanie* (musée de Denver). Les écussons ornant certains panneaux peuvent indiquer que ce retable a été exécuté en 1496 et 1497, au moment du mariage de deux des enfants des Rois Catholiques avec les héritiers des maisons d'Autriche et de Flandre.

CRUZ Manuel de la
(Madrid 1750 - id. 1792).

Madrilène, neveu de Ramón de la Cruz, auteur dramatique notamment des *Saynètes* sur la vie madrilène, il étudia à l'Académie de San Fernando dont il devint académicien en 1789. À l'instar de son oncle, la vie contemporaine l'a beaucoup inspiré : la plus connue de ses scènes populaires est *La Plaza de la Cebada* (Madrid, Musée municipal). Dans ce domaine du « costumbrismo », son apport le plus important est l'ensemble de dessins (Madrid, B. N., Musée municipal), gravés par son oncle Juan de la Cruz Cano pour la *Colección de Trajes de España,* costumes d'Espagne (1777-78). Comme Paret, il peignit aussi des vues de ports ; son œuvre religieuse, d'un niveau honorable, compte les saints décorant les pendentifs de la vieille cathédrale de Carthagène (1789, disparus en 1936) et sa participation en 1790 avec d'autres peintres contemporains, dont Bayeu et Goya, au décor de San Francisco el Grande à Madrid (huit scènes de la vie de saint François).

CRUZ Marcos da,
peintre portugais
(actif de 1648 à 1674).

Il se forma peut-être à Séville. Son œuvre, dispersée parmi les églises de Lisbonne, disparut en partie lors du tremblement de terre de 1755. Les *Vie de saint François d'Assise* et *Vie de saint Antoine de Padoue,* qui subsistent encore dans l'église du Jésus (Lisbonne), manifestent, dans la technique du dessin, dans le jeu du clair-obscur et dans les tonalités, l'influence de Murillo. Au palais des ducs de Bragance (Vila Viçosa) sont également conservés 10 panneaux signés, consacrés aux *Scènes de la vie de la Vierge.* Marcos da Cruz fut le maître de Bento Coelho da Silveira.

CUENCA.

Ville montagnarde, médiévale et renaissante, l'une des plus pittoresques de la Nouvelle-Castille, à égale distance de Valence et de Tolède, Cuenca a bénéficié de ces deux grands centres artistiques. La cathédrale conserve plusieurs retables du Valencien Yañez de la Almedina et de son

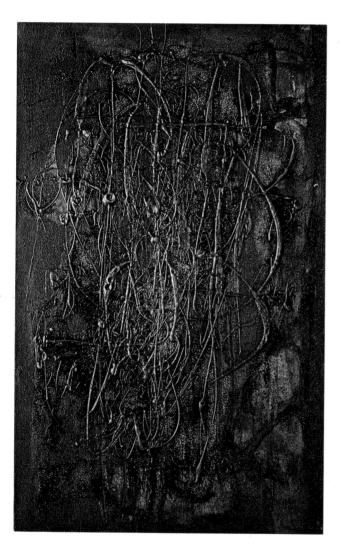

Modeste Cuixart
Composition, 1958
collection particulière

émule Martín Gómez, et, du XVIIe s., les œuvres de deux peintres locaux : Andrés de Vargas (chapelle du Sagrario) et Garcia Salmerón (un singulier *Apostolado*, destiné au monument du Jeudi saint, aujourd'hui dans la salle capitulaire). Le musée diocésain garde un diptyque byzantin (fin du XIVe s.) dit des « despotes d'Épire », exceptionnel en Espagne, une série de panneaux de Juan de Borgoña et deux Greco venus

d'églises du diocèse, Pedroñera *(Jésus au jardin des Oliviers)* et Huete *(Jésus portant la croix)*. La chapelle du séminaire abrite un retable italo-gothique provenant de Horcajo de Santiago.

D'autre part, dans un cadre insolite mais qui s'est révélé fort bien adapté à son nouveau rôle — les antiques « Casas Colgadas », suspendues au-dessus de la gorge du Huécar, récemment restaurées par la municipalité —, les peintres Fernando Zobel et Gustavo Torner ont ouvert en 1966 un Museo de Arte abstracto español, le premier du genre en Espagne, très ingénieusement installé et dont le succès fut immédiat. Constamment enrichi depuis lors, il donne un tableau assez complet des recherches de la nouvelle génération espagnole. Les peintres non figuratifs, comme Feito, Farreras, Canogar, Hernandez Mompó, Viola, Millares, Tàpies, y sont représentés par des œuvres caractéristiques.

CUIXART Modest
(Barcelone 1925).

En 1941 il commence des études de médecine à l'université de Barcelone. Il se consacre entièrement à la peinture vers 1946-47 et participe à la fondation du groupe Dau Al Set et au premier Salon d'octobre (Barcelone, 1948). Sa peinture consiste alors en une pâte épaisse et colorée, creusée de graphismes multiples et d'incisions (*Lineus escriba*, 1948). Cuixart s'intéresse par la suite à toutes sortes de techniques (craquelures de pâtes vernies, empreintes, incorporations de corps étrangers, tissus, limailles, plomb, dans la lignée de l'Informel) ainsi que de matériaux

plastiques, qui donnent parfois à ses œuvres des reliefs importants (*Hébraïque,* 1956). À partir de 1951, il fait différents voyages à Paris et à Lyon, expose à Barcelone en 1955, à Lyon, où il travaille souvent, en 1956, et à Paris en 1958 (gal. Drouin).

Essentiellement peintre de la « matière », Cuixart fut l'un des premiers à utiliser les nouvelles peintures plastiques à séchage rapide, qui permettent, sans couler, des effets de reliefs ou d'écriture, dans les tons brun sombre, vieil or ou vieil argent. Le cercle, la spirale, la coulée dirigée, les formes concentriques constituent les éléments essentiels de son style. Peu à peu, cependant, une certaine figuration renaît, à travers ce que J. Eduardo Cirlot nomme « transinformalisme », avec l'exposition Sept Personnages d'exorcisme (Paris, gal. René Drouin, 1962). Depuis lors, l'artiste a réintroduit dans sa peinture des formes et des figures d'inspiration surréaliste dont la technique très précise s'allie parfois à l'ancienne manière (*Surc.*, 1964), sous la désignation de « realismo pictorico actual ». Cuixart est représenté dans les musées d'Espagne (musée de Cuenca), à l'étranger (musée d'Art contemporain, São Paulo), ainsi que des nombreuses coll. part. ☐

D

DALÍ Salvador
(Figueras, Catalogne, 1904 - id. 1989).
Génie protéiforme, en proie à cette mobilité
catalane qui se retrouve chez Picasso et
chez Miró, Dalí manifeste très tôt son agilité
intellectuelle en subissant, entre 1920 et
1925, les tentations simultanées de l'Académisme (il se forme aux Beaux-Arts de
Madrid et gardera toujours une grande
habileté de praticien), du réalisme hollandais et espagnol, du Futurisme, du Cubisme
et du réalisme cubisant de l'après-guerre

Salvador Dalí
Prémonition de la guerre civile, 1936
100 × 99 cm
Philadelphie, Museum of Art

(Jeune Fille assise, vue de dos, 1925, Madrid,
M.E.A.C.). Sa vocation pour un art de
l'inconscient s'éveille à la lecture passionnée de Freud et lui fait d'abord pratiquer
la « peinture métaphysique ». Sa première
exposition se tient à Barcelone, gal. Dalmau, en novembre 1925. Il peint à cette
époque des compositions où apparaît déjà
l'obsession des paysages marins de son
enfance, qui ne l'abandonnera plus (*Femme
devant les rochers,* 1926, Milan, coll. part.).
À Paris en 1927, puis en 1928, il rencontre
Picasso et Breton. Il est prêt à se joindre
au groupe surréaliste aux idées voisines, et,
selon Breton, il s'y « insinue » en 1929. Il
rencontre Gala Eluard, qui va devenir sa
compagne et son inspiratrice.
Dalí met au service du mouvement une
publicité ingénieuse et bruyante. Une exposition à la galerie Goemans, en 1929,
présente ses œuvres surréalistes (l'*Énigme
du désir, Ma mère, ma mère, ma mère,* 1929,
Zurich, coll. part.), illustrant sa théorie de
la « paranoïa critique », qu'il expose dans
son livre *la Femme visible* (1930). Il s'agit,
à la suite d'une tradition illustrée par
Botticelli, Piero di Cosimo, Vinci (qui l'avait
formulée dans le *Traité de la peinture*) et,
plus récemment, par le « tachisme » romantique et par les frottages de Max Ernst, de
représenter des images suscitées par de
libres associations d'idées à partir de
formes données par le hasard, signifiantes
ou non. De là ces peintures où, sous
l'apparence de trompe-l'œil minutieux, les

Salvador Dalí
Crucifixion (Corpus hypercubicus), 1954
194,5 × 124 cm
New York, Metropolitan Museum of Art

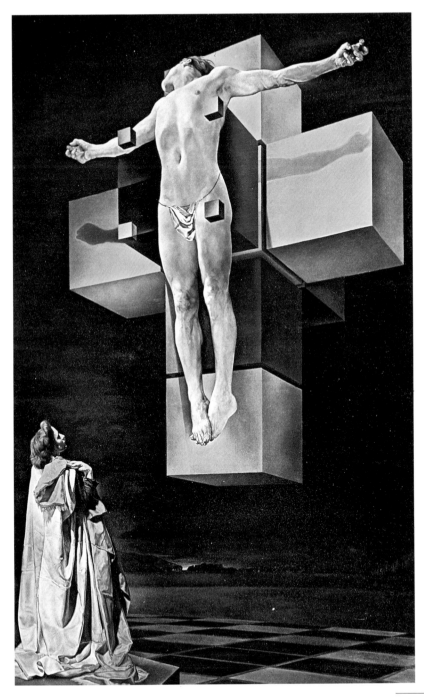

objets s'allongent (montres molles), se dissolvent, pourrissent, se métamorphosent en d'autres objets, ou encore ces interprétations incongrues de tableaux célèbres, comme l'*Angélus* de Millet, où le chapeau de l'homme dissimule, selon Dalí, un sexe en érection. Il y a là une gymnastique intellectuelle qui ne va pas sans complaisance et où les limites du jeu ne sont d'ailleurs pas spécifiées. Malgré le reniement de Breton en 1934, provoqué par le comportement du peintre, l'art de Dalí relève bien de l'esthétique surréaliste, dont il partage la poésie du dépaysement, l'humour, l'initiative laissée à l'imagination (*Persistance de la mémoire*, 1931, New York, M.O.M.A. ; *Prémonition de la guerre civile*, 1936, Philadelphie, Museum of Art). Il est même abusif d'en nier l'originalité : sous une technique que Dalí rapproche lui-même, avec une fierté provocatrice, de celle de Meissonier, les thèmes obsessionnels révèlent un univers cohérent, sous le signe de l'érotisme, du sadisme, de la scatologie, de la putréfaction. Les influences de De Chirico, d'Ernst, de Tanguy sont assimilées avec une horreur avouée de la simplicité, sous le signe du Modern Style (celui de Gaudí), dont Dalí célèbre « la beauté terrifiante et comestible » — tous caractères que l'on reconnaît dans ses créations extrapicturales, comme ses poèmes et ses films (en collaboration avec le cinéaste Luis Buñuel : *Un chien andalou*, 1928 ; *l'Âge d'or*, 1930).

En 1936, Dalí affecte un retour spectaculaire au « classicisme » italien, qui consacre sa rupture avec le Surréalisme historique. De 1940 à 1948, il vit aux États-Unis. De retour en Espagne, il s'installe à Port Lligat, où il épouse religieusement Gala en 1958. Puisant à toutes les sources — réalisme néerlandais et baroque italien (*Christ de Saint-Jean-de-la-Croix*, 1951, Glasgow, Art Gal.), aussi bien qu'Action Painting et Pop'Art —, ayant souvent recours, à partir des années 70, à des procédés capables de donner l'illusion du relief comme l'holographie et la stéréoscopie, il déploie un génie publicitaire pour créer et entretenir son mythe personnel (jusque dans son personnage physique) et, à force d'inventions et d'acrobaties, d'avances aux gens du monde, de compromissions avec les puissances politiques et religieuses, il finit par s'imposer aux yeux du public comme l'authentique représentant du Surréalisme. Vie et œuvre se confondent alors dans une imposture générale qui pourrait bien être aussi une œuvre d'art digne de forcer sinon l'approbation, du moins une attention moins sceptique. Un musée Dalí, dont le peintre fut lui-même le promoteur, a été créé en 1974 à Figueras, sa ville natale, et un autre musée, à Cleveland, abrite depuis 1971 la coll. Reynold Moose. Une importante exposition rétrospective de son œuvre fut organisée en 1979-80 par le M.N.A.M., présentée l'année suivante à la Tate Gallery de Londres. Il conçut dans le « forum » du Centre Pompidou un grand environnement délirant : la *Kermesse héroïque*. À la mort de Gala, en 1982, Dalí se retire au Castillo du Púbol à Figueras. Deux expositions importantes sont organisées en 1983 en Espagne (M.E.A.C. de Madrid et Palacio Real de Pedralbes de Barcelone). En 1984 la fondation Gala-Salvador-Dalí est créée à Figueras. Cinq ans plus tard elle reçoit le corps de l'artiste, décédé à l'âge de 85 ans. Dalí est représenté dans des musées européens et américains, notamment à Bâle, Londres, Glasgow, Paris, Chicago, Cleveland, Hartford, New York (Metropolitan Museum et M.O.M.A.). Philadelphie, Washington.

DALMAU Luis
(documenté à Valence puis à Barcelone de 1428 à 1461).

Il appartint à la maison du roi Alphonse V d'Aragon et fut envoyé à Bruges, où il séjourna en 1431. Revenu en Espagne, il est appelé, par la municipalité de Barcelone, comme « le meilleur et le plus apte peintre qui se puisse trouver », pour peindre un grand tableau destiné à la chapelle de l'hôtel de ville. La *Vierge des conseillers* (1445, Barcelone, M. A. C.) est un reflet de l'art flamand

Luis Dalmau
La Vierge et l'Enfant
détail du retable de la *Vierge
des conseillers, 1445*
Barcelone, musée d'Art de Catalogne

ainsi introduit brusquement en Catalogne. L'ordonnance de la scène agencée sous des voûtes gothiques, le réalisme des figures de magistrat, le paysage lointain perçu à travers un fenestrage ne peuvent manquer d'évoquer les chefs-d'œuvre de Van Eyck.

La découverte (1964), dans l'église S. Boï de Llobregat (prov. de Barcelone), du panneau de *S. Baldiri* ayant appartenu à un retable documenté par 2 contrats de 1448 apporte un second témoignage de son activité. L'élégante figure du saint, isolée sur un fond d'or, est la preuve d'une plus grande assimilation des œuvres catalanes, en particulier de celles de la jeunesse de Huguet. Dalmau devait rester à Barcelone jusqu'en 1461.

DAROCA.

Parmi les plus vieilles et les plus pittoresques villes de l'Aragon central, Daroca,

enfermée dans un profond ravin et protégée par une enceinte aux multiples tours carrées, est aussi très riche pour l'histoire de la peinture aragonaise. Ses églises offrent de remarquables exemples, du Roman à la fin du Gothique. Les absides romanes de S. Miguel et de S. Juan-Bautista conservent des peintures murales, tandis que le *Couronnement de la Vierge* à l'abside de S. Valero est l'un des meilleurs témoignages de la peinture aragonaise du XIVe s. Si l'église S. Domingo a perdu le retable commandé en 1474 au grand peintre nomade Bartolomé Bermejo (sa pièce maîtresse, le majestueux *Saint Dominique de Silos bénissant*, est aujourd'hui au Prado), plusieurs panneaux de cet artiste (*Christ en croix*, notamment) se trouvent au musée de la Collégiale. Celle-ci, dans ses chapelles ou dans son musée, abrite des œuvres importantes de peinture aragonaise : frontal roman avec le *Christ bénissant*, *Retable de saint Thomas*, *Retable de saint Michel*, et surtout *Retable de saint Martin*, une des œuvres maîtresses de l'atelier de Bernat et Jiménez, à la fin du XVe s., dont le panneau central, *Saint Martin et le pauvre*, est particulièrement remarquable par la vigueur un peu dure et archaïque du dessin ainsi que par le grand style monumental de la composition.

DAU AL SET
(Barcelone 1948 - 1956).

Fondé par les artistes Brossa, Cuixart, Ponç, Tàpies, Tharrats et le philosophe Puig, le groupe Dau Al Set (le Dé à sept) donna naissance à la revue du même nom, dont Brossa fut indiscutablement l'inspirateur. Dau Al Set peut être considéré comme l'un des groupes les plus représentatifs de ceux qui naquirent en Espagne au lendemain de la Seconde Guerre mondiale, compte tenu du talent et de la réputation de ses membres, qui se sont affirmés après 1950.

S'il est difficile de constater une homogénéité de création entre les artistes du groupe, il faut reconnaître un comportement subversif commun, influencé par l'esprit des surréalistes, qui révèle dans l'Espagne franquiste la volonté d'un engagement autant artistique que politique. August Puig quittera rapidement le groupe, et Modest Cuixart s'exilera au Brésil. L'exposition collective de la Sala de la Caritad de Barcelone en 1951 est la dernière apparition publique du groupe Dau Al Set, alors que la publication de la revue, dont chaque numéro est issu depuis sa création de la collaboration d'un artiste et d'un écrivain, se prolonge jusqu'en 1956.

DELLO DI NICCOLO DELLI,
dit Nicolas Fiorentino,
peintre italien actif en Espagne
(Milan v. 1404 - Valence 1470).

Les historiens s'accordent généralement aujourd'hui pour identifier Nicolas Fiorentino, artiste italien travaillant en Espagne, avec le sculpteur et peintre florentin Dello Delli, dont Vasari écrivit la vie. D'abord sculpteur, il aurait commencé sa carrière à Florence, puis séjourné à Sienne et à Venise. Inscrit en 1433 à l'Arte de Florence, il est signalé la même année en Espagne. Aucune œuvre indiscutée n'est conservée de cette première période. C'est seulement en 1445 que l'artiste apparaît avec certitude. Il exécute alors à fresque, à la voûte de l'abside de la vieille cathédrale de Salamanque, un impressionnant *Jugement dernier*, grandiose composition dans la tradition du Gothique international toscan. Le gigantesque retable en 53 panneaux qui est placé sous cette fresque est également considéré comme une œuvre de Dello Delli ; on y reconnaît un sens aigu du pittoresque anecdotique et des fantaisies architecturales, et un style marqué par l'influence de Masolino et de Gentile da Fabriano. Dello Delli, qui paraît avoir joui d'une grande réputation et exerça une influence sensible à Salamanque, contribua à répandre en Espagne le style italien, mais ses œuvres connues révèlent un tempérament et un goût narratif qui s'accordent parfaitement avec les tendances de la peinture espagnole à la fin de la vogue du Gothique internatio-

nal. Signalé en 1466 à Calapiedra, Dello Delli termine sa carrière à Valence : il travaille en 1469 aux fresques de la cathédrale (dont subsiste une *Adoration des mages*). On a proposé d'attribuer à Dello Delli plusieurs œuvres se trouvant à Florence, en particulier certaines fresques du chiostro Verde de S. Maria Novella, qui dateraient soit de la jeunesse de l'artiste, soit plutôt du séjour qu'il aurait fait dans la ville en 1446.

DESTORRENTS Ramón
(documenté à Barcelone de 1351 à 1362).

À la mort de Ferrer Bassa, il devint peintre du roi Pierre IV d'Aragon et continua le style inauguré par son prédécesseur, tout en modifiant les effets spatiaux par des contacts colorés. Il contribua à développer le souvenir des modèles italiens, ceux de l'école siennoise en particulier. En 1357 arrive dans son atelier Pedro Serra, par l'intermédiaire de qui se transmettra cet art italo-gothique jusqu'à la fin du XIVe s. Une seule œuvre de Destorrents est documentée : *Sainte Anne et la Vierge* (Lisbonne, musée das Janelas Verdes), panneau central du retable exécuté pour la chapelle de l'Almudaina de Palma (1353) et laissé inachevé par les Bassa. Par analogie stylistique, on a reconnu Destorrents comme l'auteur du beau *Retable de sainte Marthe* (église d'Iravals, Pyrénées-Orientales), de 4 *Scènes de la Passion* (Saragosse, couvent du Saint-Sépulcre) et des éléments de 3 retables donnés par Henri Trastamare au sanctuaire de Tobed (1356-1359, prov. de Saragosse). On conserve également plusieurs panneaux d'un polyptyque qui lui est attribué (*Vierge et l'Enfant*, détruit, autref. dans la coll. Czartoryski à Cracovie ; 2 *Apôtres*, Cracovie, musée Czartoryski ; 3 *Apôtres*, musée de Lille ; *Saint Matthieu*, Barcelone, M. A. C.). Également de la main du maître serait le *Saint Vincent* provenant de Saint-Celoni (Barcelone, musée diocésain). On n'est pas certain que les documents signalant un Ramón Destorrents, miniaturiste en 1380 et 1385, fassent référence au

Oscar Dominguez
La Machine à écrire
80 × 98 cm
collection particulière

même artiste, on sait du moins que son fils Rafael enlumina le *Missel de sainte Eulalie* (1403, trésor de la cathédrale de Barcelone). Certains historiens furent un moment tentés d'attribuer à Destorrents l'œuvre du Maître de Saint Marc, aujourd'hui identifié avec le fils de Ferrer Bassa, Arnau.

DOMINGO MARQUES Francisco
(Valence 1842 - Madrid 1920).

Élève de l'École des beaux-arts de Valence et de celle de Madrid, pensionné à Rome, il participa à partir de 1867 aux expositions de Madrid. Il abandonna bientôt les grandes machines « historiques » et les sujets religieux, qui lui avaient valu ses premières médailles (*Sainte Claire*, 1871, musée de Valence), pour des sujets de genre (le *Vieux cordonnier*, Cason) ou d'histoire anecdotique, comme son *Duel au XVIIe siècle* (1867, musée de Valence), l'un des plus anciens d'une longue série. En 1875, peu après son mariage, il s'installa en France et résida presque constamment dans sa villa de Saint-Cloud, jusqu'à ce que la Première Guerre mondiale le ramenât en Espagne. Il resta fidèle à ces thèmes faciles, qui lui valurent le succès — mousquetaires, andalouses, personnages picaresques ou goyesques —, traités avec un brio incontestable

et que sauvent parfois la qualité de la matière et le sens espagnol de la couleur. Nous sommes sans doute plus sensibles aujourd'hui à l'attrait de certains intérieurs (l'*Atelier de Muñoz Degrain*, Cason ; l'*Atelier de Goya*, New York, Hispanic Society), à la solidité de ses portraits, dont le musée de Valence possède un bon choix (le *Peintre Peiro*, *Garica Rubio*), et de ses dessins.

DOMINGUEZ Oscar
(Ténériffe, Canaries, 1906 - Paris 1957).

Fils d'un exportateur de bananes, il vint à Paris en 1929, subit d'abord l'influence de Dalí et d'Ernst. En 1933, il organise une exposition d'art surréaliste à Ténériffe ; il se joint au groupe parisien en 1934, peint, entre autres toiles, *Désir d'été* (Paris, coll. A.-F. Petit) et la *Machine à coudre électrosexuelle* (id.), et réalise en 1935 ses premières « décalcomanies sans objet ». Sa période « cosmique » de 1937, où il pratique l'automatisme surréaliste, est l'une des meilleures de son œuvre : *Nostalgie de l'espace* (1939, New York, M. O. M. A.). À l'exposition surréaliste de la gal. des Beaux-Arts (Paris, 1938), il présente de remarquables « objets surréalistes », comme *Jamais* (des jambes de femmes enfouies dans un pavillon de Gramophone). Resté à Paris pendant l'Occupation, il participe au groupe la Main à plume, alors que la plupart des peintres surréalistes sont en Amérique. Son exposition de 1943, chez Carré à Paris, présente des toiles dans le style de De Chirico. Après la guerre, Dominguez cherche à se renouveler ; il cesse de graviter dans l'orbite du mouvement surréaliste. Le *Cheval de Troie* (1947, Paris, coll. A.-F. Petit) l'apparente à Picasso. Son œuvre devient alors multiple et un peu tâtonnante. Il s'est suicidé le 31 décembre 1957, à Paris.

DOMÍNGUEZ BÉCQUER (les).

José
(Séville 1805 - id. 1841).
Précurseur du « costumbrismo » sévillan, il a établi, dans des œuvres de petit format, appréciées des étrangers, les principes et les thèmes de cette peinture populaire : scènes de marché, d'église, de danse ; l'influence de Pérez Villaamil et surtout de David Roberts (à Séville en 1833) nuance son utilisation de la lumière et des couleurs (la *Giralda vue de Placentinas*, Séville, coll. part.). Professeur au Liceo de Séville, il fut aussi portraitiste et surtout illustrateur, avec une série de lithographies et de gravures (*Album Sevillano, España artística*, fort diffusés). Il eut comme fils le poète Gustavo-Adolfo Becquer et le peintre Valeriano.

Valeriano
(1833 - 1870).
Il est l'un des plus intéressants peintres romantiques espagnols. Élevé, après la mort de son père, par son oncle, le peintre Joaquin D.B., il peignit d'abord à Séville dans un esprit « costumbriste » subtilement teinté de romantisme (le *Fumeur* et le *Porteur d'eau*, Séville, coll. part.). Sa vie, minée par la maladie et les difficultés financières, se situe dans l'ombre de son frère. Il l'accompagne à Madrid en 1861 et participe à la décoration du palais du marquis de Remisa. De 1865 à 1868, il réalise sur ordre du gouvernement une

série de dessins des *Types, costumes et coutumes* d'Aragon et de Castille, accompagnée de peintures de paysages et de mœurs qui manifestent son sens très aigu de l'observation (*Fontaine de l'ermitage de Sonsoles*, 1867, Madrid, Museo Romántico). L'année de sa mort, il est nommé dessinateur de la *Ilustración de Madrid*. Il est aussi remarquable portraitiste (*Intérieur Isabelin*, 1856, musée de Cadiz), et le portrait de son frère, *Gustavo Adolfo Becquer* (1862, Séville, coll. part) peut compter parmi les grands portraits du romantisme européen.

Joaquín
(1817 - 1879).
Il est le frère de José et l'oncle de Valeriano, qu'il éleva. Il connut une carrière officielle longue et brillante : professeur puis directeur de l'école des Beaux-Arts de Séville, dont il avait été élève, membre de l'Académie sévillane en 1874, professeur de dessin des enfants du duc de Montpensier, restaurateur de l'Alcázar de Séville, il forma de nombreux disciples. Ses œuvres « costumbristes », comme *Scène de carnaval à Séville près de la Lonja* (Madrid, Museo Romántico) ou *La Cruz del Campo en Sevilla* (Museo de San Telmo, San Sebastián), montrent sa capacité à réunir vastes panoramas et études détaillées et vibrantes des personnages dans des coloris lumineux et délicats. Bon portraitiste, il laisse un intéressant *Autoportrait en chasseur* et plusieurs portraits du duc et de la duchesse de Montpensier. Pour la mairie de Séville, il peignit un grand tableau d'histoire, la *Paix avec le Maroc* (in situ).

DONOSO José Jiménez
(Consuegra, prov. de Tolède, v. 1632 - Madrid 1690).

L'importance de José Donoso dans l'évolution de la peinture madrilène surpasse celle de son œuvre conservée. Elle tient surtout au rôle de l'artiste, aussi efficace que celui de Herrera le Jeune, dans la diffusion du baroque décoratif borrominesque. Formé à Madrid avec Francisco Fernandez, ayant reçu des conseils de Carreño, le jeune Donoso passa sept années à Rome, d'où il revint en 1657 avec un prestige d'architecte, de dessinateur de retables, de fresquiste qui lui valut des commandes nombreuses et finalement, en 1685, le titre de peintre du chapitre de Tolède. Ami et collaborateur de Claudio Coello, qu'il contribua sans doute à orienter vers la fresque, il peignit avec lui en 1671 le vestiaire de la cathédrale de Tolède et en 1673 des plafonds à la Casa de la Panadería de Madrid ainsi que de nombreuses décorations, aujourd'hui perdues, dans des églises madrilènes. De ses ensembles de peintures, celui de la cathédrale de Madrid a disparu en 1936 et celui du couvent de la Victoria a été dispersé (*Miracle de saint François de Paule* au Prado, *Annonciation* de 1677 à la Sociedad económica de amigos del pais de Saint-Jacques-de-Compostelle). La personnalité du peintre, dessinateur et perspectiviste habile, très apprécié par les contemporains et furieusement attaqué par le Néo-Classicisme, reste pour nous assez indécise.

DORDIO-GOMES Simao,
peintre portugais
(Arraiolos 1890-1976).

Il appartient à la première génération des « modernistes », formée à Paris avant et après la guerre de 1914. Son sens de la mesure fait de lui le représentant d'un expressionnisme tranquille, mais non dénué de puissance. Dordio-Gomes a été professeur à l'École des beaux-arts de Porto, où il a exercé une grande influence. Son œuvre la plus célèbre est *Maisons de Malakoff, Paris* (1922, musée de Porto). □

EF

ECHEVARRÍA Juan de
(Bilbao 1875 - Madrid 1931).

Destin curieux que celui de cet artiste solitaire, longtemps considéré comme un amateur et qui apparaît aujourd'hui comme un précurseur. Appartenant à une famille d'industriels de Bilbao, il fut élève du lycée d'Angoulême et passa par Eton College avant de poursuivre des études d'ingénieur en Saxe. De retour à Bilbao, après une crise spirituelle qui suivit la mort de sa mère, il

Juan de Echevarría
Portrait de Juan Ramón Jimenez
Madrid, musée d'Art moderne

abandonna les affaires paternelles, puis s'installa à Paris. Il y travailla avec acharnement, très influencé par Gauguin et Cézanne, ami de Degas et de Vuillard comme de Picasso et des Espagnols de Montmartre, exposant au Salon d'automne depuis 1908 pour ne rentrer en Espagne qu'en 1914. Fixé à Madrid, il y demeura à l'écart des coteries, fréquentant plutôt les écrivains. Son œuvre a contribué, au même titre que celle d'Iturrino, à acclimater en Espagne une vision « moderne », plus proche d'ailleurs des Nabis que des fauves. Mais c'est seulement avec le recul du temps — et notamment avec la grande exposition rétrospective de 1955 au M. A. M. de Madrid — qu'elle a pris toute sa dimension, avec son mélange d'âpreté et de tendresse, de rigueur constructive et de chromatisme raffiné. Très variée, elle comprend à la fois : des paysages castillans (Ávila) et basques (Pasajes, Ondarroa), d'un sentiment aussi intense que celui des paysages de Zuloaga, mais d'une construction plus schématique ; des vues urbaines, prises souvent d'un balcon de Madrid ; des types populaires, basques ou gitans, d'une grave tristesse ; des natures mortes, fleurs ou poteries, d'une légèreté et d'une fraîcheur de tons rares dans la peinture espagnole. Mais Echeverría est aussi le meilleur portraitiste de l'Espagne de son temps, le témoin des écrivains de sa génération, Unamuno, Baroja, Juan Ramon Jimenez, Maeztu, Valle Inclan, dont il a donné des effigies « expressionnistes », souvent tourmentées (« ascétiques et monstrueuses », selon Valle Inclan), et dont nul n'a mieux exprimé l'inquiétude. Il est bien représenté aux musées de Bilbao et de Madrid (M. E. A. C.).

Equipo Crónica
La paix a commencé.
Gris/Wahrol, 1976-77
triptyque, 45 × 65 cm,
110 × 80 cm, 200 × 150 cm
collection particulière

ELOY Mario,
peintre portugais
(Lisbonne 1900 - id. 1951).

Autodidacte, il s'est passionné pour l'Expressionnisme, surtout celui de Hoffer, au cours d'un séjour à Berlin. Le caractère étrange de ses *Autoportraits* (Lisbonne, M. A. C. et S. N. I.) a même atteint une forme de délire (compositions lyriques et macabres dans des coll. privées) où perçait déjà la folie dans laquelle il sombra. Eloy demeure l'une des personnalités les plus importantes de la « seconde génération » de l'art moderne portugais.

EQUIPO CRÓNICA
(1965 - 1981).

Les artistes Rafael Solbes, Juan Toledo et Manolo Valdés créent à Valence, en 1965, le groupe Equipo Crónica et présentent pour la première fois, la même année, un ensemble d'œuvres collectives au XVIᵉ Salon de la jeune peinture à Paris. Juan Toledo quitte rapidement le groupe, qui ne sera plus constitué que par Manolo Valdés et Rafael Solbes jusqu'en 1981, date de la mort de ce dernier. Fondé sur la base d'un réalisme pictural dialectique, Equipo Crónica entreprend une critique des images de la culture contemporaine. Usant d'un langage proche de celui des affiches de propagande, le groupe provoque la rencontre des arts majeurs (chefs-d'œuvre de l'art) et mineurs (B.D., imagerie populaire). Il dresse parallèlement le procès du franquisme et s'inscrit, comme le peintre espagnol Arroyo, à l'intérieur de la contestation de la dictature. Le traitement que Solbes et Valdés font subir aux images évoque les peintures de quelques-uns des représentants français de la Figuration narrative, tels Aillaud et Recalcati, qu'ils rencontrent à Paris en 1965.

Caractérisée en 1965-66 par les procédés de déformation de l'image et de détournement d'œuvres, l'œuvre d'Equipo Crónica est constituée, à partir de 1967-68, par la suite chronologique de séries de peintures : *Récupération* en 1968-69 (gal. l'Agrifoglio, Milan, 1968), *Guernica* (gal. Grises, Bilbao,

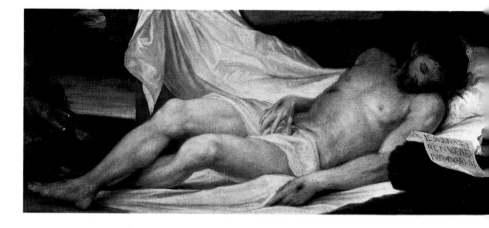

Juan Antonio de Frias Escalante
Le Christ mort
84 × 162 cm
Madrid, musée du Prado

1969), *Autopsie d'un atelier* (gal. Val I 30, Valencia, 1970) exploitent les grandes œuvres de la peinture espagnole de Velázquez et Goya à Picasso. *Police et culture* (collège d'Architecture de Barcelone, 1971), *Série noire* (1972) portent l'analyse sur les questions de la culture et de sa répression. Dès 1973, le groupe s'oriente davantage vers la critique de la pratique sociale de la peinture : l'*Affiche* (1973), *Ateliers et peintres* (1974), la *Subversion des signes* (1974-1975), le *Mur* (1975-1976). Les peintures les plus récentes d'Equipo Crónica sont marquées par le retour d'un classicisme pour les *Paysages urbains* (1978-1979), une appropriation ludique et humoristique de l'art pour *Chronique de transition et voyages* (gal. Maeght, Barcelone, 1981).

Equipo Crónica a participé activement, entre 1967 et 1976, à des expositions collectives à caractère social et politique telles que « le Monde en question » en France, « Art et politique » en R.F.A., « Espagne, avant-garde artistique et réalité sociale 1936-1976 » en Italie et en Espagne. Les œuvres du groupe Equipo Crónica figurent dans de nombreuses collections privées européennes et dans les collections publiques du Moderna Museet à Stockholm, de l'IVAM-Centre Julio Gonzalez à Valence, de la fondation March à Madrid, des musées de Grenoble, de Marseille et de Paris (M.N.A.M. et Fonds national d'Art contemporain).

ESCADA José,
peintre portugais
(Lisbonne 1934).

Fixé à Paris en 1959, il a réalisé une œuvre qui fait état de la recherche de plus en plus approfondie d'un jeu abstrait de formes ondulées qui, dans une exploration nouvelle de l'espace, refusent le plan originel de la toile. Il est représenté dans des collections privées.

ESCALANTE Juan Antonio de Frias
(Cordoue 1633 - Madrid 1669).

Il débuta à Madrid avec Francisco Rizi et fut l'un des maîtres les plus originaux de l'école madrilène. Très influencées par l'art vénitien, ses compositions rappellent celles de Tintoret et de Véronèse, spécialement les 18 scènes de l'Ancien Testament préfigurant l'Eucharistie, peintes en 1667 et 1668 pour la sacristie du couvent de la Merci à Madrid, auj. dispersées : *Sacrifice d'Isaac* (Prado), *Moïse et l'eau du rocher* (Madrid, musée municipal), *Abraham et Melchisédech* (Madrid, église S. José). Son sens du mouvement et une palette claire attestent sa connaissance de la peinture flamande, mais le rapprochent aussi de quelques peintres vénitiens exactement contemporains, comme Sebastiano Mazzoni ou Francesco Maffei : *Communion de sainte Rose de Viterbe* (Prado).

ESCORIAL (el)
(près de Madrid, Nouvelle-Castille).

Construit de 1563 à 1585, sur ordre de Philippe II, par les architectes Juan Bautista de Toledo puis Juan de Herrera, le monastère hiéronymite de San Lorenzo de l'Escorial fut d'abord conçu pour être le panthéon des rois d'Espagne à partir de Charles V. Sa rigoureuse conception architecturale devait, dès le départ, être renforcée par un vaste programme décoratif, que Philippe II fonda, comme il le faisait pour ses palais, sur la réalisation de fresques et sur l'accrochage de tableaux soit commandés spécifiquement, soit pris dans sa collection. La fresque n'étant guère pratiquée par les artistes castillans, hormis Becerra, Philippe II fit régulièrement venir, à partir de 1567, des Italiens. D'abord essentiellement occupés à l'Alcázar de Madrid ou au Pardo, ils travaillèrent presque exclusivement à l'Escorial à partir des années 1575. En entrant au service du roi en 1567, Giovanni Battista Castello avait imaginé un escalier pour l'édifice ; ses fils et beau-fils, Fabricio Castello et Nicolas Granelo, aidés de Francesco da Urbino, spécialisés dans le décor de grotesques, en couvrirent les plafonds des salles capitulaires et de la sacristie puis décorèrent le couloir des batailles. Se succédèrent ensuite le Génois Luca Cambiaso (1583-1585), qui peignit d'une manière beaucoup plus froide et hiératique que dans ses œuvres précédentes une *Gloire des bienheureux*, un *Couronnement de la Vierge* pour la basilique et six toiles sur la *Bataille de Lépante* ; Federico Zuccaro (1585-1588), désiré depuis longtemps mais congédié car ses œuvres — 8 toiles pour le retable dont 3 remplacées, les panneaux des autels des reliques (retouchés), les fresques pour le grand cloître (substituées, sauf une) — ne

répondaient pas à la rigueur de représentation voulue par Philippe II ; enfin, le Milanais Pellegrino Tibaldi (1588-1594) : le naturalisme stylisé de ses fresques dans le grand cloître représente certainement la meilleure adéquation du décor peint à l'esprit du monument. De 1591 à 1594, secondé par le Florentin Bartolomé Carducho, qui peignit les scènes historiées, il décora la voûte de la bibliothèque en ordonnant strictement autour des allégories des Arts libéraux, traitées de façon monumentale, des scènes et des portraits les explicitant. Ce décor à fresque — auquel participa épisodiquement le Florentin Romulo Cincinnato, appelé de Rome en 1567 — ne recouvrit finalement qu'une faible partie de la basilique. S'y ajoutaient un nombre important de toiles pour les retables : Navarrete ne put achever avant sa mort, en 1579, les 32 toiles représentant des couples de saints, commandées en 1576, qu'achevèrent principalement les Espagnols Sanchez Coello et Luis de Carvajal, mais auxquelles participèrent aussi les artistes italiens. Le rejet par Philippe II du *Martyre de saint Maurice* de Greco (1580-1582, el Escorial, Nuevos Museos) et son remplacement par une œuvre de Romulo Cincinnato caractérisent bien la volonté de Philippe II de s'en tenir, à l'intérieur de ce temple, à la représentation la plus orthodoxe et la plus immédiate des scènes sacrées, caractéristique du premier développement artistique de la Réforme catholique.

Pour décorer les salles, Philippe II fournit près d'un millier de toiles de sa collection (de 1571 à 1610, la dernière livraison par donation) touchant des sujets religieux. Parmi les œuvres flamandes les plus remarquables, une *Descente de croix* de Van Der Weyden (Prado), le *Jardin des délices* de Bosch *(id.)* ou le *Saint Christophe* de Patinir (Escorial). L'Italie est essentiellement représentée par Titien, soit avec une commande précise comme, dès 1564, le *Martyre de saint Laurent* pour un premier projet du grand retable (vieille église du monastère), soit avec des œuvres déjà acquises (*Gloire, Oraison dans le jardin* (Prado).

Il apparaît aujourd'hui que ce chantier de l'Escorial fut, au tournant du siècle, un foyer artistique très important qui contribua à l'ouverture de la peinture madrilène, tolédane, voire valencienne avec Ribalta, sur les pratiques italiennes, le dessin notamment.

L'Escorial connut une seconde étape importante sous le règne de Philippe IV avec la construction du Panthéon sous la direction de l'Italien Crescenzi et de l'Espagnol Carbonel puis avec la décoration de plusieurs salles (sacristies, salle du chapitre, salle d'écriture), sous la direction de Velázquez, avec des chefs-d'œuvre italiens des XVIe et XVIIe s., certains provenant de la collection de Charles Ier (Raphaël ?, la *Sainte Famille dite la Perla,* Prado), et peintures de Van Dyck et de Rubens (*Immaculée Conception,* Prado). L'aménagement de la grande sacristie fut magnifiquement conclu, vers 1690, avec le retable orné de la *Sagrada Forma* (in situ) de Claudio Coello, prolongeant l'architecture et le décor de la pièce alors que Charles II, la cour et les moines vénèrent une insigne relique du couvent transportée dans une nouvelle chapelle.

L'intérêt de Charles II pour le monastère et l'évolution radicale du goût vers le baroque entraînèrent l'appel à Luca Giordano en 1692, en premier lieu semble-t-il pour décorer le monastère : sur un programme défini par le père de Los Santos, il peignit l'*Adoration de la Trinité* sur la voûte du grand escalier et 4 scènes dans la basilique (1692-94), complétant parfaitement le programe iconographique du XVIe s.

Malmenées par Joseph Bonaparte, dispersées pour une part, les peintures furent, pour l'essentiel, transportées au musée du Prado v. 1837 ; la création du Patrimonio Nacional (auj. Patrimonio Real) en 1940 permit le retour de nombreuses œuvres, qui reçurent en 1963, à l'occasion des grands travaux de restauration pour le IVe centenaire, un aménagement adéquat dans les « Nouveaux Musées ». Parmi les œuvres principales, la *Tunique de Joseph,* de Velázquez, installée à l'Escorial en 1667, la *Création* de Jérôme Bosch, *Saint Ildephonse* de Greco, plusieurs œuvres de Ribera.

ESPINAL Juan de
(Séville 1714 - id. 1783)

L'une des plus intéressantes figures de Séville dans la seconde moitié du XVIIIe siècle, il fut disciple et gendre de Domingo Martínez et hérita de son atelier en 1749. Il joua un rôle déterminant dans la fondation de l'Académie sévillane des *Tres Nobles Artes* dont il fut le premier directeur (1771). Abondante, son œuvre religieuse se situe certes dans la tradition de Murillo mais reflète aussi, dans son élégance, les influences de la peinture française contemporaine (*Saintes Juste et Rufine,* 1759, Ayuntamiento de Séville ; *Saint Charles Borromée donnant la communion aux pestiférés de Milan,* église Saint-Nicolas de Bari, Séville, 1778). Son œuvre la plus célèbre est l'ensemble de vingt-six toiles narrant la vie de saint Jérôme, réalisées entre 1770 et 1780 pour les hiéronymites de Buenavista (dans leur majorité au musée de Séville). De 1776 à 1781, il réalise son travail le plus audacieux, le décor à la détrempe de la coupole de l'escalier du palais archiépiscopal, où l'architecture feinte s'inspire du baroque italien ; parmi les 15 toiles qui ornèrent l'escalier, l'*Archange saint Michel* (in situ) reflète l'influence de Valdés Leal.

L'*Allégorie de la peinture sévillane* (1771, Madrid, Acad. S. Fernando) témoigne d'une sensibilité proche du mouvement rococo qu'Espinal put connaître davantage lors d'un séjour à Madrid en 1777.

ESPINÓS Benito
(Valence 1748 - id. 1818)

Formé par son père José Espinós, peintre et graveur (1721 - 1784), il se spécialisa rapidement dans les dessins de fleurs et d'ornements pour décorer les tissus de soie tissés à Valence et expédiés dans toute l'Espagne. Il travailla dans la « Sala de

Flores y Ornatos », créée en 1778 et dépendante de la fabrique de soie avant de devenir, de 1784 à 1815, le premier directeur de l'« Escuela de Flores y Ornatos », section spéciale de l'académie des Beau-Arts de Valence. Si ces *Floreros* ont presque toujours le même schéma de composition, ils unissent parfaitement l'élégance de la mise en page et la réalité de l'observation en jouant de plus en plus avec les effets de la lumière, les fonds obscurs et la vivacité des coloris. Il travailla beaucoup pour Charles IV (*Florero*, Madrid, Prado, Casón ; *Ramo de azahar*, Barcelone, Real Academia Catalana de Belles Artes de Sant Jordi ; dessins aux musée de Valence et du Prado).

ESPINOSA Jacinto Jerónimo
(Cocentaina 1600 - Valence 1667).

Formé à Valence par son père, également peintre, dans le respect étroit du style de Ribalta, Espinosa est la figure la plus importante de l'école valencienne. Exactement contemporain de Zurbarán, il représente comme lui, dans la zone du Levant, la plus pure tradition du réalisme ténébriste, dans une chaude tonalité de coloris rougeâtres et terreux. Quelques-unes de ses compositions monacales et religieuses typiques de l'esprit de la Réforme catholique (*Sainte Famille*, v. 1660, musée de Valence ; *Cycle de la Merci*, 1661, id. ; *Communion de la Madeleine*, 1665, id.) supportent aisément la comparaison avec les meilleures œuvres de Zurbarán. Espinosa fut en outre un portraitiste d'une rare vigueur (*Fray Jerónimo Mos*, musée de Valence).

ESQUIVEL Antonio María
(Séville 1806 - Madrid 1857).

Après des études à l'école des Beaux-Arts de Séville et un début de carrière protégé par le consul britannique Williams, il s'installa à Madrid en 1831 et ne rentra à Séville qu'en 1838-1840 pour soigner un grave risque de cécité et participer à la création du Liceo Sevillano (1838), à l'image du Liceo Artístico y Literario de Madrid, fondé en 1837. Guéri, il reprit sa carrière, fut nommé peintre de Chambre d'Isabelle II en 1843, académicien en 1847 et publia en 1848 un *Tratado de Anatomia Pictórica* fondé sur son enseignement académique. Soutenue par son talent de dessinateur, cette spécialité le conduisit d'ailleurs à peindre quelques nus (*Jeune fille enlevant son bas*, 1842, Meadows Museum, Dallas). Il fut surtout portraitiste, plein de charme dans les portraits d'enfants (*Rafaela Flores Calderón*, Madrid, Casón), précis mais un peu froid dans les portraits officiels (*Portrait équestre du Général Prim*, Madrid, Museo Romántico) et très habile dans deux grands portraits collectifs des intellectuels madrilènes (*Lecture de Ventura de la Vega au Teatro del Principe* et *Lecture de Zorilla dans l'atelier du peintre*, Prado). À côté de peintures religieuses, traitées dans le souvenir de Murillo, il illustra aussi les thèmes costumbristes de sa ville natale (*Josefa Vargas*, 1850, Séville, coll. D'Albe, ou la *Charité*, 1848, Séville, Hospital de la Caridad). Il écrivit également de nombreuses critiques dans les journaux madrilènes. Son œuvre en fait un des peintres majeurs du XIXe s. espagnol.

ESTEVE Agustín
(Valence 1753 - Madrid [?] 1820).

Il étudia à Valence et à Madrid, et travailla de bonne heure pour les ducs d'Osuna. Après 1780 et jusqu'en 1808, il collabora avec Goya à l'exécution de répliques. En 1800, il est nommé peintre de la Chambre et académicien à l'Académie Saint-Charles de Valence. Il acquit une certaine renommée comme portraitiste mondain grâce à son sens de l'élégance, mais la puissance de Goya, dont il s'était assimilé la manière, lui fit défaut. Ses œuvres sont conservées au musée de Valence (*Duchesse d'Albe*, 1738), au Prado (*Don Moriano San Juan y Pineda*, *Doña Joaquina Tellez-Girón*), dans la coll. d'Albe et à l'Hispanic Society de New York (*Marquis de Villafranca et son épouse*).

ÉVORA.

Museu regional.

Créé en 1914, le Museu regional d'Évora (Portugal, district d'Alentejo) a pour fonds initial la coll. de l'archevêque frère Manuel do Cenaculo (1721-1814), à laquelle furent réunies ensuite des œuvres d'art provenant des couvents, palais et églises de la ville. À ce dernier groupe appartient l'un des meilleurs ensembles de peinture flamande existant au Portugal : l'ancien retable du maître-autel de la cathédrale, exécuté v. 1500 par un atelier dirigé à Évora par un maître des Pays-Bas méridionaux, le Maître d'Évora *(Vierge de gloire,* d'après un schéma de Van der Goes [?], et 12 panneaux des *Scènes de la vie de la Vierge),* auxquels il faut ajouter les 6 panneaux de la *Passion du Christ* provenant d'une chapelle de la cathédrale, qui ont peut-être été placés postérieurement comme prédelle du retable central.

Quelques œuvres de maîtres portugais du XVIe s. évoquent aujourd'hui au musée la grande activité que les peintres exercèrent à Évora, tant dans la première moitié du siècle (Francisco Henriques, frère Carlos, Gregorio Lopes, Garcia Fernandes) que dans la seconde (maîtres locaux). Le musée conserve également une collection intéressante de portraits du XVIIe s., encore non identifiés, et des peintures de Josefa d'Ayala *(Sainte Famille, Agneau mystique).* Parmi les œuvres d'art des églises de la ville, signalons deux tableaux d'autel de l'église Saint-Antoine : la *Dernière Cène* de Bento Coelho da Silveira (v. 1705) et le *Saint Augustin* de Vieira Lusitano (v. 1740).

FEITO Luis
(Madrid 1929).

Il fréquente l'École des beaux-arts de Madrid, où, en 1954, il est professeur de dessin et réalise sa première exposition particulière (gal. Bucholz), la seconde ayant lieu en 1955 (gal. Fernando Re). Muni d'une bourse, il vient à Paris en 1954 et expose en 1955 à la gal. Arnaud, qui, a montré

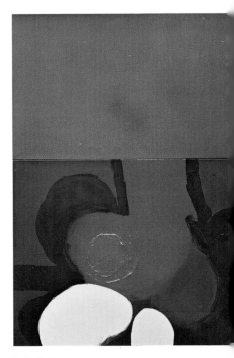

Luis Feito
Diptyque n° 563, 1966
205 × 147 cm
Marseille, musée Cantini

régulièrement ses œuvres. Ses premières toiles font une place importante au graphisme, qui dessine en lignes claires sur des fonds plus sombres des sortes de plans évoquant architectures ou jardins. Très vite, cependant, Feito découvre la matière à laquelle il restera fidèle pendant de longues années, cette pâte épaisse, granuleuse, évoquant les terres calcinées de son pays ; elle est encore striée, incisée de minces graphismes, de lignes qui s'entrecroisent, mais qui disparaîtront peu à peu pour donner passage à la lumière en des contrastes accentués de zones claires et sombres. Peu à peu, les couleurs « naturelles » s'effaceront pour faire place presque uniquement au rouge et au noir. À partir de 1964-65, la couleur domine, notamment dans les grandes toiles présentées à la Biennale de Venise en 1968 : d'épaisses masses de teintes vives s'organisent en rythmes simples avec une sorte de force élémentaire et s'opposent souvent à de vastes aplats unis en des diptyques d'un caractère monumental (exposés gal. Arnaud, 1968). En 1982, la galerie Egam de Madrid lui consacre une importante exposition rétrospective de 1960 à 1980. Ses œuvres des années 1980 confirment son intérêt pour la clarté géométrique des grandes touches colorées. Il est nommé en 1985 officier des Arts et des Lettres de France. Ses œuvres figurent dans les musées de Bilbao, de Cuenca, de Madrid (collection Juan March), de Marseille, d'Alexandrie, de Rome, de Montréal, de New York (Guggenheim Museum), de Houston, de Rio de Janeiro, de Paris (M.N.A.M. et M.A.M. de la Ville). L'artiste vit à Madrid.

FERNANDES Garcia,
peintre portugais
(actif de 1514 à 1565).

Son apprentissage se fit dans l'atelier de Jorge Afonso, où il travaillait en 1514 en compagnie de Pedro et de Gaspar Vaz, de Gregorio Lopes et de Cristovão de Figueiredo. Il collabora en 1518, sous la direction de Francisco Henriques, à la grande entreprise de décoration de la Cour de justice de Lisbonne (Relação), qu'il prit la responsabilité de terminer après la mort du maître (1518), en même temps qu'il épousait l'une de ses filles. Ces peintures n'ont pas été retrouvées et l'on ignore également la participation de Garcia Fernandes à l'œuvre dirigée par Jorge Afonso. Il est cependant probable que le disciple travailla plus tard en association avec son maître, et sa collaboration semble certaine au retable de São Bento (v. 1528, Lisbonne, M. A. A.). Quant à la part de Garcia Fernandes dans les ensembles réalisés collectivement avec Gregorio Lopes et Cristovão de Figueiredo, elle est également difficile à établir en ce qui concerne les panneaux du monastère de S. Cruz de Coimbra (1520-1530) et ceux de Ferreirim (1533-34). C'est pourtant à partir de ces travaux, documentés avec

précision, auxquels il faut ajouter les autels du transept de São Francisco d'Évora (v. 1531-1533), qu'on a pu reconstituer l'ensemble de son œuvre.

Quelques historiens (Reis Santos, Soria) s'accordent pour reconnaître en Garcia Fernandes l'un des auteurs du retable de Santa Auta (v. 1520, Lisbonne, M. A. A.), dont les types et les schémas de composition sont issus de l'atelier de Jorge Afonso, mais qui présente d'indéniables rapports stylistiques avec ses œuvres futures. La période la plus notable de son activité se situe entre 1521 et 1536. Fernandes abandonne alors les valeurs sculpturales et les compositions équilibrées, héritées d'Afonso, pour un Maniérisme progressif à travers lequel il affirme son style personnel (*Triptyque du Christ apparaissant à la Vierge*, 1531, Coimbra, musée Machado de Castro ; *Triptyque de la Passion*, Vila Viçosa ; *Présentation au Temple*, 1538, Lisbonne, M. A. A.).

La *Vie de sainte Catherine*, réalisée pour les Indes avec la collaboration probable d'assistants (1538-1540, cathédrale de Velha Goa), et le *Mariage royal* (1541, Lisbonne, musée d'Art sacré), l'une des dernières œuvres connues attribuées à Fernandes, confirment sa position comme artiste secondaire, le plus actif mais le moins original des grands peintres portugais de la première moitié du xvie s.

FERNANDES Vasco,
peintre portugais
(? v. 1475 - ? 1541/42).

À partir du mythe d'un « Grão Vasco » légendaire, auquel étaient attribuées la plupart des peintures primitives portugaises, s'est confirmée, peu à peu, l'existence d'un peintre remarquable qui fut appelé Grão Vasco et vécut à Viseu (Beira Alta), où il dirigea le plus important des ateliers provinciaux établis au Portugal durant la première moitié du xvie s. Les origines de sa formation artistique sont inconnues, mais l'évolution de sa carrière, commencée avant 1502, peut être suivie

Vasco Fernandes
La Pentecôte, 1535
Coimbra, église
Santa Cruz

d'assez près à travers une production de plus de quarante années.

Le retable de l'autel principal de la cathédrale de Lamego (1506-1511, musée de Lamego), authentifié avec certitude, semble confirmer que Vasco Fernandes est bien l'auteur du maître-autel de la cathédrale de Viseu (1500-1506, Viseu, musée Grão Vasco), attribution ancienne (Botelho Pereira, 1630) et souvent discutée, mais reprise par Luis Reis Santos, qui voit dans l'*Assomption de la Vierge* (Lisbonne, M. A. A.) le lien entre ces deux œuvres et l'une des premières manifestations de la maîtrise personnelle du peintre. Ces ensembles, réalisés collectivement, témoignent des influences flamandes (fin du XVe s.), auxquelles n'échappa pas Vasco Fernandes pendant la première partie de sa carrière et dont les maîtres flamands résidant au Portugal furent sans doute en partie responsables. À ce premier cycle appartient également le triptyque de l'ancienne coll. Cook, auj. à Lisbonne, M. A. A. (*Descente de croix, Saint François, Saint Antoine*, v. 1520).

À la période suivante (1520-1535) auraient appartenu les 16 panneaux du retable de Freixo de Espada à Cinta (*Vie de la Vierge, Enfance et passion du Christ*, v. 1520-1525, église principale de Freixo de Espada à Cinta), dont les compositions, plus aérées et plus savantes, sont empruntées aux maniéristes néerlandais (Joos de Beer, Lucas de Leyde). C'est dans ces œuvres qu'apparaît un caractère indépendant et plébéien, où se manifeste le tempérament personnel du maître en même temps que l'esquisse de ses réalisations futures *(Pentecôte, Calvaire, Descente de croix)*. Cette évolution se poursuit avec le triptyque de la *Dernière Cène*, provenant du palais épiscopal de Fontelo (v. 1530-1535, Viseu, musée Grão Vasco), l'une des œuvres les plus éclectiques de Grão Vasco, tant par le style que par la facture, et la célèbre *Pentecôte* (1535, Coimbra, sacristie de S. Cruz), dont l'intensité dramatique et l'agitation des formes définissent une nouvelle étape dans la carrière de V. Fernandes, qui, désormais, soumet sa peinture à de grands schémas maniéristes. La grande activité de ses dernières années (1535-1542) semble avoir été décisive pour le développement de l'école de Viseu, qui prend, à cette époque, son véritable caractère régional. Les œuvres de cette période expriment, à travers les influences éclectiques les plus variées (le *Christ chez Marthe et Marie* [en collaboration avec G. Vaz], Viseu, musée Grão Vasco), un tempérament qui devient plus profondément personnel, une imagination créatrice progressivement libérée de tout formalisme. Les 5 grands retables et leurs prédelles, d'importance capitale, exécutés en dernier lieu pour la cathédrale de Viseu (*Saint Pierre*, le *Calvaire*, id.) sont l'aboutissement de l'expérience artistique de Grão Vasco, qui fut, par l'imagination, l'intensité expressive des formes et des draperies et le naturalisme rude des types physiques et des paysages, le premier grand maître de l'école portugaise pendant la Renaissance manuéline.

FERNÁNDEZ Alejo
(Cordoue v. 1475 - Séville 1545).

Cet artiste vraisemblablement d'origine germanique (un document mentionne « Maestro Alexo, pintor alemán ») domine l'école andalouse du premier tiers du XVIᵉ s. Gendre du peintre cordouan Pedro Fernández, il réside jusqu'en 1508 à Cordoue ; de cette période datent le *Christ à la colonne* (musée de Cordoue) et le triptyque de la *Cène* (Saragosse, basilique del Pilar), qui témoignent de recherches nouvelles, situant les personnages dans de vastes perspectives architecturales. Cette étape semble s'achever avec l'installation du peintre à Séville, où l'appelèrent les chanoines de la cathédrale et où il se fixa définitivement. L'étude de la figure humaine l'emporte sur la traduction de l'espace dans sa première grande œuvre : le retable de la cathédrale (*Rencontre à la Porte Dorée, Nativité de la Vierge, Adoration des mages, Présentation au Temple)*, où des réminiscences gothiques se manifestent dans les sources d'inspiration (gravure de Schongauer pour l'*Adora-*

Alejo Fernández
La Vierge des navigateurs, v. 1535
bois, 225 × 135 cm
Séville, Alcázar

tion des mages), dans la richesse du décor et la minutie des détails. Comme ses contemporains castillans, Fernández puise son inspiration à des sources flamandes et italiennes ; le traitement des draperies et de certains visages présente des affinités avec le style de Quentin Metsys et des maniéristes anversois, et aussi avec les peintres de la dernière génération du quattrocento. On a remarqué le caractère « bramantesque » de certaines de ses architectures figurées (*Flagellation du Christ*, Prado). Les commandes affluent à l'atelier de Fernández, qui compose des retables selon une nouvelle ordonnance, groupant les divers personnages, précédemment juxtaposés, autour d'une figuration centrale (1520, Séville, retable de la chapelle de Maese Rodrigo ; Marchena, retable de l'église S. Juan). Le thème favori de l'artiste est la Vierge à l'Enfant, toujours empreinte de douce mélancolie (*Vierge à la rose*, Séville, église S. Ana ; *Vierge allaitant*, couvent de Villasana de Mena, détruit en 1936). La technique soignée de ses premières peintures ne se retrouve pas dans les œuvres de la fin de sa vie, où le dessin moins sûr, les proportions et les attitudes souvent incorrectes trahissent l'intervention de collaborateurs (*Pietà*, 1527, cathédrale de Séville). La *Vierge des navigateurs* (v. 1535, Alcázar de Séville), abritant sous son ample manteau navigateurs, marchands et capitaines, reprend le thème médiéval de la Vierge de miséricorde, renouvelé par l'épopée des conquistadores.

FERNANDEZ DE NAVARRETE.
→ *NAVARRETE.*

FERNANDEZ Luis
(Oviedo 1900).

L'œuvre de Fernandez est marquée par le milieu des surréalistes, qu'il rencontre à Paris en 1924. Avant 1945, son œuvre passe par l'Abstraction géométrique et le Surréalisme ; par la suite elle est influencée par Picasso. Fernandez rencontre Breton, Eluard, Char et se lie avec des artistes aussi différents que Mondrian, Picasso, Pevsner, Arp, Giacometti, Brancusi.

Dessinateur, sculpteur et peintre, Fernandez s'intéresse particulièrement aux maîtres anciens du XVIe et du XVIIe s., dont il s'inspire pour réaliser des œuvres que le critique Christian Zervos qualifiera de post-cubistes. Les natures mortes, les paysages et les portraits, empreints de gravité, caractérisent l'œuvre de Fernandez : *Crânes* (1964), *Portrait du résistant* (1944), *Paysage bordelais* (1948). De telles œuvres renouvellent une tradition classique de la peinture espagnole. Un peintre comme Victor Brauner, un poète comme Char, auteurs de

Luis Fernandez
Course de taureaux, 1940
195 × 130 cm
collection particulière Vasco

textes sur la peinture de l'artiste, n'y sont pas demeurés insensibles.

Les œuvres de Luis Fernandez sont présentes dans les collections du Fonds national d'Art contemporain de Paris, du musée d'Art moderne de Saint-Étienne et dans de nombreuses collections particulières (De Ménil, Houston).

FERNÁNDEZ Pedro
(Murcie, actif en Italie v. 1503 à 1518, documenté à Gérone de 1519 à 1521).

Originaire de Murcie, cet artiste partit vers 1500 pour l'Italie, où il était connu sous le nom conventionnel de Pseudo-Bramantino, récemment identifié avec le peintre Pietro Ispano ou Pietro Frangione cité dans des documents napolitains. Après une première étape de formation en Lombardie qui lui permit de connaître les peintures de tradition léonardesque et les compositions de

Bramantino, il séjourna entre 1508 et 1516 à Naples (*Bustes de prophètes* de la chapelle Carafa à San Domenico Maggiore, *Retable de Santa Maria delle Grazie* à Caponapoli, *Chemin du Calvaire* de San Domenico Maggiore) et à Rome (*Vision du bienheureux Amedeo Mendez de Silva*, Gal. Barberini; *Stigmatisation de saint François*, Turin, Gal. Sabauda). Avant son retour en Espagne, lors d'un second séjour en Italie du Nord (1516-1518), il dut exécuter le *Polyptyque de la Vierge* de Bressanoro (église de Castelleone et musée de Crémone), œuvre d'une grande force plastique, soulignée par un éclairage violent et un vif chromatisme. De cette époque datent également les panneaux de *Saint Blaise* (Barcelone, M.A.C.) et *Saint Grégoire* (Cambridge, Fogg Art Museum).

Entre 1519 et 1521, Pedro Fernández est cité à Gérone dans le contrat du *Retable de sainte Hélène* (cathédrale de Gérone) et pour deux autres ensembles Flaçà et Llançà (disparus). Après avoir assimilé la culture des principaux foyers de la Renaissance italienne, Fernández, à son retour en Catalogne, revient à des formules plus typiquement espagnoles, mais son influence est notable sur les artistes de la première Renaissance catalane.

FERRER (Les).

Dans la production picturale de la région de Lérida se détache l'œuvre de deux artistes portant le prénom de Jaime (peut-être le père et le fils), qu'il est possible de différencier.

Ferrer Jaime I
(actif dans le premier tiers du XVᵉ s.).
Autour de l'*Épiphanie* (musée de Lérida), signée « jacobus ferraii », ont été groupés un certain nombre de panneaux qui permettent de suivre l'évolution d'un artiste. Marqué par l'art aimable des frères Serra, il s'en détache progressivement pour rechercher des compositions plus symétrique (3 retables à la Granadella), un rythme dans le mouvement des figures (*Retable du Sauveur*, église d'Albatarech) et une attention plus précise aux objets et aux costumes

(la *Cène*, musée de Solsona; *Retable de sainte Lucie* à Tamarit de Litera).

Ferrer Jaime II
(documenté entre 1439 et 1457).
Collaborateur de Martorell en 1441 pour le retable du maître-autel de la cathédrale de Lérida, il est l'auteur du retable de l'église d'Alcover, documenté en 1457. Autour de cette œuvre clé peuvent être groupés plusieurs polyptyques tels que celui de la chapelle de la Paheria de Lérida, ceux de la *Vierge* provenant de Verdú (Musée de Vich et de *Saint Julien* (musée de Lérida). Par la richesse des couleurs, le goût du décor et des paysages urbains et surtout la description minutieuse des objets quotidiens, Jaime II enrichit les formules traditionnelles du Gothique international d'emprunts aux artistes flamands contemporains.

FIGUEIREDO Cristovão de,
peintre portugais
(actif de 1515 à 1543).

Il est la personnalité la plus forte de ceux qui travaillèrent dans l'atelier de Jorge Afonso. Cité comme inspecteur des Peintures en 1515, il fut le collaborateur de Gregorio Lopes et de Garcia Fernandes à la Cour de justice de Lisbonne (Relação), sous la direction de Francisco Henriques. Il exécute entre 1522 et 1530 le retable principal de S. Cruz de Coimbra, commandé par don Manuel. Comme peintre de la cour du frère de Jean III, le cardinal-infant Alphonse, Figueiredo fut appelé à peindre trois autels au monastère de Ferreirim (Lamego, 1533-34), auxquels participèrent également Gregorio Lopes et Garcia Fernandes. L'association de ces 3 artistes (appelés aussi Maîtres de Ferreirim) a rendu difficile la distinction de leurs rôles et de leurs personnalités respectives, du moins pendant la première partie de leur carrière. On reconnaît cependant, dans la *Mise au tombeau* (v. 1529-30, Lisbonne, M.A.A.), qui fut peut-être le panneau central du maître-autel de S. Cruz, la plus typique expression du style « viril » de Figueiredo, très différent du Maniérisme

Cristovão de Figueredo
Ecce Homo
Coimbra, église Santa Cruz

élégant de Lopes. L'*Ecce Homo* (Coimbra, S. Cruz) et les *Martyres de saint André* et de *saint Hippolyte* (Lisbonne, M. A. A.) comptent parmi les œuvres les plus sûrement attribuées à Figueiredo.

Le *Calvaire* (v. 1532-1535 [?], S. Cruz de Coimbra) illustre la prédilection du maître pour les thèmes de la Passion et du Calvaire, en même temps qu'il traduit une évolution, parallèle à celle de ses contemporains, vers une tension formelle et un expressionnisme accentués. Évolution dont on peut juger rétrospectivement l'importance si l'on considère que, dix ans plus tôt, Cristovão de Figueiredo a dû contribuer de façon essentielle à l'œuvre dirigée, ou du moins inspirée, par Jorge Afonso : *Retable* de l'église du Jesu (v. 1520, musée de Setúbal), *Retable* de S. Bento (v. 1528, Lisbonne, M. A. A.).

Du *Calvaire* de Setúbal à celui de Coimbra, les œuvres, parfois discutées, qui lui sont attribuées ont en commun une forte unité de composition ainsi que des expressions dramatiques qui constituent les caractères essentiels du style de Cristovão de Figueiredo. Elles manifestent, en outre, des qualités de dessinateur et de coloriste qui le distinguent de ses compagnons du grand atelier de Lisbonne, sur lesquels sa supériorité est évidente.

FORTUNY Mariano
(Reus, Catalogne, 1838 - Rome 1874).

Orphelin dès l'enfance, élevé dans la pauvreté par son grand-père, modeleur de figurines en terre cuite, initié à la peinture par un artiste local et trouvant quelques ressources à peindre des ex-voto, il fait à pied, à quatorze ans, le voyage de Barcelone, intéresse le sculpteur Talam, qui lui obtient l'inscription gratuite à l'École des beaux-arts. Brillant élève du peintre académique Lorenzale, il reçoit en 1857 une bourse pour Rome, qui lui apparaît « un cimetière visité par les étrangers », où le *Pape Innocent X* de Velázquez l'intéresse plus que les Nazaréens, prônés par son maître. En 1860, l'expédition espagnole au Maroc, conduite par un général catalan, Prim, lui vaut de découvrir un monde nouveau de lumière et de couleur : la députation provinciale de Barcelone le fait attacher à l'état-major comme chroniqueur de l'expédition. Il en rapporte de nombreuses études, peint des tableaux à sujets arabes (l'*Odalisque*, 1861, Barcelone, M.A.M. ; *Forgerons marocains*, id.) et, après un second séjour en 1862, entreprend le grand panorama de la *Bataille de Tétouan (id.)* plus chaleureux et séduisant d'être resté inachevé. Entre ses deux voyages marocains, il passe quelques jours à Paris en 1860, peut étudier les tableaux de batailles d'Horace Vernet à Versailles et faire la connaissance d'Henri Regnault. En 1867, il est à Madrid, et son mariage avec la fille du portraitiste en vogue Federico de Madrazo consacre son ascension sociale. Puis un tableau inspiré par la signature d'un contrat de mariage dans une sacristie (la *Vicaria*, id.), transposé dans l'Espagne de Goya, fut exposé à Paris en 1871 et, lancé par le marchand Goupil, obtint un immense succès. Vivant tantôt à Paris, tantôt à Rome, tantôt à Grenade, Fortuny exploite cette veine dans des tableaux de genre à la Meissonier (le *Choix du modèle*, Washington, Corcoran Gallery ; l'*Amateur d'estampes*, Boston, M.F.A. ; Barcelone M.A.M. ; Ermitage ; les *Enfants du peintre dans le salon japonais*, Prado), mais d'une exécution plus libre et d'une couleur plus chatoyante. Il meurt prématurément en 1874, alors qu'il évoluait vers une sorte d'Impressionnisme. Lucide, curieux de toutes les formes d'art (il collectionne les estampes japonaises et les céramiques hispano-moresques), insatisfait de gaspiller ses dons, ce grand

Mariano Fortuny
La Vicaria
Barcelone, musée d'Art de Catalogne

virtuose survit surtout par des études et des aquarelles, souvent éblouissantes (Barcelone, M.A.C. ; Louvre ; Castres, musée Goya). Mais sa peinture, marquée par le goût d'une époque éprise de bric-à-brac et de morceaux de bravoure, n'est jamais indifférente.

Son influence fut considérable, et l'Amérique, grâce au collectionneur Stewart, lui fit un accueil aussi chaleureux que l'Europe (Metropolitan Museum et Hispanic Society de New York ; Baltimore, Walters Art Gal., et Boston, M.F.A.).

FRAILE Alfonso
(Marchena, Séville, 1930).

Il étudie à l'école des Beaux-Arts de San Fernando de Madrid et présente sa première exposition personnelle à Madrid (Sala Abril, 1957). Jusqu'à la fin des années 60, sa peinture se situe dans le courant de l'école de Paris, développant des aspects du Tachisme tout en portant une réflexion sur la composition du tableau.

Préoccupé par la figure humaine après 1975, son travail connaît un changement radical. Il entreprend une déconstruction habile des figures alliant humour, ironie et fantastique : *Grand Triptyque*, 1977 (composé de 143 personnages). Fraile nous livre un univers peuplé de signes, de formes biomorphiques et anthropomorphiques dont la qualité graphique évoque certaines des caractéristiques des œuvres de Miró ou de Kandinsky.

Le M.E.A.C. de Madrid réalise en 1985 une rétrospective de son œuvre. Celle-ci est représentée dans les collections des musées d'Art moderne de Bilbao, de Madrid (M.E.A.C.), d'Art contemporain de Séville et de Tolède.

FRANCÉS Nicolas
(actif à León entre 1434 et 1468).

« Maestre Nicolas Francés » est la figure principale, et la mieux connue, de la peinture castillo-léonaise dans la première moitié du xve s., époque de transition où le « style international » du siècle précédent survit encore, avec sa grâce parfois maniérée, mais s'adapte aux ressources neuves de la technique à l'huile et au dessin plus musclé, qu'introduit dans la Péninsule le voyage de Jan Van Eyck. Les origines et la jeunesse du peintre restent obscures : sans doute pèlerin de Compostelle, il venait peut-être de Bourgogne. Mais, à partir de 1434, on le trouve à León, et d'assez nombreux documents nous renseignent sur son domicile, proche de la cathédrale, sur ses deux mariages avec des Léonaises, sur ses activités multiples au service du chapitre ou de l'aristocratie : peintre, dessinateur de vitraux, miniaturiste, doreur, décorateur de bannières. Son œuvre capitale fut le grand *Retable de la cathédrale* (av. 1435) : grandes scènes de la vie de la Vierge, de l'histoire de l'évêque saint Froilan, de l'invention du corps de saint Jacques en Galice, avec de nombreuses figures de saints isolées. Démonté malheureusement au xviiie s., dispersé entre plusieurs églises, le retable est aujourd'hui replacé, mais incomplet. Quant au cycle de peintures murales du cloître *(Passion du Christ)*, qui appartiennent à une époque ultérieure (1451), elles sont très endommagées, mais attestent l'évolution du peintre vers un style plus grave et plus monumental. La similitude de style permet d'attribuer à Francés d'autres ouvrages, notamment le retable de la chapelle du Contador à S. Clara de Tordesillas (prov. de Valladolid) et celui de La Bañeza (prov. de León), acheté en 1930 par le Prado *(Vie de la Vierge ; Scènes de la vie de saint François)*. À travers ces œuvres, Francés se détache, avec une personnalité très attachante, par l'élégance du dessin, la vigueur des portraits, mais plus encore par l'esprit d'observation, le sens du détail pittoresque et parfois de l'humour. C'est un chroniqueur vif et charmant de la vie espagnole à l'époque de Jean II. □

G

GALLEGO Fernando
*(actif dans la région de Salamanque
de 1468 à 1507).*

Il est le plus original des créateurs du style
hispano-flamand, à côté de Bermejo, mais
on ignore la date de sa naissance, celle de
sa mort et le lieu de sa formation. En 1468,
Gallego travaille à la cathédrale de Plasencia, puis, en 1473, il peint 6 retables
(perdus) pour la cathédrale de Coria. Entre
1478 et 1490, il travaille à l'église S. Lorenzo
(Toro) et à la bibliothèque de l'université
de Salamanque et au retable de Ciudad
Rodrigo. Il commence en 1495 le grand
retable de la cathédrale de Zamora (auj.
démonté dans l'église d'Arcenillas), collabore en 1507 à la décoration de la tribune
de l'université de Salamanque et dut mourir
peu de temps après. Sa renommée dans la
« Tierra de Campos » était si grande qu'on
lui attribua des copies ou des œuvres
flamandes anciennes. Ce serait le cas de la
Vierge à la mouche à la collégiale de Toro
et du triptyque du musée de Cadix. Certains
critiques estiment d'après la facture de
l'artiste que celui-ci fit un voyage en Flandre, alors que, pour d'autres historiens,
cette influence passe par l'intermédiaire de
Jorge Inglés. Les types rappellent ceux de
Bouts, mais la sécheresse et la force expressive du Castillan sont loin de l'atmosphère
de rêve du peintre flamand. On peut
également déceler par le sentiment dramatique et la manière particulière de draper
les étoffes certains rapports avec Conrad
Witz. Cependant, chez le peintre espagnol,
demeure toujours un goût pour les types
régionaux et le paysage de sa province.
Dans ses premières œuvres, il tend à

allonger les figures et casse durement les
plis des étoffes, mais emploie l'or sans
excès. Ces caractères, de même que la
richesse du coloris, s'atténuent au cours des
années. Dans sa production ultime, la
technique est moins soignée et plus réaliste.

Sa première œuvre semble être le *Retable
de saint Ildefonse* de la cathédrale de
Zamora. On a pensé qu'il avait été peint
v. 1466, mais la relation entre ce retable et
les gravures de Schongauer le situent plutôt
v. 1480. Le triptyque de la cathédrale de
Salamanque (la *Vierge, saint Christophe et
saint André*) doit être de la même période.

Fernando Gallego
Pietà avec donateurs
bois, 118 × 102 cm
Madrid, musée du Prado

La décoration de la voûte de l'université de Salamanque exécutée à l'huile et à la détrempe est spécialement intéressante par ses thèmes, empruntés à la mythologie classique *(Signes du zodiaque, Hercule)*. Gallego prête plus d'attention à l'aspect décoratif dans le grand retable de la cathédrale de Ciudad Rodrigo (en grande partie au musée de l'University of Arizona à Tucson, coll. Kress). Le *Retable* de S. Lorenzo de Toro peut être daté grâce au blason du donateur Pedro de Castilla, mort en 1492 ; le panneau central se trouve auj. au Prado. Le *Retable de sainte Catherine* (cathédrale de Salamanque) serait une œuvre personnelle de Gallego, ainsi que les adjonctions faites au grand retable de Dello Delli dans cette cathédrale. Pour certains critiques, ce seraient au contraire les œuvres d'un certain Francisco Gallego, frère de Fernando, mentionné en 1500 comme doreur et auteur d'un retable représentant sainte Catherine. Il est possible, cependant, qu'il s'agisse de la même personnalité qui s'exprime suivant plusieurs manières. D'autres œuvres sont également dignes d'intérêt, comme la *Vierge de pitié* (Prado), le *Saint Évangéliste* (musée de Dijon) et les retables de Peñaranda, Villaflores et Cantelpino, répartis dans des collections particulières. Parmi les élèves de Fernando Gallego se distinguent le Maître de Bartolomé et Pedro Bello. Le premier est l'auteur de la *Vierge allaitant* (Prado), et le second a exécuté plusieurs panneaux du musée diocésain de Salamanque.

GARCIA Pedro
(originaire de Benabarre,
prov. de Huesca ;
actif en Aragon et en Catalogne dans la seconde moitié du XVᵉ s.).

Il s'établit en 1456 à Barcelone où, après la mort de Martorell, il dirige son atelier pendant cinq ans ; de cette époque date le *Retable de sainte Claire et sainte Catherine* (Barcelone, cath.) et celui de *Saint Quirce et sainte Julita* (Barcelone, musée diocésain). Puis il s'installe à Lérida et signe la *Vierge et l'Enfant*, provenant de Bellcair

(Barcelone, M.A.C.), à laquelle peuvent être associés 3 panneaux dédiés à la *Vierge et saint Vincent Ferrier* (Barcelone, M.A.C. ; Paris, musée des Arts décoratifs) et le *Retable de saint Jean-Baptiste* (Barcelone, M.A.C.) provenant de S. Juan del Mercado de Lérida. Parmi ses collaborateurs figure Pedro Espalargues, auteur du *Retable d'Enviny* (New York, Hispanic Society). De 1481 à 1496, Pedro Garcia transporte son atelier à Barbastro et travaille pour de nombreuses églises du haut Aragon. Ses œuvres, d'un réalisme savoureux au coloris intense rehaussé par le gauffrage des ors, s'apparentent aux peintures aragonaises de Huguet, dont elles donnent une version provinciale et archaïsante.

GARCIA SEVILLA Ferran
(Cuidad de Mallorca 1949).

Il étudie les lettres et la philosophie en 1967-68 et présente sa première exposition personnelle en 1970 (Casa de la Cultura, Cuidad de Mallorca). Il s'installe à Barcelone, où de nombreuses expositions de son œuvre sont organisées (Caixa de Pensions en 1972, gal. G en 1976 et 1977, gal. Maeght en 1981, gal. Ciento en 1982). De 1971 à 1978, ses recherches sont conceptuelles, tournées vers les arts du comportement et de la performance.

En 1979, il commence à peindre. Sa peinture est peuplée de signes et d'emblèmes d'inspiration primitiviste (masques, totems) combinés avec des images d'origine populaire. Durant cette période, son œuvre s'inscrit à l'intérieur du renouveau expressionniste européen. Figures et symboles témoignent de la liberté du geste et des sujets de l'artiste. Son œuvre, dense et prolifique, s'approprie les courants d'une nouvelle figuration exploitant les graffiti, la Bad Painting. On remarque une expression violente, une agressivité de la touche et du graphisme, autant d'aspects qui traversent l'œuvre de Sévilla depuis 10 ans. À partir de 1982, il commence à exposer à l'étranger : Zurich, Lund, Naples, Amsterdam, Paris, Bâle. En 1986, il est sélectionné pour la Biennale de Venise ; en 1989, la ville de Barcelone organise une grande exposition de son oeuvre (Centre d'art de Santa Monica et Casa de la Caritat). Garcia Sevilla vit à Barcelone.

GENOVÉS Juan
(Valence 1930).

Formé à l'école des Beaux-Arts de Valence, il connut à ses débuts une phase informelle et « matiériste ». En 1961, il retourne à la réalité et devient l'un des chefs de file de la Nouvelle Figuration espagnole. Il se rapprocha d'abord de l'Expressionnisme et participa à la création du groupe néo-figuratif Hondo. De 1961 à 1963, son langage se fit plus objectif et, sous l'influence du Pop'Art, Genovés y intégra des éléments de la vie quotidienne (habits collés sur la toile, objets réels). Vers 1964-65, il atteint à l'accomplissement de son style, qui doit beaucoup au cinéma et qui place son œuvre parmi les réussites de la « Crónica de la Realidad » valencienne. Il doit au septième art l'emploi de certains procédés narratifs ; comme les images successives qui représentent plusieurs phases d'une même action, ainsi que travellings ou plans rapprochés. Les tons neutres et les thèmes de Genovés sont des symboles de l'oppression et de l'injustice : foules courant dans des plaines grises, désertiques et mitraillées par un avion, personnages persécutés, massacres, toutes images dénonciatrices. À la fin des années 60, Genovés a utilisé des contrastes colorés plus vifs, ses sujets sont devenus plus anecdotiques et ses grands personnages en pied se détachant sur un fond neutre ont pris plus d'importance. *A Test of Violence* (1969), film de Stuart Cooper, entièrement construit sur des tableaux de Genovés, est une succession de séquences décrivant l'oppression et la violence dans le monde actuel. Genovés est représenté à New York (Guggenheim Museum et M.O.M.A.), à Cuenca (musée d'Art abstrait), à Paris (M.N.A.M.), à Barcelone (M.A.C.) et à Bruxelles (M.R.B.A.). L'artiste vit actuellement à Madrid.

GILARTE Mateo
(Valence 1620 - Murcie 1675).

Il débute à Valence, dans l'atelier d'Espinosa, puis se rend à Murcie, où il devient le peintre le plus en vue de son temps. Son style, d'abord un peu archaïque et sombre, s'inspire du naturalisme ténébriste (les *Disciples d'Emmaüs* du musée de Tolède reflètent l'influence d'Orrente), puis graduellement s'éclaire (*Vie de la Vierge*, peinte en 1651 pour S. Esteban de Murcie, dispersée entre divers musées secondaires, Albacete, Gérone, Huesca ; seule la *Nativité de la Vierge* est au Prado). Gilarte imite parfois les gravures flamandes d'après Rubens (*Adoration des mages*, au musée de Gérone). Mais ses meilleures toiles évoquent la peinture de Zurbarán, par leur réalisme rustique et leur intimité paisible, comme par leurs draperies assez sculpturales. Dans le dernier grand ensemble de Gilarte, celui de la chapelle du Rosaire à S. Domingo de Murcie (1663-1666), les compositions *(Jacob et l'ange, Saint Dominique et la Vierge)* gagnent en souplesse et en mouvement, tandis que le paysage prend une importance nouvelle.

GIMENO Francisco
(Tortosa, Catalogne, 1858 - Barcelone 1927).

Cet autodidacte solitaire, cruellement méconnu de son vivant, intéresse de plus en plus les historiens comme précurseur des recherches contemporaines et dernier représentant du réalisme catalan. Malgré l'intérêt que lui avait témoigné Haes, maître officiel du paysage, lorsqu'il se rendit à Madrid en 1884, il ne réussit jamais à percer. Il dut, pour vivre, monter à Barcelone un petit atelier de peinture industrielle, peignant des portes et des murs à longueur de journée. Indifférent au succès, curieux de sciences et de langues (il apprit même l'hébreu !), il employait ses loisirs à peindre pour lui seul, d'après nature, des œuvres très variées (figures, natures mortes, paysages), souvent abruptes, dépassant l'Impressionnisme, qui venait de conquérir l'Espagne, également remarquables par la richesse de la couleur et la tension dramatique. Le Prado (Casón) expose quelques belles toiles de l'artiste *(Aigua Blava*, le *Terrain clos)*. Le M. A. M. de Barcelone donne une idée plus complète de son art par un *Autoportrait* et un groupe de remarquables paysages *(Toits à Torroella, Marché de Torroella)*.

GIOVANNI DI CONSALVO
Maître du Chiostro degli Aranci,
peintre portugais
(actif à Florence entre 1436 et 1439).

Le cycle mystérieux et admirable des 10 *Scènes de la vie de saint Benoît* dans le cloître supérieur de l'église de la Badia à Florence a été tour à tour attribué à l'entourage de Fra Angelico, de Masaccio, de Domenico Veneziano (divers noms furent même prononcés, parmi lesquels ceux d'Andrea di Giusto, de Domenico di Michelino et du Maître de la Nativité de Castello), ou considéré comme un élément de transition entre la première et la seconde moitié du xve s. En fait, un document d'archives fait mention d'un paiement effectué entre 1436 et 1439 à un artiste portugais, Giovanni di Consalvo, pour le cloître de la Badia. La présence de ce maître, qui allie de façon très originale le monde lumineux de Fra Angelico à la netteté flamande de Van Eyck, est attestée à Lisbonne en 1428. On sait également qu'en 1435 un certain Giovanni da Portagallo comptait parmi les meilleurs disciples de Fra Angelico, ce qui apporte un argument supplémentaire à l'identification.

Sous les fresques de la Badia, qui ont été restaurées et détachées, sont apparues des *sinopie* d'un intérêt exceptionnel.

GISBERT Antonio
(Alcoy, Alicante, 1835 - Paris 1901).

Élève de Federico de Madrazo à l'académie San Fernando de Madrid, il est l'un des plus importants représentants du goût de l'Es-

pagne du milieu du xixe s. pour la peinture d'histoire, morceau de choix des expositions nationales organisées à Madrid à partir de 1856. Pensionnaire à Rome de 1856 à 1861, il est directeur du Prado de 1868 à 1873. À partir de cette date, il séjourna fréquemment à Paris et fut influencé par Paul Delaroche.

Ses toiles, immenses, traitent, avec un souci minutieux du détail historique et de l'expression des sentiments, les grands thèmes de l'histoire médiévale et moderne de l'Espagne, choisis en fonction de ses opinions libérales : *la Mort du prince don Carlos* (1858, Madrid, Palacio Real), acquis par la reine Isabelle II et peint à Rome tout comme son chef-d'œuvre *les Communeros* (1860, Madrid, Congreso de los Diputados) ; *Serment de Ferdinand IV devant les Cortes de Valladolid* (1863, id.) ; *Exécution de Torrijos* (1888, Madrid, Casón).

GONÇALVES André,
peintre portugais
(Lisbonne 1692 - id. 1763).

Formé à Lisbonne auprès du peintre génois Giulio Cesare Temine et du maître d'azulejos Antonio de Oliveira Bernardes, il eut une carrière féconde, à Lisbonne et à Coimbra. N'hésitant pas à s'inspirer de gravures et d'œuvres italiennes célèbres *(Descente de Croix*, Coimbra, église Santa Cruz, reprenant l'œuvre de Daniele da Volterra), il utilisait une gamme chromatique très riche, d'un grand effet décoratif *(Adoration des mages*, musée de Coimbra, *Couronnement de la Vierge*, Lisbonne, église Madre de Deus). Malgré le tremblement de terre de 1755, plusieurs églises de Lisbonne conservent encore ses œuvres (San Vicente de Fora, Comendadeiras de Santos).

GONÇALVES Nuno,
peintre portugais
(actif dans la seconde moitié du xve s.).

La documentation connue au sujet de ce maître commence en 1450, lors de sa nomination comme peintre du roi Alphonse V, pour se terminer en 1492, date à laquelle on peut présumer qu'il était déjà mort. Nuno Gonçalves peignit en 1470 le retable de la chapelle du palais royal de Sintra, malheureusement disparu. Grâce à la citation de l'artiste portugais Francisco de Holanda, auteur des célèbres *Dialogues avec Michel-Ange* (1548), on sait qu'il peignit également le grand *Retable de saint Vincent* pour la cathédrale de Lisbonne, démonté et remplacé à la fin du XVIIe s. Peu de temps avant le tremblement de terre de 1755, qui détruisit cette ville et ruina la cathédrale, ces peintures furent providentiellement transférées dans les faubourgs de la ville, au palais épiscopal, qui résista au séisme. Les restes du retable du XVe s. échappèrent ainsi à la destruction, mais ensuite leurs traces se perdirent. On découvrit en 1882, dans l'ancien monastère de Saint-Vincent-hors-les-Murs à Lisbonne, un magnifique ensemble de 6 peintures anonymes sur bois, immédiatement reconnues comme des œuvres originales du XVe s. Elles furent restaurées v. 1908 ; l'éminent critique José de Figueiredo, se fondant alors sur la citation de Francisco de Holandá, établit l'identification aujourd'hui adoptée : ces peintures, actuellement conservées à Lisbonne (M. A. A.), étaient au maître Nuno Gonçalves et représentaient la *Vénération de saint Vincent*. Quelques années plus tard s'éleva une vaste polémique, encore loin d'être éteinte, contestant plus particulièrement l'identification iconographique. À ce noyau principal viennent s'ajouter, au même musée, par affinités de style et de technique, une demi-douzaine de peintures sur bois, dont les plus intéressantes sont deux panneaux (l'un d'eux est un fragment) représentant, grandeur nature, deux phases du martyre de saint Vincent et un retable avec deux *Saints franciscains*, surmonté d'une *Adoration des mages*.

La réputation croissante du vieux maître portugais est issue de cet ensemble exceptionnel de peintures, où ce qui l'emporte est non pas la composition, mais la qualité de son extraordinaire dessin synthétique et de

Nuno Gonçalves
*Polyptyque de saint Vincent, v. 1465
(le saint présente à la famille royale
l'Évangile de saint Jean)*
Lisbonne, musée d'Art ancien

la pénétration psychologique des portraits. Le *Polyptyque de saint Vincent* nous présente une lointaine et pourtant vivante assemblée, composée de dizaines de personnages d'âges et de conditions sociales les plus variées — princes, prêtres, moines, chevaliers — unies par la même concentration autour d'une énigmatique figure sanctifiée et dont les portraits sont exécutés avec une incomparable économie de moyens. La technique de Nuno Gonçalves, caractérisée parfois par l'emploi, surprenant et moderne, de la matière en pleine pâte, sans les apprêts épais et les recettes précieuses des maîtres flamands, par une application originale d'ombres violacées et par un traitement remarquable des blancs, est parfaitement adaptée à l'expression directe du document humain, saisi dans sa profonde et dramatique vérité intérieure. Si Holandá, avec une remarquable pénétration critique, rapproche Nuno Gonçalves des « peintres anciens et italiens », c'est sans doute en raison de l'échelle monumentale et de l'énergie avec lesquelles ce maître sut nous léguer une représentation noble et grave de l'homme, en relation avec la mentalité humaniste du quattrocento européen.

Son sens de la couleur, à la fois brillante et « harmonique », suggère la leçon flamande, qui était alors assimilée par toutes les écoles de la péninsule Ibérique.

Il est difficile d'expliquer sa formation artistique, étant donné que l'on sait très peu de chose sur les ateliers portugais contemporains. L'apprentissage avec Van Eyck, qui se trouvait au Portugal en 1428-29, est une hypothèse exclue pour des raisons d'ordre chronologique et stylistique. On admet, d'autre part, que Nuno Gonçalves se rendit en France en 1476, attaché à la suite d'Alphonse V, lors de la visite que ce dernier rendit au roi Louis XI. Mais un tel voyage, où le peintre aurait rencontré Jean Fouquet, n'est pas documenté et serait une justification trop tardive de son art. On suggère également une relation possible entre la peinture de Gonçalves et celle de l'école d'Avignon, qui serait toutefois le fait d'une évolution commune et spontanée des écoles régionales, éloignées des grands centres créateurs. Au demeurant, le problème subsiste.

GONZÁLEZ Bartolomé
(Valladolid v. 1564 - Madrid 1627).

Élève de Pantoja de la Cruz et peintre du roi à partir de 1617, il est le dernier représentant de la tradition du portrait de cour du XVIᵉ s. (*Marguerite d'Autriche*, 1609, Prado), dont Antonio Moro avait été l'initiateur à la cour d'Espagne. D'autre part, dans ses tableaux religieux, il apparaît comme l'un des premiers adeptes, encore timide,

du Naturalisme ténébriste (*Saint Jean-Baptiste*, 1621, musée de Budapest ; *Profession du bienheureux Orozco*, 1624, Madrid, Acad. S. Fernando).

GONZÁLEZ Joan
(Barcelone 1868 - id. 1908).

Étrange destin que celui de ce peintre sorti de l'ombre un demi-siècle après sa mort (exposition « les Trois González », Paris, gal. de France, 1965 et 1971). Frère du sculpteur Julio González, Joan était l'aîné d'une famille de ferronniers de Barcelone. À la mort du père, la famille entière émigre à Paris (1897) et vend les ateliers. Les enfants, abandonnant la lime et le ciselet, se consacrent alors à la peinture, mais sans parvenir à en vivre. Dix ans plus tard, Joan, malade, retourne à Barcelone, où il meurt l'année suivante. C'est durant sa « période parisienne » qu'il donna le meilleur de lui-même ; ses dessins, gouaches et pastels, le plus souvent effectués en camaïeu (les *Cinq Arbres*, 1904, Paris, musée d'Orsay), rappellent étonnamment, par leur organisation formelle, les paysages de Kandinsky : les formes, souvent schématisées, les contrastes de clair-obscur et l'usage des cernes *(Paysage tourmenté*, 1904, *id.)*, témoignent d'une recherche formelle qui s'inscrit bien dans la crise des valeurs figuratives de la première décennie du siècle.

GONZÁLEZ RUIZ Antonio
(Corolla, Navarre, 1711 - Madrid 1785)

Disciple du Français Michel-Ange Houasse à Madrid de 1726 à 1730, il visita ensuite Paris, Rome et Naples. Rentré en 1737, il peignit avec succès à Madrid et, pendant un demi-siècle, occupa ue place de premier plan dans l'académie San Fernando : membre de Junte préparatoire en 1744, il fut directeur de la Peinture avec Van Loo au moment de la création officielle de 1752 et en devint directeur général en 1769. Connu surtout comme portraitiste, il est influencé par la manière française puis par Corrado Giaquinto (*Ferdinand VI protec-*

teur *de l'agriculture, du commerce et des beaux-arts,* 1754, Madrid, acad. San Fernando ; *Ignacio de Hermosilla,* id.). Nommé peintre de la Chambre en 1756, il travailla aussi pour la fabrique de tapisseries. Le Prado et la Bibliothèque nationale de Madrid conservent des dessins reflétant une forte influence de la technique française.

GONZÁLEZ VELÁZQUEZ (les).

Les trois fils du sculpteur Pablo González Velázquez *(1664-1727)* furent peintres et souvent travaillèrent en commun.
Luis *(Madrid 1715 - id. 1763),* l'aîné, l'un des fondateurs de la Real Academia de las Bellas Artes de San Fernando, se fit connaître par les fresques de l'église S. Marcos à Madrid, participa à la décoration des palais royaux (La Granja) et fut nommé en 1760 pintor de Cámara. Le deuxième, **Alejandro** *(Madrid 1719 - id. 1772),* travailla avec ses frères dans plusieurs églises madrilènes, où il exécuta surtout la partie ornementale ; architecte et « perspectiviste » plus encore que peintre, il dut ses meilleurs succès aux décors de la Casita del Príncipe.
Antonio *(Madrid 1723 - id. 1793),* le cadet, est le grand homme de la famille. Formé dans l'atelier paternel, il obtient en 1746 de la Junte préparatoire de l'Académie royale de San Fernando une bourse pour Rome ; il y travaille cinq ans dans l'atelier de Corrado Giaquinto (fresque de la voûte de Santa Trinita degli Spagnoli, via Condotti, 1748). Il y réalise les cartons pour le décor de la voûte de la Sainte-Chapelle du Pilar de Saragosse (cartons au Museo Diocesano de la Seo, Saragosse et coll. part., Barcelone) qu'il peint à fresque en 1753. Après ce grand succès, il rejoint à Madrid son maître Giaquinto, devient peintre de la Cour en 1755 et continue ses brillants décors (Salesas Reales, Encarnación (1761). Avec Bayeu, il collabora auprès de Mengs et de Tiepolo au décor du palais royal (*Christophe Colomb reçu à Barcelone par les Rois Catholiques,* esquisse à Quimper). Il participa aussi, avec un tableau d'autel, au chantier de San Francisco el

Grande. Directeur de peinture à l'Académie, protégé par Charles III, il devait faire partie de l'équipe formée par Anton Raphael Mengs pour doter la manufacture royale de tapisseries d'un nouveau répertoire de scènes populaires : il ne peignit pas moins de 23 cartons entre 1776 et 1780. **Zacarias** *(1763-1837),* l'un de ses fils, fut un peintre de mérite, qui travailla également pour la manufacture de tapisseries et les palais royaux, et dont certaines compositions (plafonds de la Casita del Labrador à Aranjuez) ont un accent de rusticité assez savoureux. Ignorant la montée du Néo-Classicisme, González Velázquez fut fidèle à la manière de Giaquinto, aux compositions tournoyantes et au raffinement des couleurs, et eut le mérite d'orienter la génération des Bayeu et de Goya vers la fresque.

GORDILLO Luis
(Séville 1934).

Il obtient une licence de droit en 1956, puis se consacre à la peinture. De 1956 à 1958, il est étudiant à l'école supérieure des Beaux-Arts Santa Isabel de Hongrie à Séville. En 1958, il séjourne à Paris, où il découvre les œuvres de Wols, de Fautrier et de Dubuffet.

Ses premières peintures abstraites datent de cette période et sont exposées pour la première fois à Séville en 1959 (Sala de Informacion y Turismo). Il retourne en France de 1959 à 1961 pour étudier le français à la Sorbonne, langue qu'il enseignera jusqu'en 1971. Au début des années 60, son œuvre subit la crise de l'Informel. Il s'installe à Madrid en 1962, date de la création de ses premiers dessins figuratifs. L'intérêt qu'il porte au Pop'Art doit être remarqué à travers la série des « Têtes », réalisées de 1963 à 1965, exposées à Madrid en 1964 (gal. Mordo).

En 1970, sa participation à la Biennale de Venise est le début de sa carrière internationale. Il est présent à l'intérieur de différentes expositions de groupe en Amérique latine, en Suède, en Allemagne et aux États-Unis. Le centre d'art M-11 à Séville lui consacre en 1974 une exposition rétrospective réunissant des œuvres réalisées depuis 1958.

Parmi les courants de la figuration des années 60 et 70, l'œuvre de Gordillo est marquée d'un certain réalisme critique qui le conduit à participer à cette exposition fortement controversée par le régime franquiste, « Espana/Vanguardia Artistica y Realismo Socialista 1936-1976 », présentée à la Biennale de Venise de 1976.

Au cours des années 80, l'œuvre de Gordillo s'est orienté vers un Néo-Expressionnisme abstrait, tout à fait personnel, entre l'Action Painting et les courants des années 80, exploitant l'expression des graffitis urbains. Le musée de Bilbao réalise en 1981 une nouvelle rétrospective de son œuvre. Gordillo est l'auteur de textes critiques publiés dans des revues et journaux espagnols. Ses œuvres ont été acquises par la Fundació Caixa de Pensions de Barcelone, le musée d'Art abstrait de Cuenca et le musée des Beaux-Arts de Bilbao.

GOTHIQUE INTERNATIONAL.

Vaste mouvement pictural qui se manifesta entre 1380 et 1450 environ dans toute l'Europe, présentant dans chacun des pays touchés des caractères stylistiques suffisamment semblables pour atteindre à une exceptionnelle unité de langage artistique.

En Espagne, la vivacité des échanges internationaux est illustrée par les ressemblances qui lient le style du Florentin Starnina dont la présence est attestée à Valence entre 1398 et 1401, et celui de l'Espagnol Miguel Alcañiz, ressemblances si fortes que certaines œuvres de ce dernier furent longtemps attribuées au Maître du Bambino Vispo, aujourd'hui identifié avec Starnina. Le style d'Alcañiz, marqué par une intense vitalité narrative et expressive et une gamme colorée brillante, représente le produit parfait issu des échanges internationaux dont Valence fut le centre. Venu d'Allemagne, Marzal de Sax s'était installé à Valence en 1393 et était à l'origine d'une école très active, dont feront partie cer-

Gonzaló Pérez
La Véronique de la Vierge, v. 1420-1425
bois
Valence, musée des Beaux-Arts

taines personnalités marquantes, comme Pedro Nicolau, Jaime Mateu, Antonio et Gonzaló Pérez. Dessinateurs habiles, d'une élégance raffinée et maniérée, ces artistes introduisent dans les scènes religieuses un cérémonial courtois par la richesse des costumes et la profusion du décor. Ces caractéristiques se retrouvent dans les ateliers catalans qui entretiennent des rapports plus étroits avec les peintres franco-flamands et les miniaturistes parisiens. L'une des personnalité les plus fortes est Luis Borrassá ; qui va diriger pendant 30 ans l'activité artistique de Barcelone. Son influence s'exerça sur Juan Mates, Gerardo Gener, le Maître du Roussillon et l'Aragonais, le Maître d'Arguis. Son successeur, B. Martorell renouvelle l'héritage catalan par des compositions plus sereines ; sans négliger le goût de l'arabesque gothique il tend à l'équilibrer par une recherche de l'expression des volumes et d'unité de la lumière.

GOYA Y LUCIENTES Francisco de *(Fuendetodos, Aragon, 1746 - Bordeaux 1828).*

Les débuts. Il était le fils d'un maître doreur, José Goya, et de Gracia Lucientes. On ignore presque tout de sa jeunesse et de sa formation ; on suppose qu'il fréquenta l'Académie de dessin de Saragosse et que José Luzán, peintre médiocre, fut son maître. En 1763, il partit pour Madrid, où il échoua au concours de l'Académie San Fernando, qu'il représenta sans succès en 1766. Il fit le traditionnel voyage à Rome, où il participa au concours organisé par l'Académie de Parme en 1771. De petites peintures, datées de 1771 et conservées dans des coll. part., révèlent l'influence du Néo-Classicisme romain. De retour à Saragosse, en octobre 1771, Goya reçut sa première commande de fresques : la décoration de la voûte de la basilique du Pilar à Saragosse, qui devait représenter l'*Adoration du nom de Dieu.* L'œuvre atteste la fidélité de l'artiste aux schémas de la décoration baroque et aux exemples laissés par Corrado Giaquinto. Il peignit en 1772 pour la chartreuse d'Aula Dei plusieurs grands tableaux qui témoignent de sa formation baroque.

Madrid. En 1773, Goya tente de nouveau sa chance à Madrid, où il s'établit, et il épouse Josefa Bayeu, dont les trois frères étaient peintres, notamment Francisco, son aîné de plusieurs années, de qui il s'est dit parfois l'élève. À partir de 1774, il exécute pour la Real Fábrica de Tapices plusieurs séries de cartons de tapisseries (43 conservés au Prado), qui furent tissées pour les palais royaux.

Les cartons de tapisseries et les premiers portraits. Cette collaboration, qui dura presque vingt ans, illustre en ses différentes séries (1774-75, 1776-1780, 1786-1788, 1791-92) l'évolution de l'artiste. Les cartons des deux premières séries, dans lesquelles Goya s'est inspiré des peintures de Michel-Ange Houasse exécutées en 1730, sont consacrés à des scènes populaires, de chasse, de pêche (le *Goûter,* 1776 ; l'*Ombrelle,* 1778). L'évolu-

tion du style se signale par l'importance plus grande accordée aux figures, détachées sur des paysages clairs et estompés. En décembre 1778, l'artiste envoie à son ami Martín Zapater les gravures à l'eau-forte d'après les tableaux de Velázquez appartenant aux collections royales, travail qui lui permit de se familiariser avec les œuvres du maître.

En 1780, Goya est reçu à l'Académie de San Fernando avec un *Christ en croix* (Prado), mais il repart pour Saragosse, où il est chargé de peindre trois demi-coupoles à la basilique du Pilar. L'année suivante, il reçoit la commande d'un autel pour l'église S. Francisco el Grande à Madrid, œuvre d'une exécution laborieuse. Il entre alors en relation avec de puissants personnages, qui vont devenir ses protecteurs et dont il brosse les portraits (le *Comte de Floridablanca,* 1783, Madrid, Banco Urquijo ; l'*Infant don Luis et sa famille,* 1784, Parme, Fondation Magnani-Rocca, Corte di Mamiano ; *Portraits de l'Infant,* musée de Cleveland, et de *Sa femme,* Munich, Alte Pin. ; l'*Architecte Ventura Rodríguez,* 1784, Stockholm, Nm. ; à partir de 1785, *Portraits de la famille des ducs d'Osuna,* Prado).

Le peintre du roi. Nommé peintre du roi en juillet 1786, Goya commence la série des portraits des directeurs de la banque de San Carlos (Madrid, Banque d'Espagne), et il exécute celui de la *Marquise de Pontejos* (Washington, N. G.). Il devient alors le peintre à la mode de la société de Madrid, et ses lettres à Zapater attestent son aisance matérielle ; cet optimisme se retrouve dans la troisième série (1786-1788) de ses cartons de tapisseries, les *Quatre saisons,* le *Maçon ivre* et les *Pauvres à la fontaine* (Prado). En 1787, pour les appartements de la duchesse d'Osuna, à l'Alamada près de Madrid, il réalise une suite de *7 Scènes champêtres* dont les relations sont nettes avec les cartons de tapisseries de la même période (4 appartiennent au duc de Montellano, Madrid). Goya n'abandonna pas pour autant la peinture religieuse ; il travailla pour les églises de Valdemoro, S. Ana de Valladolid, la cathédrale de Tolède (l'*Arres-*

tation du Christ, 1798). Avant cette période il s'intéressait au paysage (la *Prairie de San Isidro*, 1788, Prado). La même année, on décèle dans son œuvre une première manifestation du fantastique dans la *Vie de San Francisco de Borja*, à la cathédrale de Valence (les esquisses, plus libres, dans la coll. du marquis de Santa Cruz à Madrid). En 1789, Goya est nommé « pintor de Cámara » du nouveau roi Charles IV, dont il fait, ainsi que de la reine Marie-Louise, un grand nombre d'effigies officielles (les plus importantes au Prado et au Palais royal de Madrid). Posent pour lui, au cours des mêmes années, les *Ducs d'Osuna et leurs fils* (Prado), puis la comtesse del Carpio, *Marquise de la Solana* (Louvre), l'actrice Maria Rosario Fernandez, dite *la Tirana* (Madrid, Acad. San Fernando), l'historien *Ceán Bermúdez* (Madrid, coll. du marquis de Perinat), le collectionneur *Sebastián Martínez* (Metropolitan Museum). Maître incontesté du portrait espagnol, Goya se distingue alors par la richesse de sa palette, où dominent les gris et les tons mêlés de vert. **La crise de 1792 et ses suites.** À la fin de 1792, de passage à Cadix, l'artiste tombe gravement malade pendant plusieurs mois, mais envoie en janvier 1793, au secrétaire de l'Académie, 12 peintures sur fer-blanc, parmi lesquelles 8 scènes de tauromachie (Madrid, coll. part.), *Comédiens ambulants* (Prado), le *Préau des fous* (Dallas, Southern Methodist University, Meadows Museum). On a cru longtemps qu'il s'agissait des célèbres tableaux de l'Acad. San Fernando (l'*Enterrement de la sardine*, la *Procession des flagellants* notamment), auj. datés beaucoup plus tardivement, après 1808. La maladie de Goya apporta de profonds changements dans son œuvre. La crise de 1792, qui le rendit sourd, transforma sa manière de vivre et contribua à faire du peintre aimable qu'il était un artiste d'une originalité puissante. Dans une lettre qui peut être datée de 1795, Goya faisait savoir à Zapater qu'il allait peindre le portrait de la *Duchesse d'Albe*, qui était venue à son atelier (Madrid, coll. des ducs d'Albe). Il rejoignit la duchesse à Sanlúcar de Barra-

meda à la mort du marquis de Villafranca, son mari, en 1796, et dessina pendant ce séjour campagnard de nombreuses scènes prises sur le vif, ainsi que d'autres plus évocatrices ou imaginaires et dont quelques-unes reflètent une grande intimité. Il exécuta le portrait de la *Duchesse en deuil* (New York, Hispanic Society) avec deux anneaux où on lit « Goya Alba » et où la duchesse, debout, désigne sur le sable l'inscription « Goya solo ». Le peintre resta longtemps obsédé par l'image de la duchesse, qui revient constamment dans ses dessins et ses gravures. À la mort de son beau-frère, Francisco Bayeu, il fut nommé directeur de l'Académie de peinture (1795), poste que sa mauvaise santé l'obligea à abandonner deux ans plus tard. De 1795 à 1798, Goya peignit plusieurs tableaux religieux, notamment à Cadix, ainsi que les portraits des ministres *Jovellanos* (Prado), *Saavedra* (Londres, Courtauld Inst.), *Iriarte* (musée de Strasbourg) et *Valdès* (Barnard Castle, Bowes Museum). En 1798, les ducs d'Osuna lui commandèrent une série de petits tableaux, parmi lesquels plusieurs sur le thème de l'au-delà. Il peignit la même année le portrait du *Général Urrutia* (Prado) ainsi que celui de l'ambassadeur de France *Ferdinand Guillemardet* (Louvre). **San Antonio.** À la même époque (printemps de 1798), Goya exécuta d'un seul jet la décoration du petit ermitage San Antonio de la Florida sur les bords du Manzanarès. Elle reste une de ses œuvres maîtresses ; sur la coupole est représenté le miracle de la résurrection d'un mort par saint Antoine, sous les yeux d'une foule bigarrée. **Les « Caprices ».** L'année suivante, l'artiste mit en vente la suite la plus connue de ses gravures, les *Caprices*. Elle comprend 80 planches gravées à l'eau-forte, dont les fonds et les ombres sont enrichis de lavis à l'aquatinte, et Goya s'est souvent inspiré de dessins exécutés à Sanlúcar. Le recueil vise l'humanité en général, ses folies et sa stupidité, et constitue une étonnante satire des faiblesses de la condition humaine. La même année, il termine la *Prairie de San Isidro*, chef-d'œuvre d'aisance et de naturel.

Goya
La Maja nue,
entre 1803 et 1806
97 × 190 cm
Madrid, musée du Prado

La Maja vêtue,
entre 1803 et 1806
95 × 190 cm
Madrid, musée du Prado

L'apogée du portraitiste. Goya exécute durant la même période le portrait de l'écrivain *Fernández de Moratín* (Madrid, Acad. S. Fernando), les deux portraits de la *Reine Marie-Louise*, en noir avec une mantille et à cheval (Prado), ainsi que le *Portrait équestre du roi* (id.). Cette exceptionnelle fécondité ne tarit pas les années suivantes. En octobre 1799, Goya est nommé premier peintre du roi. En 1800, il brosse la silhouette de la jeune et frêle *Comtesse de Chinchón* (Madrid, coll. du duc de Sueca), habillée de blanc et assise sur un fauteuil. En juin, il commence le grand tableau de la *Famille de Charles IV* (Prado). Les personnages sont debout dans une salle du palais comme s'ils regardaient quelqu'un poser pour le peintre, à gauche dans la pénombre, près du tableau auquel il travaille, disposition qui rappelle celle des *Ménines* de Velázquez. La somptuosité du coloris, le chatoiement des soies et des lamés, le reflet des bijoux et des croix évitent toute monotonie et donnent mouvement et vie à un groupe figé en costume d'apparat. La composition est celle d'une frise avec plusieurs groupes de personnages autour de la reine Marie-Louise. De 1800 à 1808, année de la guerre, le talent de Goya portraitiste connaît son apogée : le *Prince de la Paix* (1801, Madrid, Acad. S. Fernando), les *Ducs de Fernán Núñez* (1803, Madrid, coll. du duc de Fernán Núñez), le *Marquis de San Andrián* (1804, musée de Pampelune), *Doña Isabel de Lobo de Porcel* (1805, Londres, N. G.), *Don Pantaleón Pérez de Nenin* (Madrid, Banco Exterior), *Ferdinand VII à cheval* (1808, Madrid, Acad. S. Fernando), commandé juste avant le début du soulèvement de l'Espagne contre les armées napoléoniennes. C'est sans doute à cette époque (1803-1806) qu'il peint pour Godoy les deux tableaux célèbres : la *Maja nue* et la *Maja vêtue* (Prado).

En 1806, un fait divers donne à Goya l'occasion de manifester son intérêt pour le réalisme populaire : la capture du bandit Maragato par le moine Zaldivia. En 6 petits panneaux (Chicago, Art Inst.), cet événement, qui défraya alors la chronique, est restitué avec vigueur suivant une succession de scènes aisément lisibles qui annonce le procédé de la bande dessinée.

La guerre de libération. La rébellion contre l'occupation française, conséquence de la dissolution de l'Ancien Régime et de la ruine politique et économique de l'Espagne, ne laissa pas Goya indifférent. Tout porte à croire qu'il faisait partie des Espagnols souhaitant pour leur pays des réformes en profondeur. Mais la brutalité de la soldatesque napoléonienne et les cruautés de la guerre aliénèrent tout attachement aux nouveaux représentants politiques. Pris entre deux positions qu'il détestait pour les raisons différentes, Goya passe les années troubles de la guerre dans une situation ambiguë : tantôt il semble agir comme un « afrancesado », tantôt comme un patriote révolté.

Son intérêt se tourne de nouveau vers la gravure. Vers 1810, il travaille à la suite des *Désastres de la guerre*, violente accusation contre les agissements des troupes françaises, et, après 1814, il exécute 2 grands tableaux, le *Dos* et le *Tres de Mayo* (Prado). Sa palette change alors de tons, les bruns et les noirs y prennent une place plus importante, comme en témoignent les portraits du *Général Guye* (New York, coll. part.), du ministre *Romero* (Chicago, coll. part.), du chanoine *Juan Antonio Llorente* (musée de São Paulo), de son ami *Silvela* (Prado). Sont encore plus éloquentes les quelques peintures que Goya conserva chez lui : le *Colosse* (Prado), le *Lazarillo de Tormes* (Madrid, coll. Maranon), les *Forgerons* (New York, Frick Coll.), les *Majas au balcon* (Suisse, coll. part.), les *Jeunes* et les *Vieilles* (musée de Lille). Entre 1805 et 1810 ont dû être exécutées plusieurs natures mortes (l'inventaire de 1812 en mentionne 12), dont la saisissante *Nature morte à la tête de mouton* du Louvre.

Après la Restauration (1814-1824). En mars 1814, le roi Ferdinand VII rentre en Espagne. Goya put justifier suffisamment son attitude pour rester « pintor de Cámara » et venir à l'Académie. Dans ses portraits royaux (Prado) ainsi que dans d'autres brossés juste après la Restauration (le *Duc de San Carlos,* musée de Saragosse ; l'*Évêque de Marcopolis,* musée de Worcester, Mass.), à la gamme dominante des tons sombres s'ajoutent de violentes taches de couleur, rouges, jaunes et bleues. À soixante-neuf ans, Goya peint deux *Autoportraits* (Madrid, Acad. S. Fernando et Prado) et, la même année (1815), l'immense toile de la *Junte des Philippines* présidée par le roi (musée de Castres). L'idée originelle est empruntée à Velázquez, mais la réalisation est absolument personnelle et l'ambiance sombre du vaste salon a été fidèlement rendue.

Suites graphiques et peintures noires. En 1816, Goya met en vente les 33 gravures de la *Tauromachie*. La série fut entreprise comme illustration d'un texte historique sur les courses de taureaux ; très rapidement, l'artiste changea d'avis et, au lieu de suivre les avatars de l'histoire, il grava ses propres souvenirs des courses auxquelles il avait assisté sur la Plazza. Il peint encore des portraits : celui de *Mariano,* son petit-fils (Madrid, coll. du duc d'Albuquerque), celui du *Duc d'Osuna,* fils de ses protecteurs (musée de Bayonne) et celui de la *Duchesse d'Abrantès,* sa sœur (Madrid, coll. part.), ainsi qu'une grande œuvre religieuse qui fut très discutée, *Santa Justa y Rufina* (cathédrale de Séville, esquisse au Prado). À soixante-treize ans, Goya apprend la lithographie, technique alors toute nouvelle (la *Vieille filant* est datée de 1819). À la fin du mois d'août, la plus importante peinture religieuse de Goya, la *Dernière Communion de saint Joseph de Calasanz,* était déjà

Goya
Les Jeunes. Jeune femme lisant une lettre,
v. 1812-1814
181 × 122 cm
Lille, musée des Beaux-Arts

Goya
Saturne dévorant un de ses fils, v. 1821-1823
peinture murale reportée sur toile
146 × 83 cm
Madrid, musée du Prado

placée à l'autel de l'église des pères Escolapios à Madrid ; dans cette œuvre émouvante, rien de conventionnel n'apparaît et tout dans l'atmosphère sombre est dominé par la terrible expression de foi du saint mourant. De nouveau gravement malade, Goya peint un autoportrait et un portrait du médecin *Arrieta* le soignant (Minneapolis, Inst. of Arts) ainsi que d'autres portraits d'amis. Pendant sa convalescence, comme il l'avait fait autrefois, il grave à l'eau-forte, dont il enrichit la technique par des procédés complexes, l'extraordinaire série des *Disparates,* ou *Proverbes,* dans laquelle son imagination traduit les visions les plus mystérieuses et sa fantaisie se donne libre

cours. Si leur exceptionnelle beauté frappe toujours, le sens de la plupart des planches nous échappe et leur réalisation est liée à la décoration de sa maison (1820-1822). Goya avait acheté en 1819 une propriété sur les bords du Manzanares, aux environs de Madrid, et il en décora deux chambres, le salon et la salle à manger. Ce sont les 14 peintures dites « noires » (Prado), exécutées à l'huile sur les murs. Elles représentent un monde clos, où la hideur sous toutes ses formes se trouve exprimée, et marqué par le mythe de Saturne, symbole de mort et de destruction. Sa compagne Leocadia Weiss, représentée à l'entrée et habillée de noir, est accoudée à une sorte de tertre que domine la balustrade d'un tombeau (la radiographie a révélé en fait que c'était un rebord de cheminée). Les scènes les plus surprenantes, et dont l'interprétation est malaisée, sont le *Duel à coups de gourdin,* le *Chien* enseveli dont la tête seule émerge au ras d'un paysage désert, *Deux Jeunes Femmes se moquant d'un homme.* L'ensemble est peint avec hardiesse et avec une liberté technique totale, marquée par l'emploi constant du racloir, qui étale les taches, restituant cet univers halluciné où se déchaînent la laideur, l'horreur et l'avilissement.

Les dernières années à Bordeaux. En 1823, un revirement de la politique espagnole fit que Ferdinand VII, qui avait accepté la Constitution de 1820, rétablit le pouvoir royal, soutenu par l'expédition du duc d'Angoulême. Les libéraux furent persécutés ; Goya se réfugia chez un de ses amis, le prêtre don José de Duasso, dont il fit le portrait (musée de Séville), puis il quitta l'Espagne. Il fut probablement poussé par doña Leocadia Weiss, cousine de sa femme et avec qui il vivait, et dont le fils, un libéral exalté, tombait sous le coup de la répression ; la famille Weiss le suivit. Selon les documents, Goya avait demandé le 2 mai 1824 un congé, qui lui fut accordé, pour prendre les eaux de Plombières. Il ne semble pas qu'il s'y rendît ; il passa à Bordeaux un court moment et alla ensuite deux mois (juin-juill. de 1824) à Paris. Là, il exécuta les portraits de ses amis Ferrer, œuvres sombres dépouillées de tout artifice (Rome, coll. part.), et une course de taureaux aux couleurs contrastées *(id.)*. De retour à Bordeaux, hormis des voyages à Madrid, c'est dans cette cité qu'il demeura jusqu'à sa mort. Exilé par sa volonté, il demanda d'abord que l'on prolongeât son permis de séjour (1825), puis que lui-même fût mis à la retraite avec toute sa solde et qu'on l'autorisât à vivre en France, ce que le roi Charles X accepta.

Les ultimes portraits des amis de Goya datent de la période de Bordeaux : *Fernández Moratín* (musée de Bilbao), *Galos* (Merion, Penn., Barnes Foundation), *Juan de Muguiro* (Prado), *José Pío de Molina* (Winterthur, coll. Oskar Reinhart) ; il laissa aussi de petits tableaux au coloris brillant (Prado et Oxford, Ashmolean Museum), peints dans une pâte très dense, consacrés aux courses de taureaux, et une série de lithographies sur le même sujet, dont 4 forment une suite célèbre connue sous le nom de *Taureaux de Bordeaux*. Il faut signaler également les miniatures sur ivoire, dont Goya parlait dans une de ses lettres à Ferrer et dont 23 ont pu être identifiées sur une quarantaine (*Homme cherchant des puces*, Los Angeles, coll. part. ; *Maja et Célestine*, Londres, coll. part.). Mais la *Laitière de Bordeaux* (Prado) est le tableau le plus illustre de ces dernières années ; elle représente, au terme d'une longue suite d'études de jeunes femmes du peuple, l'aspect le plus gracieux et le plus délicat de l'art de Goya ainsi que l'aboutissement de sa technique ; exécutée vers le même moment, la *Nonne* (Angleterre, coll. part.) témoigne au contraire d'une vigueur abrupte et simplificatrice qui annonce l'Expressionnisme.

Goya est représenté dans les grands musées du monde entier, mais la majeure partie de son œuvre est conservée à Madrid, dans des collections privées et publiques, au Prado particulièrement. En France, le Louvre et les musées d'Agen, de Bayonne, de Besançon, de Castres, de Lille, de Strasbourg possèdent de ses œuvres.

Les dessins de Goya. Les dessins de Goya, env. un millier, principalement exécutés à partir de 1796, comprennent 2 catégories, 8 albums désignés de A à H et les dessins préparatoires pour les peintures, peu nombreux, et surtout pour les 4 grandes suites gravées. Les techniques utilisées, à la fois au trait et au lavis, sont l'encre de Chine, la sépia, la pierre noire et le crayon lithographique (albums de Bordeaux, G et H), la sanguine. Les dessins sont généralement accompagnés de légendes de la main de Goya et donnent une juste idée de la diversité de son génie, reflet de sa vie intime (album A, de Sanlúcar) et surtout de ses maintes observations sur la vie du peuple espagnol, ses joies, ses ridicules, ses distractions, ses malheurs dans les périodes de crise où la carrière de l'artiste s'est développée. Ils sont dispersés dans le monde entier ; le Prado conserve dans sa presque totalité l'album C. Quelques très belles feuilles ont été détruites à Berlin en 1945 *(Homme tirant sur une corde)*.

GRÃO VASCO. → *FERNANDES.*

GRAU Xavier
(Barcelone 1951).
Après des études à l'école des Beaux-Arts de Barcelone, sa rencontre avec Broto l'amène à s'inscrire dans la perspective critique d'une peinture abstraite en marge des préoccupations formalistes de la période. C'est ainsi qu'en 1976 il est présent dans une exposition collective de la gal. Maeght de Barcelone, aux côtés de Broto. La peinture de Grau est le résultat de tensions entre le dessin et la couleur, exploitées d'une manière intuitive, spontanée et reposant cependant sur des références historiques de l'Action Painting. Grau poursuit ses investigations en développant, non sans lyrisme, une peinture gestuelle dont les références à l'Abstraction américaine (De Kooning, Joan Mitchell, Cy Twombly) sont nombreuses et toutefois transgressées pour donner naissance à la recherche d'un style personnel.

Il a essentiellement exposé en Espagne (gal. Buades à Madrid, qui a organisé sa première exposition personnelle en 1979, puis gal. Maeght de Barcelone) et participé à des manifestations de groupe en France.

GRAU-GARRIGA Josep
(San Gugat del Vallès, Barcelone, 1929).

De 1943 à 1951, il est étudiant à l'école des Arts appliqués, puis à l'école des Beaux-Arts de Barcelone. Il réalise en 1954 une série de peintures murales dans différentes villes de Catalogne et exécute en 1957 ses premiers cartons de tapisserie et tableaux abstraits. La même année, il travaille à Paris dans l'atelier de Jean Lurçat et commence également une œuvre gravée.

En Espagne, il développe une activité pédagogique importante (directeur artistique de l'école catalane de tapisserie de San Gugat del Vallès, professeur à l'école de Dessin textile de Madrid, à l'école des Arts

Josep Grau-Garriga
Sempre tornarán, 1978
collection particulière

appliqués de Barcelone), puis au États-Unis, au Canada, au Mexique et à Marseille, où il donne des cours et des conférences.

Reconnu pour ses œuvres textiles, Grau-Garriga a engagé des pratiques dépassant leur spécificité. Dès la fin des années 50, il développe une recherche de la matière, introduisant des matériaux divers, qui le mène dans une voie tout à fait novatrice dans l'art de la tapisserie.

Grau-Garriga réalise à partir de 1970 ses premiers environnements textiles monumentaux, confrontant ses propositions à des dimensions architecturales. Ni sculpteur, ni peintre, ni artisan, il a su, toutefois, utiliser les spécificités de chacun de ces domaines pour renouveler les arts du textile de la seconde moitié du siècle.

Ses premières expositions importantes, aux États-Unis, datent de 1971 (Houston Fine Arts Museum, Oklahoma Art Center). Son œuvre, exposée dans les différents pays d'Europe, est présente dans les musées de Marseille, d'Arles (musée Réattu), au Houston Fine Arts Museum, au Metropolitan Museum de New York, au musée d'Art contemporain de Séville, au musée d'Art moderne de la Ville de Paris.

GRECO Domenikos Theotokopoulos, dit, peintre espagnol d'origine grecque
(Candie, Crète, 1541 - Tolède 1614).

Ses premières années crétoises et sa formation vénitienne sont encore loin d'être éclaircies. D'après les documents récemment publiés en Grèce, il est né dans la capitale de la Crète vénitienne d'une famille sans doute catholique de petite bourgeoisie urbaine : collecteurs d'impôts, douaniers (son frère aîné, Manussos, destitué pour malversation, viendra finir sa vie près de lui à Tolède). En 1566, il est mentionné à Candie comme maître peintre.

Période italienne. Est-ce avant ou seulement après cette date qu'il travaille à Venise ? En tout cas, son séjour y fut moins prolongé qu'on ne le pensait jadis. En 1570, il se rend à Rome : le «jeune Candiote, élève de Titien» que le miniaturiste croate Giulio

Greco
L'Enterrement du comte d'Orgaz, 1586
487 × 360 cm
Tolède, église Santo Tomé

Clovio recommande au cardinal Alexandre Farnèse, figure en 1572 sur les registres de l'académie de Saint-Luc. Dans le milieu humaniste qui fréquentait la bibliothèque du palais Farnèse, il entra en relation avec des ecclésiastiques espagnols, notamment Pedro Chacón, chanoine de la cathédrale de Tolède. La construction d'importants couvents et le vaste chantier de l'Escorial ont sans doute attiré Greco vers la puissante Espagne. Au printemps de 1577, il arriva à Tolède, où il demeura jusqu'à sa mort.

Cette période italienne de l'artiste, longtemps négligée, a suscité depuis un demi-siècle l'attention des historiens, et de nombreuses peintures, où se marque la conjugaison d'influences byzantines et vénitiennes, ont été mises sous le nom de Greco. Aucune de ces attributions n'est indiscutée, même le polyptyque retrouvé à Modène (Pin. Estense) et signé « Domenikos », où le byzantinisme reste prépondérant, et les *Saint François stigmatisé* (Genève, coll. part., et Naples, Istituto Suor Orsola Benincasa), qui accordent une large place au paysage, de tradition vénitienne, mais traité d'une manière nerveuse et tourmentée. Dans les œuvres de style purement vénitien, comme la *Guérison de l'aveugle-né* (Parme, G. N., et Dresde, Gg) ou le *Christ chassant les marchands du Temple* (Washington, N. G. et The Minneapolis Institut of Art), la conception de l'espace dérive surtout de Tintoret, et la richesse chatoyante des couleurs de la palette de Titien. Greco y fait preuve d'une science très poussée de la perspective et de plus d'habileté dans le traitement des arrière-plans architecturaux que dans la représentation des mouvements de foule. La toile la plus accomplie de cette période est peut-être l'*Annonciation* (v. 1575, Prado), peinte dans une gamme toute vénitienne. Son séjour romain eut sur son œuvre beaucoup moins d'influence que les années d'étude à Venise ; le souvenir de l'Antiquité classique, l'art de Michel-Ange et des maniéristes seront perceptibles dans la *Pietà* de la coll. Johnson du Museum of Art de Philadelphie et dans celle de l'Hispanic Society de New York, de même que dans ses peintures ultérieures (réminiscences de l'*Hercule Farnèse* et du *Laocoon*, composition en pyramide, allongement du canon). Mais, ici encore, Greco doit plus à Titien qu'à aucun autre maître. Dans le *Jeune Garçon allumant une chandelle* (v. 1570, Naples, Capodimonte), il emploie, pour la première fois, cette source de lumière, s'inspirant de la *Nativité* de Titien (Florence, Pitti) et ouvrant la voie aux recherches luministes de la fin du siècle. Pendant son séjour en Italie, il exécuta maints portraits — genre dans lequel il excella — proches des portraits vénitiens : *Giulio Clovio* (Naples, Capodimonte), *G. B. Porta* (Copenhague, S. M. f. K.), le *Gouverneur de Malte Vincentio Anastagi* (New York, Frick Coll.) sont représentés avec un respect minutieux de l'apparence physique, qui n'exclut pas l'ampleur de la composition.

Période espagnole. Demeuré obscur en Italie, c'est à Tolède que l'artiste s'affirme dans la triomphale *Assomption* destinée au maître-autel du couvent de S. Domingo el Antiguo (1577, Chicago, Art Inst.). La richesse vénitienne du coloris demeure, et la composition révèle également l'emprise de l'*Assomption* des « Frari » de Titien, mais des suggestions maniéristes se manifestent dans l'absence de profondeur et les attitudes mouvementées. La *Trinité* (Prado), qui occupait l'attique du même retable, est unique dans la production de Greco par son caractère sculptural, directement inspiré de Michel-Ange. Dans la *Résurrection*, demeurée sur place, apparaît un nouveau Greco, dramatique, éloquent, mystérieux. L'artiste compose alors l'*Espolio* (le Christ dépouillé de sa tunique, 1577-1579, cathédrale de Tolède), l'une de ses créations les plus originales ; les savants effets de raccourci

prouvent l'assimilation des leçons de la Renaissance italienne, mais la formule iconographique est d'origine byzantine, et l'intensité de la couleur, avec l'obsédante tache écarlate de la tunique du Christ, suscite une puissante émotion. C'est aussi là qu'apparaît le type féminin cher à Greco — long visage mince, grands yeux tristes —, dont le modèle fut peut-être la Tolédane Jeronima de las Cuevas, épouse (ou maîtresse ?) du peintre. Les éléments médiévaux sont également transfigurés, dans l'*Allégorie de la Sainte Ligue* ou le *Triomphe du nom de Jésus* (Escorial), par l'imagination visionnaire de l'artiste. Cette composition (jadis nommée le *Songe de Philippe II*) semble avoir été peinte en 1578 pour le roi, à l'occasion de la mort de son demi-frère, don Juan d'Autriche, le vainqueur de Lépante. Le *Martyre de saint Maurice* (1582, Escorial), également exécuté pour Philippe II, déplut au monarque et aux religieux — sans doute par son irréalisme et son aigre coloris —, et Greco cessa dès lors de travailler pour la Cour. Il se consacra surtout aux « tableaux de dévotion », chers à la piété espagnole : *Saint François recevant les stigmates* (Madrid, coll. marquis de Pidal), *Christ en croix*. La *Crucifixion avec deux donateurs* (Louvre) annonce le chef-d'œuvre du maître : l'*Enterrement du comte d'Orgaz* (1586, Tolède, Santo Tomé). Cette austère et somptueuse composition de vitrail, qui associe toute la cour céleste à la représentation d'une cérémonie funèbre, offre comme une synthèse de la société tolédane — clercs, juristes, capitaines —, qui adopta le peintre et se reconnut dans ses toiles. Mieux qu'aucun artiste espagnol, Greco exprime, dans une série de portraits, la gravité solennelle des nobles castillans : le *Chevalier à la main sur la poitrine* (Prado), l'humaniste *Covarrubias* (Louvre), le *Capitaine Julian Romero de las Hazañas*

Greco
Saint Martin et le pauvre, 1597-1599
193 × 103 cm
Washington, National Gallery of Art

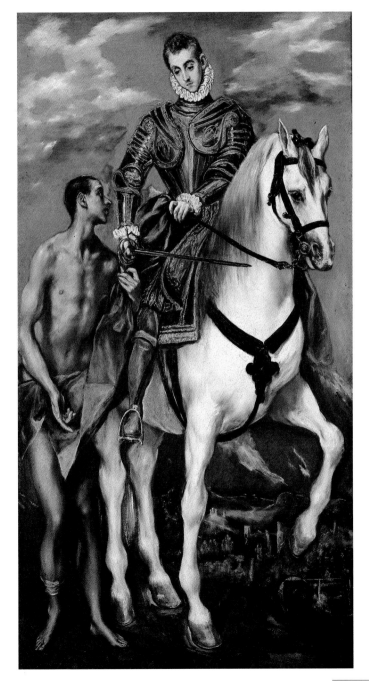

Greco
*Saint Luc montrant le portrait
de la Vierge, 1608-1614*
100 × 76 cm
Tolède, cathédrale

(Prado), traités en blanc et noir, dans une forme classique, austère et précise. Le cardinal *Niño de Guevara* (Metropolitan Museum), d'un somptueux coloris, allie l'observation psychologique à la représentation solennelle du grand inquisiteur.

Pendant les trente dernières années de son séjour tolédan, Greco créa une iconographie nouvelle, conforme aux prescriptions du concile de Trente : saints pénitents, scènes de la Passion et de la Sainte Famille, thèmes fréquemment répétés par l'artiste ou par son atelier. La profondeur de l'émotion religieuse, le respect de l'apparence physique et la chaleur de la gamme (rouges sombres, jaunes d'or) caractérisent le *Christ portant la croix* (Prado ; Metropolitan Museum), la *Madeleine repentante* (musée de Budapest ; Sitges, musée du Cau Ferrat), les *Larmes de saint Pierre* (Tolède, hôpital Tavera). La *Sainte Famille* (Prado ; Tolède, hôpital Tavera et musée de S. Cruz)

est l'une de ses créations les plus heureuses, par la grâce douloureuse et la fraîcheur éclatante du coloris.

Les dernières années. À partir de 1595 env., l'artiste s'éloigne du réel et transpose sur la toile la richesse extatique de son royaume intérieur. Les corps s'allongent et perdent leur lourdeur charnelle, toujours plus semblables à la flamme qui illumine parfois le tableau : cette évolution est saisissante dans les œuvres peintes entre 1596 et 1600 pour le collège de S. Maria de Aragon à Madrid (*Annonciation* du musée Balaguer à Villanueva y Geltrú ; *Adoration des bergers* du musée de Bucarest, *Baptême du Christ* du Prado). L'accentuation des lignes verticales atteint son paroxysme dans la décoration de la chapelle Saint-Joseph à Tolède (1599), dont seuls les tableaux du grand autel *(Saint Joseph et l'Enfant Jésus*, le *Couronnement de la Vierge)* demeurent en place et d'où provient *Saint Martin et le pauvre* (1599, Washington, N. G.). La simultanéité de la distorsion dans l'anatomie du mendiant et dans le traitement académique du cheval suffit à réfuter les hypothèses selon lesquelles le peintre aurait été atteint d'astigmatisme ou de folie. Le paysage de Tolède sous un ciel d'orage qui occupe le fond du tableau est amplifié dans la célèbre *Vue de Tolède* (Metropolitan Museum). Les thèmes traités par Greco au début de sa carrière sont parfois repris — *Adoration des bergers, Résurrection* (Prado) — dans un climat d'angoisse et de tension vers l'au-delà. Les tons froids, la pâle lumière, les corps immatériels et les visages émaciés caractérisent les 5 toiles peintes pour l'hôpital de la Charité à Illescas (près de Tolède) [1603-1605] ; *Saint Ildefonse écrivant* et la *Vierge de miséricorde* transposent les thèmes médiévaux dans un monde extatique. Le *Saint Dominique en prière* (cathédrale de Tolède), figure solitaire perdue dans un paysage désolé, est l'une des créations les plus pathétiques de Greco, qui consacre également plusieurs tableaux à la légende dépouillée franciscaine : *Saint François et frère Léon méditant sur la mort,* gravé par Diego de Astor en 1609 (nombreuses versions, notamment au Prado ; à Ottawa, N. G. ; à Valence, collège du Patriarcat), et la *Vision de la torche enflammée* (Cadix, hôpital du Carmen ; Madrid, musée Cerralbo).

Pendant ses dernières années, Greco traduisit sur la toile ses visions, ses rêves et ses aspirations, tandis que son atelier (dans lequel figure son fils Jorge Manuel) exécutait de nombreuses répliques des thèmes les plus chers à la dévotion espagnole : série d'*Apôtres*, figures de saints (Tolède, cathédrale et musée de Greco). L'anatomie tourmentée, les déformations accusées, l'allongement extrême du canon, la touche large et les amples drapés, comme la splendeur automnale du coloris, n'ont jamais été aussi accentués que dans l'*Assomption* peinte apr. 1607 pour l'église S. Vicente et auj. au musée de Tolède. L'exaltation atteint à son paroxysme dans le *Cinquième Sceau de l'Apocalypse* (Metropolitan Museum), très proche du *Laocoon* (Washington, N. G.), seul thème mythologique qu'ait traité Greco. La *Vue de Tolède* (Tolède, musée de Greco), dont la composition, à partir de petits volumes cubiques, préfigure l'art de Cézanne, prouve l'extraordinaire sûreté du pinceau peu avant la mort du maître, dont la dernière œuvre, restée inachevée, fut peinte pour l'hôpital Tavera de Tolède : *Baptême du Christ*.

Tout au long de sa carrière, l'imagination créatrice de Greco allia et transfigura les divers éléments dont elle s'était nourrie : l'héritage crétois, les leçons de la Renaissance italienne et l'atmosphère de Tolède. Greco avait entrepris une œuvre théorique sur la peinture et l'architecture que nous ne connaissons que par des annotations. Oublié jusqu'au XIXᵉ s., redécouvert par la « génération de 98 » en Espagne et révélé au public français par Maurice Barrès (*Greco ou le Secret de Tolède*, 1910), Greco fut considéré comme un artiste solitaire, extravagant et génial. La critique contemporaine cherche à déterminer les composantes de cette alchimie picturale : l'allongement des proportions est un trait commun

à tous les maniéristes, mais seul Greco, le dernier et le plus grand d'entre eux, lui a donné la signification mystique d'une aspiration vers l'au-delà. Son originalité profonde s'est épanouie à la faveur du climat tolédan. À l'artiste, maître de sa technique, l'Espagne a donné un vaste répertoire iconographique, presque exclusivement religieux, d'où sont bannis les thèmes profanes, à l'exception du paysage et du portrait. Plus qu'aucun autre peintre, Greco est redevable au milieu environnant — Venise, Tolède —, où son art a puisé ses modèles et son inspiration, mais, par la transfiguration du monde extérieur qu'il opère dans ses toiles, il demeure un créateur isolé, sans disciples véritables (le meilleur, Luis Tristan, évolue très vite vers le ténébrisme caravagesque) et sans postérité : seul Velázquez, qui l'admirait et recherchait ses œuvres, peut être considéré en quelque manière, par la hardiesse de sa technique « impressionniste », comme son héritier spirituel.

GRENADE.

Cette ville d'art andalouse, exceptionnelle sur le plan monumental et pittoresque, est aussi, pour l'histoire de la peinture, l'un des principaux centres d'Espagne. D'un point de vue général, elle offre deux ensembles hors série. À l'Alhambra, le palais de Mohammed V, autour de la cour des Lions, conserve une décoration figurative unique dans l'Islām occidental, qui atteste curieusement les échanges entre le monde chrétien et le royaume nasride à l'apogée de la dynastie (seconde moitié du XIVᵉ s.). Sur le vaste plafond de la salle de Justice, un artiste anonyme (sévillan ? toscan ?) a représenté dix rois enturbannés rendant la justice, entourés de scènes romanesques — combats contre des monstres, chasses, tournois — où voisinent chevaliers chrétiens et maures, reconnaissables au costume et à l'équipement.

La chapelle royale, fondée au lendemain de la Reconquête pour recevoir les tombeaux des Rois Catholiques, reçut de la reine Isabelle un ensemble précieux de peintures, en majorité flamandes, qu'elle affectionnait particulièrement et qui ne doublent ni le fond flamand du Prado ni celui de l'Escorial. Outre le grand triptyque de la *Passion*, considéré comme une œuvre maîtresse de Dirk Bouts, ce don comprenait une vingtaine de scènes religieuses de Van der Weyden *(Nativité, Pitié)*, Memling *(Descente de croix)*, Botticelli (le *Christ au jardin des Oliviers)*, Pedro Berruguete *(Saint Jean à Patmos)*. Enfermé dans des reliquaires, ignoré jusqu'en 1908, où Gomez Moreno signala son importance, ce trésor est visible depuis 1945 dans la sacristie de la chapelle royale, aménagée en musée.

D'autre part, aux XVIIe s. et XVIIIe s., Grenade fut le siège d'une école locale très vivante et qui garda une certaine autonomie artistique.

Au début du XVIIe s., l'œuvre du Castillan Sánchez Cotán, moine à la chartreuse de Grenade, introduit un réalisme sobre qui coïncide avec la timide réaction antimaniériste des Raxis, les plus estimés parmi les peintres grenadins. À leur suite se signale, par un certain sens de l'équilibre classique, une personnalité encore mal connue, Juan Leandro de la Fuente. C'est Pedro de Moya qui passe pour avoir introduit à Grenade l'influence flamande de Van Dyck. Celle-ci produira ses meilleurs fruits à la génération suivante, après le séjour dans la ville d'Alonso Cano, dont les plus belles œuvres se trouvent à la cathédrale et dont les disciples sont nombreux à la fin du siècle. Parmi eux se détachent Bocanegra, déjà presque rococo par sa délicatesse un peu fragile, et Juan de Sevilla Romero, dont les œuvres, de facture plus solide, sont influencées par les gravures flamandes. La famille des Cieza (Miguel Jeronimo, ses fils José et Vicente) intéresse par ses études de perspective peuplées de figurines à la manière italo-flamande. José Risueño prolonge le goût délicat de Cano dans une atmosphère pleinement baroque. Les peintres de cette école ont en commun un idéalisme éloigné du naturalisme outrancier et privé de contact avec le ténébrisme. Quelques ar-

tistes, spécialement Niño de Guevara et Miguel Manrique (actif jusqu'en 1670), qui travaillent à Málaga, s'inspirent directement de l'exubérance de Rubens.

C'est le **Museo provincial de Bellas-Artes,** installé depuis 1955 dans le palais de Charles Quint à l'Alhambra, qui permet le mieux d'avoir une idée, sommaire mais exacte, du style et des maîtres de l'école de Grenade. Les principaux peintres y sont représentés par des œuvres significatives, notamment Raxis le Vieux *(Miracle de saint Côme et saint Damien,* 1590), Sánchez Cotán (avec une salle particulièrement importante, fournie par la chartreuse : *Immaculées, Cène, Christ en croix, Fondation de la chartreuse, Vierge des Chartreux,* ainsi que l'étonnante *Nature morte au cardon),* Alonso Cano (cycle de saints franciscains : *Saint Bernardin de Sienne),* Juan de Sevilla (cycle de saints augustins : *Saint Nicolas de Tolentin).* Mais on doit compléter ce panorama par les tableaux de la cathédrale (cycle de la *Vie de la Vierge* de Cano, l'œuvre capitale de sa vieillesse, 1652-1664 ; *Immaculées,* grandes compositions de Bocanegra et de Juan de Sevilla) et par ceux de nombreuses églises, notamment la chartreuse, où restent en place des ensembles représentatifs de Sanchez Cotán *(Chartreux martyrs* ou *Chartreux méditant dans des paysages)* et de Bocanegra *(Vie de la Vierge).* La fondation Gomez-Acosta (legs de la collecton Gomez Moreno) possède quelques chefs-d'œuvre de Ribera, Zurbarán, Cano et Carreño ainsi que de nombreuses toiles du XIXe s. de Vicente Lopez à Sorolla.

GRIS Juan, José González, dit *(Madrid 1887 - Boulogne-sur-Seine 1927).*

De son véritable nom Victoriano González (nom qu'il porta presque jusqu'à son départ d'Espagne), il entre en 1902, sur le désir de ses parents, à la Escuela de Artes y Manufacturas de Madrid. Se sentant depuis longtemps une vocation artistique, il abandonna toutefois deux ans plus tard ces études scientifiques pour se consacrer entièrement à la peinture. Son premier professeur fut un vieux peintre académique qui ne put, comme il devait le dire plus tard, que le dégoûter de la « bonne » peinture (lettre de Gris citée par Kahnweiler, *Juan Gris,* Paris, 1946). Sous l'influence des revues allemandes *Simplicissimus* et *Jugend* (dont son ami Willy Geiger était le collaborateur), Gris se tourna un temps vers le Jugendstil, qui était alors fort prisé en Espagne et représentait, pour la plupart des artistes madrilènes d'alors, l'art le plus avancé. Cependant, cette esthétique ne put le satisfaire longtemps, et, ressentant le besoin d'une atmosphère de nouveauté et de recherche plus propre à le stimuler, il décida en 1906 de partir pour Paris, où plusieurs de ses compatriotes vivaient déjà et où l'attirait en particulier la renommée naissante de Picasso. Il trouva un atelier à l'endroit même où habitait celui-ci, au fameux Bateau-Lavoir. Mais, ayant vendu tout ce qu'il possédait pour payer son voyage, il dut d'abord travailler pour gagner sa vie, et, durant près de cinq ans, son temps se passa à composer des dessins humoristiques qu'il plaçait dans divers journaux illustrés, notamment *l'Assiette au beurre, le Charivari* et *le Cri de Paris.* Aussi, bien qu'il peignît un peu à ses moments de loisir, ne put-il se consacrer réellement à son art que vers 1911.

À peine âgé de vingt-quatre ans, sans formation technique véritable, il ne chercha pas à affirmer d'emblée une esthétique personnelle, mais résolut de suivre la voie ouverte par Picasso et Braque, dont il avait pu suivre les recherches (ils séjournaient tous trois en 1911 à Céret) et dont il partageait les vues.

Après avoir tenté en 1911 de résoudre le problème de la lumière venant frapper les objets (le *Livre,* Paris, coll. Michel Leiris ; *Portrait de Maurice Raynal,* Paris, coll. part. ; *Natures mortes,* New York, M.O.M.A., et Otterlo, Kröller-Müller), il exécuta, au début de 1912, des œuvres dans lesquelles il commença à appliquer certains procédés spécifiquement cubistes, tels que le renversement des plans ou la variation des angles

Juan Gris
Nature morte : bouteilles et couteau, 1912
54,5 × 46 cm
Otterlo, Rijksmuseum Kröller-Müller

de vue (*Hommage à Picasso,* Art Inst. ; *Guitare et fleurs,* New York, M.O.M.A.), mais ce n'est qu'à partir de l'été de 1912 qu'il adopta entièrement le langage cubiste.

Bien qu'on le cite pour avoir été le plus orthodoxe des cubistes, il ne se départit jamais de sa propre personnalité. Dès l'époque analytique, en effet, sa peinture se distingua de celle de ses initiateurs par un emploi assez différent de la couleur et par une construction plus affirmée du tableau. Refusant d'accorder une valeur exclusive au « ton local », il se contentait de donner une sorte d'échantillon de la matière (sauf pour certains objets rebelles à l'analyse, tels que miroir, gravure ou reproduction de tableau, qu'il introduisait alors carrément dans son œuvre) et usait pour le reste de couleurs franches et vives, parfois même assez contrastées (le *Fumeur,* 1913, New York, coll. Armand P. Bartos ; le *Torero,* 1913, Key West, anc. coll. Ernest Hemingway; les *Trois Cartes*, musée de Berne, fondation Rupf). S'il représentait lui aussi plusieurs aspects différents d'un même objet, il se refusait d'autre part à séparer ceux-ci sur la toile et tâchait au contraire de les réunir en une image unique. Les divers éléments représentatifs, enfin, étaient soumis à un agencement plastique d'une rigueur intransigeante, quoique sans nulle sécheresse.

Dès la fin de 1914 et en particulier dans ses admirables papiers collés (la *Bouteille de banyuls*, musée de Berne, fondation Rupf); *Nature morte aux roses*, Paris, ancienne coll. Gertrude Stein; *Nature morte*, Otterlo, Kröller-Müller; *Nature morte au verre de bière*, Chicago, coll. Samuel A. Marx), on relève une désaffection de plus en plus grande à l'égard de la méthode « analytique » et le passage à une méthode plus « synthétique », dans laquelle les objets sont le plus possible réduits à leurs attributs permanents. Cette nouvelle conception culmine dans l'admirable *Nature morte au livre, à la pipe et aux verres* (1915, New York, coll. Ralph F. Colin). Le passage d'une méthode à l'autre ne se fit pourtant pas en un jour. Nombreuses sont les toiles des années 1915-1917 qui trahissent une certaine hésitation de leur auteur sur le chemin à suivre. Tantôt Gris semble perdre l'objet de vue pour ne plus s'occuper que de l'architecture du tableau (la *Place Ravignan*, 1915; la *Lampe*, 1916, Philadelphie, Museum of Art, coll. Arensberg), tantôt il revient à cet objet, mais, dans son désir d'échapper aux inconvénients de l'analyse, il en donne une représentation quelque peu schématique, frôle même parfois la stylisation (*Nature morte au poème*, 1915, Radnor, coll. Henry Clifford; le *Violon*, 1916, musée de Bâle; *Nature morte aux cartes à jouer*, 1916, Saint Louis, Missouri, Washington University, Gal. of Art; l'*Échiquier*, 1917, New York, M.O.M.A.). En fait, ce n'est qu'au début de 1918 qu'il se sentira entièrement maître de sa nouvelle technique « synthétique ».

Les années de guerre furent donc pour lui décisives et marquées par un travail acharné, en dépit d'embarras pécuniaires souvent tragiques (Kahnweiler, sujet allemand, n'ayant pu rentrer en France, Gris se trouvait en effet d'autant plus démuni que, se considérant lié par son contrat, il refusa longtemps de vendre à d'autres), mais ce labeur devait porter magnifiquement ses fruits.

Si les œuvres que Gris exécuta entre 1918 et 1920 sont surtout remarquables par la rigueur de leur architecture plastique et par la pureté d'expression, d'une grandeur presque hautaine (*Nature morte au compotier*, 1918, musée de Berne, fondation Rupf), si celles des années 1921 à 1923 font, au contraire, preuve chez lui d'un lyrisme nouveau et d'un goût pour la couleur plus prononcé qu'auparavant (le *Canigou*, 1921, Buffalo, Albright-Knox Art Gal.; *Devant la baie*, 1921, Cambridge, Mass., coll. Gustave Kahnweiler; le *Cahier de musique*, 1922, New York, Marie Harriman Gal.; *Arlequin assis*, 1923, New York, coll. Dr Herschel Carey Walker), il est permis de penser que ce sont les œuvres des trois dernières années de sa vie qui représentent en définitive le meilleur de sa production et aussi en quelque sorte le sommet de la pensée cubiste. La méthode que Gris y emploie marque en effet le point d'achèvement de la longue recherche épistémologique inaugurée par Picasso en 1907. Ce dernier, certes, fut là encore le créateur de la nouvelle méthode, qu'il utilisa dès 1913, mais, comme toujours, pressé de courir vers de nouvelles découvertes, il se contenta d'apporter la solution sans chercher à l'exploiter lui-même longuement. C'est donc Gris qui, l'ayant reprise à son compte, la précisa et l'enrichit au point d'en faire, si l'on ose dire, sa propriété. Cette méthode, volontairement fondée sur une démarche intellectuelle *a priori*, est – mutatis mutandis – assez comparable en son fond à celle des phénoménologues allemands, de Husserl en particulier. Au lieu de dénombrer les divers aspects d'un objet comme on le faisait à l'époque du Cubisme analytique, le peintre en effet, s'élève désormais d'une façon purement intuitive jusqu'à l'essence

Juan Gris
Le Petit Déjeuner, 1915
92 × 73 cm
Paris, musée national
d'Art moderne

de cet objet, c'est-à-dire jusqu'à la structure nécessaire qui fait de lui ce qu'il est, ce qui le rend possible. Effectivement, dans un objet, certains prédicats (la couleur d'un verre, la matière d'une pipe) peuvent varier ; d'autres, au contraire, les prédicats « essentiels », conditionnent la possibilité même de l'objet.

Mais ce problème de méthode se double d'un problème de « visualisation ». Durant la période analytique, Gris assemblait les différents éléments descriptifs que lui fournissait l'étude visuelle de l'objet. En d'autres termes, il partait de l'objet pour arriver à l'architecture. Maintenant, au contraire, il part de l'architecture pour arriver à l'objet, ce qu'il résumait dans une formule restée célèbre : « Cézanne d'une bouteille fait un

cylindre, moi, je pars du cylindre pour créer un individu d'un type spécial, d'un cylindre, je fais une bouteille » (*l'Esprit nouveau*, Paris, n° 5, février 1921). De la même manière, un parallélogramme blanc deviendra une page de livre ou un feuillet de musique ; un rectangle, une table ; un ovale, une poire ou un citron ; une forme composée de deux trapèzes affrontés, une guitare. D'une ligne droite se courbant brusquement naîtra une pipe ; d'une ligne sinueuse, le feston d'un tapis de table. Ce que Gris appellera « qualifier les objets ». Nées d'un parfait équilibre entre la richesse du contenu spirituel et les nécessités architecturales, empreintes d'une poésie discrète et d'une émotion pleine de pudeur, les compositions de cette dernière période (la

Table du peintre, 1925, Heidelberg, coll.
Reuter ; le *Tapis bleu,* 1925 ; Paris,
M.N.A.M. ; *Guitare et feuillet de musique,*
1926, New York, coll. Daniel Saidenberg)
comptent parmi les chefs-d'œuvre du
Cubisme.

La sérénité qui se dégage de ces œuvres
ne peut manquer de frapper. Elles furent
pourtant créées à une époque où l'état de
santé du peintre, s'aggravant de jour en
jour, lui rendait tout travail pénible. Épuisé
par une vie de misère et de privations, il
avait, en effet, été atteint d'une pleurésie en
1920 et, malgré de fréquents séjours dans
le Midi, ne s'en était jamais complètement
remis. Après des mois de souffrance, Juan
Gris s'éteignit le 11 mai 1927 à Boulogne-
sur-Seine, où il habitait depuis 1922, ayant
eu malgré tout la consolation de voir son
renom grandir auprès des amateurs et des
critiques. L'œuvre gravé, surtout des illustrations, comprend 34 lithos et eaux-fortes.
La ville de Madrid lui a consacré une
importante exposition rétrospective en
1985.

GUERRERO José,
peintre espagnol
naturalisé américain en 1953
(Grenade 1914).

De 1931 à 1944, il poursuit des études
artistiques à Grenade puis à l'école des
Beaux-Arts de San Fernando de Madrid. À
partir de 1947, il voyage en Europe, séjourne à Paris, où il bénéficie d'une bourse
du gouvernement espagnol, puis à Rome,
à Bruxelles, à Londres, où sont organisées
ses premières expositions personnelles.
Jusqu'en 1949, sa peinture est figurative,
très colorée (paysages, natures mortes) et
marquée par sa découverte, à Paris, de la
peinture française post-impressionniste. Il
s'installe à New York à partir de 1950 mais
retournera vivre, à plusieurs reprises durant des périodes d'une à deux années, en
France et en Espagne. C'est aux côtés des
plus grands expressionnistes américains
tels que Rothko, Newman, Reinhardt, Motherwell qu'apparaît l'œuvre abstraite de

Guerrero. Il conserve sa pratique des couleurs violemment contrastées et saturées
tout en développant un sens personnel de
la composition qui lui permet d'affirmer
son propre style. La galerie Betty Parsons,
représentante de son œuvre à New York,
consacre de nombreuses expositions à l'artiste entre 1954 et 1963, alors que les
galeries Juana Mordo de Madrid, Juana de
Aizpuru de Séville organisent régulièrement des expositions de ses peintures au
cours des années 60 et 70.

Guerrero partage sa vie entre New York
et Madrid. Son œuvre est présente dans les
plus grands musées internationaux : Brooklyn Museum, Guggenheim Museum, Whit-
ney Museum à New York, Carnegie Institute à Pittsburgh, fondation Juan March et
M.E.A.C. de Madrid, musée de Cuenca,
Louisiana Museum (Danemark). Une
grande exposition rétrospective et itinérante de son œuvre a été organisée en 1980,
de Madrid (Palacio Arbos) à Barcelone
(fondation Miró).

GUINOVART Josep
(Barcelone 1927).

Étudiant en 1943 à l'école des Arts graphiques de Barcelone, il séjourne en 1952 à
Paris. De retour en Espagne, il fonde en
1955 le groupe « Taüll » (Aleu, Cuixart,
Jordi, Muxart, Tapiès, Tharrats). Sa peinture a connu une profonde évolution des
premières compositions figuratives, quasi
naïves, de la fin des années 40 (première
exposition à Barcelone en 1948, gal. Syra)
aux expériences matiéristes qu'il mène à
partir de 1955, date à laquelle il commence
à introduire des objets de rebut, à aborder
des formats monumentaux. Un aspect important de son œuvre réside dans sa
collaboration avec des architectes pour des
peintures murales et des sculptures de

Juan Gris
Le Tourangeau, 1918
100 × 65 cm
Paris, musée national d'Art moderne

grandes dimensions. Il a également illustré les textes de Lope de Vega, de García Lorca et d'Alberti.

Depuis 1948, différentes expositions de ses travaux ont été organisées à Madrid, Majorque, Valence, Paris, Bâle, New York et Chicago. Il est représenté dans les collections des musées de Madrid (M.E.A.C.), de Bilbao, des musées d'Art moderne de Barcelone, de Mexico, du Guggenheim Museum de New York.

GUTIERREZ DE LA VEGA José
(Séville v. 1791 - Madrid 1865).

Formé à l'école des Beaux-Arts de Séville, il vécut ensuite à Cadix, où la colonie britannique l'influença fortement (*Portrait du consul John Brackembury*, Madrid, Coll. part.). Installé à Madrid en 1832, il devient peintre honoraire de la Chambre en 1840. Avec son camarade Esquivel, il représente la « montée » vers la capitale d'artistes du Sud, héritiers de la tradition murillesque et qui restent étrangers au Néo-Classicisme officiel. Souvent maltraité par la critique puriste, il trouva en revanche une assez abondante clientèle dans l'aristocratie madrilène. Il a peint des tableaux religieux d'une couleur fluide, un peu vaporeuse, directement inspirés de Murillo, tels que *Vierge à l'Enfant* (Madrid, Museo romántico) ou *Vierges de douleur*, et *saintes* (*Sainte Catherine d'Alexandrie*, Prado, nouvelles salles du Casón), où se marque une influence progressive de la technique de Goya. Il fut surtout un spécialiste du portrait féminin. Il a peint à diverses reprises la reine *Isabelle II* enfant ou adolescente (Madrid, palais royal, Museo romántico, Banco de España), plusieurs grandes dames (la *Duchesse de Frias*, Madrid, coll. d'Albe), des modèles familiers (*Portrait de sa femme*, Casón) et de nombreux portraits anonymes de jeunes femmes ou d'enfants (*Dame à l'éventail*, Casón, série de portraits du musée de Séville). Parmi ses portraits d'hommes, celui du *Marquis Almonocid de los Oteros* (Madrid, coll. part.). Il donna toujours à ses figures, souriantes ou rêveuses, une douceur mélancolique, une sorte de halo mystérieux qui fait songer aux portraits d'un Gustave Ricard, à qui on l'a comparé parfois. ☐

HIJ

HAES Carlos de,
peintre espagnol d'origine belge
*(Bruxelles 1826, 1827 ou 1829 -
Madrid 1898).*

Fils d'un banquier belge d'origine hollandaise qui, ayant fait banqueroute à Bruxelles, s'établit comme commerçant à Málaga, le jeune Carlos y reçut les leçons d'un peintre et miniaturiste canariote, Luis de la Cruz y Rios. Il termina ses études en Belgique avec Quiniaux.

Revenu en Espagne et naturalisé, il devint en 1857 professeur de paysage à l'école des Beaux-Arts de Madrid et en 1860 membre de l'Académie de San Fernando. Paysagiste à la mode des années 80, dans le Madrid de la restauration monarchique, il eut une production considérable qui peut être évaluée à quatre mille toiles ou études.

Sa peinture marque une réaction contre le paysage romantique et pittoresque, dont Perez Villaamil avait été pendant de longues années l'incarnation. Plus lourde et sombre, elle introduit en Espagne l'atmosphère des peintres de Barbizon et des paysagistes hollandais — avec une précision un peu sèche, presque de géologue ou de naturaliste, dans l'étude des rochers, des arbres, des plantes. Haes a senti l'Espagne verte et brumeuse des monts Cantabriques, des sommets découpés émergeant des nuages, des pâturages et des forêts *(Pics d'Europe, 1876, Madrid, Casón).* Introducteur du réalisme dans le paysage, rénovateur du genre dans l'esprit de la génération de 98, il eut pour élèves les créateurs du paysage « moderne », Aureliano de Beruete, Dario de Regoyos et Agustín Riancho.

HAMEN Y LEÓN Juan Van der
(Madrid 1596 - id. 1631).

Fils de parents flamands établis à Madrid, Van der Hamen fut, malgré la brièveté de sa carrière, l'un des peintres de natures mortes les plus importants et les plus féconds d'Espagne, loué par Pacheco et Lope de Vega, trait d'union entre le style castillan et celui des Pays-Bas. Par l'ordonnance rigoureuse et claire des sujets, la puissance des volumes, qu'accentue un ténébrisme vigoureux, le souci de traduire les qualités de la matière, ses tableaux, qui associent fruits et fleurs, verreries et céramiques, pâtes de fruits et boîtes de confiseries, conservent un attrait singulier.

Les compositions de Juan Van der Hamen tantôt rappellent celles de Sánchez Cotán (qui dégage, dès 1602, les formules d'un bodegón typiquement espagnol) et de Zurbarán par l'horizontalité géométrique *(Bodegón,* 1622, *Fleurs,* 1623, au Prado), tantôt, sont plus complexes et plus chargées, par l'ordonnance des éléments en gradins, qui s'échelonnent obliquement sur plusieurs plans *(Bodegones* de 1626 au musée de Houston, Texas ; de 1627 à la N. G. de Washington).

Cependant, l'art de Juan Van der Hamen est varié : non seulement le répertoire et les thèmes de fleurs et de fruits l'ont conduit à traiter des sujets mythologiques *(Offrande à Flore* de 1627, Prado), mais il a peint aussi des paysages dans la tradition flamande, des tableaux religieux d'un solide naturalisme *(Saint Jean-Baptiste* de 1625, Madrid, couvent de la Encarnación), des portraits *(Francisco de la Cueva,* 1625, Madrid, Acad. S. Fernando, *Un nain,* Prado).

HENRIQUES Francisco,
peintre portugais d'origine flamande
(? - Lisbonne 1518).

Cet artiste, dont l'origine étrangère est confirmée par des documents et que l'on suppose de formation flamande, émigra sans doute au Portugal à la fin du xve s. Il fut le beau-frère du peintre royal Jorge Afonso. Il est mentionné pour la première fois en 1509 comme participant à la décoration de l'église S. Francisco d'Évora, restaurée par Don Manuel. On sait également qu'il se rendit dans les Flandres en 1512, afin d'y recruter des assistants pour les peintures de la Cour de justice de Lisbonne *(Relação),* dont on lui avait confié l'exécution « parce qu'il était le meilleur officier de peinture qu'en ce temps il y avait ».

Il mourut de la peste en 1518, laissant inachevée l'œuvre aujourd'hui disparue, qui fut terminée sous la direction de son gendre, Garcia Fernandes.

Commande royale réalisée avec le concours du sculpteur Olivier de Gand, les retables de l'église S. Francisco d'Évora sont les seuls témoignages documentés de l'activité de Francisco Henriques au Portugal. Le retable principal est composé de 16 panneaux groupés en 4 séries (celle de la *Vie de la Vierge,* séparée de l'ensemble, est actuellement conservée à Alpiarça, musée José Relvas), 6 des 12 autels latéraux se trouvent à Lisbonne (M. A. A.). Ces retables, où l'on reconnaît deux ou trois mains différentes, ont été attribués aux Maîtres de S. Francisco d'Évora. Francisco Henriques est probablement l'auteur des séries de la *Passion* et de la *Vie de la Vierge,* dont l'unité de style réapparaît, malgré les différences d'échelle et de conception, dans les panneaux monumentaux des autels qui lui sont également attribués. Si le polyptyque du maître-autel (v. 1503-1508), dont on a remarqué les affinités avec le retable de la cathédrale de Viseu, est une œuvre dont la technique et les réminiscences sont essentiellement flamandes, les autels latéraux — d'exécution postérieure (1509-1511) — manifestent une évolution sensible par leur sens monumental et l'échelle grandeur nature des figures.

Tous ces éléments évoquent l'art de Nuno Gonçalves et sont demeurés, après lui, caractéristiques de la peinture primitive portugaise. Dans ces panneaux, dont le chef-d'œuvre est sans doute la *Pentecôte* (v. 1510, Lisbonne, M. A. A.), le peintre montre qu'il a conservé de sa formation flamande des schémas empruntés à l'art d'Hugo Van der Goes, qu'il est un ordonnateur audacieux et un coloriste puissant, doué d'un sens décoratif. On lui attribue également des cartons de vitraux (*Calvaire,* monastère de Batalha, salle capitulaire).

HERNANDEZ PIJUAN Joan
(Barcelone 1931).

Il commence à Barcelone des études artistiques, qu'il complète à Paris. Sa première exposition personnelle a lieu à son retour à Barcelone en 1958 (gal. Syra). Au cours des années 60, l'intérêt qu'il porte à la peinture américaine de l'après-guerre, notamment à Franz Kline, l'amène à la réalisation de toiles noires et blanches qui marquent l'ensemble de son œuvre. Les questions de l'espace, du mouvement et de la lumière y sont intrinsèquement liées.

Cette période est également celle des « icônes noires », ainsi dénommées par le critique Alexandre Cirici, évocations tragiques de crucifixions. La peinture de l'artiste évolue, par la suite, vers une gestualité plus affirmée.

Professeur à l'école des Beaux-Arts de Madrid, sa réputation est internationale dès 1960 à travers les expositions, cette même année, de la Biennale de Venise, du musée Guggenheim de New York (« Before Picasso After Miró ») et du musée de Buenos Aires (« Espacio y color en la Pintura española de hoy »).

Il est représenté dans les coll. du Brooklyn Museum et du Metropolitan Museum de New York, des musées de Houston et d'Art moderne de Barcelone, de la fondation March de Madrid.

HERRERA Francisco, dit le Vieux
(Séville v. 1590 - Madrid 1654).

C'est l'une des personnalités les plus importantes de la première génération baroque de Séville, célébrée par Lope de Vega comme « soleil de la peinture », en même temps qu'un personnage légendaire par son caractère violent et fantasque, qui aurait terrorisé les élèves, fait fuir ses propres enfants. Il passe pour avoir été l'élève de Pacheco. Les premières de ses œuvres qui nous soient parvenues restent dans la tradition maniériste : ainsi la *Pentecôte* de 1617 (Tolède, musée du Greco) et le grand *Triomphe de saint Herménégilde* de 1624 (musée de Séville), avec sa composition en trois zones superposées. Mais, entre 1627 et 1629, il peint pour le collège de S. Buenaventura une série de 4 tableaux (2 au Louvre, 1 au Prado, 1 à la Bob Jones University de Greenville, South Carolina) pour une *Histoire de saint Bonaventure* que Zurbarán terminera : là, son style personnel apparaît entièrement formé, avec le réalisme parfois âpre, la vigueur expressive des visages, l'éclat d'un coloris qui reste étranger au ténébrisme, la technique libre et souple, parfois brutale, et aussi la maladresse évidente de la composition. Sa période la plus heureuse se place sans doute entre 1636 (*Tentation de Job*, musée de Rouen) et 1648 (*Saint Joseph*, Madrid, musée Lázaro Galdiano), avec des œuvres d'une grande intensité expressive, d'une technique vigoureuse et d'un beau coloris, sobre, où dominent les terres. Ses figures de vieillards barbus, prophètes ou docteurs, restent animées d'un souffle épique (le grandiose *Saint Basile dictant sa doctrine* du Louvre, peint en 1639 pour le collège basilien de Séville), alors que d'autres œuvres de cette époque possèdent plus de simplicité et d'intimité (*Sainte Famille avec saint Jean-Baptiste*, 1637, musée de Bilbao). La seule conservée des 4 grandes scènes peintes en 1647 pour l'archevêché de Séville (*Miracle des pains et des poissons*, Madrid, palais archiépiscopal) ajoute à son large réalisme un intérêt nouveau pour le

Francisco Herrera le Vieux
Les Juifs demandent à saint Jean-Baptiste s'il est le Christ
215 × 150 cm
Rouen, musée des Beaux-Arts

paysage. Magnifique artisan, Herrera est également loué comme peintre de natures mortes et de genre ; mais aucune œuvre certaine ne nous est parvenue dans ce domaine. En revanche, le Prado possède une saisissante *Tête coupée de martyr* signée de lui, et peut-être fut-il le créateur de ce genre, où s'illustra Valdés Leal. Dans les dernières années de sa vie, Herrera se fixa à la Cour ; mais, de la production de cette époque, rien n'est conservé.

HERRERA Francisco, dit le Jeune
(Séville 1627 - Madrid 1685).

Élève de son père à Séville, il partit, encore jeune, pour l'Italie, où il s'intéressa aux formes les plus mouvementées du

Francisco Herrera le Jeune
Triomphe de saint Herménégilde
328 × 229 cm
Madrid, musée du Prado

Baroque, à la manière de Pierre de Cortone, et à la nature morte de type napolitain. À son retour il séjourne à Madrid entre 1650 et 1654 (*Triomphe de saint Hermenegilde,* 1654, Prado) puis il regagne Séville, où il peint quelques œuvres importantes (*Adoration du Saint Sacrement,* 1656 ; *Triomphe de saint François,* 1657, cathédrale de Séville). En 1660, il se fixe définitivement à Madrid, où il est nommé peintre du roi (1662) et où il se consacre surtout à l'architecture et aux grandes décorations à fresque ou éphémères, sans abandonner pour autant les tableaux d'autel. Son baroque mouvementé, d'une grande opulence décorative, aux coloris variés et lumineux, influença fortement l'école madrilène postérieure, surtout par ses audacieux contrastes de clair-obscur.

HERRERA BARNUEVO Sebastián de *(Madrid 1619 - id. 1671).*

Disciple de Cano, il fut, comme son maître, architecte, sculpteur et peintre. À partir de 1649, il occupa des postes officiels à la cour et exécuta de nombreux décors éphémères à l'occasion des fêtes (Entrée de Marie-Anne d'Autriche ; catafalque de Philippe IV à l'Encarnación, 1665). Il tint une place importante dans l'art de son temps ; mais nous ne conservons qu'une faible part de son œuvre. Son style dérive de celui de Cano, avec plus d'opulence et un dynamisme plus baroque. Pintor de Cámara de Charles II en 1667, il réalisa d'importants cycles décoratifs pour des églises madrilènes (chapelle de la Sainte-Famille à S. Isidro el Real, chapelle de Guadalupe aux Descalzas Reales). Il fut aussi un portraitiste de valeur (*Charles II enfant,* Barcelone, coll. Gil). Son œuvre de dessinateur, excellent et considérable, a parfois été confondu avec celui de son maître Cano.

HIEPES ou **YEPES** Tomás *(vers 1610 - Valence 1674).*

Peintre de natures mortes, il fut, au XVIIe s., le plus célèbre des artistes à pratiquer ce genre à Valence, où il est mentionné à partir de 1642. Ses œuvres connues aujourd'hui s'échelonnent entre 1649 et 1668 depuis la *Nature morte aux raisins* (Prado) jusqu'à la *Table dressée de mets* (id.). Dans ses compositions de *Pots de fleurs* (Madrid, coll. part. ; Houston, fondation J. et D. de Menil), il se rattache à une conception de la nature morte très descriptive et décorative rappelant certaines œuvres flamandes de la fin du XVIe siècle. Son goût de la symétrie se vérifie dans la construction de ses compositions et leur groupement par paires : *Meuble et vases de fleurs* (Puerto de S. Maria, coll. part. ; *Gallinacés sur une terrasse* (Marseille, coll. part.). Son œuvre retient par une sorte de naïveté réaliste et une candeur poétique que l'on retrouve chez Pedro de Camprobín et Blas de Ledesma.

HISPANO-FLAMANDS (maîtres).

On désigne ainsi les peintres espagnols du xve s. et du début du xvie s. qui ont travaillé en s'inspirant des maîtres flamands contemporains. Connu et apprécié dès le xive s. par les rois d'Aragon, l'art des Pays-Bas eut une grande vogue dans les cours d'Espagne pendant le xve s. Les rois prennent l'initiative des échanges, ils invitent les artistes pour un séjour plus ou moins long, ils achètent de nombreux tableaux ou envoient leurs peintres en apprentissage à Bruges ou à Tournai. On sait que Jan Van Eyck, membre de l'ambassade du duc de Bourgogne Philippe le Bon, chargée de la demande en mariage d'Isabelle de Portugal, séjourna en 1429 à la cour de Castille et peut-être à la cour d'Aragon, établie alors à Valence. Aucun témoignage de son activité en Espagne n'a été conservé, mais dans l'inventaire d'Alphonse V d'Aragon figurent deux tableaux de sa main acquis en 1444 : un *Saint Georges* et un triptyque de l'*Annonciation* (auj. disparus). En 1431, le Valencien Luis Dalmau est envoyé par le roi en Flandre pour parfaire son métier. Quelques années plus tard, en 1439, Luis Alimbrot, peintre de Bruges, séjourne à Valence. Durant le règne des Rois Catholiques, les relations s'intensifient entre les deux pays : Isabelle la Catholique eut plusieurs artistes flamands à son service, tels Juan de Flandes, qui séjourna entre 1496 et 1519, et Michel Sittow, entre 1492 et 1502. Pour l'oratoire de la reine, ils composèrent un important retable comprenant 47 scènes de la *Vie de la Vierge*. La collection royale comprenait plus de 400 panneaux flamands dont le Prado, la chapelle de Grenade et l'Escorial ont recueilli, malgré des pertes importantes, la meilleure part.

Nobles et dignitaires de l'Église suivent l'exemple royal, et des commerçants importent des œuvres d'art par les ports d'où ils exportent les laines de la « Meseta ». Un document de 1529 nous apprend même qu'une vente publique de peintures flamandes doit être organisée à Barcelone. La divulgation de ces œuvres étrangères et surtout les grandes nouveautés stylistiques qu'elles apportaient furent pour les artistes une source féconde de renouvellement, interprétée par chacun selon sa sensibilité. Tous découvrent une nouvelle utilisation de l'éclairage, qui, avec un dégradé d'ombres et de lumières, permet un modelé plus délicat et naturel, une perspective non plus seulement géométrique, mais atmosphérique, pour obtenir l'illusion totale de la troisième dimension, la représentation du paysage, enfin, qui, dans le fond des scènes, remplacera définitivement les fonds d'or.

À Valence, Luis Dalmau, à son retour de Flandre en 1436, offre le premier exemple d'un artiste imprégné par l'art de Van Eyck. Pour sa *Vierge des conseillers* (Barcelone, M. A. C.), il reprend la composition de la *Vierge au chanoine Van der Paele* de Van Eyck à Bruges et le groupement des anges chanteurs du polyptyque de l'*Agneau mystique*. En comparaison avec des œuvres antérieures, on note ici un sens nouveau des volumes et un souci de rendre avec précision les détails du décor sculpté. Jaime Baço, dit Jacomart, et son collaborateur Juan Reixach suivent les leçons de Dalmau pour situer leurs personnages dans l'espace tout en gardant un graphisme très italien. Chez presque tous les peintres valenciens, en effet, les éléments nordiques viennent se superposer à des caractères italiens existant depuis la fin du xive s. Ainsi, le *Calvaire* (Valence, église Saint-Nicolas) peint par Rodrigo de Osona offre un bel exemple d'une sorte de synthèse entre l'art de Mantegna et celui de Hugo Van der Goes.

En Catalogne, Jaime Huguet est séduit pendant quelques années, entre 1445 et 1450 environ, par les innovations de Dalmau ; dans le *Retable de Vallmoll*, il adoucit le modelé des visages et donne une grande importance à tous les détails des objets. Pendant son séjour à Barcelone, l'Andalou Bartolomé Bermejo peint pour le chanoine Desplà une *Pietà* (Barcelone, cathédrale), tout imprégnée de l'art pathétique de Van der Weyden. Aussi l'hypothèse d'une formation en Flandres du plus grand peut-être des peintres hispano-flamands est-elle souvent avancée par la critique. À Majorque, le grand panneau de *Saint Georges terrassant le dragon* (Palma, musée diocésain) par Pedro Nisart est peut être le reflet de l'œuvre de Van Eyck traitant le même sujet, qui appartint à Alphonse le Magnanime. Plus que dans les régions méditerranéennes, c'est en Castille à la fin du xve s. que la peinture flamande a été le plus largement assimilée. Dans les centres de Burgos, Palencia, Ávila, et Tolède ont travaillé un grand nombre d'artistes restés anonymes et baptisés de nos jours Maîtres de Saint Ildefonse, de la Sisla, d'Ávila, de Santa Clara de Palencia ou de Palanquinos. Ils tirent des modèles flamands un art massif et sculptural, en accentuant les expressions douloureuses des figures, en amplifiant le volume des draperies et en multipliant les motifs architecturaux. En 1455 apparaît le nom de Jorge Inglès, un étranger venu travailler pour le marquis de Santillana et auteur vigoureux et raffiné du *Retable de l'hôpital de Buitrago* (Madrid, coll. du duc de l'Infantado), où les portraits des donateurs tiennent une place inusitée dans les compositions espagnoles. Son successeur dans la maison du marquis de Santillana, le Maître de Sopetrán, s'attache à amplifier l'impression de la troisième dimension dans les 4 *Panneaux de la Vierge* (Prado). Un seul artiste fait vraiment figure de chef d'école : c'est Fernando Gallego. À une profonde connaissance des compositions de Dirk Bouts, il allie une grande habileté dans la mise en place de ses personnages vêtus de lourdes étoffes aux plis cassés à une verve expressionniste pathétique et de ton populaire. Auteur de plusieurs *Christ de pitié*, directement inspiré de Van der Weyden, Diego de la Cruz collabora au *Retable des Rois Catholiques*, exécuté en 1497 au moment du mariage de Jeanne la Folle avec l'héritier de la maison des Flandres. De l'important centre ecclésiastique de Tolède, il faut retenir les noms de Juan de Segovia et de Sancho de Zamora, auteurs présumés du retable de la *Famille du connétable Alvaro* de Luna.

Enfin, dans la décoration du studiolo du duc d'Urbin, la main de Pedro Berruguete est difficile à discerner de celle du Flamand Juste de Gand. En Andalousie à la fin du xve s., plusieurs artistes, tels que Pedro Sanchez et Pedro de Cordoba, offrent une formule adoucie et élégante de l'art hispano-flamand de Castille.

Tant chez les peintres étrangers installés en Espagne que chez les Espagnols conquis par l'art des Pays-Bas, on assiste, après un temps d'admiration un peu servile des grands maîtres, à une hispanisation progressive des modèles. Ce retour aux sources se traduit par une dramatisation des sujets, un refus de toute idéalisation et une intensification de l'expression des sentiments.

HISPANO-MAURESQUE (peinture).

Le terme d'*hispano-mauresque* se réfère à l'époque de l'occupation maure en Espagne sous le califat des Umayyades. Lorsqu'en 750, pour s'emparer du califat de Baghdād, les Abbāssides massacrèrent les membres de la dynastie umayyade régnante, un seul des représentants de celle-ci, Abd al-Rahmān, parvint à leur échapper et à fuir jusqu'en Espagne, où il fonda une nouvelle dynastie umayyade dans la région qui devint la province musulmane d'Andalousie, avec Cordoue comme capitale arabe (al-Qurtuba). En 929, l'émirat de Cordoue fut transformé en califat, rival de celui de Baghdād, et devint le centre de l'empire musulman d'Occident jusqu'en 1492, date à laquelle le roi chrétien de Castille acheva la « Reconquista » par la prise de la dernière position arabe, Grenade. À l'heure où l'Europe se remettait à peine des invasions barbares, l'Espagne musulmane connut une civilisation brillante et une culture raffinée. Cordoue devint l'une des merveilles du monde, pouvant rivaliser avec Baghdād par ses jardins, ses mosquées, ses palais, dont le plus célèbre fut celui de Madīnat al-Zahra, que fit construire en 936 Abd al-Rahmān III et dont les auteurs arabes ne se sont point lassés de décrire la beauté et les splendeurs.

Dans le cadre de cette civilisation, les arts connurent une floraison merveilleuse, où les traditions syriennes, importées par les conquérants, demeurèrent vivaces. Cette fusion des traditions locales et des inspirations orientales donna naissance à une forme d'art bien caractéristique, que l'on nomme « hispano-mauresque ».

La peinture. Bien que la peinture y fût hautement considérée, probablement sous l'influence chrétienne, l'Espagne musulmane n'en a conservé que peu de spécimens, dont les peintures de l'Alhambra de Grenade, seul palais du Moyen Âge espagnol qui nous soit parvenu en bon état.

La salle de Justice. Parmi les peintures murales de l'Alhambra, celle qui ornent la salle des Rois, dite « salle de Justice », datent du milieu du XVe s., apogée de la puissance musulmane de Grenade, et sont réparties sur les trois coupoles qui surmontent les pièces carrées communiquant avec la cour des Lions. Elles ont été exécutées au blanc d'œuf sur du cuir couvrant des panneaux de bois de peuplier de 7 cm d'épaisseur, assemblés entre eux par des clous protégés par de l'étain (qui évite la rouille et l'altération des couleurs). L'artiste a appliqué d'abord une couche de plâtre et de colle de 2 mm d'épaisseur, de couleur rougeâtre, sur le cuir, afin d'y dessiner au poinçon les personnages et le décor ; il a appliqué ensuite le cuir mouillé sur le bois, l'a tendu et fixé avec de petits clous à tête carrée. Le fond des peintures est doré et gaufré. Ces fresques représentent des scènes animées de personnages. Ainsi, sur l'une des voûtes sont figurées les amours d'un guerrier arabe et d'une chrétienne ; ceux-ci sont entourés d'astrologues, de chrétiens, de Maures, de lions, d'ours et de sangliers. Les mêmes personnages sont visibles sur une seconde voûte. Ils entourent une immense fontaine ; on y reconnaît la chrétienne tenant un lion enchaîné, des seigneurs, des pages, des cavaliers, une chasse à l'ours. Il s'agit probablement de l'illustration d'une légende, et le choix d'un tel sujet pour orner le palais du souverain est particulièrement significatif : il traduit l'interpénétration des deux communautés et laisse supposer que les rapports de celles-ci furent parfois bénéfiques. Toute différente est la voûte centrale, où figurent les portraits de dix personnages avec leurs armoiries, probablement des ministres assistant à un conseil. L'influence byzantine sur ces peintures est indéniable. On note la même perspective, le même groupement des personnages, le même dessin animalier et des détails de costumes identiques à ceux de peintures byzantines tardives. Ces peintures furent probablement exécutées par des artistes de formation chrétienne qui travaillaient pour des maîtres musulmans ; d'après certains critiques, ces artistes auraient été des Italiens de l'école de Giotto.

La tour des Dames. Une tour de l'enceinte de Grenade, connue sous le nom de « tour des Dames », abrite aussi des peintures murales extrêmement intéressantes. Si les premières peintures furent exécutées par des peintres chrétiens, celles-ci sont certainement des œuvres musulmanes. Des scènes se déroulent en frises à une échelle très réduite : réceptions princières, départs de cavaliers pour la guerre, chasse aux bêtes sauvages, convois de prisonniers. La vérité des attitudes, le réalisme animalier, la palette, composée de tons harmonieux et clairs rehaussés d'or, font de ces peintures, en dépit des attaques du temps, des œuvres charmantes qui évoquent la miniature et sont en outre de précieux documents sur les mœurs, l'armement et le costume des Andalous.

La miniature. L'art hispano-mauresque du livre ne nous est connu que par de rares documents. Trois manuscrits illustrés, d'une iconographie assez pauvre, peuvent être attribués soit à l'Espagne, soit au Maghreb. L'un, *Ḥadîth Bayaḍ wa Riyaḍ* (Bibl. vaticane, ms. ar. 368), est d'un coloris nettement hispano-mauresque, mais s'apparente par ses sujets et son style aux manuscrits à peinture de Syrie et d'Irāq. Citons aussi les merveilleuses enluminures de certains *Corans*, dont l'exemplaire rédigé à Valence en 1182 (Istanbul, bibl. de l'université, n° A.6754).

HOLANDA Antonio de,
peintre et miniaturiste portugais
(? v. 1480/1500 - ? entre 1553 et 1571).

On admet généralement, d'après son nom, qu'il était originaire des Pays-Bas. Son activité n'est connue qu'à partir de 1518, date à laquelle il fut nommé « passavante » par dom Manuel, charge qu'il conserva sous le règne de Jean III. Jouissant probablement d'une certaine faveur à la Cour, il fut pensionné par ce même monarque en 1527 et appelé en 1541 à Tolède pour faire le portrait de l'empereur Charles Quint, de son fils, le futur Philippe II, et de son épouse, doña Isabel, sœur du roi de Portugal. En 1544, il fut chargé d'expertiser le *Livre d'heures de la reine Catherine*, œuvre de Simon Bening, commandée en Flandres par l'humaniste portugais Damien de Gois. Si certaines de ses œuvres, connues par des textes, ont maintenant disparu (un psautier et 2 livres de « Dominicains » du couvent de Tomar, 1533-1536), d'autres ouvrages, heureusement conservés, révèlent un enlumineur d'une certaine habileté, dont le naturalisme d'inspiration flamande ne trahit encore aucune influence de la Renaissance. Il est, en particulier, l'auteur du *Livre d'heures de la reine Leonor* (New York, Pierpont Morgan Library) et collabora avec Simon Bening à la *Généalogie des rois de Portugal* (British Museum). Avec la *Vue de Lisbonne* appartenant à la *Chronique de dom Afonso Henriques* de Duarte Galvão (Cascais, musée de Castro Guimarães), on lui attribue également une participation au *Livre d'heures de dom Manuel* (1517-1540, Lisbonne, M. A. A.).

HOLANDA Francisco de,
peintre et théoricien portugais
(Lisbonne 1514 ou 1518 - ? 1572).

Fils d'Antonio de Holanda, il passa une partie de sa jeunesse à Évora (1534-1538). Adepte de l'art de la Renaissance, il visita l'Italie de 1538 à 1540, comme envoyé officiel du roi Jean III. Il séjourna au moins une année à Rome et entra en relation avec quelques-unes des personnalités artistiques de l'Italie, parmi lesquelles Michel-Ange. De retour au Portugal, il y passa le reste de sa vie, attaché à la Cour comme ingénieur, architecte, peintre et décorateur. Bien qu'il existe des références à son œuvre picturale (portraits et thèmes religieux), seuls ont été conservés un petit panneau (Lisbonne, M. A. A.) et 2 recueils de dessins : *Os desenhos de Antigualhas* (bibl. de l'Escorial, publié en 1896), relation de son voyage en Italie, et *De actatibus mundi imagines* (Madrid, B. N.), dessins de thèmes bibliques réalisés de 1545 à 1573. Son œuvre littéraire se compose du traité *Da pintura antiga*, terminé en 1548, d'un dialogue sur l'art du portrait *(l'Art de reproduire au naturel)*, et de 2 petites œuvres datées de 1571 *(Des fabriques qui manquent à la ville de Lisbonne* et *De la science du dessin)*. La seconde partie du traité *Da pintura antiga*, divisée en 4 « Dialogues », fut d'abord connue comme témoignage de la pensée de Michel-Ange, qui en est la figure centrale. Mais l'ouvrage est surtout un témoignage des conceptions esthétiques et de l'art italiens au moment où les découvrit l'auteur. Proche des traités maniéristes contemporains, la pensée de Francisco de Holanda se développe à partir des schémas néoplatoniciens. Son concept de base est celui d'une fonction plastique, désignée généralement par la peinture, qui, dans la mesure où elle s'identifie avec l'acte divin de la création, prend un vaste sens d'intelligence générale de l'univers, fondement de toute la connaissance et principe unifiant de tous les arts. À ce concept s'ajoute la dimension historique de l'antique, en un schéma tripartite au sein duquel le Moyen Âge est considéré comme une période de mort de l'art authentique, entre l'Antiquité gréco-romaine et sa « réincarnation » en Italie.

Bien qu'il fût réalisé pour rendre accessible à ses compatriotes l'art tel qu'il florissait alors en Italie, l'ouvrage de Francisco de Holanda demeura inédit. Redécouvert au XVIIIe s., le manuscrit fut publié pour la première fois en 1845, dans une traduction française.

Jaime Huguet
L'Adoration des Mages, 1464-1465
bois, 210 × 140 cm environ
panneau central du
Retable du Connétable
Barcelone, musée d'Histoire

HUGUET Jaime
(Valls v. 1415 - Barcelone 1492).

Il travailla d'abord à Saragosse, puis à Tarragone, où l'archevêque mécène Dalmau de Mur attirait de nombreux artistes, avant de s'établir à Barcelone en 1448. Figure dominante de la peinture gothique de la seconde moitié du XVᵉ s., il représente le dernier stade de l'âge d'or barcelonais. Après la mort de Martorell, son atelier est le plus actif et le plus productif de Barcelone. Huguet ajoute aux recherches de Martorell et de Luis Dalmau une émotion contenue, un sens du mysticisme et de la grandeur qui lui sont personnels. Mais, s'il s'intéresse à l'aménagement de l'espace, aux effets d'éclairage, à l'observation du paysage naturel, il est généralement forcé par les exigences de sa clientèle artisanale et marchande de rester fidèle aux fonds d'or traditionnels, qui donnent souvent à sa peinture un aspect somptueusement archaïque. Plusieurs peintures d'origine aragonaise lui sont attribuées avec vraisemblance : le *Retable de la Vierge* (musée de Bilbao ; Barcelone, Institut Amatller et coll. part.) provenant de Cervera de La Cañada, l'*Annonciation* (musée de Saragosse) provenant d'Alloza et une toile représentant l'ange gardien devant la Vierge (musée de Saragosse) provenant du couvent du Saint-Sépulcre. Le modelé délicat des figures et le caractère intime de ces scènes annoncent le chef-d'œuvre de cette première période : Le *Triptyque de saint Georges* (Barcelone, M.A.C. ; Berlin, K.F.M., détruit en 1945). D'un séjour à Tarragone (1445-1448) date probablement le *Retable de Vallmoll* (Barcelone, M.A.C. ; musée de Tarragone), dans lequel on perçoit les modèles flamands utilisés par Dalmau dans sa *Vierge des Conseillers* (1445, Barcelone, M.A.C.). Entre 1450 et 1455, Huguet peint la *Mise au tombeau* (Louvre), image traditionnelle, traitée ici avec relief et se détachant sur fond de ciel ; à la même époque appartient l'admirable *Flagellation* (id.), devant d'autel exécuté pour la confrérie des cordonniers de Barcelone ; au-delà d'une élégante arcature d'arrière-plan se déroule un paysage lumineux avec des arbres, une église, les collines bleuâtres.

Désormais parvenu à la maturité, Huguet réalise ses chefs-d'œuvre dans un style beaucoup plus large. Le *Retable de S. Vicente de Sarriá* (Barcelone, M. A. C.), dont 5 panneaux subsistent, aurait été exécuté entre 1458 et 1460. Au faste liturgique s'ajoutent l'étude minutieuse de chaque physionomie, sensible dans l'étonnant groupe des chanteurs de l'*Ordination de saint Vincent,* ainsi qu'une rigueur géométrique et une grandeur monumentale attestant le souci de construction plastique, qui détache l'artiste des motifs purement linéaires du Gothique international.

Le *Retable de saint Antoine abbé* (1455-1458) a été malheureusement détruit dans les émeutes de 1909. Du *Retable des revendeurs,* dédié à saint Michel-Archange (1455-1460, Barcelone, M. A. C.), seuls subsistent la charmante *Vierge et l'Enfant avec quatre saintes* et 3 des tableaux latéraux.

Le grand *Retable des saints Abdón et Senén,* resté intact (1459-60, Tarrassá, église S. Maria de Egara), est consacré aux patrons des agriculteurs catalans. Sur un pavement mosaïqué, les deux jeunes gens se dressent en pleine lumière, élégamment

Jaime Huguet
La Flagellation du Christ
bois, 92 × 156 cm
Paris, musée du Louvre

vêtus, fiers et mélancoliques. Les panneaux latéraux montrent des scènes de leur martyre, souvent d'un réalisme pittoresque. Le monumental *Retable du connétable* fut commandé par Pedro de Portugal, devenu Pierre IV, pour la chapelle royale de Barcelone (1464-65, musée d'histoire de Barcelone) ; il décrit les *Joies de la Vierge,* parmi lesquelles domine l'*Épiphanie,* avec son riche cortège de rois, dont l'un serait, dit-on, un portrait de Pierre IV. Le *Retable de saint Augustin* (contrat de 1463) ne fut achevé qu'en 1480 ; il avait été commandé par la confrérie des tanneurs pour leur chapelle de l'église des Augustins ; 8 panneaux en sont conservés (Barcelone, M. A. C.). D'un retable destiné à la confrérie des maîtres vanniers a été conservée la scène centrale : *Saint Michel-Archange* et *Saint Bernardin* (1468, Barcelone, musée de la cathédrale). Enfin, 3 figures séparées, *Sainte Anne, Saint Bartolomé, Sainte Marie-Madeleine* (Barcelone, M. A. C.), provenant de Saint-Martin de Portegas, ont fait partie d'un retable dont le contrat date de 1465.

Pendant ses dernières années, Huguet, vieilli, semble avoir vécu sur sa réputation et quelque peu industrialisé sa production (*Retable de sainte Thècle,* 1486, cathédrale de Barcelone) ; sa personnalité disparaît parmi les collaborateurs de son atelier, dont les plus actifs appartenaient à une même famille de peintres, les Vergos.

La part de Huguet dans la peinture espagnole du XVe s. est considérable : personnalité de stature européenne lié à la tradition catalane par son goût du décor somptueux et sa grâce narrative, encore attaché au lyrisme médiéval, il n'en est pas moins « moderne », soucieux d'unité spatiale et lumineuse autant que de construction monumentale. Il rejoint ainsi un courant méditerranéen de recherches qui passe par l'Italie et la Provence.

INGLÉS Jorge
*(actif en Castille dans la seconde
moitié du XVe s.).*

Premier représentant en Castille du nouveau réalisme flamand, il est cité dans le testament du marquis de Santillana (1455) qui stipule que le peintre exécutait alors un *Retable des anges* pour la chapelle de l'hôpital de Buitrago. Cette œuvre (Madrid, coll. duc de l'Infantado) donne une place essentielle aux portraits des commanditaires D. Inigo López de Mendoza, premier marquis de Santilana, et de sa femme, placés de part et d'autre d'une Vierge sculptée. Ces figures agenouillées rappellent celles de Nicolas Rolin et Guigone de Salins, les donateurs du *Polyptyque* de Beaune par Van der Weyden (destiné également à l'autel d'un hôpital). Par analogie stylistique sont également attribués à Jorge Inglés le *Retable de saint Jérôme* (Valladolid, musée national de Sculpture) provenant du monastère de la Mejorada à Olmedo, avec des scènes solidement construites dans des intérieurs, le *Retable de la Vierge* (église de Villasandino), un

Christ au tombeau entre la Vierge et saint Jean (New York, commerce d'art) et une *Danse de Salomé* (Vienne, anc. coll. Strauss).

Si l'on ignore tout de l'origine et de la formation de cet artiste (son surnom d'Inglés peut indiquer le pays de sa famille), ses peintures dénotent une technique flamande et nettement déterminée par l'art de Robert Campin. De la leçon du grand novateur de l'école de Tournai lui viennent le relief accusé des formes, la lumière crue qui détache les figures, les plis durement cassés, le goût pour les accessoires et les natures mortes disposées dans les niches, enfin, la perspective d'un paysage vu à travers une fenêtre. Puis, au cours de son évolution, on remarque une certaine hispanisation des modèles flamands, qui se caractérise par une accentuation du réalisme tragique des figures et une accumulation d'ornements qui tendent à remplir le vide des compositions.

Son influence s'exerça sur de nombreux peintres castillans de la seconde moitié du XVe s., en particulier sur le Maître de Sopetrán et le Maître de Luna.

IRIARTE Ignacio de
(Azcoitia, Guipuzcoa, 1621 - Séville 1685)

Basque par son nom, sa famille, son lieu de naissance, Iriate appartient pourtant à l'école de Séville, où il se forma comme peintre et connut rapidement le succès comme paysagiste. Il compta parmi les fondateurs de l'Académie de peinture, créée en 1660, et dont il fut le premier secrétaire. Ami de Murillo, qui louait ses paysages, il fut peut-être son collaborateur pour certains fonds de tableaux. Il exporta même des paysages à l'étranger. Malheureusement, on ne connaît de lui qu'une œuvre de 1665, un *Paysage montagneux* (Prado) ; deux autres tableaux du Prado *(Paysage avec ruines antiques, Paysage avec pasteurs)* appartiennent sans doute à la même série. Ce sont des œuvres robustes, assez sévères, dans une gamme de vert sombre et de roux, mais baignées d'air et habilement composées en profondeur. Ils peuvent servir de référence pour identifier d'autres paysages dispersés dans les musées de divers pays. Iriarte est un des très rares paysagistes spécialisés dans l'Espagne du Siècle d'or et presque le seul en dehors de la Cour.

ITURRINO Francisco
(Santander 1864 - Cagnes-sur-Mer 1924).

Basque comme son ami Zuloaga, bien que né en Castille, cet artiste bohème, enfant gâté, inquiet et fantasque, a joué un rôle important dans l'histoire de la peinture espagnole moderne ; il y fut en quelque manière l'introducteur du Fauvisme. Mais il passa hors de la Péninsule — et notamment en France — la plus grande partie de sa carrière. Dès 1900, sa haute silhouette efflanquée était familière aux peintres d'avant-garde, à Bruxelles et à Paris ; le tableau d'Evenepoel, l'*Espagnol à Paris* (musée de Gand), contribua à la populariser, et son *Portrait* par Derain (1914) est au M. N. A. M. de Paris. Mais, après une période de peinture sombre en Belgique, il allait exposer aux Indépendants et au Salon

d'automne, évoluant vers un chromatisme exalté. Plus encore que les influences de Renoir et de Cézanne, il subit celle de Matisse (qu'il devait en 1911 accompagner en Andalousie). Tempérament d'improvisateur, fougueux et capricieux, il délaissa le Réalisme, terrien ou maritime, des peintres basques de sa génération, pour évoquer une Andalousie où gitans, cavaliers, toreros, très peu « folkloriques », ne sont que prétexte à des toiles d'inspiration fauviste et qu'il peuple aussi de nus féminins d'une puissante sensualité, souvent disposés en groupes tourbillonnants. Francisco Iturrino fut également un remarquable aquafortiste. Installé en 1920 à Madrid, il effectuera de nombreux séjours dans le sud de la France. Le M. A. M. de Madrid possède de lui une œuvre importante, les *Femmes à la campagne*, transposition hispanique du *Déjeuner sur l'herbe* de Manet. Le musée de Bilbao — où eut lieu en 1926 une rétrospective de son œuvre — lui a consacré une salle groupant une douzaine de ses meilleures toiles.

JACOMART, Jaime Baço, dit
(Valence v. 1411 - id. 1461).

Il travaille sous la protection d'Alphonse V d'Aragon, du cardinal Alfonso Borgia et, en 1460, du successeur du roi aragonais, Juan II. Un document nous indique que v. 1443 le souverain l'appelle à Naples et le nomme « peintre de la Couronne ». Les nombreux privilèges qui lui sont accordés prouvent l'estime qu'on lui porte. À partir de 1451, il est de nouveau mentionné à Valence jusqu'à sa mort (1461). Les archives témoignent d'une abondante production, qui, malheureusement, ne nous est pas parvenue. On sait ainsi que, en 1441, il signe le contrat de retables pour l'église de Burjasot et pour la cathédrale de Valence ; en 1447, il décore 20 étendards aux armes royales ; en 1458, il est rétribué pour un *Retable de sainte Catherine* destiné à la chapelle du palais qu'il fait exécuter par un autre artiste, et en 1460 il commence le retable de l'église de Catí, seule œuvre conservée et documentée. Cependant, la personnalité de l'artiste pose encore de difficiles problèmes, car ce retable révèle une grande parenté stylistique avec le *Retable de sainte Ursule,* signé par Reixach (Barcelone, M. A. C.), ce qui prouverait que Jacomart a de nouveau abandonné l'exécution d'une commande à son collaborateur. Il est permis cependant d'attribuer à Jacomart le *Triptyque Borgia,* qui lui aurait été commandé de Rome par le cardinal Alfonso Borgia (élu pape sous le nom de Calixte III en 1455) pour orner la chapelle funéraire de sa famille dans la cathédrale de Játiva. Autour de cette œuvre de belle qualité peuvent être groupés certains éléments de retables qui accordent à Jacomart une supériorité technique et formelle sur Reixach : *Saint Benoît* (Valence, musée diocésain), *Sainte Marguerite* (Barcelone, coll. Torello), *Saint Jacques et saint Gilles* (Valence, musée des Beaux-Arts) et le *Retable de la Cène* (Segorbe, musée de la cathédrale).

L'importance historique de Jacomart, attestée par les documents, justifie un rôle d'initiateur, qu'il est difficile aujourd'hui de définir faute de saisir avec certitude sa responsabilité personnelle dans les œuvres exécutées en collaboration avec Reixach. D'un luxueux réalisme dans le goût du détail en trompe-l'œil, soucieux d'apparat, de correction et de précision technique, ce style doit beaucoup au métier flamand, importé à Valence par Luis Dalmau et Luis Alimbrot avant 1440.

Mais il est d'autre part certain que Jacomart (et ce fait appuie l'hypothèse de sa priorité sur Juan Reixach) tira de riches enseignements de son séjour à Naples, avant d'y faire école. Il y trouva un foyer artistique particulièrement stimulant, encore marqué par le séjour du roi René, très ouvert aux nouveautés flamandes et, paradoxalement, de manière moins directe, aux nouveautés toscanes. C'est dans le même milieu que se forma le Napolitain Colantonio, et l'on trouve des traces de cette culture dans l'œuvre de jeunesse de son élève, Antonello de Messine.

Jacomart
Triptyque d'Alfonso Borgia
Saint Ildefonse et Alfonso Borgia (détail)
bois, 313 × 289 cm
Játiva, Cólegiata

JOAN DE BURGUNYA.
(documenté en Catalogne de 1510 à 1525).

Fils d'un orfèvre bourguignon, installé à Strasbourg, il aurait séjourné en Italie *(Portrait d'une dame d'Estergom,* Naples, anc. coll. de S. Marco) avant de se rendre en Espagne. À Valence, il aurait exécuté le *Retable de saint André* (Valence, chapelle du Miracle, et Barcelone, coll. part.). Dans les 8 scènes de la vie du saint se reflètent déjà les tendances maniéristes de l'artiste, son goût pour les architectures grandioses de la Renaissance, pour les scènes animées par des personnages grandeur nature qui semblent en perpétuel déséquilibre et pour les riches tissus aux dessins chamarrés (à motifs mauresques utilisés à la manière du Valencien Yañez, auprès duquel il a peut-être été formé). Puis son activité est documentée en Catalogne à partir de 1490.

À Tarragone (Musée provincial) se trouvent les fragments d'un *Retable de la Madeleine*, pour lequel il reçut sans doute l'aide d'un de ses disciples. À Gérone, sa présence en 1519 est attestée par un document et par 3 œuvres importantes : la *Crucifixion* (Musée provincial), le *Retable de sainte Ursule*, détruit en 1936 à l'exception du panneau central *(id.)* et le *Retable de saint Félix* (église Saint-Félix), commencé par Perrys Fontanyes. Ce dernier ensemble, chef-d'œuvre de l'artiste, témoigne d'influences germaniques précises : celle de Dürer pour les compositions et celle de Michael Pacher pour la monumentalité des figures. La mort de Joan doit se situer peu avant le 3 décembre 1525, date à laquelle un contrat est passé avec Pedro Nunyes pour terminer le retable de Santa María del Pino (Barcelone), commencé par Joan de Burgunya.

JUAN DE BORGOÑA,
peintre peut-être d'origine française
(actif en Espagne de 1494 à 1536).

On suppose qu'il séjourna en Italie ; il semble, en tout cas, avoir connu des œuvres florentines et lombardes. Il apparaît en 1494 à Tolède, où les fresques qu'il a peintes au cloître de la cathédrale ont disparu. Sa première grande œuvre est le retable du maître-autel de la cathédrale d'Ávila ; par un contrat signé en mars 1508, il s'engage à poursuivre les peintures entreprises par Pedro Berruguete et Santa Cruzi 5 panneaux lui sont attribués : *Annonciation, Nativité, Purification, Transfiguration, Descente aux limbes ;* la composition habile et équilibrée, les architectures classiques et le traitement de la perspective révèlent l'influence des fresques florentines. C'est à Tolède que s'affirme le talent de l'artiste, qui, de 1509 à 1511, exécute les 15 fresques de la salle capitulaire de la cathédrale consacrées à la Vierge (cycle complet, de la *Rencontre à la porte Dorée* à l'*Assomption)* et au Christ *(Descente de croix, Mise au tombeau, Résurrection, Jugement dernier).* La série des portraits d'évêques et le décor floral du vestibule complètent cette décoration, qui fit de J. de Borgoña le peintre favori du cardinal Cisneros. Il exécuta d'autres travaux à la cathédrale de Tolède (retables des chapelles de la Trinité, de l'Épiphanie et de la Conception) ; en 1514, Cisneros lui commanda pour la chapelle mozarabe 3 grandes fresques, d'une composition assez monotone, décrivant la *Conquête d'Oran.* Après la mort du cardinal Cisneros (1517), son activité dans la cathédrale décroît. Il réalise alors des retables pour des églises du diocèse de Tolède (à Camarena, Villa del Prado, 1518-1523 et 1534-1535 ; Pastrana, 1535 ; Escalona, 1536) et des couvents (S. Catalina de Talavera, 1527-1530 ; S. Miguel de Los Angeles de Tolède, 1531-1536). L'art de la Renaissance italienne, que J. de Borgoña introduisit en Castille, trouva un écho chez ses successeurs Antonio de Comontes, Pedro de Cisneros, Juan Correa de Vivar et chez son fils Juan de Borgoña le Jeune. Par l'équilibre qu'il maintient entre un naturalisme de caractère nordique (qu'il doit peut-être à son origine française) et un goût, appris sans doute en Italie même, pour l'organisation rigoureuse des volumes et de l'espace, Juan de Borgoña rejoint d'autres Espagnols, tels que Pedro Berruguete ou Alejó Fernandez. Il retrouve aussi certains peintres lombards (Spanzotti) ou provençaux (Lieferinxe) de la fin du xve s.

JUAN DE JUANES,
Vicente Juan Masip Navarro, dit
(Fuente la Higuera, région de Valence, av. 1523 - Bocairente, id., 1579).

Il est le représentant le plus célèbre d'une famille qui compte trois générations d'ar-

Juan de Borgoña
Pietà, 1509-1511
fresque
Tolède, cathédrale, salle capitulaire

Juan de Juanes
La Cène
116 × 191 cm
Madrid, musée du Prado

tistes. Son œuvre est parfois difficile à distinguer de celle de son père, Vicente Masip, auteur du *Retable de la Vierge* (1530, cathédrale de Segorbe), l'un des premiers adeptes espagnols du style de Raphaël. Juan de Juanes traita les thèmes chers à la dévotion populaire : *Sainte Famille, Sauveur à l'hostie, Ecce homo, Immaculée Conception* (Valence, église des Jésuites), *Cène* (musée de Valence). Les tons clairs, émaillés, les formes estompées caractérisent son œuvre, d'une douceur empreinte de mièvrerie. Les modèles italiens, et spécialement lombards, que Juanes put connaître en Italie, sont constamment présents (*Sainte Famille*, Madrid, Acad. S. Fernando ; *Noces mystiques du vénérable Agnesio*, musée de Valence). Les tableaux qu'il peignit pour l'église S. Nicolas de Valence, en collaboration avec son père, tranchent par le traitement réaliste de la nature morte, la fraîcheur candide des paysages verdoyants et des nus (*Paradis terrestre, Péché originel*). Dans les scènes de la *Vie de saint Étienne* (7 au Prado avec une *Cène*), l'artiste interprète le style de Raphaël sur un mode mineur. Sa piété, comparable à celle de Fra Angelico, lui gagna la faveur d'un immense public ; après sa mort, ses trois enfants continuèrent à exécuter des images de dévotion. ☐

L

LAMEYER Francisco
*(Puerto de Santa Maria 1825 -
Madrid 1877).*

Andalou, mais formé sans doute à Madrid,
Lameyer fut un artiste original, romantique, solitaire et taciturne ami des Madrazo
et d'Alenza. Il séjourna à Paris (1852), résida
quelque temps au Maroc (1863) en compagnie de Fortuny et, par la suite, visita,
semble-t-il, le Japon et les Philippines. Ayant
commencé sa carrière par l'illustration du
livre (son *Buscón* de Quevedo, ses *Escenas
andaluzas* d'Estebáñez Calderón comptent
parmi les meilleurs livres illustrés de l'Espagne romantique), il fut avant tout comme
peintre un « goyesque » passionné. Mais il
admirait aussi la fougue de Delacroix, dont
sa *Barque de Caron* reflète curieusement
l'influence. Il a peint surtout des sujets
marocains, librement traités dans un style
assez éloigné de l'orientalisme classique
d'un Fortuny : l'éclat de la couleur souligne
des masques grimaçants à la manière du
dernier Goya (*Combat de Marocains*, Madrid, Casón). On lui doit aussi de nombreux
dessins représentant des scènes populaires.
(Madrid, musée municipal).

LANHAS Fernando,
peintre portugais
(Porto 1923).

Peintre et architecte, Fernando Lauhas a
imposé vers 1950 dans son œuvre les
notions rigoureuses de la forme et de la
couleur qui ont défini au Portugal les
principes esthétiques de l'Abstraction géométrique. Ses très rares peintures appartiennent à des collections particulières.

LEGOT Pablo
(Marche 1598 - Séville 1671).

Espagnol d'origine luxembourgeoise, Pablo
Legot offre une certaine importance
comme représentant des premières générations réalistes dans la Basse-Andalousie.
Arrivé à Séville vers l'âge de 11 ans, il fut
sans doute l'élève de Juan de Roelas et
montra un intérêt constant pour les recherches de clair-obscur. Sa production, abondante, frise souvent la vulgarité (retables
de Lebrija [1628-1638] et d'Espera [1650-
51]), et ses meilleures œuvres sont très
influencées par Ribera (*Saint Jérôme*, 1635,
cathédrale de Séville).

LEMBRÍ Pere
*(actif dans la région de Castellon
entre 1400 et 1420).*

Plusieurs documents attestent son activité
de peintre de retables. A. José y Pitarch a
émis récemment l'hypothèse qu'il pourrait
être l'auteur d'un groupe d'œuvres réunies
autour du *Retable des deux saints Jean*
(église d'Albocacer) et attribuées jusqu'alors
à Domingo Valls, tels que le *Retable de saint
Jean-Baptiste* (église de S. Juan del Bar-
ranco, disparu), *la Transfiguration* (église
de Chiva de Morella), l'*Entrée du Christ à
Jérusalem* (Worcester, Art Museum),
2 scènes de la vie de sainte Ursule (musées
de Perpignan et de Boulogne) et un grand
nombre de panneaux isolés (New York,
Hispanic Society ; Barcelone, M.A.C. et coll.
part.). Le style de ces peintures un peu rude,
voir naïf, suit, par ses formes fluides et ses
couleurs contrastées et vives, la ligne du
Gothique international.

LEONARDO José
(Calatayud 1601 - Saragosse 1656).

C'est peut-être l'artiste le plus doué parmi tous ceux qui travaillaient à Madrid à l'époque de Velázquez. Disciple de Cajés, il s'inspire de son maître dans ses premières œuvres (*Retable* de Cebrejos, 1624) ; puis, sous l'influence probable de Velázquez, sa technique s'allège, ses tons s'affinent (*Saint Sébastien*, Prado), même lorsque la composition reste conforme à des schémas maniéristes (*Naissance de la Vierge*, Prado ; *Moïse et le serpent de bronze*, Madrid, Académie S. Fernando). En 1634, il participe à la décoration du salon des Royaumes au Buen Retiro par 2 tableaux : la *Reddition de Brisach* et la *Prise de Juliers* (Prado), qui sont les plus beaux de la série, après les *Lances* de Velázquez. En 1648, Leonardo, atteint de folie, abandonne la peinture.

LERIN Fernando
(Barcelone 1929).

En 1954, sa première exposition personnelle est organisée à Barcelone (gal. Layetanas). Il obtient en 1956 une bourse de l'Institut français de Barcelone qui l'incite à s'installer à Paris, où il vivra jusqu'en 1970. Son œuvre présente une grande cohérence, de ses premières peintures informelles de la fin des années 50 aux toiles qui tendent vers l'expérience du monochrome après 1975. On peut déceler au cours des années les influences de Wols, de Fautrier puis de la peinture américaine, notamment d'un artiste comme Rothko. La peinture de Lerin atteint sa maturité au cours des années 60, lorsqu'il fonde à Paris, avec Benrath, Duvilier, Dunque, le groupe « Yann », représentatif du mouvement nuagiste, qui trouve son plein essor de 1959 (date de l'exposition « Yann » à la gal. Breteau de Paris) jusqu'à 1964, date de la rutpure de Lerin avec le groupe.

De 1970 à 1972, l'artiste vit aux États-Unis, où il se lie d'amitié avec les peintres Rothko et Rivers. En 1979, le Palacio Velázquez de Madrid lui consacre une importante exposition personnelle. L'œuvre de Lerin a été régulièrement exposée en France et en Espagne. Il a participé à des expositions de groupe en Belgique, en Grande-Bretagne, en Italie. Des œuvres ont été acquises par les musées de Paris (M.A.M. de la Ville), de Bruges (musée d'Art contemporain), de Vitoria en Espagne. L'artiste vit à Paris, Madrid et Port de la Selva (Gérone).

LISBONNE.

Bâtie sur un site admirable, la rive droite de l'embouchure du Tage, Lisbonne connut un superbe développement du xve au xviiie siècle, lorsqu'elle devint capitale de l'empire maritime du Portugal. Le couvent des Jeronimos, La tour de Belém symbolisent le style manuélin, San Vicente da Fora le temps de Philippe II et le couvent Madre de Deus ou San Roque la virtuosité baroque. Ils ne sont cependant que les quelques restes d'une cité détruite par le violent tremblement de terre du 1er novembre 1755 qui détruisit plus d'un tiers de la ville dont le palais Paço da Ribeira. Dirigée par le marquis de Pombal, la reconstruction rationnelle ne fit guère de place au décor peint. Mais la création d'une École royale de dessin et de peinture puis d'une Académie firent progressivement de Lisbonne un intéressant centre artistique d'abord ouvert sur l'Italie puis, au xixe s., sur la France. L'un des meilleurs symboles en est la création vers 1880 du *Grupo do Leão* — du nom de la brasserie où ils se réunissaient — regroupant intellectuels et artistes.

À côté de ses grands musées, Lisbonne compte un musée d'Art contemporain et plusieurs « Casa-Museu », qui sont consacrés aux grands artistes du xixe s. : Casa-Museu Doctor Anastacio Gonçalves (œuvres de Malhoa notamment), Museu Rafael Bordalo Pinheiro.

Museu Nacional de Arte Antiga. La section de peinture du Musée national d'art ancien représente le plus important ensemble de peinture portugaise antérieure au xixe s. Elle possède, en outre, quelques pièces remarquables de maîtres étrangers. Ses collections proviennent essentiellement des couvents anciens, dont les œuvres d'art furent confisquées en 1833 par le gouvernement libéral. D'abord rassemblés à l'Académie des beaux-arts de Lisbonne (fondée en 1836), les tableaux furent placés en 1884 dans l'ancien palais des Janelas Verdes, transformé en Musée national des beaux-arts. En 1911, celui-ci reçut la désignation actuelle, tandis que la peinture du xixe s. était transférée au Musée national d'art contemporain. Le fonds initial s'enrichit ensuite de la succession de la reine Carlota-Joaquina, des dons du roi Fernand II, du legs de la comtesse d'Edla, d'œuvres provenant des palais royaux, d'acquisitions (anciennes collections Burnay, Guerra Junqueiro, comte Ameal), de la donation Calouste Gulbenkian, notamment.

L'école portugaise des xve et xvie s. est largement représentée : les célèbres *Panneaux de San Vicente da Fora*, attribués à Nuno Gonçalves, et plus d'une centaine d'œuvres de maîtres du xvie s., tels que F. Henriques, Fray Carlos, le présumé Jorge Afonso, Vasco Fernandes, Cristovão de Figueiredo, Gregorio Lopes, Garcia Fernandes, Cristovão de Morais. Quelques œuvres de Domingos Vieira et de Josefa d'Ayalla illustrent la peinture portugaise du xviie s., tandis que Vieira Portuense et Domingos Sequeira représentent la période de transition entre le xviiie et le xixe s. Le musée possède également une collection de dessins portugais allant du xvie au xixe s.

Parmi les écoles étrangères, la flamande est la mieux représentée : *Tentation de saint Antoine*, chef-d'œuvre de Hieronymus Bosch, et retable des *Douleurs de la Vierge* de Quentin Metsys (v. 1500), auxquels s'ajoutent des panneaux attribués à Van der Weyden, Memling, Provost, Gossaert, Patinir, Scorel et Pieter Bruegel. Citons quelques œuvres appartenant à d'autres écoles : *Saint Augustin* ; fragment de polyptyque de la *Miséricorde* de Piero della Francesca, *Eusèbe ressuscitant trois morts* de Raphaël, *Autoportrait* d'Andrea del Sarto, la *Vierge Marie et les saints* de Holbein le Vieux,

Saint Jérôme de Dürer (1521), *Salomé* de Lucas Cranach, le portrait de *Monsieur de Noirmont* (?) de Largillière ainsi que des Fragonard, des Vernet, des Courbet ; une série d'apôtres attribuée à Zurbarán (1633), des tableaux de Bermejo, Morales, Ribera, Murillo, des toiles de maîtres anglais et néerlandais.

Fondation Calouste Gulbenkian. Très jeune, Calouste Gulbenkian, collectionneur anglais d'origine arménienne (1869-1955), entrevit les immenses possibilités d'avenir du pétrole. Par ses investissements et par son action prépondérante au sein des diverses compagnies pétrolières, il s'assura une fortune parfois qualifiée de fabuleuse. Pendant la guerre, en 1942, il se réfugia à Lisbonne, où il finit par s'établir. En 1950, il voulut mettre à exécution un projet qui lui tenait à cœur depuis longtemps : consacrer la majeure partie de sa fortune à la création d'une fondation philanthropique de caractère international, dont le siège devait être au Portugal ; ses collections artistiques, formant partie intégrante de cette fondation, devaient être réunies à Lisbonne. Les acquisitions les plus spectaculaires furent faites lors de la vente d'un certain nombre d'œuvres de l'Ermitage, en 1929-30. Outre le marbre original de la *Diane* de Houdon, Gulbenkian acquit plusieurs toiles célèbres : l'*Annonciation* de Dirck Bouts, un *Portrait d'Hélène Fourment* de Rubens, *Pallas Athénée* et un *Autoportrait* de Rembrandt ainsi que deux paysages d'Hubert Robert représentant la *Coupe des arbres à Versailles*.

Parmi les peintures, d'origine très diverse, on peut citer deux œuvres de Stephan Lochner, *Sainte Catherine* de R. Van der Weyden, des œuvres italiennes du xve s. : *Nativité* de Carpaccio, *Portrait de femme* de D. Ghirlandaio, *Sainte Conversation* de Cima da Conegliano. Le xviiie s. est fort bien représenté par des *Fêtes galantes* de Fragonard et de Lancret, le *Portrait de l'orfèvre Thomas Germain* de Largillière, des portraits de La Tour (*Mademoiselle Sallé*), Lépicié, Nattier, Vincent, des scènes mythologiques de Boucher et Natoire, une fort belle série de portraits anglais (Gainsborough, Hoppner, Lawrence, Romney) et un ensemble de Guardi. Le XIXe s. français est caractérisé par quelques œuvres importantes : l'*Enfant aux cerises*, les *Bulles de savon* de Manet ; *Autoportrait*, dit *l'Homme et le Pantin* de Degas ; *Nature morte* de Monet ; *Portrait de Mme Claude Monet* de Renoir. La totalité de la collection, qui comporte notamment de très importantes sections d'art oriental, de numismatique, d'art égyptien, des sculptures occidentales ainsi qu'un remarquable ensemble d'art décoratif français du XVIIIe s., est actuellement exposée dans les salles du musée de la fondation Calouste Gulbenkian, inauguré à Lisbonne en 1969.

LLANOS Hernando ou Fernando
(Santa Mariá de los Llanos, Cuenca [?] - Murcie [?] apr. 1525).

Aucun document ne permet d'établir avec certitude l'activité de cet artiste avant qu'il ne reçoive en 1507, conjointement avec Fernando Yáñez de La Almedina, la commande des volets du retable de la cathédrale de Valence.

De fortes présomptions permettent de l'identifier avec Mestre Ferrando, cité à Valence en 1473 et 1506, et Ferrando Spanuolo, attesté en 1505 à Florence comme l'un des collaborateurs de Léonard de Vinci pour le carton de la *Bataille d'Anghiari*. L'influence léonardesque est manifeste dans les œuvres des deux artistes appelés les Hernandos en raison de la similitude de leur prénom et de leur étroite collaboration à Valence jusqu'en 1513. Le style plus crispé et nerveux de Llanos peut être reconnu dans la *Naissance de la Vierge* et le *Repos pendant la fuite en Égypte* du retable de la cathédrale de Valence, ainsi que dans plusieurs parties des scènes attribuées à Fernando Yáñez de La Almedina.

Hernando Llanos dut s'installer à Murcie en 1516 et travailler pour la cathédrale *(Nativité, Mariage de la Vierge)* et dans les églises de la province, où sa présence est suivie jusqu'à l'année 1525.

LLANOS Y VALDÉS Sebastián de
(Séville ? v. 1605 - id. 1677).

Ce peintre, l'un des meilleurs de Séville dans le troisième quart du XVIIe s., retient l'attention par diverses particularités : le *don* qui précède son nom dans les documents de l'Académie des peintres, dont il fut l'un des premiers membres, semble indiquer une origine aristocratique. Était-il un amateur à vocation tardive ? (Ceán Bermudez note qu'on trouve ses œuvres dans des coll. part.) Par ailleurs, il est curieux qu'on ne sache rien de sa formation ni de sa carrière avant 1658, alors qu'il signe des œuvres assez nombreuses entre cette date et 1675. Son apprentissage chez Herrera, dont il supportait avec patience les colères, sa bataille avec son irascible ami Alonso Cano restent légendaires. Enfin, ses peintures connues apparaissent curieusement archaïques. Sans que l'influence, alors triomphante, de Murillo soit absente de sa *Madeleine* de 1658 (Séville, Casa de Pilatos) ou de ses *Saint Joseph*, celle de Zurbarán, reste frappante dans les draperies cassées en triangle et les types de chérubins de son *Immaculée enfant* de 1665 (Séville, coll. Gómez de Barreda), la pose de son *Christ en croix* de 1666 (Séville, cathédrale), le type de composition et la rigidité des figures de sa grande *Vierge du rosaire avec de jeunes clercs* de 1667 (Dublin, N. G.). Chez ce peintre robuste et paisible, la note baroque du temps apparaît surtout dans les têtes coupées de martyrs (*Saint Jean-Baptiste* et *Saint Paul*, 1670, Séville, église du Salvador ; *S. Laureano*, musée du Greco à Tolède, Vatican et musée de Göteborg), dont Herrera dut créer la formule, mais dont Valdés Leal eut la spécialité.

LLIMOS Robert
(Barcelone 1943).

Étudiant à Barcelone de 1953 à 1960 dans les écoles d'art Prats, Massana et San Jordi, Llimos s'installe à New York en 1975. Il y vit depuis cette date ainsi qu'à Barcelone.

Sa première exposition est organisée en 1967 par la gal. Ariel de Cuidad de Mallorca. Il a participé à de nombreuses expositions collectives aux États-Unis et en Espagne. Peintre figuratif, Llimos reçoit l'influence de l'Art conceptuel de 1969 à 1973. À l'issue de cette période, il renoue avec un art figuratif expressionniste. Il peut être, de ce fait, considéré comme l'un des précurseurs, en Espagne, du retour de la peinture expressionniste dont témoignera l'Europe au début des années 80. Intérieurs, paysages et personnages constituent les thèmes privilégiés de la peinture de Llimos, traités selon des contrastes colorés fortement marqués. À New York, il consacre un cycle de peintures dédiées à la Méditerranée (les *Méditerranéens, Muses dansant, Apollon et les Muses...*), en écho à la tradition de la peinture de Cézanne, de Matisse ou de Dufy. La figure humaine, inspirée par les formes de la statuaire antique, acquiert dans la peinture de Llimos une place de plus en plus importante, se plaçant au premier plan du tableau. L'œuvre de l'artiste est présente dans les collections de la Fundació Caixa de Barcelone.

LLORENTE Bernardo Germán
ou German Llorente Bernardo
(Séville 1680 - id. 1759).

Parmi les imitateurs tardifs de Murillo, il apparaît comme l'un des plus doués ; il ne se limite pas au répertoire religieux. Il devint populaire grâce à son interprétation picturale d'un thème dévot lancé au début du XVIIIe s. par un capucin, frère Isidoro de Sevilla, et qui se répandit très vite dans toute l'Espagne : celui de la « Divina Pastora », la « Vierge bergère » avec un grand chapeau de paysanne veillant sur un troupeau de jeunes agneaux (Prado). Il peignit avec le même succès des saintes (*Sainte Anne, Sainte Madeleine,* musée de Séville) et des sujets religieux variés. Mais il fut aussi estimé comme portraitiste : séjournant à Séville en 1729, les souverains apprécièrent vivement son portrait de l'*Infant Philippe* (Barcelone, coll. part.) et voulurent, sans succès, l'attirer à la Cour. Il fut du moins l'un des premiers membres de l'Académie de S. Fernando (1756). L'aspect le plus personnel de son talent est représenté par deux natures mortes en trompe-l'œil (le *Tabac* et le *Vin,* allégories de l'odorat et du goût, Louvre) qui, par la plasticité du traitement et la disposition des objets dans l'espace, renouvellent la grande tradition espagnole.

LOARTE Alejandro
(actif à Tolède et à Madrid entre 1619 et 1626).

Il réalise des tableaux religieux influencés par Tristan (*Saint François,* Tolède, couvent des Capucins) mais il doit sa renommée à ses natures mortes, datées entre 1623 et 1626, par lesquelles il se révèle un continuateur de Fray Juan Sánchez Cotán avec une facture plus libre et des contrastes lumineux plus accentués (*Fruits et gibier,* 1623, Madrid, Fondation Santamarca). La tendance à la symétrie le rapproche de Juan Van der Hamen (*Fruits et panier,* 1624 ; *Légumes et viande,* 1625, Madrid, coll. part.). Certaines natures mortes sont animées de figures : la *Marchande de volailles* (1626, Madrid, coll. part.).

LOPES Gregorio,
peintre portugais
(v. 1490 - 1550).

Probablement formé dans l'atelier de son beau-père, Jorge Afonso, où il travaillait en 1515, il participa en 1518 aux travaux de la Cour de justice de Lisbonne (Relação) sous la direction de Francisco Henriques. Nommé peintre de cour par don Manuel, il fut maintenu dans cette charge par Jean III (1522) et fait chevalier de Santiago en 1524. Sa fréquente collaboration avec Garcia Fernandes et Cristovão de Figueiredo, anciens disciples de l'atelier de Jorge Afonso, se trouve confirmée par les contrats des retables de Ferreirim (1533-34). Les travaux documentés que Lopes exécuta ensuite à Tomar, pour la rotonde des Templiers (couvent du Christ, 1536-1539) et l'église Saint-Jean-Baptiste (1536-1539), sont l'expression d'une personnalité originale empreinte du maniérisme qui caractérise les œuvres de sa maturité. À partir de ces panneaux (*Martyre de saint Sébastien, Vierge à l'Enfant avec les anges,* auj. à Lisbonne, M. A. A.), considérés comme le point de départ de l'identification de son œuvre, on lui attribue un rôle prépondérant dans l'exécution de grandes séries contemporaines qui présentent des affinités avec son style. Il s'agit surtout du *Retable du Paradis* (v. 1520-1530, id.) et du *Retable de Santos-O-Novo* (v. 1540, id.), auxquels on peut ajouter les 3 scènes provenant de l'église de Seteibal (aujourd'hui au musée de cette ville).

La manière élégante de Gregorio Lopes, son goût pour les architectures Renaissance factices et les armes d'apparat sont en rapport direct avec ses fonctions de peintre de cour. Mais sans souci d'intensifier les émotions, son écriture parfois frénétique, ses éclairages étranges confèrent à son œuvre un caractère expressionniste qui s'exprime avec la plus grande liberté en des scènes secondaires dans lesquelles il semble s'être longtemps spécialisé (*Jésus au jardin des Oliviers, Résurrection, Retable de Santos-O-Novo,* v. 1540, *id.).*

Lopes est sans doute, parmi ses contemporains, le peintre le plus directement marqué par la Renaissance et il occupe, comme représentant du courant maniériste au sein de l'école portugaise, une position semblable à celle d'un Barend Van Orley en Flandre.

LÓPEZ Vicente
(Valence 1772 - Madrid 1850).

Loin d'avoir le génie de Goya, López fut cependant la figure la plus marquante de la peinture de cour dans la première moitié du XIXᵉ s. espagnol. D'une famille de peintres, il fut l'élève d'Antonio de Villanueva à l'Académie San Carlos de Valence et révéla, avec le *Roi Ezequias montrant ses*

richesses (1789, musée de Valence), son goût pour le Néo-Classicisme ; cette œuvre lui permit d'étudier, avec une bourse, à l'Académie San Fernando de Madrid, où il obtint le premier prix en 1790 (les *Rois Catholiques recevant une ambassade du roi de Fez,* Madrid, S. Fernando). Après le retour du peintre à Valence, en 1792, son style – où se mêlent l'influence néo-classique de Mengs, de Bayeu, le goût des couleurs vives et une grande précision et sûreté dans le dessin – lui vaut d'importantes commandes : tableaux religieux, décors, portraits (*Don Jorge Palacios de Urdaiz,* v. 1789, Valence, Musée provincial ; *Saint Vincent martyr,* cathédrale de Valence). Promu directeur de la section peinture à l'Académie de San Carlos en 1801, il conquiert la faveur royale en 1802 lors d'une visite des souverains, qui apprécient sa *Visite de Charles IV et de sa famille à l'université de Valence* (Prado). Nommé peintre de Chambre, il exécute de nombreuses copies des peintres valenciens du XVIᵉ s. pour le roi et demeure à Valence pendant la guerre d'Indépendance. À côté d'un *Ferdinand VII avec l'habit de l'ordre de Charles III* (mairie de Valence), on remarque plusieurs portraits du maréchal Suchet (1813, coll. part., Paris).

Appelé à la cour par Ferdinand VII en 1814, il remplace en 1815 Maella, démissionné pour collaboration, comme premier peintre. Remplissant de nombreuses charges administratives, il s'occupe de l'école royale de peinture, nouvellement créée et, surtout, de la récupération des œuvres d'art dispersées par les guerres napoléoniennes et de la création du musée du Prado, dont il fut le premier directeur (1823-1826). Il est nommé directeur de peinture de l'Acad. San Fernando en 1819. À côté de quelques décors (*Allégorie de la Donation du Casino à la reine Isabel de Bragance,* 1818, Prado), notamment de quatre plafonds pour le Palais royal (*Institution de l'ordre de Charles III,* v. 1828), il est surtout le portraitiste officiel de la cour, des grandes familles, notamment les San Carlos (duc de San Carlo, 1841, coll. part)

Vicente López
Autoportrait
Madrid, Académie royale
des Beaux-Arts de San Fernando

et des hauts dignitaires, ecclésiastiques particulièrement. Habile et respectueux de leur statut, il souligne les moindres détails et traite avec précision, presque emphase, les tissus, les costumes chamarrés (*Ferdinand VII*, Banco de Espana, Madrid ; Hispanic Society, New York ; *Ferdinand VII avec l'habit de l'ordre de la Toison*, 1832, Rome, ambassade espagnole près le Saint-Siège ; *Duque del Infantado*, coll. part. Madrid). Éloignés du faste officiel, certains portraits traduisent un grand souci d'authenticité, une pénétration psychologique remarquable (l'*Organiste Maximo López*, 1820, Casón ; *Portrait de Goya*, fait lors d'un séjour de Goya à Madrid, 1826, Acad. San Fernando, Madrid). Même s'il est resté toujours attaché aux principes néo-classiques, alors que se diffusait le romantisme, ses derniers portraits révèlent l'influence d'Ingres, notamment après un séjour à Paris en 1844 (*Dona Francisca de la Gandara*, 1846, Madrid, Casón ; *Condesa Viuda de Calde-*

rón, coll. part.). Son œuvre religieuse, influencée au départ par Maella, montre ensuite un classicisme adouci, où l'élégance ne tue pas le sentiment (*Saint Augustin*, 1810, coll. part. ; *Vierge des Désemparés*, 1838, coll. part.). Ses deux fils Bernardo et Luis, également portraitistes, prolongèrent sa manière.

LUCAS VELÁZQUEZ
(Madrid 1817 - id. 1870).

Il dut étudier à l'Académie de San Fernando, où il expose en 1841 deux caprices et deux scènes de genre. Admirateur passionné du Goya des derniers temps, beau-frère du paysagiste romantique Pérez Villaamil, il subit aussi fortement l'influence des maîtres espagnols anciens qu'il pouvait voir au Prado, et notamment de Velázquez. Il décore le plafond du théâtre Royal de Madrid en collaboration avec le Français H. Filastre, puis, seul, le palais du marquis de Salamanca. Il eut beaucoup de succès comme peintre de genre, toujours savoureux par la richesse de la matière et les éclairages tourmentés : avec les scènes proprement populaires — fêtes de village, soldats, corridas — alternent des sujets « expressionnistes » — scènes d'inquisition, bandits, condamnés à mort — ou fantastiques (sabbats). Des uns comme des autres, le Prado, le Museo Lázaro Galdiano, le Museo Romàntico à Madrid abondent en exemples éloquents.

Lucas se rend à Paris en 1844 ; à l'Exposition internationale de 1855, ses toiles sont louées chaleureusement par Gautier et About. Cette même année, il est chargé d'estimer les « peintures noires » de Goya à la Quinta del Sordo. Il visite l'Italie, en 1856, le Maroc en 1859. Si sa production, toujours pleine de verve, reste celle d'un improvisateur, il est cependant autre chose qu'un pasticheur de Goya. Il est parfois un peintre de la meilleure tradition espagnole, celle de la gravité et de la force contenue. Son *Chasseur* (Prado) n'est pas indigne de Manet (qui le connut à Madrid en 1865), et, même dans ses œuvres « goyesques », la *Révolution* (Prado) montre un sens assez épique du tragique contemporain. Lucas fut également le portraitiste très sensible de sa mère, de ses enfants et un paysagiste souvent excellent. Mort en 1870, il eut un continuateur en la personne de son fils **Eugenio Lucas y Villaamil** *(Madrid 1870 - id. 1918)*, dont les œuvres ont souvent été confondues avec les siennes et qui n'a hérité de lui qu'une virtuosité assez creuse.

LUPI Miguel Angelo,
peintre portugais
(Lisbonne, 1826 - id. 1883).

D'origine italienne, il fréquenta l'École des beaux-arts de Lisbonne. Son portrait du roi Pedro V (Lisbonne, Tribunal de Contas) lui permit d'obtenir une bourse (1860) pour séjourner à Rome puis à Paris. Son art marque la transition entre Romantisme et Naturalisme. Professeur à l'École des beaux-arts de Lisbonne de 1864 à sa mort, il fit quelques compositions historiques mais surtout des portraits caractérisés par un souci d'authenticité, relevée par une technique spécifique, mettant les couleurs en valeur (*Madone Sousa Martins, Aguadeira de Coimbra,* Lisbonne, M.A.C.).

LUZÁN MARTÍNEZ José
(Saragosse 1710 - id. 1785).

Luzán est surtout mentionné comme le premier maître de Goya (qui, d'ailleurs, par la suite, semble l'avoir ignoré). En fait, vers le milieu du XVIIIe s., Luzán est la figure dominante de la peinture aragonaise encore trop peu étudiée. D'une famille d' « hidalgos », protégé des Pignatelli, qui le pensionnent pour étudier en Italie, c'est à Naples qu'il travaille de 1730 à 1735, avec un disciple de Solimena, Giuseppe Maestrolo. Au retour, il séjourne quelque temps à Madrid, où il obtient le titre — purement honorifique — de peintre de la maison royale. Revenu à Saragosse, marié à la fille de son maître Zabalo, il installe chez lui une école de dessin florissante, où passeron Bayeu et Goya. De ses nombreuses peintures pour les églises de Saragosse et de toute la région, les plus accessibles sont celles qui décorent la cathédrale (la Seo) : les *Saints* de la sacristie et surtout les très grands tableaux de la chapelle S. Miguel *(Apparition de la Vierge à Saragosse, Prise de Saragosse par Alphonse le Batailleur).* Avec assez de verve et de mouvement, ils affirment la persistance d'une manière spontanée, contrastée, d'une exécution parfois brutale, issue de Ribera et de Giordano, à laquelle l'Aragon restera fidèle jusqu'à ce que González Velázquez, revenu d'Italie en 1753, apporte un style plus chatoyant et gracieux, celui de Giaquinto. Cette tradition est celle que Goya reçut de Luzán et dont — même si le disciple dédaigne l'enseignement de son maître, le considérant comme attardé — on retrouve mainte trace dans les œuvres religieuses de sa jeunesse. ☐

M

MACHUCA Pedro
(Tolède v. 1495 - Grenade 1550).

Il étudia l'architecture, la sculpture et la peinture en Italie, comme l'atteste sa première œuvre signée et datée : la *Vierge allaitant les âmes du purgatoire* ou *Virgen del Sufragio* (Prado), peinte à Spolète en 1517. Aucune réminiscence gothique ne subsiste dans cette œuvre, d'un Classicisme presque sculptural, influencée par Michel-Ange, dont Machuca fut peut-être le disciple. À partir de 1526, celui-ci dirige la construction du palais de Charles Quint à l'Alhambra de Grenade, où il résidera jusqu'à sa mort. En 1521, il peint pour la chapelle royale, en collaboration avec l'Italien Jacopo Torni, le retable de la *Sainte Croix*, où il se livre à de savantes études d'éclairage, dans un style dramatique et

Pedro Machuca
Déposition de croix
141 × 128 cm
Madrid, musée du Prado

mouvementé : *Jardin des Oliviers, Arrestation du Christ.* La *Descente de croix* (Prado), d'un pathétisme contenu, traitée dans des tonalités froides, révèle l'influence de la peinture romaine ; Machuca est, avec A. Berruguete, le seul artiste étranger à l'Italie qui ait pris part à l'élaboration du Maniérisme italien. En 1546, il signe un contrat pour peindre le retable de *Saint Pierre de Osma* (cathédrale de Jaén), qui fut sans doute exécuté par des collaborateurs. La plus grande partie de son œuvre peint est perdue ; et sa renommée d'architecte a fait oublier sa peinture, appréciée par les contemporains (F. de Holanda) à l'égal des créations des grands maîtres italiens, dont il fut le fidèle disciple.

MADRAZO (les).

Cette dynastie, qui recouvre tout le XIXᵉ s., a joué un rôle majeur dans l'histoire de la peinture espagnole et de ses liaisons européennes. Ses deux protagonistes, le fondateur José et son fils aîné Federico, qui régnèrent sur l'art officiel, ont laissé, tout au moins comme portraitistes, une œuvre importante et souvent de haute qualité.

José
(Santander 1781 - Madrid 1859).

Il eut pour maître à Madrid Gregorio Ferro. Un portrait de Godoy lui vaut en 1803 une pension royale à Paris. Élève de David de 1802 à 1806, qui loue son tableau *Jésus devant Caïphe,* il est condisciple d'Ingres, dont il devient l'ami. Pensionné ensuite à Rome lorsque Napoléon envahit l'Espagne, il refuse de reconnaître Joseph Bonaparte et reste pintor de Cámara dans la cour fantôme du roi déchu ; il y demeure pendant une quinzaine d'années. Il ne quitte Rome qu'après la mort de Charles IV, ayant épousé entre-temps Isabelle Kuntz, fille d'un peintre allemand et d'une Romaine. Il revient à Madrid en 1819, et sa fidélité lui vaut une situation privilégiée à la Cour. Il joue un rôle décisif, à partir de 1823, dans la réorganisation de l'enseignement des beaux-arts par l'Académie sur le modèle français et dans l'essor du nouveau musée

du Prado : créateur d'un atelier lithographique, il dirige le musée de 1838 à 1857. Il fut aussi un amateur éclairé : sa collection, dont le catalogue publié en 1856 mentionnait 650 tableaux, en majorité espagnols, était considérée comme la plus choisie de Madrid. À sa mort, les pièces maîtresses, achetées par le marquis de Salamanca, partagèrent les vicissitudes de la collection. Mais certains tableaux furent vendus directement à des amateurs étrangers : ainsi les Goya *(Autoportrait,* le *Ballon)* achetés par le comte de Chaudordy, ambassadeur de France, et légués par lui au musée d'Agen.

Comme peintre, Madrazo fut l'introducteur en Espagne du Néo-Classicisme davidien, intégral quant à la hiérarchie des genres et au culte de l'antique, quelque peu assoupli quant au rôle de la couleur, l'artiste n'ayant jamais renié la tradition velazquésienne de l'Espagne. Mais ses peintures d'histoire, relativement peu nombreuses (*Grecs et Troyens se disputant le corps de Patrocle,* 1812, Rome, Quirinal ; la *Mort de Viriathe,* 1808, Prado, inspirée d'une gravure, la *Douleur d'Andromaque,* tableau de l'Écossais Govin Hamilton), sont froides et compassées et les poètes romantiques raillèrent ce Viriathe « mort si tranquille ». En revanche, dessinateur excellent, constructeur rigoureux, José de Madrazo est un portraitiste de grand style. Sa maîtrise est égale dans le portrait d'apparat (*Cardinal Gardoqui,* 1817, musée de Bilbao ; *Manuel Garcia de la Prada,* 1827, Madrid, Acad. S. Fernando) et dans des œuvres plus simples, mais d'une autorité toujours un peu distante (*Autoportrait,* Prado, annexe du Casón ; *Federico de Madrazo,* 1833, New York, Hispanic Society ; le *Comte de Vilches,* Prado, annexe du Casón).

Federico
(Rome 1815 - Madrid 1894).

La carrière de Federico fut aussi précoce qu'elle devait être longue. Formé par son père, tandis qu'il recevait du poète Lista une culture humaniste inhabituelle, Federico peignait à quatorze ans son premier tableau d'histoire, obtenait à dix-sept un succès

Federico de Madrazo
Doña Amalia de Llano y Dotres,
comtesse de Vilches, 1853
126 × 89 cm
Madrid, musée du Prado

flatteur sur un sujet d'actualité (la *Reine Marie-Christine soignant Ferdinand VII*), et, à dix-huit, devenait académicien, élu à l'unanimité pour sa *Clémence de Scipion* (1839). Un premier voyage à Paris, en 1833, lui gagne l'amitié d'Ingres et du baron Taylor, dont il fait d'excellents portraits (New York, Hispanic Society ; Versailles). Lorsqu'il y revient pour un plus long séjour (1837-1839), leur protection lui vaut l'accès au Salon et une commande royale pour Versailles (*Godefroi de Bouillon, roi de Jérusalem,* salles des croisades, tableau habilement composé dans le style de Delaroche). Puis deux années à Rome (1840-1842) le mettent en rapport avec les naza-

réens allemands : leur influence est sensible dans les *Trois Marie au tombeau* (Madrid, Palais royal), que louèrent Overbeck et Ingres. Mais, après son retour à Madrid, Federico délaisse la peinture d'histoire pour se vouer au portrait, tandis qu'il collectionne charges et honneurs officiels : premier peintre de la reine, neuf fois directeur de l'Académie, directeur du Prado (succédant à son père), de 1860 à 1868, puis de 1881 à 1894, tout en voyageant à travers l'Europe et en participant à de nombreuses expositions internationales. Son œuvre, beaucoup plus abondante que celle de son père, comprend plus de six cents portraits. Influencé par Ingres, il reprend cependant la tradition du portrait psychologique espagnol. Il fait revivre la Cour (Isabelle II, Alphonse XII), l'aristocratie (*Duc de San Miguel, Marquise de Montelo, Comtesse de Vilches*, Prado, annexe du Casón), le monde des lettres, des arts et du théâtre (*Larra*, Madrid, Museo Romántico ; *Ventura de la Vega*, id. ; la *Avellaneda*, Madrid, musée Lázaro Galdiano ; *Eduardo Rosols, Carolina Coronado*, Casón), avec les aspects conventionnels, les modes successives, les uniformes et les bijoux, toujours d'une élégance un peu froide. Federico, comme son père, est dessinateur plus que coloriste ; mais il est beaucoup plus sensible à la grâce féminine, et certaines figures, surtout les bustes (*Carolina Coronado, Sofia Vela*, Prado, annexe du Casón), ont un charme pensif où survit le Romantisme. Ses portraits au crayon constituent la part la plus « ingresque » de son œuvre, peut-être la plus libre et la plus précieuse.

Les frères et les fils de Federico. Deux frères cadets de Federico comptent dans l'histoire artistique du XIXe s. : **Pedro** *(Rome 1816 - Madrid 1898)*, bon dessinateur, mais également doué pour les lettres, la musique, les mathématiques, cofondateur en 1833 (avec l'écrivain Ochoa) d'*El artista*, revue illustrée imitée de l'*Artiste* parisien, qui, durant sa brève carrière, réunit une équipe brillante de jeunes écrivains et artistes romantiques. Par la suite, haut fonctionnaire, académicien, auteur de publications importantes sur l'art espagnol *(España artistica y monumental)*, il se voua à l'étude des tableaux du Prado (dont il publia en 1872 un *Catalogo historico-descriptivo : escuelas italianas y españolas*, premier catalogue critique qui reste un instrument de base) et en général des collections royales d'Espagne (*Viaje artistico de tres siglos por las colecciones de cuadros de los reyes de España*, 1884).

Le plus jeune des trois Madrazo, **Luis** *(Madrid 1825 - id. 1897)*, qui se fit connaître en 1848 par un *Tobie rendant la vue à son père*, fut un peintre estimable de sujets religieux et historiques et un professeur renommé. Les fils de Federico continuèrent la tradition familiale ; le premier est

Raimondo de Madrazo y Garrer *(Rome 1841 - Versailles 1920)*, le second **Ricardo** de Madrazo *(1831 - 1917)*. Ils subirent aussi l'influence du peintre Fortuny, qui avait épousé leur sœur Cecilia. Portraitistes, peintres de genre et de nus, leur carrière se déroula presque entièrement hors d'Espagne, en Italie et surtout à Paris (de Raimondo, *Duchesse d'Albe*, 1881, Madrid, coll. d'Albe ; *Sortie d'église*, Baltimore, Walters Art Gallery).

MADRID.

Promue capitale de l'Espagne par Philippe II, en 1561, la petite ville de Madrid devint un centre artistique improvisé pendant les dernières années du XVIe s., grâce à des artistes tolédans et à un groupe de peintres de la Cour qui travaillaient au décor du Palais royal – l'Alcázar – et de l'Escorial. Les fils ou les frères des Italiens venus au monastère et restés en Espagne dominèrent la production picturale pendant le premier quart du XVIIe s. La création de nouveaux couvents, attirés par le voisinage de la Cour, fournit un travail abondant à des artistes comme Carducho, Cajés, Castello, Nardi, et à quelques autres (Maino, Nuñez, Lanchares, Van der Hamen), qui, comme eux, rompent avec le Maniérisme romain et font une place croissante aux éléments naturalistes et baroques, avec une apparition encore timide du clair-obscur. Ces mêmes artistes, avec quelques portraitistes de tradition mondaine (González, Villandrando, Vidal), travaillent pour le Palais royal et les demeures de l'aristocratie : la clientèle bourgeoise existe à peine.

Velázquez arrive à Madrid en 1623. Il assimile plus profondément les leçons des Vénitiens et des Flamands, dont il peut étudier les chefs-d'œuvre dans les collections royales. Son influence, bien qu'elle s'exerce à peine en dehors de la Cour, se fait sentir chez quelques artistes de la génération précédente, tels José Leonardo ou Bartolomé Román, respectivement élèves de Cajés et de Carducho, et surtout chez tous les portraitistes qui travaillèrent à Madrid par la suite. Les deux premiers chantiers sont alors l'Alcázar, dont Philippe IV fait remodeler les pièces principales sous la direction de Velázquez, et le palais du Buen Retiro, construit à partir de 1632 (salon des Batailles, avec peintures de Velázquez, Maino, Zurbarán, Carducho, Pereda...). La collection royale de peintures, riche en flamands et italiens des XVIe et XVIIe siècles est une véritable école pour les artistes.

L'école de Madrid acquiert sa personnalité dans la seconde moitié du siècle, grâce à une pléiade d'artistes d'origines très diverses. Généralement bien doués, ces peintres s'inspirent surtout des maîtres de Venise : ils adoptent leur richesse de coloris et leur technique nerveuse et suggestive. Ce sont surtout des peintres de tableaux d'autel, de grandes compositions religieuses inspirées fréquemment par les gravures flamandes de l'école de Rubens, très répandues en Espagne : on peut y voir aussi un reflet des « suites » que Rubens lui-même avait envoyées directement à la cour d'Espagne. En moins grand nombre, on peut mentionner les artistes qui se spécialisent dans le paysage (Collantes, Ximeno) ou préfèrent le bodegón (Ramírez, J.B. Espinosa, Ponce), les fleurs (Arellano) ou le portrait. Parmi les aînés, de la génération de Velázquez, il faut citer d'abord Pereda, très proche de l'art vénitien, Juan Rizi, d'une sobriété âpre et très castillane, A. Arias, de tendance très classique, et même Camilo et Francisco Rizi, dont le style baroque, plus pompeux, annonce celui des artistes de la fin du siècle. Cette dernière génération, plus homogène et de qualité plus égale, est composée d'artistes qui, au moins comme coloristes, comptent parmi les meilleurs de l'Europe. Considérés comme Madrilènes, ces peintres viennent pourtant de toute l'Espagne. À côté de Madrilènes authentiques comme Antolinez ou Coello, on rencontre des Asturiens comme Carreño de Miranda, des Castillans du Nord comme le Burgalais Cerezo, des Andalous comme Herrera le Jeune, Escalante ou Alfaro. Quelques artistes même

sont d'origine étrangère, tels les Flamands A. Smit ou Antonio Van de Pere. Leur style, très décoratif, dynamique et exubérant, à la manière flamande, mais avec une couleur raffinée dans une gamme claire et froide, s'épanouit aussi bien dans le grand tableau d'autel que dans la fresque, par d'audacieuses perspectives de « sotto in su », procédé italien introduit par les Bolonais Mitelli et Colonna, que Velázquez avait amenés à Madrid pour décorer à fresques les palais et l'Escorial. Les principaux maîtres en furent Francisco Rizi, Claudio Coello, Jiménez Donoso, F. Solis, Herrera le Jeune. Malheureusement, nous conservons très peu d'œuvres de ce caractère (Madrid, coupole de S. Antonio de los portugueses). Ce double talent de décorateur mural et de peintre de tableaux d'autel conduit à l'art du Cordouan Palomino, qui appartient déjà au monde du XVIIIe s. par son admiration pour Luca Giordano, arrivé en Espagne en 1692.

À partir du XVIIIe s., l'activité propre des peintres madrilènes se fond dans le courant général de la peinture espagnole. Cependant, la destruction de l'Alcázar par un incendie en 1734, la construction de l'actuel Palais royal entraînent l'appel aux grands fresquistes italiens, Giaquinto, Tiepolo et l'arrivée du Néo-Classicisme avec Mengs.

La peinture madrilène, moins éprouvée que la sévillane par les pillages de la guerre napoléonienne, a souffert davantage de la liquidation des couvents en 1835 : le Museo nacional, qui avait réuni à Madrid les tableaux recueillis dans les provinces centrales du royaume, ayant été dissous en 1872, ses fonds ne passèrent au Prado que dans une faible mesure et furent absurdement dispersés dans des musées et édifices publics de toute l'Espagne. D'autre part, la guerre civile de 1936-1938 a cruellement atteint la peinture madrilène par l'incendie d'intérieurs d'églises homogènes et riches d'œuvres importantes (la cathédrale S. Isidro el Real, ancienne église des Jésuites ; le couvent de S. Isabel, où disparut notamment l'une des plus belles *Immaculées* de Ribera ; la chapelle S. Isidro).

Il reste pourtant de beaux témoignages, trop peu connus, de l'école de Madrid, en dehors des musées où elle est bien représentée (Prado, Acad. S. Fernando, musées Cerralbo, Lázaro Galdiano, des Descalzas et de la Encarnación). Plusieurs églises paroissiales et couvents (S. Jerónimo el Real, les Carboneras, le Carmen, San Justo y Pastor) apportent des contributions précieuses à sa connaissance, et surtout quelques ensembles demeurés intacts évoquent encore le Madrid des Habsbourg : Mercédaires de D. Juan de Alarcon (avec les œuvres du capitaine Juan de Toledo et de Montero de Rojas), Bénédictines de S. Placido (avec la grandiose *Annonciation* de Claudio Coello et ses visions monastiques des autels secondaires), chapelle du tiers ordre franciscain (œuvres de Cabezalaro). Enfin, l'église elliptique de S. Antonio de los Alemanes, entièrement décorée de fresques par Colonna, poursuivies par J. Carreño et F. Rizi, constitue un cas assez exceptionnel dans le Madrid du xviie s.

On n'oubliera pas d'autre part que le xviiie s. international des Bourbons a rénové, en les décorant à fresque, de nombreuses églises madrilènes et créé un grand couvent de Visitandines, les « Salesas Reales » de la reine Barbara de Braganza, où, parmi les marbres de couleur, se groupent, autour de la brillante *Visitation* de Corrado Giaquinto, de grands tableaux italiens et français.

Et, surtout, Goya a laissé dans des églises madrilènes néo-classiques — outre la *Prédication de saint Bernardin* à S. Francisco el Grande, qui fut son premier succès officiel en 1784 sur un chantier auquel participèrent les meilleurs peintres espagnols de l'époque — son chef-d'œuvre décoratif et son chef-d'œuvre religieux : le premier à S. Antonio de la Florida avec les fresques (1798-99) qui transposent un miracle de saint Antoine dans le cadre de la vie populaire ; le second à S. Antonio Abad : la *Dernière Communion de saint Joseph de Calasanz,* œuvre de sa dernière époque (1819), d'une expression si poignante dans son mystérieux éclairage à la Rembrandt.

Real Academia de San Fernando. Fondée en 1752, l'Académie de San Fernando s'installa en 1774 dans le palais qu'elle occupe encore, calle Alcalá, après que l'architecte Diego de Villanueva eut remanié dans un style sévère un édifice conçu selon le goût « churrigueresque » qui régnait au début du siècle. L'Académie possède quelque 800 tableaux et plus de 3 000 dessins. Le musée doit sa variété à des dons multiples, et surtout au fait qu'il s'est enrichi de tableaux provenant des Jésuites, après leur expulsion par Charles III, et de Godoy, lorsque la collection du ministre déchu en 1808 eut été placée sous séquestre. À noter 2 pathétiques Morales *(Ecce Homo, Vierge de pitié),* un admirable ensemble de Zurbarán (5 *Docteurs de la Merci, Vision du saint jésuite Alonso Rodriguez),* plusieurs Ribera *(Ravissement de la Madeleine,* 1636), 2 Murillo de jeunesse provenant du cloître franciscain de Séville (l'*Ange musicien visitant saint François malade, Saint Diego d'Alcalá faisant l'aumône),* 2 tableaux qui comptent parmi les plus représentatifs de l'école castillane du xviie s. (la *Dernière Messe de saint Benoît* de F. Juan Rizi et le *Songe de la vie* de Pereda), de très bons ouvrages de B. Gonzalez, Cano, Carreño.

Goya triomphe avec des portraits « décoratifs » (la *Tirana,* célèbre actrice madrilène), des portraits familiers d'écrivains *(Moratin),* d'artistes *(Villanueva),* d'amis *(Muñarriz)* et avec 2 autoportraits ; il est également représenté par des petites scènes mi-réelles, mi-fantastiques (l'*Enterrement de la Sardine,* la *Maison des fous,* qui proviennent du don Garcia de la Prada en 1839). Le xviiie s. international des Bourbons et le xixe s. académique sont re présentés par des œuvres nombreuses. À côté des Espagnols du xviiie s. (Gonzalez Ruiz, Andrés de la Calleja, Maella) figurent de nombreux étrangers : Mengs, Batoni, les Français Ranc, L.M. Van Loo, premier directeur de l'Académie, La Traverse, Fragonard (esquisse du *Sacrifice de Callirhoé).*

Quant aux dessins, les Italiens, maniéristes et baroques, prédominent (Pontormo, Baroche, P. de Cortone, Maratta, dont mille dessins furent apportés par son compatriote Procaccini, peintre de Philippe V, Tiepolo) ; les Espagnols sont représentés mieux peut-être qu'en aucun musée (Berruguete, Luis Tristan, Carducho, groupes importants de Cano, Carreño, Antonio del Castillo ; l'admirable *Cardinal Borgia* attribué à Velázquez).

Museo Cerralbo. Le marquis de Cerralbo (Madrid 1845 - id. 1922), grand seigneur carliste, aux curiosités multiples (il fut un des initiateurs des études préhistoriques en Espagne et fouilla de nombreux gisements en Castille), réunit une collection de peinture très éclectique, dans un palais décoré dans le goût de 1880. L'État, légataire de l'édifice et des collections, put acheter par la suite un terrain limitrophe qui permit des agrandissements et des remaniements heureux. Le musée fait une place assez large aux peintres étrangers, avec de bons tableaux et dessins : Tintoret, Palma le Jeune, Van Dyck, Boucher, Hubert Robert y figurent avec honneur. Mais la peinture espagnole du Siècle d'or conserve une place prépondérante. On trouve la plupart des maîtres valenciens et castillans : Ribalta, Ribera, Tristan, Orrente, Camilo, Cano. Pereda (l'*Apparition du portrait de saint Dominique au moine de Soriano*), Antolinez (*Martyre de saint Sébastien*) apparaissent avec de grands tableaux très significatifs. Mais 2 chefs-d'œuvre de Greco (*Stigmatisation de saint François*) et de Zurbarán (*Immaculée Conception*) restent les joyaux du musée.

Museo de las Descalzas Reales. En 1559, au début du règne de Philippe II, l'infante Juana, sœur de celui-ci, fondait un monastère de Franciscaines déchaussées, où elle se retira et où professèrent par la suite plusieurs princesses de la famille royale. Installé en plein centre de Madrid dans un ancien palais que transforma J.B. de Toledo, l'architecte de l'Escorial, le couvent s'enrichit constamment d'œuvres d'art offertes par les souverains. Depuis 1906, il ouvre ses portes à certaines heures, et un musée y a été aménagé. Quelle que soit la valeur des peintures exposées, l'intérêt

majeur des Descalzas est de plonger le visiteur, à quelques centaines de mètres de la Puerta del Sol et de la Gran Via, dans le monde ascétique et dévot qui fut cher aux Habsbourg. Le grand escalier, dont la somptuosité contraste avec la modestie des bâtiments conventuels, fut revêtu de stucs et peint à fresque sous Charles II (1684), probablement par des élèves des Italiens Colonna et Mitelli, qu'avait appelés Velázquez ; Claudio Cœllo, à qui on l'a attribué parfois, put y travailler. Le cycle des *Sept Archanges*, reflet d'un culte très populaire dans l'Espagne du temps, les trompe-l'œil qui montrent la famille de Philippe IV agenouillée derrière un grand balcon forment un impressionnant ensemble baroque, unique dans l'ancien Madrid. À l'étage supérieur, une série de chapelles (de l'Immaculée, de Guadalupe, des Anges, de l'Ecce Homo, du Miracle) qui s'ouvrent sur les galeries du cloître conservent intact leur décor de petits autels, de statues polychromes, de peintures pieuses, parfois encastrées dans des glaces. Le musée proprement dit réunit une remarquable série de portraits royaux, dont celui, particulièrement évocateur, des *Petites Infantes, filles de Philippe II* par Sanchez Coello, ainsi qu'un bon ensemble de peintures italiennes (notons une *Sainte Marguerite* de Cecco del Caravaggio) et flamandes des xve et xvie s. Rubens est représenté par un *Saint François et la Vierge* et par les tapisseries du *Triomphe de l'Eucharistie* que Philippe IV lui commanda pour le monastère et dont les esquisses sont au Prado.

Museo de la Encarnación. En 1965, le succès du musée des Descalzas incitait le Patrimonio del Estado à ouvrir dans les mêmes conditions un autre monastère royal, un peu plus récent, celui que Philippe III et la reine Marguerite avaient fondé en 1601 sous le vocable de l'Incarnation. Les Augustines déchaussées occupèrent le couvent, construit par Francisco de Mora, tout près de l'Alcázar royal, auquel le reliait une galerie, aujourd'hui disparue.

Les peintures qui ornent l'église, le cloître et les bâtiments conventuels forment un ensemble homogène, très caractéristique de cette époque, où le Maniérisme évolue vers le Ténébrisme. La transition est frappante dans les œuvres de Carducho (*Annonciation, Saint Philippe* et *Sainte Marguerite,* dans l'église), de Bartolomé Gonzalez, de Ribera (*Saint Jean-Baptiste,* 1638), de Pereda (*Profession de la sœur Ana Margarita* 1650), de Van der Hamen, spécialiste de bodegones, qui se révèle ici comme un bon peintre religieux *(Saint Jean-Baptiste).* Un des plus beaux exemples de la manière large et chaleureuse de la génération suivante est offert dans la sacristie : la grande *Parabole des noces* de Bartolomé Román. **Museo Lázaro Galdiano.** Le fondateur du musée, D. José Lázaro Galdiano (1862-1947), fut un grand collectionneur. Cet autodidacte devenu banquier, de caractère indépendant, avait acquis une immense fortune. Il fonda en 1899 *La España moderna,* revue qu'il dirigea personnellement plusieurs années, accumula tableaux, dessins, objets d'art, livres avec une passion insatiable : il en conservait presque autant à Paris et à Londres qu'à Madrid. Mort sans héritiers, il légua toute sa fortune à l'État espagnol (c'est la fondation Lázaro qui édite la revue d'art *Goya).* La totalité de ses collections fut par la suite regroupée à Madrid dans le Parque Florido, grande maison qu'il avait fait construire aux limites du Madrid résidentiel : un nouvel édifice, pris sur le jardin, permit de compléter l'installation du musée.

Les collections comprennent un ensemble de primitifs espagnols : valenciens (Maître des Perea, *Saint Lazare entre Marthe et Marie),* aragonais (Maître de Lanaja, *Vierge de Mosen Sperandeu,* 1439), castillans (Maître d'Ávila, *Triptyque de la Nativité; Bartolomé* de Castro : *Saint Dominique),* andalous (triptyque de Juan Hispalense [Juan de Sevilla]).

On relèvera ensuite les portraits de cour du XVIe s. (Moro, Sánchez Coello) et surtout les tableaux du Siècle d'or, non seulement dus à de grands noms comme Murillo, Herrera le Vieux (*Saint Joseph et l'Enfant Jésus,* 1648), Carreño, Claudio Coello

(Communion de sainte Thérèse), mais aussi à des artistes « secondaires », tels Antolinez *(Immaculée Conception)* ou Solis.

Goya est représenté par plusieurs portraits, esquisses de modèles de tapisserie, scènes de genre *(Scènes de sorcellerie).* Il est accompagné de ses précurseurs (Paret, le *Magasin de modes)* et des continuateurs de sa veine « romantique » et fantastique : Alenza et surtout les Lucas. Lázaro, qui avait accumulé les peintures des deux Lucas, père et fils, tint à réhabiliter ces artistes en organisant à Paris la première exposition de leurs œuvres. Enfin, sans sous-estimer l'intérêt des rares Italiens (*Saint Jean* attribué à Vinci) et des nombreux Flamands et Néerlandais, on notera le caractère exceptionnel du groupe anglais. Lázaro avait en effet réuni une dizaine de portraits de Reynolds (*Lady Sanders,* 1757), Romney (la *Veuve),* Gainsborough, Lawrence, Etty et 4 paysages de Constable, ensemble unique en Espagne. **Museo municipal.** Consacré à l'histoire de la capitale, mais riche en œuvres d'art, il possède de précieuses peintures de genre du XVIIIe s. (Paret, Manuel de la Cruz) et une série de modèles pour la Manufacture royale de tapisseries (Bayeu, José de Castillo), scènes populaires semblables à celles des « cartons » de Goya au Prado et qui parfois les égalent.

Quant au **musée d'Art contemporain,** détaché en 1962 de l'ancien musée d'Art moderne, heureusement enrichi dans les années suivantes, il commence à offrir une image décente de la peinture du XXe s., principalement en Espagne. Il a été inauguré en 1977 près de la Cité universitaire. Les expositions d'art contemporain se tiennent depuis 1986 dans les magnifiques bâtiments du Centro de Arte Reina Sofia, ancien Hôpital general de Madrid construit sur la Glorieta de Atocha. **Museo del Palacio real.** Les salons du Palais royal, reconstruit par les Italiens Juvara et Sacchetti après l'incendie du vieil Alcázar en 1734, constituent par eux-mêmes un musée de peinture décorative italienne et espagnole. Raphaël Mengs et ses satellites espagnols Antonio González Velázquez, Francisco Bayeu, Maella, Vicente López ont couvert leurs plafonds de compositions historiques et allégoriques. Un chef-d'œuvre de fantaisie poétique brille au milieu de cette prose : l'immense plafond de la salle du Trône, œuvre de G.B. Tiepolo à la veille de sa mort, le *Triomphe de la monarchie espagnole* groupe les parties du monde et les peuples de l'Empire dans un ballet chatoyant et léger. On doit ajouter les admirables portraits de *Charles IV* et de *Marie-Louise* par Goya, qui tiennent une place d'honneur dans un des salons.

En outre, depuis 1962, un choix des meilleures peintures qui ornaient les anciens palais royaux a été rassemblé dans les appartements de la reine Marie-Christine. Un groupe de primitifs flamands (Bosch, Patinir) rappelle le goût des souverains espagnols pour les écoles du Nord ; la pièce maîtresse en est le *Polyptyque de la Reine Catholique* (ou du moins ses 15 panneaux demeurés en Espagne), scènes de la vie du Christ exécutées pour Isabelle par son peintre Juan de Flandes. Le *Saint Paul* de Greco, la *Salomé* de Caravage, le grand *Cheval blanc* retrouvé dans les greniers du palais et attribué à Velázquez sont des œuvres brillantes restées longtemps ignorées. C'est pourtant le XVIIIe s. qui a la place d'honneur avec deux petites toiles de Watteau, des peintures charmantes de Houasse *(Vues des résidences royales)*, de Paret *(Vues de ports espagnols)* et de Lorenzo Tiepolo, fils cadet du maître vénitien et qui mourut prématurément à Madrid (pastels avec types populaires madrilènes, déjà goyesques). Goya lui-même est représenté (*Guérilleros aragonais ; Sainte Élisabeth au chevet d'une agonisante*, grisaille, 1815).

Museo del Prado. Le Prado est un des premiers musées de peinture du monde. Important par la richesse numérique (plus de 3 000 toiles, dont environ 2 500 actuellement exposées), il est exceptionnel par la proportion d'œuvres majeures (et par leur état de conservation, dû au climat sec de la Castille), par les résonances historiques d'un ensemble qui reflète le déroulement

d'une grande école de peinture, l'esprit d'un peuple et le goût de ses souverains. Ceux-ci furent les principaux responsables de ces groupes massifs qui frappent le visiteur et font du Prado un musée à la fois national et international, vénitien et flamand aussi bien qu'espagnol : 40 Titien, 80 Rubens, 50 Velázquez, 115 Goya le rendent irremplaçable pour la connaissance de ces maîtres.

Historique. Créé en 1818 par un décret de Ferdinand VII, le Prado resta durant un demi-siècle « musée royal », florilège des collections réunies par les souverains espagnols.

À partir de Charles Quint, on peut suivre, par des inventaires, l'enrichissement des fonds royaux. De l'empereur, le destin se reflète à travers l'admirable série des Titien (*Charles Quint vainqueur à Mühlberg, Isabelle de Portugal*, la « *Gloire* » de *Charles Quint*, notamment), que complétèrent par la suite les commandes ou les acquisitions de Philippe II (la *Religion secourue par l'Espagne*).

Mais le roi accorda une part non moins importante aux artistes du Nord : le romaniste Coxcie ou le grand portraitiste Antonio Moro. Il rechercha aussi les peintres de la génération antérieure, Bosch ou Patinir. Quant à Philippe IV, sa passion de collectionneur fut insatiable : il monopolisa – ou presque – la production de Velázquez, fit de massives commandes à Rubens et à ses élèves (notamment tout le décor du pavillon de chasse de la Torre de la Parada – mythologies de Rubens, animaux de Snyders, Paul de Vos –, passé aujourd'hui au Prado), commanda des paysages à Claude Lorrain, fit acheter des tableaux en Italie par les vice-rois de Naples (*Vierge au poisson, Montée au Calvaire* de Raphaël), à Venise par Velázquez, en Flandre par les gouverneurs, en particulier à la vente après décès de Rubens (*Autoportrait* de Titien), voire à Londres par l'ambassadeur d'Espagne, lors de la vente qui suivit l'exécution de Charles Ier (*Sainte Famille* de Raphaël, *Vénus* de Titien). L'inventaire de 1700 mentionne 5 539 tableaux dans les palais royaux, dont 1622 à l'Escorial.

Sous Philippe V, les collections subirent un désastre irréparable, avec l'incendie du Palais de Madrid : près du tiers de ses tableaux périt (537 sur 1 575), parmi lesquels des œuvres capitales de Velázquez. En revanche, on dut à la reine Isabelle Farnèse un apport considérable de peintures italiennes du XVIIe s., et quelques œuvres de Murillo ; Charles III appela des artistes de renommée internationale : Tiepolo et Mengs ; et ce dernier fut un temps chargé des Beaux-Arts (commandes aux Bayeu, à J. del Castillo, à Goya). L'inventaire fait à la mort de Charles III, en 1789, mentionne 4 717 tableaux.

Mengs avait déjà suggéré la création d'un musée. Mais ce furent les ministères de Charles IV, Godoy et Urquijo, sans doute aiguillonnés par l'exemple du Louvre, qui préparèrent la réalisation dès 1800. Le même Urquijo, devenu Premier ministre de Joseph Bonaparte, rédigea en 1809 le décret qui donnait naissance au musée : aux tableaux royaux devaient s'ajouter les meilleures œuvres provenant des couvents qu'on venait de supprimer. Par suite des événements politiques et militaires, ce musée n'exista jamais que sur le papier. Mais le projet reprit corps sous Ferdinand VII, encouragé par une reine artiste, Marie Isabelle de Bragance.

On choisit alors pour abriter le Musée royal l'édifice néo-classique construit par Villanueva, à partir de 1785, en bordure de la promenade du Prado. L'exécution fut rapide : un an et demi après la décision, le musée était inauguré, avec trois salles exposant 300 tableaux, tous espagnols ; le catalogue de 1858 atteint 2 000 numéros.

Une nouvelle étape s'ouvre avec la Révolution républicaine de 1868 : de « royal » le Prado devient « national » et surtout il s'enrichit en 1872 d'un apport considérable avec la dissolution du musée de la Trinidad, composé de tableaux provenant des couvents supprimés. Le musée connaît ensuite quelque somnolence : peu d'acquisitions, mais des aménagements et des agrandissements.

Après la guerre civile, en 1939, le Prado

retrouva ses richesses intactes, et le programme d'aménagement fut repris. Les enrichissements s'élèvent à plus de 600 tableaux depuis 1912 : œuvres amenées de l'Escorial (Van der Weyden, Bosch, Tintoret), ou d'églises victimes des événements (Apôtres de Greco d'Almadrones) ; œuvres provenant d'échanges avec des musées étrangers : Louvre (Immaculée de Murillo) et Metropolitan Museum (fresques romanes de S. Baudilio de Berlanga). Mais la plupart des œuvres ont été offertes ou achetées par le ministère de l'Éducation nationale et le Patronato : en 1915, legs Pablo Bosch de 90 peintures (primitifs espagnols et flamands, Moralès, Greco) ; en 1930, legs Fernández Duran (Van der Weyden, Oudry, Goya [Colosse]) ; en 1942, don Cambo de primitifs italiens et de 3 Botticelli ; en 1975, don Marques de Casa Torres (1 Velázquez et 2 Goya).

Parmi les acquisitions, mentionnons le grand portrait équestre du Duc de Lerma par Rubens (1969), des primitifs espagnols, des œuvres de Cano, Espinosa, Zurbarán, Murillo, Paret, Goya (les portraits de Jovellanos et de la Marquesa de Santa Cruz), le Christ mort porté par les anges attribué à Antonello de Messine, la Continence de Scipion de Giam Battista Tiepolo, un Autoportrait de Rembrandt (1941) et une dizaine de portraits anglais achetés entre 1958 et 1968.

La représentation des différentes écoles reste très inégale, Venise, la Flandre (et, assez loin en arrière, la France) occupant, avec l'Espagne, les premiers rangs.

École italienne. Pour l'Italie brillent seules, avec l'Annonciation de Fra Angelico et la Mort de la Vierge de Mantegna, des œuvres entrées récemment (Botticelli, Antonello de Messine). Pour le XVIe s., en dehors des peintres de Venise, figurent Raphaël, qui venait, comme de juste, en tête dans les collections royales : 8 peintures (Montée au Calvaire des Olivétains de Palerme, Vierge au poisson, Vierge à la perle, Portrait d'un jeune cardinal) ; Andrea del Sarto (Vierge entre Tobie et Raphaël, Sacrifice d'Isaac, portrait de Lucrezia di Baccio) ; Corrège

(Noli me tangere) ; Bronzino, Baroche *(Nativité, Calvaire)*.

Titien triomphe avec des œuvres maîtresses dans toute la variété de ses registres : portraitiste *(Charles Quint vainqueur à Mühlberg, Isabelle de Portugal, Frédéric de Gonzague, Autoportrait du peintre âgé)*, peintre religieux *(Adoration des mages, Montée au Calvaire, Sainte Marguerite)*, peintre d'allégories sacrées sur des thèmes du moment (la « *Gloire* » *de Charles Quint ; Philippe II offrant son fils au ciel après Lépante ;* la *Religion secourue par l'Espagne*) et peintre mythologique (les tableaux royaux exilés par le purisme du xviiie s. finissant, comme trop voluptueux, dans les réserves de l'Académie San Fernando : *Danaé, Vénus et la Musique,* la *Bacchanale)*. Tintoret et Véronèse sont eux aussi complètement représentés. Notons également des œuvres de Giovanni Bellini, Giorgione, Lotto, Sebastiano del Piombo, Palma Vecchio et Palma le Jeune. L'Italie baroque est abondamment représentée (collection due en grande partie à la reine Isabelle Farnèse : les Carracci, Caravage, G. Reni, Dominiquin, Guerchin, l'Albane). On relèvera l'intérêt des fresques d'Annibale Carracci *(Vie de saint Jacques et de saint Diego d'Alcala)*, transportées de l'église romaine S. Jacopo degli Spagnuoli, du cycle de grandes peintures sur la *Vie de saint Jean-Baptiste* de Massimo Stanzione, de quelques tableaux des premiers caravagesques italiens venus en Espagne, tels Borgianni *(Autoportrait)* et Cavarozzi *(Mariage mystique de sainte Catherine)*, de toiles nombreuses de Luca Giordano, appelé à Madrid par Charles II.

On notera un riche ensemble du xviiie s. italien (Pannini, Batoni, Amigoni, Giaquinto, les Tiepolo).

Écoles du Nord. Le xve s. est brillamment représenté par tous ses grands maîtres, de l'atelier de Van Eyck (l'*Église et la Synagogue*), de Bouts, du Maître de Flémalle, de Memling, de Gérard David à Van der Weyden (grandiose *Descente de croix,* jadis à l'Escorial). Très riche, le xvie s. nordique est dominé par Patinir, Bosch *(Jardin des délices, Adoration des mages, Tentation de saint Antoine, Char de foin)*, Bruegel le Vieux *(Triomphe de la mort).*

Le xviie s. est dominé par Rubens, avec trois groupes bien définis : les œuvres peintes à Madrid au cours de ses deux voyages de 1606 et de 1628 *(Apostolado* et *Portrait équestre du duc de Lerma, Portrait équestre de Philippe II,* copies d'*Adam* et *Ève* de Titien), les modèles pour les tapisseries du *Triomphe de l'Eucharistie,* commandées pour les Descalzas Reales de Madrid par l'infante Isabelle-Claire-Eugénie (1628) et dont le Prado possède sept admirables esquisses, l'énorme ensemble mythologique d'après les *Métamorphoses* d'Ovide, peint vers 1636, avec la collaboration de tout l'atelier de Rubens, pour orner le pavillon royal de la Torre de la Parada, dans la forêt du Pardo. Notons aussi l'*Adoration des mages* (1609), le portrait de *Marie de Médicis,* la *Danse de paysans,* le *Jardin d'amour.* Van Dyck et Jordaens sont également très bien représentés. À signaler une riche série de Téniers et surtout de Bruegel de Velours (les *Cinq Sens,* les *Quatre Saisons, le Paradis terrestre).* À cette exubérante richesse s'oppose la pauvreté des témoignages sur les nations qui furent en opposition politique avec l'Espagne des Habsbourg, Hollande et Angleterre. Pour la première, dont l'essor pictural coïncide avec la conquête de son indépendance, deux salles exposent un échantillonnage seulement honorable de maniéristes tardifs (Cornelisz Van Haarlem, *Apollon devant le tribunal des dieux)*, de paysagistes (Cuyp, Van Goyen), de peintres de chasse (Wouwerman) et de natures mortes (Heda, Jan Davidz de Heem), où seuls se détachent Ruisdael et Rembrandt *(Artémise,* 1634). Quant à l'Angleterre, dont l'absence était presque totale, des dons ou des achats récents ont constitué un groupe, une douzaine de portraits de Lawrence *(Comte de Westmoreland, Miss Martha Carr)*, de Raeburn, Hoppner, Oppie.

L'Allemagne de la Renaissance figure avec des tableaux peu nombreux, mais capitaux. Autour de quatre Dürer de premier ordre *(Autoportrait, Hans Imhoff, Adam et Ève)* se groupent quelques excellentes peintures de Baldung Grien *(Trois Grâces, les Âges et la Mort)*, de Cranach *(Chasse de Charles Quint chez l'Électeur de Saxe)*, d'Amberger.

École française. Le fonds français est riche et varié. On peut y distinguer trois groupes. Celui qui remonte à Philippe IV : avant tout le bel ensemble des Poussin (dont le *Parnasse*, le *Triomphe de David*) et des Claude Lorrain (dix paysages historiques « peints pour le roi d'Espagne », dont *Tobie et l'Ange, Sainte Paule s'embarquant à Ostie*) auxquels s'ajoute un exceptionnel Sébastien Bourdon, le *Portrait équestre de Christine de Suède*. L'héritage des Bourbons, plus considérable et plus disparate : ce qui fut exécuté en Espagne par les « Pintor de Cámara » : Houasse, avec des sujets religieux et mythologiques et quelques œuvres beaucoup plus personnelles (l'*Infant Louis en gris* et surtout la très moderne *Vue du monastère royal de l'Escorial*), Ranc (nombreux portraits), L. M. Van Loo (avec la grande *Famille de Philippe V à la Granja*) ; ce qui fut par la suite reçu en France ou commandé en France : portraits de la famille royale (l'*Infante Marie-Victoire* de Nicolas de Largillière, le *Louis XV enfant* de Gobert, le grand *Louis XVI* de Callet, cadeau du monarque au comte d'Aranda) ; scènes de genre (deux petits Watteau) ou paysages (quatre Vernet commandés en 1781 par le futur Charles IV pour sa « casita » de l'Escorial). Enfin, quelques toiles importantes proviennent d'achats ou de legs récents, comme le Vouet *(le Temps vaincu par la Jeunesse et la Beauté)*, l'*Annonciation* de Finsonius, les portraits par Oudry du *Comte* et de la *Comtesse de Castelblanco*, le grand *Colisée* d'Hubert Robert.

École espagnole. Le Prado reste d'abord un musée castillan, où prédominent les artistes originaires de Castille ou appelés en Castille par la Cour.

Pour le Moyen Âge, seuls quelques tableaux (*Frontal* roman de Guies, *Histoires de saint Jean-Baptiste et de la Madeleine* de l'atelier des Serra, *Retable de San Miguel de Arguis, Saint Dominique de Silos*, chef-d'œuvre de Bermejo, *Vierge des chevaliers de Montesa* attribué à Pablo de S. Leocadio) évoquent la Catalogne, l'Aragon, Valence. En revanche, on peut suivre le déroulement de la peinture en Castille et en León depuis l'époque romane (peintures murales de San Baudilio de Berlanga et de Maderuelo) jusqu'à la Renaissance, avec notamment le bel ensemble des Gallego et des Berruguete. Le XVIe s. est représenté par des chefs-d'œuvre d'Antonio Moro, Sánchez Coello, Pantoja de la Cruz.

Greco est magnifiquement représenté avec des tableaux religieux *(Trinité douloureuse* de Santo Domingo Antiguo, *Saint Sébastien, Pentecôte)* et des portraits (le *Capitaine Julio Romero et son saint patron)*.

Le Siècle d'or est illustré de façon éclatante : deux beaux Ribalta, une cinquantaine de Ribera *(Martyre de saint Barthélemy, Songe de Jacob, Sainte Marie l'Égyptienne)*, des tableaux de Herrera le Vieux *(Profession de saint Bonaventure, Tête coupée d'un saint)* et de Zurbarán *(Travaux d'Hercule, Immaculée, Sainte Euphémie*, le *Cardinal Diego de Deza, Scènes de la vie de saint Pierre Nolasque)*. Murillo est excellemment représenté *(Songe du Patricien, Explication du songe, Immaculées, Saintes Familles)*.

L'école madrilène groupe au Prado assez de peintres pour manifester la variété des tempéraments de l'évolution du Réalisme un peu raide du premier tiers du siècle (grandes *Histoires de chartreux* de Carducho, *Adoration des mages* et *Pentecôte* de Maino, natures mortes de Van der Hamen) au grand style épique des contemporains de Velázquez, puis au Baroque décoratif de la seconde moitié du siècle (Carreño).

Le XVIIIe s. est bien représenté sous son double visage, celui des « officiels » (Mengs, Bayeu), celui des indépendants (Meléndez, Paret y Alcázar).

Reste enfin l'un des attraits majeurs du Prado, ces « musées dans le musée », un « musée Velázquez » et un « musée Goya », qui rassemblent assez de chefs-d'œuvre et assez divers d'époques pour que l'on puisse, mieux qu'en aucun autre lieu, mesurer l'étendue de ces deux génies de la peinture espagnole.

Les peintures espagnoles du XIX⁰ s. sont présentées dans un bâtiment voisin, le Casón del Buen Retiro, ancien pavillon de réceptions du palais de Philippe IV. De Lopez à Mir et Rusiñol, cette section (amputée de Goya) offre une vision intéressante mais un peu fragmentaire des courants artistiques de cette époque. La période romantique est à l'honneur dans ses différents registres : le portrait avec F. de Madrazo, C.L. de Ribera, Esquivel et Gutiérrez de la Vega ; la scène de genre est illustrée par Alenza, Lameyer, Lucas Velázquez et les « costumbristas » Bécquer, Castellano, Rodríguez de Guzman, tandis que Jenaro Pérez Villamil représente le paysage romantique.

Dans le troisième quart du siècle se détachent deux personnalités avec quelques toiles importantes telles que les *Enfants du peintre dans un salon japonais* par Fortuny et le *Testament d'Isabelle la Catholique* par Rosales. Ce panorama se termine par les œuvres des Valenciens Domingo Marqués, Pinazo, Sorolla et une série de paysages dus à Rico, Beruete, Regoyos, Gimeno et Riancho.

Dans la salle centrale, sous le plafond de L. Giordano, est installée depuis 1981 *Guernica*, la célèbre toile que Picasso réalisa en révolte contre l'horrible bombardement de la petite ville des Asturies (1937) par l'aviation nazie : elle est accompagnée d'une série d'esquisses préparatoires.

Museo Romántico *(fondation Vega-Inclán).* Le marquis de la Vega-Inclán (1858-1942), encouragé par le succès du musée Greco qu'il avait ouvert à Tolède en reconstituant une « maison du peintre », voulut tenter une évocation semblable au bénéfice d'un Romantisme artistique espagnol injustement négligé. Il offrit donc à l'État les quelque 80 tableaux romantiques qu'il avait réunis et restaura, pour les abriter, une demeure aristocratique du début du XIX⁰ s. dans la calle S. Mateo. Ouvert en 1924, très enrichi

par la suite, le musée offre avec sa salle de bal, ses meubles, ses porcelaines et ses miroirs une agréable et fidèle reconstitution d'intérieur romantique. Le terme de *romantique* est pris d'ailleurs au sens large, les tableaux exposés s'échelonnant entre 1808 et 1860. Commençant à Goya *(Saint Grégoire),* le musée fait place aux artistes de la première moitié du siècle : décorateurs (comme Zacarías González Velázquez, dont plusieurs plafonds ont été remontés dans les salons du musée), portraitistes (López, Tejeo, Fernandez Cruzado, Esquivel, Carderera, Gutiérrez de la Vega), peintres d'intérieurs et de types populaires (Becquer, Cabral Bejarano), paysagistes (Villaamil), peintres de fantaisies romantiques, avec parfois la note de satire (Alenza : le *Suicide romantique).* Ces peintures, présentées dans le cadre qui peut le mieux les mettre en valeur, complètent très heureusement les salles du XIX⁰ s. du Prado. Le musée est devenu en outre un centre d'études romantiques.

Museo Sorolla. La villa de style andalou et l'atelier du peintre valencien Joaquín Sorolla (1863-1923), virtuose qui marque dans l'Espagne de la fin du siècle la transition du Réalisme à l'Impressionnisme, sont devenus un musée des peintures, des dessins et des souvenirs de l'artiste. Offert à l'État en 1929 par sa veuve, il a été remanié et enrichi de plusieurs salles nouvelles entre 1944 et 1951.

On y trouve, dans le cadre même où Sorolla vécut, des témoignages probants et divers de son art : portraits de famille et d'amis, paysages d'Espagne, scènes de plages méditerranéennes (Sorolla fut toujours passionné par la mer, qui lui a inspiré quelques-uns de ses meilleurs tableaux : *Après le bain, Pêcheuses valenciennes, Enfant regardant son petit bateau).* On y trouve également quatorze grandes peintures, qui sont des études de types castillans et aragonais pour le cycle consacré aux provinces espagnoles, qui fut commandé en 1911 par Archer Huntington et décore le rez-de-chaussée de la Hispanic Society de New York.

MAELLA Mariano Salvador
(Valence 1739 - Madrid 1819).

Fils d'un modeste peintre valencien, il est à Madrid dès 1750 pour suivre les cours de l'Académie de San Fernando, à peine créée, et y obtient plusieurs prix. N'ayant pas réussi à partir pour l'Amérique, il se rend à Rome, en partie soutenu par l'Académie, et y copie les grandes œuvres du Baroque romain (1758-1765). De retour à Madrid, élu académicien, il commence, dans l'orbite de Mengs, une carrière d'honneurs. Peintre de la Chambre en 1774, directeur de la Peinture à l'Académie en 1794, directeur général en 1795, il est nommé premier peintre du roi en 1795, en même temps que Goya. Ayant servi Joseph Bonaparte, il fut écarté de la cour de Ferdinand VII.

Abondante et inégale, son œuvre montre surtout une grande qualité dans les dessins et esquisses (nombreux au Prado, B.N. de Madrid, Valence), influencés par Giordano et Giaquinto (*Allégories* pour la Casita del Principe au Pardo, *in situ,* dessins au Prado). Nombreuses, ses grandes décorations pour les palais royaux attestent l'emprise progressive de l'académisme de Mengs : voûte de la Colegiata de la Granja (1772, esquisses au Prado), trois plafonds pour le Palais royal de Madrid, Casita del Labrador à Aranjuez. Destinée aux cathé-

Juan Bautista Maino
Saint Jean-Baptiste dans un paysage, 1613
74 × 163 cm
Madrid, musée du Prado

drales d'Espagne et aux demeures royales, son œuvre religieuse est très abondante : *Vie de sainte Léocadie,* au cloître de la cathédrale de Tolède, 1775-76 ; *Saint François Borgia à Grenade,* pour la cathédrale de Valence ; *Saint Ferdinand et saint Charles,* à Cadix, église San Francisco, 1794 ; au couvent San Pascual d'Aranjuez, détruit en 1936, nombreuses *Immaculées.* Il fut également un portraitiste brillant, plein de vie : portraits de *Charles III* (1784, Palais royal de Madrid, première pensée au musée d'Agen) ; *Famille de Charles IV* (dessin, Prado), *Don Froilán de Braganza* et la petite *Infante Carlota Joaquina* (Prado). Auteur de quelques paysages de ports (Prado) et de peintures de bataille (*Bataille d'Aljubarrota,* Prado), il laissa de nombreux dessins destinés à illustrer des ouvrages, gravés par les meilleurs artistes du temps.

MAINO Juan Bautista
(Pastrana, Nouvelle-Castille, 1578 - Madrid 1649).

Son père étant italien, il fait son apprentissage en Lombardie, puis à Rome, où il fréquente Annibale Carracci et le jeune Guido Reni, et il s'intéresse, sans doute, au clair-obscur du Caravage. De retour en Espagne, il s'installe à Tolède, où, comme frère de l'ordre de Saint-Dominique, il prononce ses vœux en 1613 au couvent de Saint-Pierre-Martyr, dont il peint le retable. Il s'installe ensuite à Madrid, où il devient professeur de peinture de l'Infant, le futur Philippe IV. Il exerce une certaine influence sur la vie artistique du Palais jusqu'à la venue de Velázquez, qu'il estime beaucoup, semble-t-il.

Son style, très personnel, se rattache à l'Italie contemporaine par sa parenté étroite avec le Caravagisme clair de Gentileschi (*Adoration des mages,* Prado ; *Adoration des bergers,* id., autref. déposé au musée de Villanueva ; ces deux œuvres proviennent toutes deux du retable de Saint-Pierre-Martyr de Tolède, 1613). Déjà portraitiste de talent (*Portrait de gentilhomme,* Prado), il est l'auteur de l'un des plus curieux tableaux d'histoire du Baroque espagnol (*Reprise de Bahía,* 1635, Prado), peint pour le salon des Royaumes du Buen Retiro, et remarquable par l'étude des nuances claires du plein soleil et par un souci de réalisme humanitaire opposé à la conception héroïque du tableau de bataille.

MAÎTRE D'ARGUIS
(actif en Aragon dans la première moitié du XVᵉ s.).

L'origine du *Retable de saint Michel* (Prado), qui ornait le maître-autel de l'église d'Arguis, a donné son nom à ce maître, auquel on a attribué 2 autres retables, dédiés à sainte Anne et exécutés également dans la région de Huesca ; l'un de ces retables se trouve dans la collection Junyer de Barcelone et l'autre, un petit triptyque plus archaïque, à la collégiale d'Alquezar. Ces œuvres témoignent d'une profonde connaissance du milieu artistique catalan, influencé par l'art franco-italien. Si le rythme dansant des figures et l'élégance des costumes, aux coloris éclatants, rappellent les compositions de Borrassá et de Juan

Mates, la raideur des silhouettes et la verve presque caricaturale des visages sont d'un accent typiquement aragonais. Le Maître est, après Juan de Leví et Bonanat Zaortigat, l'un des représentants les plus curieux de la version aragonaise du style Gothique international.

MAÎTRE D'ÁVILA
(actif en Castille dans la seconde moitié du XVᵉ s.).

Parmi les artistes qui ont travaillé dans le sillage de Gallego, le Maître d'Ávila tient une place importante par le nombre des retables qui lui sont attribués. En reprenant certains thèmes flamands, il tend à accentuer l'expression réaliste des personnages par un jeu de lumière qui accuse fortement les traits et traduit une intense vie intérieure. Sans reprendre les expressions caricaturales de Gallego, ses personnages au canon plus court présentent un visage plus large avec des pommettes saillantes ; il affectionne, enfin, les larges nimbes cernés de noir. Les 3 *Scènes de la vie de la Vierge* (Barco de Ávila) exécutées v. 1470, l'*Épiphanie* (Toledo, Ohio, Museum of Art) et le retable de Saint-Vincent d'Ávila sont à cet égard très caractéristiques, Diaz Padron lui attribue également le *Calvaire* (Prado) dont l'examen à la réflectographie infrarouge révèle un dessin sous-jacent différent de celui de la *Pietà* signée par Gallego (Prado). Le triptyque de la *Nativité* (Madrid, musée Lázaro Galdiano) provenant d'un couvent d'Ávila témoigne de recherches plus idéalisées et sereines. Le Maître d'Ávila eut de nombreux disciples : le Maître de Geria, le Maître de Garofani et celui que J. Gudiol baptise le « Premier Maître d'Ávila ». Leur collaboration peut être notée dans le *Retable de saint Pierre* et le *Retable de Notre-Dame-des-Grâces* (cathédrale d'Ávila), ainsi que dans celui de Saint-Martin de Bonilla, où l'on discerne une tension expressionniste qui tend vers la crispation des attitudes. Tormo avait proposé d'identifier le Maître d'Ávila avec un certain Garcia del Barco, peintre connu à Ávila entre 1465 et 1476.

MAÎTRE DE BECERRIL
(actif dans la première moitié du XVIe s.).

Parmi les artistes qui ont travaillé, dans le sillage de Pedro Berruguete, pour les églises de la « Tierra de Campos » se détache un peintre à qui l'historien D. Angulo croit pouvoir donner le nom de Juan Gonzalez Becerril, gendre de Pedro Berruguete. Il exécuta pour l'église de l'Assomption de Ventosa de la Cuesta 2 autres polyptyques, l'un consacré à *Saint Michel* et l'autre à la *Vierge*. Plusieurs tableaux isolés lui ont été également attribués : *Saint Roques, l'ange et le martyre de saint Érasme* (musée de Burgos), *Sainte Barbe* (Prado), *Sainte Apollonie* (Madrid, coll. Almerana) et *Quatre Prophètes* (Madrid, coll. Adanero). Ces œuvres restent très marquées par le style de Pedro Berruguete, tant dans l'ordonnance des retables, dans l'iconographie et la composition des scènes que dans l'heureuse mise en page des figures de prophètes en prédelle. Mais l'influence de la Renaissance italienne y est plus sensible que chez son maître, par l'abondance des éléments architecturaux et des motifs décoratifs copiés sur des gravures de Marcantonio Raimondi. Enfin apparaît dans le fond de nombreuses scènes un paysage fin et délicat teinté de vert et de bleu à la manière de Juan de Flandes. Parfaitement au courant des nouveautés italo-flamandes, et restant dans l'étroite dépendance du style de Pedro Berruguete, le Maître de Becerril appartient à la première génération de la Renaissance en Castille, sans qu'y paraisse encore le reflet du maniérisme élégant et mouvementé d'Alonso Berruguete.

MAÎTRE DE BURGO DE OSMA
(actif à Valence au début du XVe s.).

Parmi les tableaux anonymes valenciens de style gothique international, une série d'œuvres exécutées dans le cercle immédiat de Pedro Nicolau a été attribuée à un artiste que Saralegui nomme « le Maître de Rubielos » ou « le Maître valencien de Burgo de Osma ». Le retable de Rubielos de Mora, par le graphisme aigu des figures et l'expression presque caricaturale de certains visages, est marqué d'un fort accent nordique venu de Marzal de Sax, qui travailla à Valence entre 1393 et 1410. Le *Retable de la Vierge*, qui aurait appartenu à la cathédrale de Burgo de Osma, a été reconstitué autour d'une *Vierge à l'Enfant entourée d'anges* (Louvre) avec plusieurs panneaux dispersés (Burgo de Osma, Louvre, musée Marées de Barcelone, musée diocésain de Valladolid). Cet ensemble présente un modelé plus souple et plus gracieux, où le courant toscan est plus sensible. Ces deux tendances se trouvent étroitement réunies dans plusieurs fragments : *Saint Blaise et saint Jacques* (Valence, anc. coll. Burguera), *Vierge allaitant* (autref. cathédrale de Valence), *Annonciation* (Prado), *Descente de croix* (Barcelone, coll. Puig Palau), *Mise au tombeau* (Séville, Musée provincial).

MAÎTRE DE CANAPOST
(actif en Catalogne et en Roussillon dans le dernier quart du XVe s.).

À cet artiste anonyme ont été attribuées 5 œuvres de grande qualité technique et esthétique qui révèlent la connaissance des peintres français et particulièrement celle de Jean Fouquet (Tours, v. 1420 - *id.* v. 1480). La plus ancienne peinture connue semble être le *Retable de la Vierge au lait* (Gérone, musée diocésain) provenant de l'église S. Esteban de Canapost (prov. de Gérone) qui donna son nom à l'artiste. Le panneau central reproduit le type de la Vierge découvrant son sein gauche, élaboré par Fouquet sur le volet droit du *Diptyque de Melun* (v. 1452, musée d'Anvers). On note également dans ces 2 œuvres la même insistance sur les volumes sphériques et lisses, la même stylisation élégante des formes et le même effet chromatique obtenu par une large utilisation de la couleur blanche. Une même conception picturale, malgré des différences techniques imposées par les supports (toile au lieu de bois), apparaît dans les 12 scènes (Barcelone, M.A.C. ; Majorque, coll. part.) provenant des portes d'orgue de la cathédrale d'Urgel. Le *Retable de la Trinité*, (Perpignan, musée Rigaud) peint en 1489 pour la chapelle de la Loge de mer de cette ville, fournit la seule référence chronologique pour cet artiste et met en évidence sa parfaite maîtrise de l'espace et un vrai sentiment du paysage. Ces qualités se développent dans le *Saint Jérôme pénitent* et l'*Annonciation* (Barcelone, M.A.C.), provenant de Puigcerdá, qui correspondent à une époque de pleine maturité du peintre. On lui attribue également un reliquaire à double face (*Vierge à l'Enfant* et *Sainte Face*) donné en 1496 à la cathédrale de Gérone et sur lequel apparaît l'écusson de Berenguer de Palau, évêque de Gérone entre 1486 et 1506.

MAÎTRE DE JÁTIVA
(actif à Valence dans le dernier quart du XVᵉ s.).

Son œuvre a été isolée parmi l'abondante production des disciples du Maître de Perea. L'élégance des personnages, le modelé suave des visages et le maniérisme des attitudes attestent une personnalité originale qui travailla essentiellement pour les églises de Játiva. Le maître exécuta le *Retable de la Vierge* (Barcelone, M. A. C.) et 2 retables pour les églises San Pedro et San Francisco de Játiva. Il collabora avec le Maître de Artes pour le retable de l'église San Feliú et exécuta 2 panneaux pour le polyptyque peint par Juan Reixach à la collégiale.

MAÎTRE DE LOURINHÀ,
peintre portugais d'origine flamande [?] *(actif au Portugal dans la première moitié du XVIᵉ s.).*

On a regroupé autour de ce maître anonyme une série de panneaux présentant des affinités avec l'art de Frère Carlos mais manifestant une personnalité différente. Il s'agit d'un peintre de qualité, dont le chef-d'œuvre est sans doute le *Saint Jean à Patmos* (Miséricorde de Lourinhà), présenté dans un vaste paysage rappelant ceux

Maître de Canapost
Retable de la Trinité, 1489
bois, 369 × 219 cm
Perpignan, musée Rigaud

de Patinir. On lui attribue également la *Pentecôte* du triptyque des Infants (Lisbonne, M.A.A.), le *Saint Jérome pénitent* (musée de Porto), *Saint Antoine et saint Jacques le mineur* (Sesimbra, sanctuaire de Cabo Espichel), certains éléments du *Retable de saint Jacques* tel que *l'Enfer* (Lisbonne, M.A.A.) et surtout le grand retable de la cathédrale de Funchal (Madère) resté intact dans son lieu d'origine. Ce dernier ensemble présente une évidente parenté avec le célèbre triptyque (*Calvaire du Christ portant la croix* et *Déposition*) de Caldas da Rainha, commandé par la reine Leonor. Ces œuvres, d'un caractère très flamand, offrent par leurs constructions spatiales et lumineuses une vision nouvelle. Elles permettent de considérer cet artiste comme l'un des plus importants chefs d'atelier de l'époque manuéline.

MAÎTRE DE MONTESIÓN
(actif à Majorque au début du XVᵉ s.).

L'église de Montesión à Palma a prêté son nom à l'auteur du grand retable placé dans l'une de ses chapelles. Cette œuvre, parvenue dans un très bel état de conservation, reprend l'ordonnance des polyptyques italiens avec de grandes figures de saints encadrant le panneau central consacré à la Vierge. L'influence siennoise est notable dans le dessin, précis et élégant, des figures, et dans le modelé lisse des draperies, bordées d'un galon doré. Deux panneaux votifs (cathédrale de Palma) peints en 1406 lui sont également attribués.

MAÎTRE DE PALANQUINOS
(actif à León dans le dernier quart du XVᵉ s.).

Sous ce nom, Gomez Moreno a groupé l'œuvre d'un artiste qui travailla à León dans l'entourage de F. Gallego. Des 6 panneaux provenant de Palanquinos et incorporés au grand retable peint par Nicolas Francés (cathédrale de León), 2 fragments de prédelle représentant 3 *Apôtres* montrent par la belle mise en page des personnages à mi-corps et la précision des figures l'importance que l'artiste, comme Gallego, attache à l'achèvement des figures de prédelle : le fond d'or orné de motifs mudéjars est un type de décor souvent utilisé par l'artiste. L'influence des scènes flamandes, celles de Bouts en particulier, est évidente dans 3 œuvres de la cathédrale de León : la *Déposition de croix*, *Saint Cosme* dans un paysage et *Saint Damien* à l'intérieur d'une église gothique ; mais la liberté de son interprétation et la grande dignité de ses

figures permettent de placer le Maître de Palanquinos parmi les représentants les plus élégants de la peinture flamande en terre de León. Deux autres retables lui ont été également attribués : celui des *Deux Saints Jean* (Villalón de Campos) et celui de *Santa Marina* (Mayorga).

MAÎTRE DES PEREA
(actif à Valence à la fin du XVᵉ et au début du XVIᵉ s.).

Autour du *Retable des Rois mages* (musée de Valence), peint aux armes de la famille des Perea après 1491, ont été groupées un certain nombre d'œuvres qui prolongent, en les stéréotypant, les compositions de Jacomart et de Reixach. Il s'agit en particulier de la *Visitation* (Prado), de *Lazare entre Marthe et Marie* (Madrid, musée Lázaro Galdiano) et de l'apôtre *Saint Jacques* (musée de Valence).

MAÎTRE DES PRIVILÈGES,
peintre de Majorque
(deuxième quart du XIVᵉ s.).

Millard Meiss a proposé de grouper autour du plus célèbre manuscrit enluminé majorquin, le *Livre des Privilèges* (Palma, Archives historiques), l'œuvre d'un artiste de talent, chef d'un atelier à Majorque, qui exécuta des manuscrits enluminés et des panneaux peints. Au frontispice du texte catalan sont étroitement liées les peintures ornant le *Manuscrit des lois palatines* promulguées par le roi Jacques III de Majorque en 1337 (Bruxelles, Bibl. royale). Au frontispice du texte latin se rattachent davantage le *Retable de sainte Quiterie* (Palma, musée de la Société archéologique lulienne) et le *Retable de sainte Eulalie* (cathédrale de Palma). Ces œuvres révèlent par les types des visages, au nez aquilin et aux yeux bridés, un art fortement marqué par le style de Duccio, tandis que les silhouettes, gracieusement inclinées, et les dessins des marges évoquent les miniatures gothiques françaises. Deux noms ont été proposés pour le Maître des Privilèges, sans aucune certitude : Romeu des Poal, originaire de Manresa, copiste du texte latin du *Livre des Privilèges*, et Jean Loert, le seul peintre cité dans les textes du deuxième quart du XIVe s. à Majorque.

MAÎTRE DU CHEVALIER DE MONTESA
(actif à Valence dans le dernier tiers du XVe s.).

Autour du panneau de la *Vierge à l'Enfant adoré par un chevalier de l'ordre de Montesa* (Prado) ont été groupés 3 petits panneaux — une *Adoration des mages* (musée de Bayonne), une *Annonciation* (Munich, coll. part.) et une *Pietà* (Italie, coll. part.) — dus à la main d'un même artiste. Contemporain de Rodrigo de Osona le Vieux et de la jeunesse de Pablo de San Leocadio, auxquels ses œuvres ont été successivement attribuées, parfaitement au courant des nouveautés apportées par G. Bellini et A. de Messine, le Maître fait preuve d'un goût prononcé pour les compositions avec des figures verticales et d'une grande délicatesse de pinceau pour noter les effets lumineux et la transparence des draperies. Il s'agit à coup sûr d'un des peintres les plus remarquables travaillant en Espagne à la fin du XVe s., l'égal, par le raffinement pictural et l'invention poétique, de Bermejo. Il est actuellement identifié par la plupart des spécialistes et historiens d'art avec Pablo de San Leocadio.

MAÎTRE DU LLUSSANES
(actif en Catalogne dans la première moitié du XIIIe s.).

Un ensemble de peintures provenant en grande partie de la région de Llussa, sur le haut Llobregat, à l'est de Vich, a été attribué par C. R. Post à un même peintre. Il comprend les fresques de Puigreig *(Visitation, Annonciation, Vierge en majesté)*, le *Jugement dernier* peint dans un enfeu de San Pablo de Casseres (musée diocésain de Solsona), les frontaux de la *Vierge* de Llussa (musée de Vich) et de Solanllong, une table

d'autel provenant d'Eguillar (Navarre), un *Crucifix* de Llussa et, sans doute, un antependium actuellement conservé à Baltimore (W. A. G.) ainsi qu'un autre, très détérioré, de l'église d'Angoustrine (Pyrénées-Orientales).

L'art de ce maître se caractérise par l'adaptation au goût espagnol du style italo-byzantin apporté vers 1200 dans la Catalogne du Nord par l'auteur de l'antependium de Valltarga. Les couleurs intenses — parfois ternies par l'oxydation des fonds d'argent — et les formes « détendues » de ce dernier se retrouvent dans cette série d'œuvres. La simplicité du trait remplace le graphisme complexe des œuvres proprement romanes. Mais le traitement pittoresque des scènes apparaît conforme aux traditions du roman tardif catalan.

MAÎTRE DU ROUSSILLON
(Actif dans le Roussillon, au début du XVe s.).

Cet artiste porte le nom du comté dans lequel ont été trouvés plusieurs retables qui lui sont attribués : le *Polyptyque de saint André*, acquis par le Metropolitan Museum de New York, un panneau avec 2 *Scènes de la vie de saint Dominique* (église de Collioure) et le *Retable de saint Jean-Baptiste* (église d'Evol), exécuté avant 1428, année de la mort du donateur, Guillermo de So. D'un style proche, mais sans doute d'une autre main à Perpignan, on peut également citer : le *Retable de saint Nicolas* (église de Camélas), ainsi que le *Retable de saint Juste et saint Pasteur* (Paris, Église américaine) et un pinacle avec la *Crucifixion* (musée de Bâle). L'élégance et la fantaisie de ses compositions, le graphisme très incisif de ses figures, l'intensité de ses couleurs, enfin, rapprochent le peintre du Catalan Borrassá, dans l'atelier duquel il a peut-être été formé. Le Maître est, sur le versant nord des Pyrénées, l'un des représentants les plus inspirés du style gothique international. On a proposé de l'identifier avec Arnau Pintor, peintre le plus actif de Perpignan, connu par des documents entre 1385 et 1440.

Maître de Saint Ildefonse
*L'Imposition de la chasuble
à saint Ildefonse*
bois, 230 × 167 cm
Paris, musée du Louvre

MAÎTRE DE SAINT ILDEFONSE
*(actif dans la province de Valladolid
dans le dernier quart du XVᵉ s.).*

La personnalité de cet artiste se fonde sur le panneau représentant l'*Imposition de la chasuble à saint Ildefonse* (Louvre), celui de *Saint Paul et saint Jacques* (musée de Copenhague) et sur 2 autres consacrés à *Saint Athanase* et à *Saint Louis de Toulouse* (musée de Valladolid). La haute qualité de sa peinture et sa conception esthétique classent le peintre parmi les meilleurs artistes de la région castillane à la fin du XVᵉ s. On lui attribue également deux éléments du retable de la chapelle Saint-

Martin dans la cathédrale de Tolède, représentant la *Visitation* et la *Madeleine*. Le Maître néglige les ors comme Jorge Inglés, mais ne ressent pas autant que lui l'attrait du paysage.

La verticalité de ses personnages, la dureté de leurs physionomies et l'originale transcription des plis des vêtements confèrent à ses compositions une imposante monumentalité. Selon Gudiol (mais cette théorie n'est pas acceptée par d'autres historiens), il serait l'auteur des *Scènes de l'enfance du Christ* provenant du monastère de la Sisla (Prado), et l'un des artistes qui travaillèrent au retable de la chapelle du connétable D. Alvaro de Luna (cathédrale de Tolède).

MAÎTRE DE SANTA CLARA DE PALENCIA
(actif en Castille à la fin du XVᵉ s.).

Il est l'auteur de 4 grands panneaux appartenant probablement à un même retable : la *Vierge de miséricorde*, la *Messe de saint Grégoire*, provenant du couvent de Santa Maria de Palencia (Madrid, Musée archéologique), la *Dormition* et le *Couronnement de la Vierge* (musée de Lyon). Si ces œuvres reprennent certains éléments flamands empruntés surtout à Hugo Van der Goes (composition, type des anges), elles témoignent aussi d'une profonde connaissance de la peinture provençale par la répartition rigoureuse de la lumière, qui sculpte les visages et stylise les formes pour leur conférer une simplicité monumentale. Ces qualités ont permis à Charles Sterling de proposer comme auteur de ce retable le nom de Jean de Nalda, originaire de Navarrete en Castille, et cité dans l'atelier de Jean Changenet par un contrat de 1493. Du retable de Santa Clara de Palencia ont été rapprochées un certain nombre de peintures attribuées au Maître de Santa Maria del Campo : 3 panneaux de prédelle représentant le *Christ de Douleur*, la *Vierge* et *Quatre Évangélistes* (église de Santa Maria del Campo), un *Saint Jean-Baptiste* (cathédrale de Palencia) et 6 figures se détachant sur un fond damasquiné — *Saint François d'Assise, Saint Antoine de Padoue* (Madrid, musée Lázaro Galdiano), *Saint Grégoire, Saint Jacques* (Prado), *Saint Jean* et *Saint Pierre* (Vienne, coll. part.).

MAÎTRE DE SARDOAL,
peintre portugais
(actif dans le premier quart du XVIᵉ s.).

On ignore les origines et la formation de ce maître, appelé aussi *Monogrammiste M.N.*, dont l'atelier, bien que provincial, est un jalon important de l'évolution de la peinture portugaise contemporaine. Abordant à leurs débuts la tradition nationale du XVᵉ s., selon un parti austère, monumental et naturaliste (polyptyque de l'église principale de Sardoal, Abrantès), les artistes de cet atelier assimilent progressivement les influences flamandes, qui deviennent prédominantes au Portugal. Ils perfectionnent en même temps leur technique, tout en conservant certains schémas hiératiques et archaïsants qui les caractérisent (polyptyque de Celas, Coimbra, musée Machado de Castro ; *Adoration des mages*, Lisbonne, M.A.A.).

On a tenté de discerner dans la production de cet atelier deux maîtres dont l'un, Vicente Gil, protégé de D. Jao II, représenterait la tendance la plus archaïsante, marquée par l'influence de la sculpture gothique et l'autre, le Monogrammiste M.N. (sigle placé sur l'ange Gabriel de Montemor), peut-être Manuel Vicente, le fils de Vicente Gil.

MAÎTRE DE SÉGOVIE
(Castille, fin du XVᵉ s.).

Sous ce nom, on a proposé de grouper un certain nombre d'œuvres inspirées de la peinture flamande, exécutées dans la province de Ségovie à la fin du XVᵉ s. Leur auteur reprend les thèmes traités par Rogier Van der Weyden, en insistant sur les détails des intérieurs gothiques, chargés de sculptures et d'accessoires, et traduit ces compositions avec une sécheresse extrême dans le traitement des draperies et une grande rigidité dans le rendu des visages ; cette austérité est renforcée par l'emploi d'une gamme de tons froids : blanc, gris et vert.

Caractéristiques à cet égard sont les trois œuvres du Prado : la *Descente de croix*, sous une arcade gothique à voussures ; *Saint Jacques,* assis sur un trône ; les six panneaux du *Retable de saint Jean-Baptiste*. Deux grandes toiles (musée de Ségovie), sans doute portes d'orgue, étaient consacrées à saint Jérôme, comme le panneau représentant le *Saint devant son écritoire* (musée Lázaro Galdiano). Enfin, deux *Scènes de la vie de saint Laurent* (coll. part.) sont également attribuées au Maître de Ségovie.

MAÎTRE DE LA SISLA
(actif en Castille à la fin du XVᵉ s.).

Les qualités stylistiques et émotionnelles du *Retable de la Vierge* (Prado) provenant du monastère de la Sisla ont incité les historiens à l'isoler dans la production hispano-flamande anonyme en lui attribuant un auteur auquel ils ont donné le nom de son couvent d'origine. Le graphisme précis, le modelé délicat et l'expression idéalisée et profondément spirituelle des personnages font de cet ensemble, inspiré sans doute par des gravures de Schongauer, un chef-d'œuvre que J. Gudiol a proposé de rapprocher de la production, encore mal connue, du Maître de Saint Ildefonse.

MAÎTRE DE SOPETRÁN
(Castille, milieu du XVᵉ s.).

Successeur de Jorge Inglés dans la charge de peintre de la maison du marquis de Santillana, cet artiste anonyme est l'auteur de trois panneaux dédiés à la Vierge et provenant du monastère de Notre-Dame de Sopetrán (Prado). Sur le quatrième panneau apparaît le portrait de don Iñigo de Mendoza, 1ᵉʳ marquis de Santillana et bienfaiteur du monastère bénédictin, accompagné de son fils. Très attentif à l'art des maîtres flamands, le peintre interprète les motifs d'Hugo Van der Goes et du Maître de Flémalle (Robert Campin) en amplifiant l'impression de la troisième dimension et en intensifiant le caractère particulier et l'expression des visages. Ces caractéristiques se retrouvent dans le *Christ devant Pilate* (Prado) et dans certains morceaux du *Triptyque de la Crucifixion* (Prado) attribué à Van der Stockt, avec qui l'artiste dut collaborer.

MAÎTRE DE SORIGUEROLA
(actif en Cerdagne dans la seconde moitié du XIIIᵉ s.).

Les travaux de J. Ainaud ont mis en valeur la personnalité d'un peintre sur panneaux ayant travaillé dans la seconde moitié du XIIIᵉ s. en Cerdagne et dans les vallées pyrénéennes voisines. Dans les premières œuvres de l'artiste, groupées autour du *Devant d'autel de saint Michel* (Barcelone, M. A. C.) provenant de Soriguerola, près de Puigcerdá, on note, à côté de caractères romans, la présence d'éléments décoratifs gothiques et un goût très vif pour les couleurs intenses (bleu, rouge, jaune), rappelant celles du vitrail. Il a été remarqué que cette pénétration de l'art français se manifeste encore plus nettement dans d'autres œuvres du peintre, sans doute plus tardives, comme le *Devant d'autel de sainte Eugénie* provenant de Saga, dans les Pyrénées-Orientales (Paris, musée des Arts décoratifs), panneau peint sur feuilles de métal, mais rompant avec la composition romane, ou les *Antependia* de La Llagone (Pyrénées-Orientales) et de *Saint Christophe* (Barcelone, M. A. C.).

MAÎTRE DE VALLTARGA
(actif en Cerdagne v. 1200).

La base permettant l'identification de son œuvre est un frontal provenant de la petite église de Valltarga, près de Bellver, en Cerdagne espagnole (Barcelone, M. A. C.), composé, suivant les habitudes et les schémas des peintres romans, d'un panneau central, occupé par le Christ dans une mandorle, entouré du *Tétramorphe* et de 4 compartiments latéraux. La vivacité des tons joue sur les fonds, alternativement bleus, rouges ou jaunes. Le modelé, léger, est celui de l'art italo-byzantin des environs de 1200 : en particulier, de nettes ressemblances ont été relevées avec un *Crucifix* de la cathédrale de Spolète (Italie), daté de 1187. L'autel pourrait donc être l'œuvre d'un peintre italien travaillant après la mise à sac de l'église par Raymond-Roger, comte de Foix, vers 1198.

Au même artiste est dû le devant d'autel d'Oreilla (Pyrénées-Orientales). Des tendances voisines s'observent dans l'œuvre du Maître d'Avia et dans certains panneaux roussillonnais attribués par M. Durliat au « Maître Alexandre ».

MAÎTRE DE 1342
(actif en Roussillon, milieu du XIVe s.).

Il est l'auteur d'un *Retable de la Vierge*, daté de 1342, dans l'église de Serdinya (Pyrénées-Orientales). Son style est très pénétré de l'art gothique linéaire et plus particulièrement du graphisme des miniatures parisiennes du temps de Maître Honoré. Un *Crucifix* peint à l'ermitage de la Trinité peut également lui être attribué.

MALHOA José,
peintre portugais
(Caldas da Rainha 1855 - Casulo 1933).

Autodidacte mais membre actif du *Groupe du Lion* — association de peintres couronnée en 1881, tirant son nom de la brasserie Leão de Lisbonne où ils se réunissaient –, Malhoa eut une carrière très féconde, touchant à tous les registres, portrait *(Dr Anastasio Gonçalves*, Lisbonne, Casa Museu A. Gonçalves), nu *(A Ilha dos Amores*, Lisbonne, Musée militaire), décorateur de nombreux palais, religieux ou historiques (plafond du musée de l'Artillerie à Lisbonne), mais tourné surtout vers la vie populaire. Traités avec un pinceau très rigoureux, avec de forts jeux de lumière, *O Fado*, 1910 (Lisbonne, musée municipal), *Os Bebedos* (1907, Lisbonne, M.A.C.), sont des œuvres ambitieuses, les plus audacieuses du naturalisme portugais. D'autres scènes révèlent son talent à jouer avec la lumière du soleil en s'approchant parfois de la technique impressionniste *(A beira-mar*, 1926, Praia das Maças). Il connut de son vivant une grande célébrité, un musée lui est consacré dans sa ville natale, Caldas da Rainha et nombre de ses œuvres sont conservées dans son ancienne maison de Lisbonne, achetée par son ami, le collectionneur Anastasio Gonçalves.

MANIÉRISME.

Le terme apparaît pour la première fois chez l'historien Luigi Lanzi (1792) pour désigner le style qui règne dans la peinture italienne pendant la période s'étendant du sac de Rome (1527) à l'avènement des Carrache. L'adjectif « maniériste » est plus ancien et se rencontre d'abord chez un Français, Fréart de Chambray (1662). L'emploi de ces deux termes est, chez ces auteurs, lié à une interprétation entièrement négative du style de cette époque. Une réhabilitation progressive s'amorce au XIXe s. grâce aux théoriciens qui s'efforcent de clarifier la signification et la portée du concept « maniérisme » et grâce, surtout, aux études critiques dédiées aux artistes qualifiés de « maniéristes ». À partir de 1530, presque toute l'Europe est marquée par le Maniérisme.

Le Maniérisme en Espagne. Le Maniérisme fut rapidement connu en Espagne grâce à des artistes espagnols qui séjournèrent à Florence ou à Rome au début du XVIe siècle et en rapportèrent les principes nouveaux. Le meilleur exemple en est Alonso Berruguete, qui participa à la gestation du Maniérisme florentin ; de retour en Espagne, il en diffusa l'esprit, l'élongation des formes ; la tension s'exprime ainsi en Castille autour de Valladolid, de Madrid ou de Tolède, surtout par la sculpture. L'autre personnalité est Pedro Machuca, lié au milieu romain, qui joue avec les clairs-obscurs *(Retable de la Capilla Real* de Grenade). S'y ajoutent, à Séville notamment, l'influence des peintres étrangers attirés par l'activité de la ville (la *Descente de croix* du Flamand Pedro de Campaña [1547, cath. de Séville], avec son expressionnisme violent, son sens de la couleur), ou les œuvres « romanistes » de Hernando de Sturmio *(Santa Catalina y Santa barbara*, 1555, cath. de Séville) qui ont influencé de façon plus ou moins nette des artistes comme Luis de Vargas *(Autel de la Conception*, cath. de Séville).

L'appel à des artistes italiens pour peindre à fresque les palais fut aussi un moyen de divulgation du décor maniériste (palais royaux, palais de Viso del Marqués, château d'Alba de Tormes). L'Escorial (voir cette notice) est, avec les artistes romains et milanais, un des meilleurs exemples de

Greco
Laocoon, 1608-1614
142 × 193 cm
Washington, National
Gallery of Art

cette « pittura senza tempo » de la fin du xvie s. italien. Son influence s'exercera longtemps, prolongée par celle des peintures – et de leurs copies – de Sebastiano del Piombo, Pulzone, etc., nombreuses en Espagne. Le meilleur représentant du Maniérisme est certes Greco, qui prolonge et exacerbe à Tolède la manière apprise à Venise et redevable à l'influence de Tintoret, et à Rome, où il se rend en 1570.

Cependant, cette participation de l'Espagne au Maniérisme européen, pour spectaculaire qu'elle soit, demeure le fait de la cour ou, pour l'essentiel, d'artistes étrangers et n'a que superficiellement touché les artistes espagnols.

MANRIQUE César
(Arrecife de Lanzarote, archipel des Canaries, 1920).

Étudiant à l'École des beaux-arts de San Fernando de Madrid, Manrique aborde l'abstraction en 1953. Sa peinture, de caractère informel, est celle d'un artiste épris de la nature et qui veut rendre toutes les qualités de la matière. Ses tableaux ressemblent à des fragments du sol du paysage volcanique des îles Canaries. Les surfaces de ses toiles reproduisent l'âpreté des roches, les rugosités du sable et les laves pétrifiées. Toute référence à l'être humain

en est exclue. La couleur est austère et, à partir de 1958, se réduit à de sourdes tonalités presque monochromes. Manrique a exécuté, en 1967, 2 fresques pour l'École navale de Tenerife (Canaries). Son œuvre témoigne de constantes préoccupations écologiques.

MANRIQUE Miguel
(Anvers fin du xvie s. - Málaga 1647).

Bien qu'une seule œuvre importante le représente aujourd'hui (celles que signale Céan Bermudez dans diverses églises de Málaga ont péri en 1936), cet artiste appelle l'attention pour divers motifs. Né en Flandre (appelé parfois « Miguel de Amberes »), fils d'une Flamande et d'un militaire espagnol, il fut lui-même capitaine dans l'armée avant de se consacrer à la peinture et de se fixer à Málaga, où il se trouva à partir de 1636.

Il n'est pas certain, comme le veut la tradition, qu'il ait été l'élève de Rubens, mais il compte parmi ceux qui ont diffusé le style de celui-ci en Espagne. Le grand tableau qui décorait le réfectoire du couvent des Augustins, le *Repas chez Simon* (auj. à la cathédrale), est une belle œuvre d'une couleur brillante et riche ; la partie centrale transpose le tableau de Rubens de l'Ermitage sur le même sujet.

Miguel March
L'Automne (l'Ouïe ?)
70 × 94 cm
Valence, musée
des Beaux-Arts

MANTA Abel,
peintre portugais
(Gouveia 1888-1982).

Son obédience cézannienne lui fit jouer un rôle de transition entre la génération naturaliste et la première génération moderne. Ses portraits, très estimés, sont sans doute les meilleurs qui ont été réalisés au Portugal dans le deuxième quart du siècle (*José Bragança*, coll. de l'artiste).

MARCH Estebán
(Valence v. 1610 - id. 1668).

Élève de Pedro Orrente, il a cultivé spécialement un genre de tableaux de batailles, bibliques ou mythologiques, qui convenait à son tempérament fougueux, impétueux et bohème, et dont il trouvait le « climat » en lançant contre les murs de son atelier les armes qu'il collectionnait. L'exécution de ces tableaux, inspirés de modèles italiens, est toujours vibrante et personnelle : *Josué arrêtant le Soleil, Triomphe de David* (musée de Valence), *Passage de la mer Rouge* (Prado).

Les tableaux religieux à multiples personnages sont d'un effet très dramatique (*Calvaire*, Madrid, coll. Chavarri), mais ceux à grandes figures s'inspirent de Ribera (*Apostolado*, musée de Valence).

MARCH Miguel
(Valence 1633 - id. 1670).

Fils de Estebán March, d'un tempérament plus équilibré et d'une curiosité plus vaste, il a peint de très vigoureux tableaux religieux, comme le *Saint Roch soignant les pestiférés* (musée de Valence). Mais la part la plus importante de son œuvre consiste en natures mortes et en allégories (*Saisons, Vanité des biens du monde*, id.) qui sont, elles aussi, des natures mortes à personnages traités à la manière de Ribera, avec une technique énergique, mais un peu sèche.

MARISCAL Javier
(Valence 1950).

En 1971, il quitte sa ville natale pour Barcelone, où il commence à étudier les arts graphiques à l'école Elisava. À partir de l'année suivante, Mariscal collabore à divers magazines de bandes dessinées espagnols et, sa réputation grandissant, il participe à des publications étrangères spécialisées dans le domaine de l'illustration.

Dès 1977, son intérêt pour l'architecture intérieure et les objets contemporains lui permet d'étendre son champ d'investigation qui se compose, peu à peu, d'activités très diverses. Illustrateur, designer, créateur de logotypes, de céramiques et de vêtements, peintre puis sculpteur, Mariscal est reconnu au milieu des années 80 comme l'un des Espagnols les plus prolixes, tant son imagination et son extraordinaire productivité lui confèrent, à une échelle internationale, l'image d'un artiste complet. Il faut comprendre le succès de Mariscal en fonction de l'air du temps et des effets de mode qui, à cette période, conçoivent le design aux antipodes de sa conception moderniste et fonctionnaliste. Aussi était-il logique que Mariscal collabore en 1981 avec le groupe milanais Memphis, dont les pièces colorées et ludiques traduisent l'esthétique d'une époque captivée par la forme, le décor, l'humour et la légèreté.

Mariscal est conduit par son goût pour le dessin vers la peinture, puis vers la sculpture en bronze (gal. Vincon, Barcelone, 1986). Les objets du quotidien, les vues d'intérieur, les loisirs constituent ses thèmes favoris. Il faut recevoir ces images toutes simples, peintes comme autant d'incitations à la détente et à la frivolité tout en les restituant dans la lumière méditerranéenne de la ville fétiche de l'artiste, Barcelone, marquée par l'héritage à la fois moderne, baroque et surréaliste des architectures extravagantes de Gaudí.

MARQUES DE OLIVEIRA Jão,
peintre portugais
(Porto 1853 - id. 1927).

Élève à l'école des Beaux-Arts de Porto, il fut, comme Silva Porto, pensionnaire à Paris de 1984 à 1880. Influencé par Cabanel, il s'intéressa d'abord à la figure humaine *(Céphale et Procris,* 1873, Porto, Museu Nacional de Soares dos Reis), mais aussi aux paysages, exécutant des marines dans une technique presque impressionniste *(Praia de Bonhos,* 1884, Lisbonne, M.A.C.). Nommé professeur à l'école des Beaux-Arts de Porto, 1880, il se consacra de plus en plus aux représentations de types populaires, d'un naturalisme empreint de nostalgie *(A espera dos barcos,* Lisbonne, M.A.C.).

MÁRQUEZ Estebán
(La Puebla de Guzmán,
prov. de Huelva ? - Séville 1696).
Sa vie est mal connue. Venu de son Estrémadure natale à Séville, élève d'un oncle, Fernando Marqués, disciple obscur de Murillo, Márquez aurait connu des jours difficiles après la mort prématurée de son oncle, travaillant dans un atelier « industriel » spécialisé dans l'imagerie pieuse à destination de l'Amérique. À force de persévérance, il se serait parfaitement assimilé le style de Murillo, dont il devint un des imitateurs les plus appréciés pour l'agilité du dessin et la fraîcheur du coloris. Mais il n'est pas facile aujourd'hui d'apprécier son abondante production pour les églises sévillanes, peu d'œuvres étant restées *in situ.* Les plus louées par Ceán, les 8 scènes de la *Vie de la Vierge* du couvent des Trinitaires, ont quitté l'Espagne en 1808 et ont été vendues à Londres en 1810 comme originales de Murillo (le *Mariage de la Vierge,* Raleigh, Museum of Art). Les tableaux que l'on peut voir à Séville, ceux de l'université (le *Christ avec les enfants,* 1694 ; le *Miracle des pains et des poissons),* ceux du musée *(Saint Augustin et l'Enfant Jésus, Apparition de la Trinité à saint Augustin, Saint Joseph et l'Enfant Jésus)* provenant du couvent de S. Agustín, le grand *Apostolado* processionnel de l'hôpital de la Sangre (le *Christ, la Vierge et les douze Apôtres),* manifestent un style plus « monumental », peut-être, que celui de Murillo, mais un dessin moins ferme et moins sûr.

MARTI ALSINA Ramón
(Barcelone 1826 - id. 1894).

Orphelin à huit ans, il fit des études universitaires et suivit les cours de l'école des Beaux-Arts de la Lonja de Barcelone. Sa vocation de peintre s'affirma très vite. En 1848, il part pour Paris, puis revient à Barcelone, où il est nommé en 1850 professeur à l'école des Beaux-Arts. Sa carrière fut très tourmentée, compliquée par une vie sentimentale orageuse ; il dut organiser presque industriellement sa production, dirigeant jusqu'à sept ateliers à la fois. Il ne renia pourtant jamais ses convictions, refusant la charge de peintre de la reine, démissionnant de son poste de professeur en 1870, après la promulgation de la constitution de 1869.

Sa peinture, d'une matière généreuse et lourde, est largement représenté au M.A.C. de Barcelone. À côté des paysages catalans, des aspects urbains de Barcelone et de Paris, d'un tableau d'histoire comme la *Compagnie de Santa Barbara au siège de Gérone*, ses portraits, ses visages de paysans catalans, ses nus, d'une sensualité puissante, ses natures mortes affirment la vigueur d'un tempérament et d'un lyrisme naturaliste comparables à ceux de Courbet : la *Sieste* (Barcelone, musée d'Art moderne).

MARTÍNEZ Domingo
(Séville 1688 ? - id. 1749).

Il apparaît comme la figure dominante de la peinture sévillane dans la première moitié du XVIIIᵉ s. Il reçut des commandes abondantes et eut de nombreux élèves, dont le meilleur, Espinal, devint son gendre. Ceán Bermudez, qui le sous-estimait comme peintre et déplorait « son ignorance des bons principes », note que son atelier était le rendez-vous des artistes et de la meilleure société sévillane, et que le Français Ranc, peintre de Philippe V, qui avait accompagné la Cour à Séville, s'était lié d'amitié avec lui et tenta vainement de l'entraîner à Madrid. Martínez fait figure d'artiste aimable plus que vigoureux, dans la ligne murillesque nuancée d'une élégance issue de la peinture française (*Sainte Barbe*, v. 1733-1735, église d'Umbrete). Il aime les amples compositions, pour lesquelles Ceán Bermudez lui reproche de plagier à l'excès, faute d'invention, sa riche collection d'estampes. Perpétuant la tradition sévillane des cycles décoratifs, Martinez peignit à la détrempe de nombreuses voûtes d'église – sujets religieux disposés parmi les architectures peintes, feuillages et fleurs – tout en réalisant de grandes toiles narratives pour les parois : en témoignent l'église du séminaire San Telmo (v. 1724), la série des miracles de la Vierge de la Antigua (v. 1738, cathédrale), la voûte du couvent de la Merci (v. 1745) et surtout le décor (retable et voûte avec l'*Apothéose de saint Ignace*, 1743-1749) de l'église San Luis, qui illustre son talent pour les architectures feintes. À cette époque appartiennent aussi les 8 tableaux de la *Real Mascara de la Fabrica de tabacos* (Séville, musée des Beaux-Arts), commémorant les fêtes de l'exaltation au trône de Fernando VI et de Barbara, qui donnent de précieuses vues de Séville.

Le portrait de son principal commanditaire, l'archevêque don Luis de Salcedo y Ascona (Séville, palais archiépiscopal), s'inscrit dans la tradition de Zurbarán et de Murillo.

MARTINEZ José, dit Jusepe
(Saragosse 1601 - id. 1682).

C'est le plus important des peintres aragonais de son époque. Il résida de 1620 à 1632 en Italie, où il connut Guido Reni et rencontra Ribera à Naples. Son œuvre, étendu et encore peu étudié, reflète bien l'académisme romano-bolonais (*Apparition d'un ange à sainte Cécile*, musée de Saragosse), avec une recherche accentuée du clair-obscur, inspirée de Ribera et de l'art napolitain (*Chapelle de saint Pierre Arbuès*, cathédrale de Saragosse). Peintre du roi (1644), il fut l'ami de Velázquez et laissa une œuvre théorique et historique de grand intérêt, *Discursos practicables del nobilísimo arte de la pintura (Discours pour la pratique du très noble art de la peinture)*, inédite jusqu'en 1866 et source de nombreux renseignements sur la vie artistique de son époque.

MARTINEZ Sebastián
(Jaén 1599 - Madrid 1667).

Principal peintre, et le seul important pour l'histoire générale, de la haute Andalousie au XVIIᵉ s., formé à Cordoue (peut-être avec

Antonio del Castillo, qu'il rappelle à certains égards), Sebastián Martinez reste assez mal connu. Palomino signale qu'il était à Madrid peu après la mort de Velázquez et qu'il fut distingué par Philippe IV. Auparavant, Martinez semble avoir travaillé dans toute l'Andalousie, mais pour des particuliers plus encore que pour les églises. Toutefois, il survit surtout par le « fameux » et très remarquable *Martyre de saint Sébastien* de la cathédrale de Jaén — grand tableau à multiples personnages, d'un puissant et tragique clair-obscur, mais dont la composition curviligne, un peu ampoulée, est déjà baroque. D'autres tableaux manifestent le même dynamisme dans de moindres proportions (*Immaculée* de la cathédrale de Jaén et du Corpus Christi de Cordoue).

MARTORELL Bernardo
(documenté à Barcelone de 1427 à 1452).

Il est connu, de 1427 à 1452, par des documents prouvant qu'il fut alors le plus recherché des peintres de Barcelone, succédant dans ce rôle à Borrassá. Un seul de ces documents, daté de 1437, se réfère à une peinture conservée, le *Retable de saint Pierre du château de Púbol* (musée de Gérone). Mais des comparaisons stylistiques permettent maintenant de lui attribuer avec assurance un groupe d'œuvres longtemps rassemblées sous le nom du Maître de Saint Georges.
À l'exception du *Retable de saint Georges* (Chicago, Art Inst. ; Louvre), qui valut à Martorell son nom provisoire, les meilleures de ses peintures, des retables à nombreux compartiments illustrant la vie du Christ ou des saints, sont encore conservées en Catalogne. Elles témoignent d'un tempérament très personnel, le plus original peut-être de l'Espagne du temps. Martorell dut sans doute sa formation à Borrassá, mais il enrichit cet enseignement de leçons apprises à des sources plus « modernes » : miniaturistes de Paris (et singulièrement le Maître de Boucicaut et les Limbourg), sculpteurs bourguignons et peintres de la jeune école flamande, peintres toscans et lombards. Il renouvelle ainsi complètement l'héritage catalan. Sans rien sacrifier du goût gothique de l'arabesque, de la fantaisie ornementale et poétique, il cherche à l'équilibrer par un désir nouveau d'expression des volumes d'unité lumineuse et en même temps d'efficacité dramatique, voire d'observation psychologique, ouvrant la voie à Jaime Huguet.
Les œuvres que l'analyse stylistique a attribuées à Martorell sont assez nombreuses et jalonnent les différentes périodes de sa carrière. À la première appartient le *Retable de saint Jean-Baptiste* provenant de Cabrera de Mataró (Barcelone, musée diocésain), la *Vierge entourée des Vertus théologales* (Philadelphie, Museum of Art) et le *Retable de saint Georges* (av. 1435), dont l'Art Inst. de Chicago possède le centre *(Saint Georges combattant le dragon)* et le Louvre 4 panneaux latéraux, où l'on voit le saint jugé par Dioclétien et sa cour, puis traîné sur le dos vers son supplice, les pieds attachés à la croupe d'un cheval, un même mouvement qui l'emporte dans la foule contenue par des hommes d'armes. Du *Retable de sainte Eulalie et de saint Jean-Baptiste* (musée de Vich) subsistent 5 épisodes aux décors agrestes, la sainte, demi-nue, étant attachée à une croix de Saint-André entourée de bourreaux ; le *Retable de saint Vincent* (Barcelone, M. A. C.) provenant de Menarguens, non loin de Tarragone, porte l'écu du monastère de Poblet : autour du titulaire se déroulent différents épisodes de sa vie, son jugement et les supplices auxquels il a été soumis, le chevalet, la croix, le gril, jusqu'à sa mort, dans laquelle le saint, dont l'anatomie est délicatement modelée, repose sur une couche d'un rouge violent ; d'une composition très proche, le *Retable de sainte Lucie* (Paris, coll. part. ; Barcelone, coll. part.). Un triptyque dont le centre est consacré à la *Descente de croix* (Lisbonne, M. A. A.) révèle chez Martorell la recherche de la perspective, qu'il résout souvent par l'étagement des figures. Le grand *Retable de saint Pierre du château de Púbol*, unique peinture documentée, a

été entrepris d'après un contrat de 1437. Au centre siège l'apôtre en habits pontificaux et portant la tiare. C'est un personnage dans la tradition des grands retables catalans, et agenouillées à ses pieds se tiennent les figures fort remarquables des donateurs : Bernardo de Corbera, à gauche, sa femme, Margarita de Campllonch, et leur fils, à droite, qui semblent empruntés directement à la réalité : le geste de la mère présentant son fils à la bénédiction du pontife trahit sa sensibilité féminine. À la prédelle sont peintes huit figures isolées où se remarque un saint Paul au visage pensif et lointain. Au revers de ce retable, deux croquis au fusain, une tête de femme, une figure de vieillard, donnent la mesure de l'art spontané de Martorell.

Le grand *Retable de la Transfiguration* (1449-1452, cathédrale de Barcelone) reste sans doute le chef-d'œuvre de la maturité du peintre ; il est dû aux largesses de l'évêque Simó Salvador († 1445), dont le blason décore la partie supérieure du cadre. Au centre apparaît la haute figure du Christ, dominant légèrement celles de deux apôtres symétriquement dressées au premier plan ; au-dessus est représentée la *Crucifixion,* entre la *Glorification du Sauveur* et la *Consigne du silence donnée aux trois apôtres privilégiés :* les rouges y dominent ; sur les côtés, on voit la *Multiplication des pains* et les *Noces de Cana.* La prédelle comporte une *Descente de croix,* une pittoresque scène d'exorcisme et la *Rencontre du Christ et de la Samaritaine ;* la sérénité persuasive du Christ s'oppose à la surprise de la femme ; ici, la nuance psychologique s'ajoute à la valeur plastique.

Font encore partie de l'œuvre de Bernardo Martorell deux panneaux, la *Sainte Face* et la *Vierge* (Palma de Majorque, Société archéologique lullienne), un retable provenant de Viaixa, consacré aux deux saints Jean, un *Retable de saint Michel* provenant de Ciérvoles (cathédrale de Tarragone) et enfin un *Retable de sainte Madeleine* provenant de l'église de Parrella (musée de Vich). Il serait juste enfin, de tenir compte également des nombreuses

Bernardo Martorell
Saint Georges combattant le dragon,
av. 1435
bois, 141 × 96 cm
panneau central du retable de saint Georges
Chicago, The Art Institute

miniatures issues de l'atelier du maître, à qui, avec vraisemblance, on attribue les enluminures *(Annonciation, Calvaire, David jouant de la cithare)* d'un livre d'heures conservé à Barcelone (av. 1444, Instituto municipal de historia).

MARZAL DE SAX Andrés
(documenté à Valence de 1392 à 1410).

Originaire de Saxe ou de Flandres (Sas, près de Gand), il apparaît comme l'un des artistes étrangers les plus influents dans la

Vicente Masip
L'Adoration des Mages
bois, 165 × 185 cm
Segorbe, musée de la cathédrale

création du style Gothique international à Valence. Des documents entre 1392 et 1405 permettent d'établir qu'il est chargé de travaux importants exécutés en collaboration avec Pedro Nicolau, puis à partir de 1404 avec Gonzalo Pérez et le Catalan Gerardo Gener : peintures murales pour la salle du Conseil de l'hôtel de ville et 7 retables dont 3 destinés aux chapelles de la cathédrale. Le seul panneau qui puisse lui être attribué est *l'Incrédulité de saint Thomas* (Valence, cath.), provenant d'un retable pour lequel il signa un reçu en 1400. La puissance de ces figures réunies en groupe compact autour du Christ et l'expressionnisme des visages, inconnu jusqu'alors dans l'art valencien, apparentent cette composition à certaines peintures bohémiennes exécutées autour de 1360. À Valence, un groupe d'œuvres a été attribué à Marzal ou à son entourage, parmi lesquelles figurent : la *Tête de moine* (musée de Bilbao), 6 scènes d'un *Retable des joies de la Vierge* (Brooklyn, anc. coll. Cords),

3 panneaux d'un *Polyptyque de la Vierge* (1 au musée de Saragosse, 2 au musée de Philadelphie). Le monumental *Retable de saint Georges* (Londres, Victoria and Albert Museum), exécuté pour la confrérie des arbalétriers du Centenar de la Ploma, œuvre magistrale dont la violence confinant à la caricature est liée à la vivacité du récit et au réalisme des détails, semble réalisé dans la seconde décade du xvᵉ s., à une époque où Marzal n'était plus en activité. Nous savons, en effet, qu'en 1410 il était malade et devenu indigent.

MASIP ou MACIP. → *JUAN DE JUANES.*

MASIP ou Macip Vicente Juan
(Andilla ? v. 1475 - Valence 1550).

Dans la dynastie des Masip, qui avec 3 générations de peintres, recouvre les trois quarts du xvıᵉ s., la renommée de Juan de

Juanes, qui forme le chaînon central, a éclipsé celle de son père comme celle de sa fille Margarita. Celle-ci ne semble qu'un pâle reflet de l'art paternel. En revanche, la personnalité de Vicente est assez bien définie même si, dans certains cas, le fils ayant collaboré avec le père, il y a doute sur l'attribution des œuvres. Sa formation est valencienne, marquée par la leçon des derniers peintres gothiques et de Paolo de San Leocadio. Ses premières œuvres sont sans doute la *Présentation au Temple* (Valence, coll. part.) et le *Couronnement de la Vierge* (Prado). Un voyage probable en Italie lui aurait permis de connaître l'art de la première génération raphaélesque romaine, qu'il sut assimiler d'une manière très personnelle. On sait qu'il est à Valence en 1513 et qu'il peint entre 1530 et 1535 le grand retable de la cathédrale de Ségorbe, démonté aujourd'hui et conservé au musée. Dans ces panneaux consacrés à la vie de la Vierge, Masip s'inspire de modèles de Sebastiano del Piombo et de Raphaël avec des draperies amples dessinées avec une certaine dureté. De la même époque date le *Baptême du Christ* (cathédrale de Valence) où s'affirme son goût pour les vastes paysages.

Si le *Portrait de D. Luis de Vilanova Rumeu* (Prado) révèle son admiration pour Titien, les deux tableaux circulaires du Prado *(Visitation, Martyre de sainte Agnès)*, provenant du couvent de S. Julian de Valence, témoignent qu'à la fin de sa vie Masip est toujours fidèle à Raphaël, le grand maître d'Urbino.

MATES Juan
*(Villafranca del Panadés ? -
Barcelone 1431).*

Son activité est documentée à Barcelone de 1391 à 1431. L'identification, grâce à un document, peint entre 1411 et 1414 pour la cathédrale de Barcelone, *(Retable de saint Martin et de saint Ambroise)* a permis de lui attribuer par analogie un groupe de peintures dont certaines avaient été un moment rassemblées sous le nom du « Maî-

tre de Penafel » (*Retables de saint Michel et de sainte Lucie*, Barcelone, coll. Blavaria). Encore insuffisamment apprécié, Mates apparaît comme la personnalité la plus séduisante de l'école catalane, au temps de la domination de Borrassá, dont il n'a ni la vigueur ni la force inventive. Parmi ses œuvres, on peut citer le *Retable de saint Jacques* de Vallespinosa (cathédrale de Tarragone), la *Mise au tombeau* (Barcelone, M. A. C.), le *Retable de saint Sébastien* (1417, Barcelone) et un *Retable des deux saints Jean* (partie centrale à Lugano, coll. Thyssen ; panneaux latéraux au musée de Castres et à la coll. Carreras Candi de Barcelone).

Le goût de l'arabesque, de l'élégance décorative et une sensibilité parfois non dépourvue d'humour apparentent Mates à certains Valenciens et au Maître du Roussillon. Un retable de la main du peintre au musée de Cagliari (Sardaigne) prouve que sa réputation dépassa les frontières de la Catalogne.

MATES ou Matas Pedro
*(S. Feliu de Guixols ? -
documenté à Gérone
de 1512 à sa mort, en 1558).*

Ses œuvres signées des capitales MTS, MAS ou M ont été regroupées un temps sous le nom du *Monogrammiste catalan*. Sa personnalité, aujourd'hui mieux définie, révèle un artiste parfaitement intégré dans le milieu artistique de Gérone, le foyer artistique le plus vivant de Catalogne dans le premier quart du XVIe s. où sont venus travailler les Flamands Perris de Fontaines, Ayne Brú, Juan de Borgoña et le Murcien Pedro Fernandez. Après le départ de ces artistes, Mates reçoit de nombreuses commandes dans toute cette région. Ses deux principaux retables, conservés au musée de Gérone, sont consacrés à la *Madeleine* (1526) et à la *Vie de la Vierge ;* celui de *Saint Pierre* est demeuré dans l'église de Montagut. Mates apparaît comme un narrateur habile à composer les scènes, à équilibrer les groupes avec un souci de mesure et d'harmonie. Fortement influencé par les gravures de Dürer, il prolonge cependant surtout la tradition des grandes figures nobles et paisibles, telles que Huguet les peignait à Barcelone au siècle précédent. Mais il y ajoute l'espace, de beaux paysages verdoyants baignés de lumière ainsi que des architectures à l'antique.

MAZO Juan Bautista Martínez del
(Prov. de Cuenca v. 1612 - Madrid 1667).

Disciple et collaborateur de Velázquez, dont il épousa la fille en 1633, il resta toujours en relations professionnelles étroites avec son beau-père, à tel point qu'il est très difficile de lui reconnaître un style personnel. Il fut introduit au Palais, où il obtint des charges officielles et devint professeur de dessin du prince Baltazar Carlos (1643) dont il fit précédemment le portrait en pied (1635, Budapest, musée des Beaux-Arts) ; Son portrait esthétique est ici encore proche de celle de Velázquez.

Il fit un voyage en Italie en 1657. Ses rares œuvres identifiées avec certitude révèlent un artiste riche de possibilités, dominé par le style de Velázquez. Ses portraits (*Doña Mariana d'Autriche,* 1666, Londres, N. G.) sont d'une intensité remarquable, d'une technique peut-être plus légère et plus aérée que celle de son maître, mais dépourvue de ses qualités de synthèse. Il est possible que beaucoup de répliques des tableaux officiels adressés de Madrid aux cours européennes soient de sa main. Il fut un excellent copiste de Titien et de Rubens (*Didon et Énée,* Prado). Les œuvres les plus vantées par ses contemporains sont des paysages animés de petits personnages (*Chasse du Tabladello).* La *Vue de Saragosse* (1647, Prado) prouve en effet son habileté, au point qu'on a pu y reconnaître, mais à tort, la main de Velázquez. Le souci d'expression de l'espace de son maître transparaît aussi avec quelque timidité dans le *Portrait de famille* du K. M. de Vienne (v. 1660), fortement influencé par les *Ménines,* mais sûrement exécuté par Mazo.

MELÉNDEZ ou Menéndez Luis
(Naples 1716 - Madrid 1780).

Fils du peintre miniaturiste Francisco Meléndez, qui séjourna à Naples de 1699 à 1717, il suit à Madrid les cours de l'Assemblée préparatoire pour l'Académie de San Fernando. Classé premier en 1745, il exécute un vibrant *Autoportrait* (1746, Paris, Louvre) qui mêle l'influence de L.M. Van Loo à la tradition vériste espagnole et laisse présager son talent en développant ce domaine (*Autoportrait,* coll. Masaveu). Mais, à la suite de dissensions causées par son père, il est renvoyé en 1748. Après un séjour à Rome et à Naples, il rentre à Madrid en 1753. Tout en essayant vainement (1760 et 1772) d'obtenir la place de peintre de Chambre, il enlumine, suivant l'exemple de son père, les livres de chœur de la chapelle royale (Madrid, Palais royal). Il semble s'être ensuite exclusivement consacré au genre de la nature morte, fondée sur la représentation d'aliments. De 1759 à 1774 datent quarante-quatre natures mortes qui, en 1800, étaient regroupées au Palais d'Aranjuez ; en 1772, il mentionnait cette entreprise au roi comme étant « un divertissant cabinet avec toutes les espèces de comestibles produits par le climat espagnol grâce aux quatre éléments... » (38 peintures au Prado, dont *Pommes, poires, boîtes de douceurs* (1759) ou *Prunes, figues, pain et récipient).* Il dut également peindre pour des amateurs madrilènes. Disposés de façon plus ou moins compacte sur une table, les objets, traités avec des harmonies subtiles, ressortent vigoureusement sur un fond sombre, et la toile unit sobriété et mystère, à l'image des natures mortes du XVIIe s. espagnol (*Oranges et noix,* 1772, Londres N. G.). Curieusement, l'une de ses dernières œuvres (*Fruits dans un paysage,*

Juan Bautista Martínez del Mazo
*Portrait de l'Infant
Don Baltazar Carlos, 1635*
144 × 109,3 cm
Budapest, musée des Beaux-Arts

Luis Meléndez
Nature morte
63 × 85 cm
Boston, Museum of Fine Arts

Prado) place les fruits sur une diagonale devant un ciel de tempête. Il mourut dans la plus grande pauvreté en 1780.

MENESES vicomte de,
peintre portugais
(Porto 1817 - Lisbonne 1878).

Un des premiers peintres du Romantisme national, il a travaillé chez Overbeck à Rome avant de se consacrer au portrait. Il voyagea en France, en Angleterre et rentra au Portugal en 1850. Il a alors suivi à la fois la leçon des maîtres anglais et l'inspiration mondaine de Winterhalter, qui se manifeste surtout dans le *Portrait de sa femme* (Lisbonne, M.A.C.).

MENEZ,
Maria Inès Ribeiro da Fonseca, dite
peintre portugais
(Lisbonne 1926).

Artiste sensible et intuitive, Maria Inès Ribeiro da Fonseca a apporté dans la peinture portugaise contemporaine une recherche lumineuse qui prolonge, d'abord dans l'Abstraction, puis dans une sorte de « Nouvelle Figuration », la tradition impressionniste et intimiste. Elle est représentée dans des coll. part.

MENGS. → *NÉO-CLASSICISME.*

METRASS Francisco,
peintre portugais
(Lisbonne 1825 - Madère 1861).

Disciple de Cornelius et d'Overbeck à Rome, il fut le premier peintre portugais à réaliser l'importance artistique de Paris, où il a séjourné deux fois : v. 1848, puis en 1850. Professeur de peinture d'histoire à l'Académie de Lisbonne, il fut le peintre d'histoire romantique de sa génération *(Só Deus !,* Lisbonne, M. A. C. ; *Camoens dans la grotte de Macau).*

MILLARÈS Manolo
*(Las Palmas, Canaries, 1926 -
Madrid 1972).*

Après des débuts classiques dans la peinture, il connaît v. 1948-49 une brève période surréaliste, où se révèle, comme chez beaucoup de jeunes peintres espagnols d'alors, l'influence de Miró puis de Klee. *Aborigen n⁰ 1* (1950) annonce déjà, cependant, les *Pictografias Canarias,* qui vont suivre et prendre une tournure plus informelle, où la matière assez dense tient une place importante. Millarès s'emploie activement

Manolo Millarès
Peinture 174
Madrid, musée d'Art
moderne

aux Canaries à défendre l'art moderne, comme fondateur ou collaborateur de revues d'avant-garde. Il a réalisé en 1948 une exposition d'œuvres surréalistes au musée Canario de Las Palmas. En 1953, il participe au Xe Salon de las Once à Madrid et s'établit en 1955 dans cette ville, où il devient cofondateur du groupe El Paso en 1957. Il introduit de plus en plus dans sa peinture des matériaux nouveaux, utilisant souvent des serpillières en guise de toile, pour aboutir v. 1958-59 à un style qui lui est propre : la toile, déchirée, lacérée, écartelée par des ficelles, rapiécée, offre l'aspect sanglant, avec ses éclaboussures rouges, noires, blanches, d'un être martyrisé. Plusieurs de ces toiles portent le titre d'*Homoncule*. Elles évoquent aussi le choc que reçut le jeune peintre en découvrant les momies de son pays, enveloppées de leurs étoffes grossières et maculées. C'est une peinture d'une violence pathétique, mais jamais gratuite, qui a préfiguré nombre de recherches plus récentes et qui rejoint dans son intensité baroque les fureurs d'un Goya (*El inquisitor*, 1968). Millarès a participé à de nombreuses expositions collectives (biennales et salons) en Espagne, en France et à l'étranger. En France, sa première exposition particulière a lieu en 1961 (Paris, gal.

Daniel Cordier) ; il expose à New York en 1960 (gal. Pierre Matisse) et avec le groupe El Paso à Rome en 1960 (gal. l'Attico). Ses œuvres figurent notamment dans les musées de Madrid, de Paris (M.N.A.M. : *Peinture*, 1961), de New York (M.O.M.A.), de La Haye (Gemeentemuseum), de Barcelone, de Cuenca de Bilbao, de Valence (I.V.A.M.) et dans de nombreuses coll. part.

MIR Joaquín
(Barcelone 1875 - id. 1941).

L'un des paysagistes les plus originaux de l'école catalane au début de notre siècle, il fut aussi l'un des rares à n'avoir pas complété sa formation à Paris. Rebelle à l'enseignement de l'École des beaux-arts de Barcelone, il n'obtint jamais la pension à Rome qu'il ambitionnait et dut gagner d'abord sa vie comme courtier en mercerie. Les influences qui l'aidèrent à trouver sa voie furent celle de Velázquez, sa grande admiration, dont les paysages l'orientèrent vers une sorte d'Impressionnisme spontané. Ses premières œuvres sont des dessins au fusain, représentation de scènes barcelonaises et destinées à la revue *l'Esquella de la Torratxa*. En 1902, ce sont la découverte de Majorque et la rencontre dans l'île d'un peintre belge, Degouve de Nuncques, dont la technique et les idées l'inspirent. Peintre instinctif et ingénu qui fut appelé le « faune de la peinture catalane », Mir s'adonna à un lyrisme « cosmique » où des formes agrandies et simplifiées — trop souvent aussi amollies — de paysages méditerranéens aux tons rutilants et arbitraires se fondent dans une lumière éclatante : on peut le rapprocher à cet égard de son compatriote Anglada, mais Mir demeura exclusivement paysagiste. Il conquit une renommée tardive, un peu dépassée aujourd'hui, ce qu'expliquent la monotonie et le caractère « élémentaire » de son art. Le M. A. C. de Barcelone possède une vingtaine de toiles caractéristiques, et d'autres sont exposées au Prado (salles du Casón) : *Chêne et vaches,* le *Jardin et l'ermitage,* les *Eaux de Mogueda.* Ses œuvres sont aussi présentes dans les musées de Montserrat, Madrid et Montevideo.

MIRÓ Joan
(Barcelone 1893 - Palma, Majorque, 1983).

Fils d'un orfèvre et horloger, il eut très tôt le goût du dessin (les premiers datent de 1901). Inscrit en 1907 dans une école de commerce, il suit également les cours de l'École des beaux-arts de la Lonja à Barcelone. Employé aux écritures dans une droguerie (1910), il tombe malade et va se rétablir, en 1911, dans la ferme de Montroig (Catalogne) que ses parents viennent d'acquérir et qui restera un des lieux privilégiés de son inspiration. Il obtient alors de se consacrer entièrement à la peinture et fréquente à Barcelone l'Académie de Francesco Gali, dont l'enseignement libéral le stimule ; il se lie, à la même époque, avec des artistes catalans, parmi lesquels son futur collaborateur, le céramiste Llorens Artigas.
Les débuts. En 1912, la gal. Dalmau expose impressionnistes, fauves et cubistes, et, quatre ans plus tard, Vollard organise une grande exposition d'art français à Barcelone ; cela explique qu'entre 1916 et 1919 diverses sollicitations se soient exercées sur

Miró : celle, assez brève, d'un Fauvisme décoratif parfois qualifié de « catalan » (*Nord-Sud,* 1917, Paris, coll. part.) ; celle, plus vive, d'un Cubisme synthétique et volontaire, appliqué en particulier au portrait (*Portrait de Ricart,* 1917, coll. part.). Plus décisifs et révélateurs du tempérament original de l'artiste sont les paysages exécutés à Montroig, à Cambrils, à Prades et à Ciurana, et spécialement ceux de Montroig en 1918 et en 1919 : appelés « détaillistes », ils évoquent la naïveté concertée d'un Douanier Rousseau. Un dessin précis inventorie en effet le motif, tandis que des coupes pratiquées suivant une méthode relevant du Cubisme synthétique dévoilent dans un espace à deux dimensions la vie secrète de la terre ; une couleur aiguë et froide contribue au climat d'une « surréalité » déjà pressentie (*Montroig, église et village,* 1919, coll. part.). À Barcelone, Miró fait la connaissance de Maurice Raynal et de Picabia, expose pour la première fois à la gal. Dalmau (1918) et part au printemps de 1919 pour Paris, où il rencontre Picasso. **Paris.** À partir de 1920, Miró travaille l'été à Montroig et passe l'hiver à Paris, où il a comme voisin d'atelier, rue Blomet, André Masson. Malgré ces nouveaux contacts, il n'obéit qu'à ses propres voix. Le *Nu au miroir* (1919, Düsseldorf, K.N.W.), dessiné avec une acuité cruelle, annonce pourtant la dissolution d'une réalité cédant à ses tensions intérieures, de même que les natures mortes et les paysages contemporains. Dans la *Ferme* (1921-22, coll. part.), puis dans la *Fermière* (1922-23, Paris, coll. part.), certains détails s'affranchissent des références immédiates et deviennent signes plastiques purs, qui prennent place dans un espace lisse. Préfacée par Maurice Raynal, la première exposition parisienne de Miró a lieu en avril-mai 1921 à la gal. la Licorne. **Période surréaliste.** La fréquentation des écrivains et des artistes du groupe surréaliste confirme l'artiste dans ses audacieuses transpositions, et le passage à l'univers onirique, mi-fantastique mi-familier, qui est le sien par excellence, s'effectue en 1923. La prolifération des motifs, reliés par

Joan Miró
Chien aboyant à la lune, 1926
73 × 92 cm
Philadelphie, Museum of Art

l'arabesque et vivement colorés, distingue encore *Terre labourée* (1923-24, New York, Guggenheim Museum) et le *Carnaval d'Arlequin* (1924-25, Buffalo, Albright-Know Art Gal.), mais la *Maternité* de 1924 (coll. part.), par son économie exemplaire, le mécanisme subtil de son symbolisme sexuel, fait pénétrer de plain-pied dans la période surréaliste de Miró (1925-1927). L'impératif de l'invention spontanée lui permet surtout d'abandonner momentanément l'investigation méthodique et prudente qui, jusqu'à présent, l'avait guidé. Sur des fonds d'une vivante mobilité, taches et arabesques sont unies dans une complicité que semble démentir constamment la désinvolture même de leur apparition (*la Sieste*, 1925, Paris, M.N.A.M.). En revanche, les tableaux exécutés durant les séjours d'été à Montroig (1926 et 1927) relèvent d'une poétique plus concertée, à la fois humoristique et tendre, dont le *Chien aboyant à la lune* (1926, Philadelphie, Museum of Art) est une expression achevée.

L'épanouissement. C'est cette « figuration » si personnelle que Miró va exploiter, après que l'expérience surréaliste lui aura donné d'épouver ses moyens dans une atmosphère chargée d'« électricité mentale » (André Breton). Les 3 *Intérieurs hollandais* (1928) et les 4 *Portraits imaginaires* (1929) sont le résultat d'une genèse complexe ; une trans-position totale est obtenue à partir d'« excitateurs », comme un tableau de Jan Steen pour l'*Intérieur hollandais II* (Venise, fondation Peggy Guggenheim), et de nombreuses études dessinées. On remarque dans les *Portraits* la composition du fond en grandes zones de couleur plate, suivant une pratique issue de l'Abstraction contemporaine (*Portrait de Mrs. Mills en 1750*, coll. part.). Au cours de la même période, la production de « collages », exposés à la gal. Pierre en 1930 et en 1931, est importante ; on y retrouve les éléments constitutifs du style de Miró, mais la manipulation de textures et d'objets différents (bois, métal, ficelle, papier) stimule sa connaissance directe des matériaux choisis, toujours d'une grande austérité. C'est à propos de ces œuvres que l'on a pu parler d'un « assassinat de la peinture », selon sa propre expression, et les peintures à l'huile qui ont suivi ces collages comptent parmi les réalisations les plus abruptes et les plus schématiques de Miró (*Tête d'homme I*, 1931, coll. part.). De 1929 (année de son mariage) à 1936, Miró séjourne davantage en Catalogne et à Montroig ; en 1932, il expose à New York chez Pierre Matisse, avec qui il reste désormais en contact. L'œuvre lithographié, qui se développera surtout après la guerre, débute en 1930, et Miró grave sa première eau-forte en 1933 (*Daphnis et Chloé*).

Prémonition de la guerre. Le thème de la femme, rendu fortement abstrait, réapparaît dans des peintures sur papier Ingres à partir de 1931. En 1932 (peintures sur bois), les formes se structurent, l'arabesque et la tache, d'une belle sonorité, rythment des fonds délicats. Les « compositions » alternent avec des figures d'une force d'expression lyrique violente et qui ne le cèdent en rien par leur verve féroce aux créations de Picasso sur le même thème (*Femme assise,* 1932, New York, coll. part.). Soutenues par une abondante production graphique (aquarelles, gouaches, nus dessinés à la Grande-Chaumière à Paris en 1937), ces peintures dites « sauvages » (1937-38), de petit format, annoncent, dans leur paroxysme angoissé, la guerre d'Espagne, qui contraint Miró à s'installer en France jusqu'en 1940. En 1937, le *Faucheur,* peinture murale (disparue) pour le pavillon espagnol à l'Exposition universelle de Paris, relève de la même esthétique que celle dont la *Tête de femme* (1938, Los Angeles, coll. part.) est le témoignage le plus farouche comme le plus abouti.

Varengeville. Cette période, encore peu connue, que l'on peut considérer comme un des sommets de l'Expressionnisme européen, prit fin assez rapidement. L'art de Miró s'épanouit alors en une poésie aérienne, au cours notamment de séjours à Varengeville (Seine-Martime), haut lieu du Surréalisme, où André Breton avait jadis conçu son roman poétique *Nadja.* C'est là que Miró commence la suite des *23 Constellations,* achevées à Palma de Majorque et à Montroig en 1941. Précédées de petites peintures sur toile de sac, ces œuvres sont le plus beau bouquet cueilli par Miró au jardin de ses rêves. Sa poétique se précise : l'étoile, la lune, la femme, les personnages et les créatures sexuées conversent, en termes de couleurs riantes ou graves, de lignes se renvoyant, l'une à l'autre, le plus flexible et courtois des saluts.

Accueil des techniques nouvelles. Rôle de la céramique. En 1942, Miró regagne Barcelone. Jusqu'en 1944, il se livre à des travaux sur papier dans lesquels l'acquis des *Constellations* est exploité avec plus de légère allégresse, et le thème de la *Femme, oiseau, étoile* est souverain durant cette période. En 1944, Miró s'intéresse de nouveau à la lithographie et commence sa collaboration avec le céramiste Artigas. Trois ans plus tard, il se rend aux États-Unis pour exécuter une peinture murale destinée à un hôtel de Cincinnati ; en 1950, l'université Harvard fait à son tour appel à lui. Le style de Miró s'est adapté aisément au monumental, et cette expérience incitera l'artiste, un peu plus tard, à peindre sur grand format. Dans les tableaux de chevalet, l'arabesque est hautement sollicitée, et ses rapports avec l'espace pictural sont modifiés par le rôle de la tache colorée, au gré d'une invention fertile. Ainsi, en 1949-50, alternent « peintures lentes » et « peintures spontanées ». Les premières offrent une suite aussi parfaite que celle des *Constellations.* L'attention que porte Miró au dessin, à la qualité tactile et chromatique des fonds ainsi qu'à l'équilibre compensé de ces deux éléments se déploie seulement sur des formats plus vastes et selon un rythme plus ample (*Personnages dans la nuit,* 1950, New York, coll. part.). Les secondes, tout en taches et en éclaboussures, en matériaux divers, témoignent de fins libératrices et annoncent certains travaux de 1952 à 1954, dans lesquels concrétions grumeleuses, tracés opaques voisinent avec un graphisme plus fruste, presque rustique. Cette simplification des moyens, en quête d'une expression à la fois brute et raffinée, trouve son accomplissement dans l'œuvre céramique exécutée avec Artigas de 1954 à 1959 ainsi que dans les panneaux muraux de même matériau pour l'Unesco à Paris (1958) et pour Harvard (1960). En revanche, sauf retours périodiques à des schémas anciens, à partir de 1960, les peintures se distinguent par une nouvelle investigation de l'espace immense, souvent monochrome, à peine animé par le mouvement de la brosse ou par quelques accidents symboliques. Miró a su parfois concilier avec bonheur les recherches actuelles (Tachisme, expression de l'espace total, des-

Joan Miró
Intérieur hollandais, 1928
92 × 73 cm
New York, Museum of Modern Art

Joan Miró
*Le soleil rouge ronge
l'araignée, 1948*
76 × 96 cm
collection particulière

tructions du support) avec son écriture personnelle (*Bleu II*, 1961, Paris M.N.A.M.) ; mais sa grâce native et la perfection de son métier se retrouvent plus fréquemment dans les petits formats. La céramique occupe toujours beaucoup l'artiste, de même que la sculpture (marbre et bronzes peints). À deux reprises, Miró a donné des maquettes pour le ballet : en 1926, Ballet russe, *Roméo et Juliette*, en collaboration avec Max Ernst ; en 1932, *Jeux d'enfants*, de Léonide Massine. Il est également l'auteur de cartons de tapisserie, et son œuvre gravé (eaux-fortes, bois, lithos) a été exposé en 1974 au M.A.M. de la Ville de Paris, complétant l'importante rétrospective du Grand Palais. L'art de Miró présente une fécondité et une diversité rares, à l'intérieur d'un parti d'une originalité irréductible. La liberté des interprétations, jointe à ce besoin permanent de sources fraîches qui, depuis Montroig, alimente son œuvre (« Je travaille comme un jardinier », a-t-il confié en 1959), fait de sa carrière une des plus exemplaires de l'art moderne. Ubu, le personnage d'Alfred Jarry, fut repris par Miró à l'intérieur de publications créées par l'artiste (*Ubu aux Baléares* en 1973 et *l'Enfance d'Ubu* en 1975). Le groupe Claca Teatre a adapté pour la scène cette figure d'Ubu par Miró pour la production de *Mori et Merma* avec la collaboration du peintre. Une fondation Miró, construite par l'archi-

tecte Luis Sert, auteur de la fondation Maeght à Saint-Paul-de-Vence, est installée depuis 1975 à Montjuich, près de Barcelone ; elle rassemble plus de 100 toiles données par l'artiste, l'ensemble de ses lithographies et de ses sculptures.

Miró est représenté dans tous les grands musées et de nombreuses coll. part. d'Europe et des États-Unis (New York, M.O.M.A. ; Baltimore, Museum of Art ; Philadelphie, Museum of Art, coll. Arensberg ; National Gallery, Washington ; Madrid, M.E.A.C. ; Paris, M.N.A.M.).

MOHEDANO Antonio
(Lucena v. 1563 - Antequera 1626).

Originaire de la région de Cordoue, il fut dans cette ville un brillant élève de Pablo de Céspedes, lorsque celui-ci revint de Rome. Sa carrière se partage ensuite entre Séville et Antequera, où il se maria et vécut jusqu'à sa mort. Pacheco, son ami, le considéra comme un des meilleurs peintres de son temps. Mohedano fut également un humaniste et un poète. Ce fut un fresquiste renommé, mais ses décorations du cloître de S. Francisco de Séville et de la cathédrale de Cordoue ont disparu. Ses œuvres aujourd'hui connues sont de grands tableaux conservés à l'église de l'Université, ancienne maison professe des Jésuites (*Annonciation avec un chœur d'anges*, de 1606, à l'attique du retable, dont la célèbre *Circoncision* de Roelas occupe l'étage principal), et à la collégiale S. Sebastián d'Antequera *(Transfiguration, Assomption, Un ange présentant un jeune garçon à la Vierge)*. Encore proches des maniéristes de l'Escorial par leurs tons clairs et leur style un peu compassé, elles annoncent déjà le réalisme large et paisible de Sánchez Cotán et de Zurbarán par leurs accords de bleus vifs et de blancs, comme par le charme de leurs groupes d'anges.

MOMPÓ Manuel H.
(Valence 1927).

Il fit ses études à l'École des beaux-arts de Valence de 1942 à 1949. Il vécut ensuite à Paris (1951), en Italie (1954) et en Hollande (1956). Sa peinture, figurative depuis ses débuts, fut un moment marquée par l'Abstraction géométrique. En effet, Mompó a toujours été partisan d'un art optimiste, lyrique et ironique. Il réduisit progressivement la figure humaine et le contour des objets à des idéogrammes de plus en plus simples et abstraits, élaborant ainsi une sorte d'alphabet. Toutes ses œuvres d'art ont pour point de départ une anecdote humoristique, une impression qu'il décante et dont il conserve la poésie.

Essentiellement optimiste et populaire, la peinture de Mompó utilise des couleurs claires et transparentes, et des textes poétiques sont parfois introduits au milieu de la toile.

L'allure naïve de certains tableaux témoigne d'une assimilation de l'œuvre de Klee, mais surtout de l'observation originale de l'artiste. Mompó a reçu en 1968 le prix Unesco de la Biennale de Venise. En 1973, il est invité par des galeries californiennes et découvre les États-Unis, alors que les galeries Trece de Barcelone, Mordó de Madrid, Joan Prats de Barcelone ont chacune consacré à son œuvre des expositions en 1976, 1977 et 1984. Mompó s'installe en 1974 à Majorque, qu'il quitte pour Madrid en 1983. Mompó est représenté dans de très nombreuses collections publi-

ques : musée de Cuenca, Madrid (M.E.A.C.) et Cambridge, Mass. (Fogg Art Museum), Séville, Valence, M.A.M. de la Ville de Paris, British Museum de Londres, M.A.M. de Göteborg (Suède).

MONTERO DE ROJAS Juan
(Madrid 1613 - id. 1683).

Il étudie à Madrid chez Pedro de las Cuevas, peintre aujourd'hui inconnu qui dirigeait un atelier important, puis il se rend à Rome, où il est attiré par le réalisme « ténébriste ». De retour à Madrid, il travaille surtout pour les églises et les couvents. Ses tableaux conservés sont très peu nombreux ; les plus importants *(Ivresse de Noé,* musée de Tarbes ; *Songe de saint Joseph,* Madrid, Mercédaires de Alarcón ; *Saint Joseph et l'Enfant,* 1668, Madrid, coll. part.) révèlent un artiste personnel, d'un naturalisme sévère, d'une technique forte et colorée, mais un peu maladroite dans sa composition.

MONTOLIU Valentín
(documenté en Catalogne de 1433 à 1469).

L'un des derniers représentants du Gothique international, il est cité à Tarragone à partir de 1433 puis il s'établit à San Mateu de 1448 à 1469. Il suit la voie tracée par Martorell mais il manifeste une certaine emphase dans l'ampleur des vêtements aux plis cassés et dans le détail des accessoires, souvent traités en léger relief d'or gaufré. Trois retables sont conservés en totalité ou en partie à l'ermitage de la Vierge del Llosar (1455), à l'église de la Mata de Morella (1467) et à la cathédrale d'Ibiza (1468).

MORAIS Cristovão de,
peintre portugais d'origine espagnole
(actif au Portugal de 1551 à 1571).

On est peu renseigné sur la vie de ce peintre, mentionné pour la première fois en 1551 et qui fut peut-être compagnon ou disciple de Sánchez Coello, avant que ce dernier ne quitte le Portugal en 1557. L'activité de

Morais n'est aujourd'hui connue que par 2 effigies du roi Sébastien (1565, Madrid, couvent des Descalzas Reales ; v. 1571, Lisbonne, M. A. A.), dont le réalisme paisible et les qualités techniques permettent de situer leur auteur parmi les bons portraitistes péninsulaires de son temps. L'influence de Sánchez Coello sur le maître portugais apparaît évidente dans la délicatesse du dessin, la vibration de la couleur et l'exécution minutieuse des ornements. Cristovão de Morais fut également l'auteur du retable du maître-autel du couvent de la Conception (1567, Beja ; auj. disparu).

MORALES Luis, dit El Divino
(Badajoz v. 1519 - id. 1586 ?).

Selon Palomino, il aurait fait son apprentissage à Séville dans l'atelier de P. de Campaña ; sa première œuvre datée, la *Vierge à l'oiseau* (1546, Madrid, coll. part.), témoigne en effet d'une connaissance des modèles italiens interprétés par la sensibilité et la technique flamande du maître bruxellois, établi à Séville au moins depuis 1537. Un voyage hypothétique en Italie expliquerait certaines affinités avec des artistes italiens de la génération antérieure : réminiscences des modèles léonardesques de Sodoma et des couleurs de Becaffumi. À partir de 1560, Morales dut jouir d'une grande renommée : il exécuta de nombreux travaux pour Juan de Ribera, évêque de Badajoz entre 1562-1568, tout en réalisant des retables pour les églises d'Arroyo de la Luz (1563-1567), S. Domingo d'Evora (1564), la chapelle de G. Martinez à Higuera La Real (1565) et S. Martín de Plasencia (1567). Selon la tradition, le peintre aurait été ensuite chargé de participer à la décoration de l'Escorial, mais son art déplut à Philippe II, qui lui accorda cependant, en 1581, une pension jusqu'à sa mort. Le répertoire des thèmes traités par Morales est peu étendu : *Vierge à l'Enfant, Pietà, Passion du Christ.* Il est le créateur d'un type de Madone à l'ovale accusé et aux paupières lourdes, dont le modelé suave est très italianisant : *Madone de la pureté* (Naples,

Luis Morales
Pietà
bois, 126 × 98 cm
Madrid, Académie royale
des Beaux-Arts de San Fernando

S. Pietro Maggiore), *Sainte Famille* (collégiale de Roncevaux et cath. de Salamanque) ; la *Vierge à l'Enfant* (Londres, N.G. ; Prado ; New York, Hispanic Society). Le *Christ portant sa Croix* s'inspire très directement d'une composition de Sebastiano del Piombo (Offices, Barcelone et Madrid, coll. part.). Le caractère dramatique qui apparaît dans la *Pietà* de la cathédrale de Badajoz et dans les œuvres postérieures à 1560 est marqué par l'art flamand, connu par l'intermédiaire de la peinture portugaise ou de gravures : *Pietà* (Malaga, cath. Madrid, Acad. S.Fernando), *Ecce Homo* (New York, Hispanic Society ; Madrid, Acad. S. Fernando ; Séville, cath.). Ces visages triangulaires et osseux enveloppés d'une lumière forte, presque lunaire, incarnent un aspect profond de la dévotion religieuse dans les terres arides d'Estréma-dure. L'existence de nombreuses répliques et copies, exécutées par des disciples ou des imitateurs, témoigne de sa popularité qui se prolonge tard dans le siècle.

MOYA Pedro de
(Grenade 1610 - id. 1666).

Il semble qu'il fût disciple de Juan del Castillo et compagnon de Murillo à Séville. Il voyagea en Flandres et en Angleterre, où il fut, à Londres, élève de Van Dyck, dont, selon ses anciens biographes, il aurait introduit le style en Andalousie, après s'être fixé à Grenade en 1656. Les rares œuvres signées que nous conservons de lui (*Vision de sainte Madeleine de Pazzi,* musée de Grenade ; *Apparition de la Vierge,* cathé-drale de Grenade) ne confirment pas cette influence.

MUÑOZ Lucio
(Madrid 1929).

Il fut élève de l'École des beaux-arts de Madrid de 1949 à 1954 et travailla avec Eduardo Chicharro. Son style est une synthèse personnelle de l'Expressionnisme dans sa volonté de témoignage et des techniques abstraites, surtout informelles, qui permettent à l'artiste le libre manie-ment de la pâte et l'adjonction de matériaux hétérogènes, privilégiant notamment le bois brûlé comme support et motif à la fois. Relativement figuratif à ses débuts (bœufs écorchés, crucifixions, personnages), Mu-ñoz exploitait une palette discrète (verts, marrons et noirs) qui devint plus haute et vibrante quand l'exécution tendit à absor-ber le motif. Depuis 1968-69, il est revenu, de manière moins convaincante, à un certain réalisme. Il fut sélectionné pour la Documenta de Kassel en 1972. Son style évolue au début des années 1980 vers un certain lyrisme qui marque de grands paysages réalisés sur bois. Il est représenté à Londres (Tate Gal.), Amsterdam (Stede-lijk Museum), Oslo (Ng), Vienne (musée du XXe Siècle), Cuenca (musée d'Art abstrait espagnol), La Haye (Gemeentemuseum), Madrid (M.E.A.C. et Fondation March), Buenos Aires (musée). Une importante rétrospective de son œuvre est organisée par la ville de Barcelone au Palais de la Virreina en 1989. L'artiste vit à Madrid.

MUÑOZ Sébastián
(Ségovie 1654 - Madrid 1690).

D'abord formé dans l'atelier de Claudio Coello, il étudie ensuite à Rome avec Carlo Maratta. À son retour, il collabore avec son premier maître aux fresques du collège de la Manteria de Saragosse (1684). Nommé peintre du roi (1688), il participe aux décorations à fresque de l'Alcázar de Ma-drid. Comme peintre religieux, son style est étroitement lié à celui de Claudio Coello (*Martyre de saint Sébastien,* 1687, Bor-deaux, coll. part.). Pour le couvent des Carmelitas Descalzas de Madrid, il exécute une peinture commémorant les *Funérailles de la reine Marie-Louise* (New York, Hispa-nic Society). Muñoz fut aussi un remarqua-ble portraitiste.

MUÑOZ DEGRAIN Antonio
(Valence 1841 - Málaga 1924).

Formé à l'Académie des beaux-arts de Valence, après avoir abandonné des études d'architecture et avoir fait un bref séjour en Italie (1856), cet artiste, compagnon de Domingo Marqués, est en fait un auto-didacte qui reçut la consécration des ré-compenses des expositions régionales puis nationales (1881-1884) et même univer-selles (Philadelphie, Chicago). Installé à Madrid de 1871 à 1879, il développe son talent pour le paysage dans le cadre de l'école créée par Carlos de Haes et en fait sa première spécialité. À Madrid et surtout à Málaga, où il s'installe en 1879, il développe un type très personnel de paysage, caractérisé par un trait vif, une couleur très audacieuse, outrancière pour l'époque, qui évolue d'un lyrisme encore romantique vers une facture et une concep-tion proches des impressionnistes. Le rendu de l'atmosphère, des effets de lumière — orages, clairs de lune, soleils couchants — modèle sa vision du paysage fortement marquée par l'Andalousie, Grenade particulièrement (*Averse sur Grenade*, Madrid, Casón, nombreux paysages dans les musées de Valence et Málaga). En 1895, il remplaça Carlos de Haes à la chaire de paysage de l'École des beaux-arts de San Fernando de Madrid. Jouissant d'une belle notoriété, il fut nommé académicien et effectua, comme pensionnaire d'honneur de l'Académie, un second voyage à Rome. Il se consacra également aux décors (*Théâtre Cervantès* à Málaga en 1870) et à la peinture d'histoire. *Les Amants de Teruel* (1884, Casón) sont une des œuvres les plus caractéristiques du grandiose réalisme historique exaltant le tragique et la grandeur espagnols qui domine la seconde moitié du XIXe siècle. L'un des artistes les plus représentatifs de la fin du XIXe siècle, évoluant du romantisme vers une conception presque impressionniste, il eut, parmi ses élèves à Málaga le tout jeune Pablo Picasso.

MUR Ramón de
(documenté de 1412 à 1435 dans la région de Tarragone).

Son style, malgré son archaïsme, se rattache au Gothique international. Cet artiste indépendant, doué d'imagination, utilise un coloris parfois surprenant. Ses longues silhouettes d'un graphisme précis s'apparentent davantage à la peinture franco-flamande qu'à celle de ses contemporains catalans.

Son œuvre principale est le *Retable de Guimerá* (v. 1412, musée de Vich), dont les panneaux représentent des *Scènes de l'Ancien Testament* et des *Scènes du Nouveau Testament ;* on y décèle le sentiment de la nature *(Buisson ardent, Caïn et Abel)* ainsi qu'un réalisme pittoresque *(Passage de la mer Rouge).* Ramón de Mur serait également l'auteur du *Retable de la Vierge de Cervera* (panneau central : Barcelone, M. A. C.) et du *Retable de saint Pierre de Vinaixa* (v. 1420, musée de Tarragone).

MURILLO Bartolomé Esteban
(Séville 1618 - id. 1682).

Orphelin très jeune, Murillo fit ses premières études dans l'atelier de Juan del Castillo, mais il dut connaître aussi les œuvres de Zurbarán, alors à l'apogée de sa carrière, et de Ribera, très abondamment représenté dans les collections sévillanes. L'influence de ces deux peintres est évidente dans ses œuvres de jeunesse. La première commande importante qu'il reçut fut, en 1645, le *Cycle franciscain* pour le cloître du couvent S. Francisco de Séville, ensemble de 11 tableaux, aujourd'hui dispersés : la *Cuisine des anges* (1646, Louvre), *San Diego d'Alcalá* (Madrid, Acad. S. Fernando, *Mort de sainte Claire* (Dresde, Gg). Le peintre révèle déjà — à côté de quelques maladresses dans la composition, d'un traitement de la lumière encore très marqué par le ténébrisme, des éléments caractéristiques d'un style personnel — une vision amère de la réalité quotidienne, une conception presque médiévale de la religion, où vérité objective et miracle se mêlent tout naturellement, avec ingénuité. En 1648, il se marie, et c'est le début d'une vie familiale paisible et féconde. Durant ces premières années, le style de Murillo évolue suivant le courant ténébriste (*Cène*, 1640, Séville, église S. María la Blanca ; *Sainte Famille à l'oiseau*, Prado). Pendant les dix années qui suivent, il devient plus fluide, plus souple, plus léger. La sûreté de la composition, la lumière diffuse répandue, le coloris de plus en plus riche attestent une connaissance non seulement des modèles vénitiens et flamands (surtout celle de Van Dyck), mais aussi d'une peinture génoise imprégnée d'influence flamande, qu'il eut l'occasion d'apprécier à Séville. En 1658, Murillo se trouve à Madrid, ce qui doit lui permettre d'étudier les riches collections royales et d'entrer en contact avec Velázquez. À son retour à Séville, on lui commande pour une chapelle de la cathédrale la *Naissance de la Vierge* (1660, Louvre). Dans les années 1665-66, il réalise, pour l'église S. María la Blanca de Séville,

Murillo
Le Jeune Mendiant, v. 1650
134 × 100 cm
Paris, musée du Louvre

Murillo
Mater dolorosa
52 × 41 cm
pendant de l'*Ecce Homo*
Madrid, musée du Prado

un ensemble décoratif, dispersé aujourd'hui (*Songe du patricien* et *Explication du songe par le pape Libère*, Prado), l'un de ses chefs-d'œuvre tant par la délicatesse et la sûreté de la touche que par la beauté d'un coloris chaud et doré, nuancé de gris et d'argents dans les lointains du paysage. À cette époque doit prendre place une série de toiles sur la *Vie de Jacob* (Dallas, Meadows Museum ; The Cleveland Museum of Art). En 1665, également, il entreprend la série de grandes figures de *Saints* que lui commandent les capucins de Séville (musée de Séville) ; en 1668, c'est la grande *Immaculée Conception* de la cathédrale et la série de bustes de *Saints* de la sacristie. Entre 1671 et 1674, il réalise un ensemble de tableaux pour l'hôpital de la Charité à Séville (notamment *Moïse faisant jaillir l'eau du rocher, Sainte Isabelle de Hongrie*) en concurrence avec Valdés Leal, œuvres qui comptent parmi les plus représentatives de sa maturité. En 1681, il commence un

cycle pour les Capucins de Cadix, qu'il laisse inachevé après un accident dont il meurt quelques mois plus tard.

À côté des séries monastiques datées avec certitude, Murillo, artiste extrêmement fécond, a laissé de nombreux tableaux religieux *(Saintes Familles, Vierges à l'Enfant, Immaculées Conceptions)*, qui lui valurent une immense renommée dès le XVIIe s. et restèrent très admirés aux XVIIIe et XIXe s. Une délicatesse allant souvent jusqu'à l'afféterie sentimentale, répondant à la dévotion bourgeoise conformiste de son temps, et le fait que ces œuvres furent répandues à l'excès par la lithographie populaire ont fait, de nos jours, considérer celles-ci avec quelque dédain. Mais on doit constater que, du point de vue strictement technique, elles figurent parmi les plus réussies et les plus libres de l'artiste et plus généralement parmi les authentiques chefs-d'œuvre du génie baroque. La sensibilité contemporaine est pourtant plus ouverte aux tableaux de genre et aux portraits de Murillo. Les célèbres tableaux de gamins *(Jeune Mendiant*, v. 1650, Louvre ; *Mangeurs de pastèques*, Munich, Alte Pin.) ont une vivacité rare dans la peinture du XVIIe s. espagnol ; ils joignent à l'interprétation aimable des réalités plutôt cruelles la joyeuse vitalité du monde picaresque et surtout une incomparable virtuosité technique. Le *Jeune Mendiant* a été parfois cité comme l'ancêtre direct de la peinture ensoleillée du XIXe s.

Bien que les portraits que l'on puisse attribuer à l'artiste avec certitude soient relativement rares : *Andrés de Andrade* (Metropolitan Museum), *Nicolas Omazur*, le *Chevalier* dit « le Juif » (Prado), *D. Iñigo Melchior Fernandez de Velasco* (1659, Louvre), *D. Justino de Neve* (1665, Londres, N.G.), *Autoportrait* (v. 1665, Londres, N.G.), on peut considérer Murillo comme l'heureux disciple de Van Dyck, dont il possède l'élégance raffinée, bien que plus sobre, plus austère, certainement plus « hispanique », faite d'un coloris sévère où les noirs et les blancs, fortement contrastés, se nuancent de fragiles carnations.

Murillo
L'Immaculée Conception
206 × 144 cm
Madrid, musée du Prado

On attribue à Murillo paysagiste quelques vues remarquables (*Paysage* du Prado, bien qu'une telle attribution reste problématique), et l'on sait que le peintre basque Iriarte, dont la personnalité est encore mal définie, collabora à ces œuvres.

Murillo forma de nombreux disciples et collaborateurs, dont il est encore difficile de préciser et de dégager l'apport personnel ; ceux-ci assimilèrent les modèles et la sensibilité de leur maître de façon souvent superficielle, et ils sont pour une grande part responsables du discrédit et de la désaffection dont Murillo a souffert ces dernières années. L'influence et le type de compositions de Murillo se maintinrent à Séville jusqu'à une époque très avancée du XVIIIe s., et, en plein XIXe, des peintres imitèrent et dénaturèrent encore l'artiste, non sans habileté. ☐

NO

NADIR Afonso,
peintre portugais
(Chaves 1920).

Architecte, collaborateur de Le Corbusier
à Paris (1946-1948) et de Niemeyer au
Brésil (1952-1954), cet artiste se consacra
également à la peinture dans le cadre
d'une Abstraction géométrique sensible,
commandée par un sens presque mystique
de l'unité de la forme (*Panamá,* 1974, coll.
part.). Il a exposé à Paris (1959-1970) et
publié *les Mécanismes de la création artistique* (Lausanne, 1970). Ses œuvres figurent
à Lisbonne (fondation Gulbenkian) et sont
dispersées dans des coll. part. au Portugal.

NARDI Angelo,
peintre espagnol d'origine italienne
(Razzo 1584 - Madrid 1664).

Issu d'une famille noble exilée de Florence
par les Médicis, il fit son apprentissage en
Toscane dans l'orbite des maniéristes réformés. Après un voyage à Venise (1600),
il vient chercher fortune en Espagne au
moment où, revenant de Valladolid, la Cour
s'installe définitivement à Madrid : il y
demeura pendant plus d'un demi-siècle.
Il trouve une clientèle abondante dans le
clergé et les ordres religieux, et peint de
nombreux ensembles, en général signés et
datés, dans la région madrilène — particulièrement à Alcalá de Henares, qui
conserve intact le vaste cycle des Bernardas
(Vie du Christ, Martyres et *Saints de l'ordre
cistercien),* commandé en 1619 par les
exécuteurs testamentaires du cardinal Sandoval, fondateur du couvent — et même
au-delà (*Retable* des Bernardas de Jaén,

1639). Il devient, à partir de 1625, peintre
du roi en même temps que Velázquez, avec
qui il se lie d'une fidèle amitié. Si Nardi est
moins important par ses dons de créateur
que par sa longue carrière, l'abondance de
sa production, la sympathie générale qui
entoura cet homme cultivé, bienveillant et
droit font qu'il demeure — avec un talent
incontestable, bien qu'un peu froid et
compassé — l'un des artistes les plus
représentatifs de la génération qui ouvre le
XVIIe s. Son style, plutôt archaïque, reste
très lié aux modèles italiens — maniéristes
de Florence comme Cigoli, de l'Escorial
comme Cambiaso — mais aussi vénitiens
comme Bassano, dont il possédait des
œuvres et à qui il doit sans doute un certain
intérêt pour les problèmes d'éclairage et un
réalisme familier dans les détails qui annonce les recherches de la génération
suivante (*Adoration des bergers* et *Adoration des mages* des Bernardas d'Alcalá ;
Scènes de l'enfance du Christ [apr. 1625] aux
Jésuites d'Alcalá, détruites en 1936 ; *San
Diego* aux Archives d'Alcalá [1640], également détruit ; *Adoration des bergers,* 1650,
Madrid, coll. part.).

NAVARRETE Fernández de Juan,
dit el Mudo
(Logroño v. 1526 - Tolède 1579).

Sourd-muet depuis l'enfance, il fut élevé
par les Hiéronymites de l'Étoile, près de sa
ville natale, qui lui facilitèrent l'apprentissage de la peinture. Son premier biographe,
Fray José de Sigüenza, affirme qu'il étudia
en Italie, où il aurait été l'élève de Titien,
mais aucun document ne confirme cette
tradition très vraisemblable. En 1568, il

Juan Fernández de Navarrete
Le Baptême du Christ
49 × 37 cm
Madrid, musée du Prado

présenta à Philippe II le *Baptême du Christ* (Prado), sa première œuvre connue, traitée dans le style maniériste italo-flamand, et il fut aussitôt nommé « pintor de Cámara ». Les tableaux qu'il exécuta pendant dix ans à l'Escorial, où il fut un représentant notoire de l'école espagnole, sont moins froids et moins conventionnels ; Navarrete s'y montre l'adepte fidèle des maîtres vénitiens et l'introducteur en Espagne de leur manière « abrégée », que Pacheco oppose au style « achevé » des Florentins. La palette de Titien, dont il copia certaines toiles, la somptuosité et l'esprit anecdotique de Véronèse se reflètent dans ses grands tableaux (*Abraham et les 3 anges*, Dublin, N. G. of Ireland) ; la composition du *Martyre de saint Jacques* (1571, Escorial) s'inspire de Tintoret, mais le réalisme de la décollation s'inscrit dans la tradition hispanique. Les effets de clair-obscur proches de ceux de

Bassano dans cette œuvre sont repris avec maîtrise dans la *Nativité* de l'Escorial (1575). Pour les autels secondaires du monastère, Navarrete exécuta 8 tableaux consacrés aux évangélistes et aux apôtres, groupés par paires ; la série de 32 toiles, que la maladie l'empêcha de terminer, fut achevée par Sánchez Coello et Carvajal. Ces figures majestueuses révèlent l'éclectisme de Navarrete, admirateur de compositions grandioses, mais également attiré par les détails familiers chers aux Vénitiens et aux Flamands.

NAVARRO BALDEWEG Juan
(Santander 1939).

Étudiant à l'école des Beaux-Arts de San Fernando à Madrid en 1959-60, il entreprend des études d'architecture jusqu'en 1965. Il est invité comme artiste résidant par l'Institut de technologie de Cambridge (É.-U.) de 1971 à 1975. Il retourne à Madrid, où il enseigne à l'école technique d'Architecture jusqu'en 1977.

Il s'affirme comme peintre avec la série des toiles « Kouroi » (gal. Buades, Madrid, 1980), qui présente l'amorce d'une figuration. Après 1985, ses œuvres exploitent une thématique classique (*Baño turco*, 1986 ; *Academia*, 1987) en hommage à des maîtres confirmés et notamment à Matisse, dont il s'inspire pour la peinture particulièrement colorée de ses scènes d'intérieur.

En 1978, Navarro Baldeweg est invité à présenter des œuvres à l'intérieur du pavillon espagnol de la Biennale de Venise ; en 1986, le M.E.A.C. de Madrid lui consacre une exposition personnelle importante. Il est présent dans les collections du M.E.A.C. de Madrid et dans celles de la Fundacio Caixa de Pensions de Barcelone.

NÉO-CLASSICISME.

L'art du monde occidental, de la Russie aux colonies américaines, connut à partir de 1760 un vif regain d'intérêt pour les antiquités grecques et romaines. Cette nouvelle influence du Classicisme, manifeste en peinture comme ailleurs, donna lieu à une telle éclosion de styles et de formes d'expression qu'une définition précise du Néo-Classicisme est particulièrement difficile à établir. Il est bon, cependant, de n'y voir qu'un des aspects du phénomène beaucoup plus général de l'historicité, qui incita les peintres de la fin du XVIIIe s. et du XIXe s. à reconstituer costumes et décors avec une précision archéologique croissante, et cela non seulement pour l'Antiquité gréco-romaine, mais aussi pour toute autre période, qu'elle soit médiévale, renaissante ou même contemporaine. La plupart des peintres qui suivirent cette mode gréco-romaine pouvaient ainsi s'adapter à d'autres styles historiques et illustrer des scènes empruntées non seulement à Homère, Eschyle, Tite-Live ou Plutarque, mais aussi à l'histoire ou à la littérature du Moyen Âge ou de la Renaissance et même à des vies de héros contemporains, comme James Wolfe, Marat ou Napoléon.

Le Néo-Classicisme en Espagne. Malgré la venue du peintre Mengs en Espagne, son opposition dans le palais Royal de Madrid et à Aranjuez aux dernières œuvres de Tiepolo, malgré les disciples espagnols de David, l'Espagne n'a jamais véritablement adhéré au Néo-Classicisme, comme le rappelle en premier lieu l'œuvre de Goya. *Mengs en Espagne.* Mengs, ami de Winckelmann, suit de près le roi Charles III lorsque celui-ci abandonne Naples pour Madrid. Nommé peintre de Chambre de Charles III en 1761, il fait un premier séjour à Madrid de 1761 à 1769 et un second en 1774-1776. Son influence joue dans deux directions : d'abord dans le décor à fresque (ex. *Triomphe de Trajan*) du Palais royal, où, par son dessin précis, sa composition sagement répartie sur les bords, il influence F. Bayeu puis López ; ensuite, et surtout, par le rôle indirect qu'il joue dans l'Académie royale de San Fernando, devenant le maître à penser de toute une génération ; comme le montrent les réflexions du *Viaje de España* de Ponz, qui rejette violemment le Baroque. Ses théories devaient, maladroitement, se répercuter dans les académies provinciales. *Les élèves espagnols de Louis David.* La renommée artistique de David a rapidement attiré des peintres espagnols qui, souvent par le biais de bourses royales, purent travailler à Paris dans l'atelier du maître. Le premier d'entre eux fut le Valencien José Aparicio Anglada (1793-1838), qui y entra en 1799 et demeura en France jusqu'en 1806.

L'énorme *Épidémie d'Espagne* (bibl. de l'Académie de médecine, Paris), qui fit sensation voire scandale au Salon de 1806, montre dans les gestes grandioses, la couleur, l'influence de David. Le plus célèbre des disciples est José de Madrazo (1781-1859), mais sa *Mort de Viriathe* (1808, Prado) est plutôt influencée par l'Écossais Gavin Hamilton. À la même époque, Juan Antonio de Ribera (1779-1860) peint *Cincinnatus* (1804-1807, musée de Cáceres).

Avec López, il représente la permanence de tendances néo-classiques dans l'art officiel de l'Espagne, notamment dans sa fresque du *Parnasse des grands hommes d'Espagne* du palais du Pardo (v. 1830). Cependant, le romantisme, beaucoup plus proche de la mentalité espagnole, devait rapidement arrêter ces tentatives qui apparaissent comme un épiphénomène dans le panorama de la peinture espagnole.

NICOLAU Pedro
(actif à Valence et en Aragon de 1390 à 1408).

Nicolau est l'une des personnalités les plus célèbres de l'école valencienne autour de 1400, l'un des principaux foyers européens du style Gothique international. Aux côtés du Florentin Gherardo Starnina et du Nordique Andrés Marzal de Sax, présents à Valence dans la dernière décennie du XIVe s., il semble avoir joué un rôle d'initiateur dans ce renouveau pictural. Parmi les nombreux retables connus par des documents entre 1390 et 1408, six étaient destinés à la cathédrale de Valence et deux devaient être exécutés en collaboration avec Marzal de Sax. Ils ont malheureusement disparu. Seul, le *Retable de la Vierge* (panneaux latéraux au musée des Beaux-Arts de Valence) peint en 1404 pour l'église de Sarrión (prov. de Teruel) peut servir de base pour apprécier son style et permettre de lui attribuer une série d'œuvres : la *Vierge d'humilité* (Prado) et les *Retables des sept joies de la Vierge* (musée de Bilbao et ermitage de S. Cruz de Moya). Dessinateur élégant et exubérant, coloriste raffiné, Nicolau semble bien être le propagateur d'un type de retable comprenant au centre, une Vierge sur un trône entourée d'un chœur d'anges musiciens et, sur les panneaux latéraux, de petites scènes illustrant la vie de la Vierge. On remarque dans ces compositions une intense vitalité narrative, un expressionnisme presque germanique, une recherche maniérée dans les attitudes, qui justifient ses contacts avec Marzal de Sax mais aussi avec des Flamands et des Italiens.

Une vaste production de retables valenciens, durant les premières décennies du XVᵉ s., relève du style et de la manière de Pedro Nicolau. Nous connaissons les noms de quelques-uns de ses collaborateurs, et nombreux sont ceux qui subirent leur influence : Jaime Mateu, son neveu, Gabriel Marti, Antonio et Gonzalo Pérez, le Maître de Burgo de Osma et Miguel Alcañiz.

NISART Pedro
(actif à Majorque durant le 3ᵉ quart du XVᵉ s. et dont le nom fait supposer une origine étrangère).

Son style, marqué par le quattrocento italien et l'esthétique flamande, paraît justifier cette hypothèse. Son œuvre maîtresse est le *Retable de saint Georges* (musée diocésain de Palma), commandé en 1468 et peint avec la collaboration de Moguer. Le saint guerrier est représenté selon l'iconographie empruntée peut-être à un original de Van Eyck acquis par le roi Alphonse V à Valence en 1444. Le fond du retable et les scènes de la prédelle relatent un épisode de la conquête de Palma sur les Maures en 1229.

NONELL Isidoro
(Barcelone 1873 - id. 1911).

Fils d'un modeste industriel barcelonais, lié depuis son enfance au peintre Joaquím Mir, il fréquente plusieurs académies avant de suivre les cours de l'école des Beaux-Arts de Barcelone. Avec Mir, Ricardo Canals, Julio Villamitjana, ils forment le groupe « Colla del Sofra » du nom de la couleur qu'ils affectionnent dans leur recherche d'effets de lumière. De bonne heure, Nonell découvre son univers, celui des miséreux et des perdus : aux silhouettes de dégénérés de Caldas de Bohí (val pyrénéen reculé qu'il visita dans l'été 1896 avec ses amis Canals et Vallamitjana), dont l'exposition devait provoquer un petit scandale, succédèrent les gitanes et les humbles prostituées barcelonaises, les ex-soldats rapatriés de la guerre de Cuba et devenus mendiants. Nonell collabore par des dessins à la revue *Pel y Ploma* et expose au célèbre café des Quatre Gats, où il rencontre son cadet Picasso, quelques mois avant de partir pour Paris ; il devait par la suite lui prêter son logement montmartrois, et ses personnages ne sont certainement pas étrangers au répertoire picassien de l'« époque bleue ». Nonell fut mieux accueilli à Paris qu'à Barcelone. En 1898, peu après son arrivée, il prenait part à la 15ᵉ exposition de la gal. Le Barc de Boutteville, en même temps que Toulouse-Lautrec et Gauguin ; le critique Frantz-Jourdain le comparait à un « Goya modernisé ». En 1899, il expose avec un certain succès des gitanes commandées par Vollard. Désormais, il partage sa vie artistique entre Barcelone et Paris, où depuis 1902 il expose presque chaque année aux Indépendants. Nonell n'a guère renouvelé ses thèmes primitifs (*Dolorés, Deux Gitanes*, Barcelone, M. A. C.) ; il y ajoute seulement dans ses dernières années de belles et graves natures mortes. Sa peinture, qui rompt délibérément avec le Réalisme anecdotique comme avec l'Impressionnisme cultivé par les indépendants barcelonais, est caractérisée par des courbes cernées de traits lourds et sombres, et des couleurs

Isidoro Nonell
Femme penchée
Barcelone, musée municipal

assourdies où se détachent des notes chaleureuses d'orangés et de rouges, qui rappellent à plus d'un titre Gauguin et Van Gogh. Mais son art n'appartient qu'à lui par sa réserve, sa poignante tristesse et son tragique. Une consécration tardive fut liée à l'exposition rétrospective de son œuvre qu'il organisa en 1910 aux galeries del Faïança Catalá (Barcelone).

NORONHA DA COSTA Luis,
peintre portugais
(Lisbonne 1942).

Cet artiste pratique une figuration très personnelle, jouant sur des plans confondus dans une atmosphère indécise qui lie sa peinture aux sources poétiques et philosophiques du Romantisme allemand. Peintre de fantômes perdus dans un monde irréel, Noronha da Costa (prix Soquil, Lisbonne, 1969) est la plus forte personnalité des peintres portugais de sa génération. Son œuvre, très vaste, est conservée à Lisbonne à la fondation Gulbenkian et dans des coll. part. du Portugal. Ses travaux, exposés régulièrement au Portugal, furent présentés également à Paris et à Munich (1973).

NUÑEZ DEL VALLE Pedro
(Madrid v. 1590 - id. 1649).

Il étudie à Rome, puis est admis à l'Académie de Saint-Luc (1613-14). C'est un des premiers représentants madrilènes du naturalisme ténébriste, qu'il nuance d'un certain classicisme romano-bolonais (*Adoration des mages*, 1631, Madrid, coll. part.). Parmi quelques œuvres signées et datées se détachent : *S. Orencio* (Huesca, église S. Lorenzo, 1623), *Agar et Ismael* (1630, Ávila, Casa de la Misericordia). On peut attribuer également à Pedro Nuñez del Valle l'*Annonciation* (Ermitage).

ORRENTE Pedro
(Murcie 1580 - Valence 1645).

Il semble avoir voyagé très jeune en Italie, ce qui lui permit de connaître l'art vénitien et peut-être les débuts du Caravagisme. À son retour, il travaille beaucoup à Murcie, à Valence et à Tolède. Dans cette dernière ville, il se lia d'amitié avec le fils de Greco ; à Valence, il fut en contact avec Ribalta, qu'il rappelle parfois. Son style le plus personnel se rattache manifestement à l'art italien. Il doit beaucoup aux Bassan, dont il retient aussi bien le goût pour les scènes pastorales (*Jacob et Laban*, Madrid, Acad. San Fernando) que les effets de lumière nocturne ou crépusculaire (*Adoration des bergers*, Prado). Son intérêt pour le clair-obscur le mène à quelques-unes des premières réussites ténébristes de la peinture espagnole (*Saint Sébastien*, 1616, cathédrale de Valence) ; et son goût de la mise en scène, allié à une observation réaliste des types humains et des objets familiers, le classe parmi les premiers maîtres naturalistes du xviie s. (*Miracle de sainte Léocadie*,

Pedro Orrente
Martyre de saint Sébastien, 1616
Valence, cathédrale

1617, cathédrale de Tolède). Son œuvre, particulièrement celle dont le caractère pastoral relève du courant bassanesque, fut abondamment copiée, et de nombreuses toiles lui sont attribuées, qu'on peut difficilement rattacher à son atelier.

OSONA (les).
(Valence, dernier tiers du XVe s. et premier tiers du XVIe s.).

Rodrigo l'Ancien *(actif entre 1464 et 1484)* est le premier maître espagnol ouvert au style du quattrocento italien, à une époque où persistait le goût pour le Gothique flamand. Sa personnalité artistique semble attester une conjonction du Midi et du Nord, des formes de Squarcione et de celles des Flamands. On peut lui attribuer avec certitude le *Calvaire* (1476) de l'église S. Nicolás à Valence, œuvre capitale qui affirme à la fois son sens dramatique et sa perméabilité aux influences étrangères. Le groupe de gauche est traité à la manière de Van der Weyden, tandis que celui de droite comporte des réminiscences des *Triomphes* de Mantegna. Trois autres œuvres sont discutées, car il est possible que son fils, Rodrigo le Jeune, soit intervenu dans leur réalisation : *Saint Pierre assis sur un trône* (Barcelone, M. A. C.), la *Messe de S. Regulo* de la cathédrale de Valence et un *Saint Michel*, aujourd'hui détruit, du musée diocésain de Valence.

Sur **Rodrigo le Jeune** *(actif entre 1505 et 1565),* les renseignements ne sont guère plus abondants. Son style prolonge celui de son père avec des influences de Costa et de Francia. Le goût pour les effets de perspective est un des éléments importants de son art. Si, dans la manière de traiter les fonds, il apparaît assez moderne, il n'en va pas de même des scènes, où il suit les mêmes règles que son prédécesseur. Il convient également de souligner l'influence de Bermejo dans une œuvre comme l'*Adoration des mages* de l'ancienne coll. Harris (Londres). L'œuvre de base pour la connaissance d'Osona le Jeune est une autre *Adoration des mages* (Londres, N. G.), signée « Lo fill de mestre Rodrigo ». Toute la scène met en évidence l'intérêt de l'artiste pour la mythologie classique et les formes de la Renaissance (*Histoires d'Hercule* aux écoinçons des arcs ornant le portique du fond). Les *Scènes de la vie de Jésus* (musée de Valence) offrent les mêmes caractéristiques. Dans quelques-uns de ces panneaux, on trouve des réminiscences de Mantegna, tout particulièrement dans la conception du paysage. Rodrigo le Jeune compte aussi parmi ses œuvres importantes les *Scènes de la vie de saint Denis*, documentées entre 1496 et 1498, dont il fut chargé par l'archidoyen Matias Mercader pour la cathédrale de Valence (auj. dispersées). Quelques panneaux consacrés à la *Passion du Christ* (Prado) semblent de sa main. □

P

PACHECO Francisco
(Sanlúcar de Barrameda 1564 - Séville 1654).

Orphelin très jeune, il fut élevé à Séville par son oncle le chanoine Pacheco, érudit, membre influent de l'Académie du poète Mal Lara. Après un apprentissage chez le peintre Luis Fernández et une étude approfondie de l'œuvre de Pedro de Campaña et de Luis de Vargas, il se retrouva en 1600 à la tête de l'Académie de Mal Lara.

Son style se caractérise d'abord par un « romanisme » strict qui ne peut éviter une certaine sécheresse (*Apothéose d'Hercule*, 1604, Casa de Pilatos, Séville). Un premier voyage à Madrid et à Tolède en 1611, la rencontre de Greco et de V. Carducho améliorent son dessin et ses coloris : l'une de ses compositions les plus ambitieuses est alors le *Christ servi par les anges* (château de Courson, près de Paris), peint pour le monastère San Clemente en 1616. Son œuvre est essentiellement religieuse : *Vie de saint Pierre Nolasque* pour la Merced de Séville (1600-1611, musées de Séville, Barcelone, Bowes Museum), participation à de nombreux retables sévillans (S. Clemente, Séville). Nommé censeur des Peintures sacrées de Séville en 1618, pour l'Inquisition, il diffuse les préceptes artistiques de la Réforme tridentine. Ainsi, ses représentations de *l'Immaculée Conception* ont une valeur historique, car il voulut en fixer l'iconographie d'une manière stricte : *Immaculée avec le portrait de Miguel Cid* (cath. de Séville), *Immaculée* (Séville, palais épiscopal et église San Lorenzo). *Saint Sébastien soigné par sainte Irène* (1616, Alcalá de Guadaira, détruit en 1936) démontre une rigueur thématique dont il expose les règles dans la seconde partie de son *Arte de la Pintura* (rédigé en 1649). Ce traité, qui compile largement les théories de l'Italie au XVIe s., reflète le climat intellectuel de son Académie, tout comme son *Libro de Verdaderos retratos*, recueil de 170 portraits dessinés d'« hommes illustres et mémorables » accompagnés de biographies (Museo Lázaro Galdiano, Madrid, 1re publ. 1886, 2e publ. 1983). Ces dessins confirment son talent de portraitiste, attesté par certaines peintures : couple de *Donateurs* (musée de Séville), *Gentilhomme* (musée de Williamston). En 1624-1626, il séjourna à Madrid auprès de son gendre Velázquez, mais, malgré son désir, il ne fut pas nommé peintre du roi.

Respecté de tous pour sa vaste culture comme pour ses qualités humaines, trait d'union entre artistes, poètes et érudits, il fut surtout l'excellent maître de jeunes artistes, Alonso Cano, Herrera et, surtout, Velázquez, dont il sut découvrir et encourager le génie.

PALAZUELO Pablo
(Madrid 1916).

Il fit des études d'architecture en Angleterre et suivit les cours de la School of Arts and Crafts (1934-1936). Ses premières peintures à partir de 1940, figuratives, sont influencées par Klee. Il réalise d'abord ses premiers dessins abstraits (v. 1947-48) et participe alors à quelques expositions de groupe en Espagne. Boursier du gouvernement français, il vient à Paris en 1948, où il habitera jusqu'en 1960. Il expose, la même année, au Salon de mai et prend part

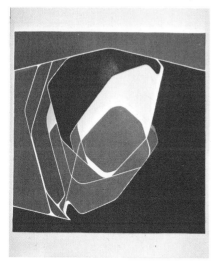

Pablo Palazuelo
Rubedo V, 1970
collection particulière

à plusieurs manifestations organisées par la gal. Maeght : les *Mains éblouies* (1949-50), *Tendance* (1951-52). Les œuvres de cette époque, d'une abstraction géométrique très rigoureuse, sont composées de plans irréguliers de couleurs pures — rouge, jaune, noir, blanc —, superposés ou juxtaposés dans l'espace, striés de lignes droites et d'obliques. Prix Kandinsky en 1952, Palazuelo fait sa première exposition personnelle à la gal. Maeght en 1955, puis en 1958 et 1963. Après une période encore stricte où dominent les camaïeux (1953-1955), sa peinture évolue vers des rythmes plus naturels, où les courbes trouvent enfin leur place, où se pressent des lignes sinueuses à la manière de Bazaine ou de Manessier, mais il reste fidèle à l'austérité de la matière et aux surfaces lisses. L'exposition de 1963, sur le thème des terres, des pierres et des ondes, confirme les qualités de cette œuvre à l'hermétisme assez hautain, dont l'ascétisme s'oppose au lyrisme plus abondant ou à l'Expressionnisme des autres peintres espagnols. La couleur joue pourtant un rôle plus grand dans cette série, où la chaleur des ocres, terres de Sienne, rouges, bistres

s'allie à des noirs profonds et mats dans des formes très épurées, conférant à ces œuvres une allure monumentale. L'artiste vit à Madrid. Il a exposé en 1966 des eaux-fortes et des lithographies à la B.N. de Paris. Les galeries Maeght de Paris, de Barcelone, de Zurich ont organisé des expositions de Palazuelo (1970, 1977, 1978.) À partir de 1980 sa production de sculptures s'accroît. Il réalise pour l'aéroport de Madrid « Landa I », une œuvre en trois dimensions. De formes rigoureuses et géométriques les sculptures de Palazuelo conjuguent des expressions constructiviste et minimaliste. Ses œuvres figurent à Paris (M.N.A.M.), à Madrid (Fondation March), New York (Guggenheim Museum), Zurich, Rio de Janeiro, Cuenca, Pittsburgh (Carnegie Inst.) et à la fondation Maeght à Vence.

PALENCIA Benjamín,
(Barrax, Albacete, 1894 - Madrid 1980).

Il arriva à Madrid vers 1909 et se lia rapidement avec les principaux poètes de son époque : Juan Ramón Jiménez, Lorca, Alberti, participant en 1916 au Premier Salon d'automne de Madrid et, en 1925, à l'Exposition des artistes ibériques. Sa peinture se rapproche peu à peu du Surréalisme, mais elle est toujours imprégnée d'esprit populaire, d'une vision grave de la réalité espagnole. Sa période plus typiquement surréaliste s'étend de 1930 à 1936 environ. Il est alors en contact avec le sculpteur Alberto, et leurs œuvres de ces années sont assez proches. Ils fondent, avec d'autres peintres, dont Maruja Mallo, l'école de Vallecas. On distingue alors, dans la production de Palencia, d'une part des idéogrammes dans la ligne de ceux de Miró et de l'autre des œuvres voisines de la peinture métaphysique, inspirées par le paysage désolé du plateau castillan et pleines de symboles (chouettes, violons, sphères, taureaux). Ces images de plaines immenses, désertes et arides, où se dressent quelques formes, expriment très efficacement, de manière surréaliste, l'âme du paysage et du peuple castillans. La guerre

Benjamín Palencia
Tolède, 1943
Madrid, musée national d'Art contemporain

civile interrompt cette évolution. L'esprit de Palencia, tourné vers la terre et le paysage, s'accommode sans trop de difficultés des règles du Réalisme et de la tradition, imposés par les circonstances. Ainsi, tout en conservant les mêmes éléments, il amorce un retour à une Figuration plus classique, teintée par la suite d'un fauvisme très modéré. À partir du moment où sa vision du paysage, jusqu'alors symbolique, devient réaliste, il abandonne tout sens critique et populaire pour exalter et mythifier le paysage, qui prend un sens presque épique. En cela, sa vision n'est pas loin de celle des écrivains de la « generación del 98 ». En quelques années, Palencia devint un peintre semi-officiel, comblé de prix et de récompenses ; il influença aussi l'école de Madrid, mais la production de celle-ci, mis à part Ortega Muñoz et Zabaleta, est loin d'égaler celle de l'initiateur, qui participe à toutes les tentatives de rénovation modérée, collaborant avec Eugenio d'Ors au Salon des II et à l'Académie Brève.

Parfois, son réalisme se fait minutieux, frôlant même par moments l'académisme. S'il se libère de ce réalisme trop strict, l'artiste revient aux procédés du Fauvisme : couleurs stridentes, larges coups de pinceau utilisés de façon plus décorative qu'expressive. Il est représenté dans les principaux musées espagnols, notamment au M. E. A. C. de Madrid, et dans les musées d'Amérique latine.

PALMA DE MAJORQUE.

Grâce à ses églises et à ses musées, Palma (sur la côte sud de l'île de Majorque) réunit le seul ensemble représentatif de la peinture majorquine des XIVe et XVe s., soumise tour à tour aux influences siennoise, française, catalane, flamande et qui conserve néanmoins une note de douceur pensive et d'élégance parfois un peu grêle. Il est malheureusement trop dispersé pour qu'on puisse en rendre compte. On relèvera seulement que le musée de la ville (composé par le dépôt de la collection de la Société archéologique lulienne et par le fond du musée provincial) est installé dans un des plus beaux palais du vieux quartier (Almudaina) et possède, avec le *Retable de* saint Bernard et le Retable de sainte Quiterie, d'excellents exemples de la peinture du XIIIe et du XIVe s., auxquels il faut joindre le *Calvaire* du Catalan Destorrents, que la cathédrale possède une autre œuvre importante de la même époque, particulièrement riche au point de vue iconographique (le *Retable de sainte Eulalie*) et que son musée diocésain, installé dans les anciennes dépendances de l'évêché, est le lieu qui réunit la plus grande variété d'exemplaires de diverses époques, depuis le *Polyptyque de la Passion* (siennois ou majorquin ?) du début du XIVe s. et l'élégante *Sainte Gertrude de Nivelle* (mil. XVe s.), jusqu'au grand *Saint Georges* de Pedro Nisart (1470) avec la ville de Palma comme paysage de fond, œuvre maîtresse de la peinture majorquine, où les influences flamandes sont assimilées avec la plus fière élégance.

PALOMINO Y VELASCO
Acisclo Antonio
(Bujalance, Cordoue, 1653 - Madrid 1726).

Formé tout d'abord à Cordoue, où il copie, puis imite les œuvres d'Antonio del Castillo et où il rencontre Valdés Leal, il s'installe bientôt à Madrid. Là, il y étudie avec Claudio Coello, qui lui ouvre les portes de l'Alcázar et des collections royales et lui procure des commandes pour le Palais royal. Il est nommé peintre du roi en 1688. Ami de Luca Giordano dès l'arrivée de celui-ci à Madrid (1692), il devra à son influence ses réalisations les plus importantes dans l'art de la fresque : la voûte de l'église de los Santos Juanes de Valence (1699), celle des Desamparados dans la même ville (1701), le *Triomphe de l'Église* à S. Esteban de Salamanque et les chapelles du tabernacle des chartreuses de Grenade (1712) et du Paular (1723). Dans ses tableaux d'autel, il reste plus attaché à la tradition madrilène : *Immaculée Conception* (Prado). Mais, plus encore que comme peintre, il est important par son œuvre d'historien et de théoricien de la peinture. Le *Museo Pictórico y Escala Optica* (publié en 2 tomes à Madrid en 1715 et 1724) comprend une série de biographies d'artistes espagnols de valeur inégale (surtout précieuses pour ceux que l'auteur connut personnellement), qui, dans bien des cas, constituent la plus ancienne et presque la seule source d'information et ont valu à Palomino le surnom de « Vasari espagnol ».

PAMPELUNE.
Le principal intérêt de cette ville du nord de l'Espagne (prov. de Navarre) se trouve au musée de Navarre (bien que la cathédrale, plus riche en sculpture, possède plusieurs œuvres intéressantes, comme le panneau de la *Crucifixion* du XIVe s. et le *Retable de Caparroso* du XVe s.). Le musée, installé depuis 1955 dans un ancien hôpital du Moyen Âge, parfaitement restauré, est un des mieux aménagés parmi les musées espagnols. Sa collection rassemble les principales peintures murales gothiques de Navarre, qui ont été transposées sur toile. Les œuvres les plus remarquables appartiennent au XIVe s., âge d'or du royaume sous la dynastie champenoise. C'est avec la peinture française du temps que la pièce maîtresse du musée, la grande composition à plusieurs registres de la *Passion*, offre d'étroits rapports. Signée en 1330 par Juan Oliver (déformation probable du nom français d'*Olivier*), elle décorait, jusqu'à une époque récente, l'ancien réfectoire des chanoines, annexe de la cathédrale. Cette très belle œuvre, dont le style, linéaire, est comparable à celui du *Parement de Narbonne*, mais plus précoce, unit la vigueur expressive à l'élégance. D'autres ensembles muraux, presque contemporains (v. 1350), œuvres d'artistes locaux, d'une saveur plus rude et plus rustique, sont aussi d'excellente qualité : cycle de l'église d'Artajona *(Christ assis, Anges, Apôtres),* cycle de San Pedro de Olite, *Jugement dernier* du cloître de la cathédrale de Pampelune.

Il faut signaler encore pour les époques plus récentes les curieuses peintures murales provenant du palais d'Oriz, qui racontent minutieusement, en style de tapisserie, la campagne de Charles Quint contre

les protestants de Saxe, plusieurs panneaux du XVIᵉ s. attribués à Cosida, Becerra, Moralès et 2 portraits du XVIIIᵉ s., *F. de Moratín* par Paret et l'admirable *Marquis de San Adrian*, une des œuvres les plus expressives et les plus spontanées de Goya.

PANCHO. → *COSSIO*.

PANTOJA DE LA CRUZ Juan
(Valladolid 1553 - Madrid 1608).

Il fut le disciple de Sánchez Coello et il est difficile de distinguer ses œuvres de jeunesse, traitées dans des tonalités sombres et froides, de celles de son maître. Peintre de cour de Philippe II et de Philippe III, il sut rendre l'expression de ses modèles : *Isabel Clara Eugenia*, 1599 (Munich, Pin), *Philippe III* (1592-1594, Vienne, K. M.), *Anne d'Autriche* (1602, Madrid, musée des Descalzas Reales). On lui attribue le saisissant *Philippe II âgé* conservé à la bibl. de l'Escorial. La plus grande partie de son

Juan Pantoja de la Cruz
Saint Augustin entouré des membres des ordres religieux et militaires relevant de sa règle, 1606
101 × 178 cm
Tolède, cathédrale

œuvre fut peinte sous le règne de Philippe III. La richesse des vêtements, comme leur traitement minutieux, rappelle le style du Néerlandais Antonio Moro ; elle reflète aussi le luxe et la surcharge de la mode sous Philippe III après l'austérité du règne précédent. Mais Pantoja se montre comme portraitiste beaucoup plus libre, vivant et spontané dans certains portraits « non officiels » comme celui de *Fray Hernando de Rojas* (Madrid, coll. de la duchesse de Valencia). D'autre part, l'étude des sources lumineuses caractérise les tableaux religieux exécutés pendant les cinq dernières années de sa vie, qu'il passe à Valladolid, où réside la Cour : *Naissance de la Vierge* (1603, Prado), *Nativité* (1605, Prado). Le clair-obscur, les raccourcis trahissent l'in-

Luis Paret y Alcázar
Le Magasin d'antiquités, 1772
49 × 57 cm
Madrid, Musée Lázaro Galdiano

fluence directe du Ténébrisme italien dans la *Résurrection* (1605, hôpital de Valladolid) ; la différence de style entre le *Saint Augustin* du Prado (1601) et celui de la cathédrale de Tolède (1606) révèle une nette évolution vers un Réalisme ténébriste qui annonce la peinture du XVIIᵉ s.

PARET Y ALCÁZAR Luis
(Madrid 1746 - id. 1799).

Né d'un père dauphinois et d'une mère espagnole, ayant appris les « rudiments du dessin » auprès du joaillier français Duclos, vivant à Madrid, il se forma auprès d'Antonio González Velázquez à l'Académie San Fernando. Grâce à la protection de l'Infant don Luis de Bourbon, il séjourna trois ans en Italie. Rentré à Madrid en 1766, il obtint plusieurs prix de l'Académie et étudia avec le peintre français Charles de La Traverse, disciple de Boucher. Bien que non documenté, un voyage à Paris est possible.

Sa carrière débuta sous les meilleurs auspices : des scènes de vie madrilène comme le *Bal masqué* (1766, Prado), influencé par l'Italie, ou le *Magasin d'antiquités* (1772, musée Lázaro Galdiano, Madrid), qui peut évoquer l'*Enseigne de Gersaint* de Watteau, révèlent la spontanéité de sa touche et la subtilité des tonalités, propres à donner une qualité d'atmosphère. Travaillant pour la Cour dès 1770 (le *Repas de Charles III, Carrousel royal,* 1770, Madrid, Prado), il se compromet pour l'infant don Luis et doit s'exiler à Puerto Rico (1775-1778) puis à Bilbao, où il se marie (1780). De cette époque datent le ravissant portrait de son épouse, *Maria de las Nieves Micaela Fourdinies* (Prado), habillée à la mode française et jouant de la serinette, et plusieurs peintures religieuses. Il envoie à l'Académie de Madrid son morceau de réception, la *Prudence de Diogène* (1780,

Madrid, Acad. San Fernando). La mort de don Luis, qui le protégeait toujours, et la réalisation d'une série de vues des ports cantabriques dans l'esprit de Vernet, commandée par le prince des Asturies et officialisée par Charles III en 1786 (*Vue de Fontarabie*, musée de Caen ; *Vue de l'Arsenal de Bilbao*, 1784, Londres N.G.), lui permettent de regagner Madrid en 1787 après avoir décoré (toiles et fresque) la chapelle Saint-Jean-Baptiste de l'église paroissiale de Viana (Navarre). Vice-secrétaire de l'Académie, il reprend la chronique de la vie madrilène avec une œuvre d'envergure, le *Serment de la Cour au prince des Asturies* (1791, Prado), et de nombreuses petites scènes (le *Rosaire*, Palais royal).

Ceán Bermúdez, en déplorant sa mort relativement précoce, regrette « le peu de parti qu'on a tiré de son habileté ». Paret est, en effet, dans l'Espagne de son temps, exceptionnel par sa culture (outre le français et l'anglais, il sait le grec et a traduit Lucien) comme par la diversité de ses dons : peintre de mœurs, mais aussi paysagiste, peintre religieux, portraitiste à l'occasion, illustrateur de Cervantès et de Quevedo, il est le témoin sans pareil d'une vie madrilène élégante et populaire, aimable et détendue, une sorte de Saint-Aubin espagnol, beaucoup plus influencé par la France que Goya, mais qui garde une vivacité et un charme très personnels et lui donnent sa place dans la peinture européenne du XVIIIe siècle.

PASO (El)
(Madrid 1957-1960).

Groupe d'artistes fondé à Madrid au mois de février 1957, El Paso doit être considéré comme une étape importante de l'histoire de l'art espagnol de la seconde moitié du XXe s. Il réunit les artistes les plus caractéristiques de l'Art abstrait espagnol et constitue la résonance, en Espagne, de l'école de New York, avec comme modèles Kline, Pollock et Rothko, et de l'Abstraction de l'Europe du Nord, représentée par le groupe Cobra. Les membres fondateurs d'El Paso (le Passage) sont Canogar, Francés, Millares, Rivera, Saura, Serrano, Suarez et le critique d'art Ayllón. Chirino, Feito et Viola se joindront au groupe alors que Rivera, Serrano et Suarez l'abandonneront au cours de l'année 1957. Cette même année, le manifeste d'El Paso est rédigé en été par Saura. Il met l'accent sur la liberté de la pratique artistique : « El Paso est une *activité* qui prétend créer un nouvel état d'esprit à l'intérieur du monde artistique espagnol... El Paso a l'intention de créer un climat qui permette le libre développement de l'art et de l'artiste et luttera pour surmonter la crise aiguë que traverse l'Espagne dans le domaine des arts visuels. » Si le groupe a compté une majorité de peintres et deux sculpteurs (Chirino et Serrano), son originalité réside dans les correspondances que les artistes surent entretenir entre leurs pratiques différenciées, entre l'actualité internationale de l'Action painting et la tradition espagnole, dont Millares, Saura et Viola demeureront représentatifs alors que Feito, Rivera et Suarez se tourneront vers une Abstraction davantage lyrique.

La première exposition du groupe a été réalisée par la gal. Buccholz de Madrid en avril 1957. Pendant trois ans, de nombreuses expositions ont été organisées à Saragosse, Gérone, Oviedo, Madrid et Barcelone. La dernière apparition publique d'El Paso a eu lieu à Rome en automne 1960 à la gal. L'Attico.

PEDRO Antonio,
peintre portugais
(Cap-Vert 1909 - Moledo 1966).

D'une curiosité sans cesse aux aguets, il fut aussi poète, romancier et metteur en scène. Peintre surréaliste à partir de 1934, il fut la principale figure du groupe surréaliste de Lisbonne de 1947 à 1949, date à laquelle il cessa de peindre. Sa création est pleine de monstres en lutte perpétuelle, criant leur angoisse et leur insoumission dans une tension cruelle et hautement érotique (*Ilha do Cão, Avejão Lirico*, coll. privées).

Orlando Pelayo
Les Proies, 1965
collection particulière

PEDRO DE CÓRDOBA
(actif à Cordoue au XVᵉ s.).

Les données biographiques manquent sur ce peintre, qui semble avoir joué un rôle prédominant à Cordoue dans le dernier tiers du XVᵉ s. Le seul point fixe est la signature de l'*Annonciation* de la cathédrale de Cordoue, avec la date de 1475. Nettement archaïque par l'influence, encore sensible, de Van Eyck, par la perspective arbitraire et par la raideur des draperies, l'*Annonciation* est une composition importante, qui présente en demi-cercle, au pied d'une sorte d'estrade, le chanoine Diego Sánchez de Castro, donateur, le frère de celui-ci et six saints. La clarté de l'ordonnance, malgré la surcharge, la fermeté du dessin, l'irréalisme des fleurs et des fonds d'or associé à la précision minutieuse dans le décor de l'appartement de la Vierge donnent à l'ensemble un charme original.

PELAYO Orlando
(Gijón 1920).

Il passe son enfance dans la région de Badajoz, pays de Zurbarán. À onze ans, déjà tenté par le dessin, il vient habiter la Manche, l'âpre pays de Don Quichotte, qui le marque définitivement. Son père, en bon humaniste, lui fait connaître les poètes, mais, engagé à dix-huit ans dans l'armée républicaine, le jeune Pelayo connaît l'horreur des combats, de la défaite devant le franquisme et l'amertume de l'exil. Il vit jusqu'en 1947 en Algérie, où il devient l'ami d'Albert Camus, de Jean Grenier et d'Emmanuel Roblès. Il fait de la céramique, devient professeur d'espagnol et peint alors des toiles sourdes et pathétiques (l'*Enfant mort*, 1947, coll. part.). Venu à Paris après la Libération, il travaille d'abord en solitaire à une peinture figurative (*Nature morte*, 1952, Paris, coll. part.) qui ira se dépouillant « jusqu'à réduire le motif à sa stricte signification plastique » (*Chèvres*, 1956, Paris, gal. Synthèse). Avec une richesse chromatique croissante, il parvient bientôt à la limite de l'Abstraction (*Faisan*, 1957, Paris, coll. part.) et cherche, dès lors, à rendre objets et paysages dans leurs caractères spécifiques et leurs dimensions sensorielles (*Campos*, 1959, Paris, gal. Synthèse ; *Paysage espagnol*, 1961, Paris, M.N.A.M.). Il abandonne ensuite cette formulation naturaliste pour aborder le portrait : *Deux Vieilles Femmes* (1964, Londres, Drian Gal.), *Ultime Rencontre* (1965, Paris, M.A.M. de la Ville), *Portrait de femme*

Antonio de Pereda
Le Songe du gentilhomme
152 × 217 cm
Madrid, Académie royale des
Beaux-Arts de San Fernando

(1965, musée de Neuchâtel) sont des œuvres à la fois gestuelles et méditées. Les *Portraits apocryphes,* invitant à reconnaître des états d'esprit plutôt que des états civils, se poursuivent par le *Ricaneur* (1968, Auvernier, Suisse, gal. Numaga), la *Délurée* (1969, id.) qui s'inscrivent tout naturellement dans l'optique de la Nouvelle Figuration, encore que l'artiste n'ait jamais adhéré à aucun mouvement. Pelayo est représenté notamment aux musées de Lille *(Jeanne la Folle),* de Grenoble, d'Alger, de Neuchâtel, à Paris (M.A.M. de la ville et M.N.A.M.), à Madrid (M.E.A.C.).

PEREDA Antonío de,
(Valladolid 1611 - Madrid 1678).

Fils de peintre, élevé dans sa ville natale, puis disciple de Pedro de las Cuevas à Madrid, il trouva des protecteurs dans le milieu de la Cour (notamment l'Italien Crescenzi). En 1635, il collabore à la décoration du salon des Royaumes au nouveau palais du Buen Retiro (*Délivrance de Gênes* dans la série des « Victoires espagnoles », auj. au Prado) aux côtés de Carducho, Velázquez, Zurbarán. Par son sujet, cette œuvre, avec *Agila, roi des Goths* (1635, Lérida, séminaire), reste exceptionnelle dans la carrière du peintre, qui, par la suite, se tint à l'écart du Palais, travaillant pour des couvents et des églises. À côté de vastes tableaux d'autel, plus brillants de couleur que personnels de sentiment (*Saint Augustin et sainte Thérèse aux pieds de la Vierge et de saint Joseph,* 1640, Carmélites de Tolède ; *Mariage de la Vierge,* 1640, peint pour les capucins de Valladolid, auj. à Saint-Sulpice de Paris), des œuvres de plus petit format, figures isolées comme l'*Ecce homo* (1641) et le *Saint Jérôme pénitent* (1643) du Prado, joignent à l'impeccable chromatisme appris des Vénitiens un dessin ferme et une sobre vigueur réaliste, non sans quelque souvenir du ténébrisme riberesque.

D'autre part, Pereda affectionne tout spécialement la nature morte, étoffes précieuses et joyaux, fruits et fleurs, ustensiles de cuisine baignant dans une lumière chaude et sourde (Lisbonne, M. A. A., 1650-51 ; Ermitage), et Palomino déclare qu'« en ce genre aucun peintre ne l'a surpassé ». Pereda cultive aussi l'allégorie morale, sur un ton analogue à celui des « vanitas » hollandaises, opposant les splendeurs décevantes du monde et la fugacité des destins humains. Il a donné en ce genre quelques-uns des chefs-d'œuvre de la peinture espagnole (le *Songe du jeune gentilhomme*, Madrid, Acad. S. Fernando ; l'*Ange et les vanités humaines*, Vienne, K. M.).

Dans ses dernières années, Pereda assimile ce dynamisme baroque que Madrid adopte autour de 1660, et l'applique — superficiellement — dans ses derniers tableaux d'autel (*Miracle de la Portioncule*, 1664, musée de Valladolid ; *Descente de croix*, musée de Marseille ; le *Portrait de saint Dominique remis au moine de Soriano*, Madrid, musée Cerralbo ; *Saint Guillaume d'Aquitaine*, Madrid, Acad. S. Fernando), œuvres quelque peu conventionnelles mais toujours d'une magnifique qualité picturale.

PEREYRA Vasco,
peintre portugais
(Évora v. 1535 - Séville 1609).

Portugais du Sud, originaire d'Évora, Pereyra apparaît à Séville à partir de 1561. Il semble y avoir conquis une place estimable, puisqu'il collabore en 1598 — avec les peintres les plus réputés, dont Pacheco et Alonso Vazquez — à la décoration du catafalque pour les cérémonies de la cathédrale en mémoire de Philippe II. Il demeure à Séville jusqu'à sa mort.

Artiste de transition, encore imprégné du maniérisme de Campaña et de Vargas, il signe en 1562 un *Saint Sébastien* (Sanlúcar de Barrameda, égl. de la O). Il apparaît cependant comme influencé par les Vénitiens, qu'il dut connaître au moins par des gravures (*Annonciation* de S. Juan, à Marchena, 1576, dont on a signalé que la composition reflète celle du tableau de Titien à S. Salvatore de Venise). Il introduit aussi une note plus rude et plus vigoureuse, un réalisme plus rustique que celui de Vargas, dans la meilleure de ses œuvres

connues, le grand *Saint Onuphre* (Dresde, Gg), imposante figure de solitaire à genoux dans la campagne.

PÉREZ ou Peris (les).
Antonio
(documenté à Valence de 1404 à 1422).
Il appartient à une dynastie de peintres valenciens qui remonte à la reconquête de la cité ; il est le premier dont l'œuvre soit identifiée. Sa personnalité a été définie grâce à un panneau du retable de la chapelle Saint-Grégoire et saint Bernard d'Alcira commandé en 1419 pour la cathédrale de Valence. Son style, caractéristique du mouvement international, conjugue l'idéalisme italien avec certains éléments expressionnistes nordiques. On lui attribue les peintures réunies autrefois sous le nom du Maître d'Olleria, à savoir : le *Retable de la Vierge de l'Espérance* (Pego, église S. Maria), le *Retable de la Vierge au lait* (Valence, musée des Beaux-Arts) et le Retable d'Ollería (Prado, cath. de Valence).

Gonzalo
(documenté à Valence entre 1404 et 1451, l'année de sa mort).
Fils d'Antonio, il est le représentant le plus doué de la seconde phase de la peinture internationale à Valence. Les archives font état de 26 retables le concernant, entre 1404 et 1443. Il continue et amplifie la manière de Pedro Nicolau (†1408), dans l'atelier duquel il a dû se former et ses premières œuvres sont nourries des mêmes éléments italiens et flamands. Sa plus ancienne œuvre conservée, *Saint Clément et sainte Marthe* (1412, cath. de Valence), révèle un artiste élégant par le graphisme ondulant des draperies et le choix des tissus aux motifs orientaux, tout en gardant pour le personnage masculin un faciès expressionniste hérité de Marzal de Sax. En 1427, il exécute des *Têtes de rois* avec J. Mateu (4 à Barcelone, M.A.C.) pour la Casa de la Ciudad de Valence. Le *Retable de sainte Barbe* (id.) et les panneaux de *Saint Michel* (Édimbourg, N.G. of Scotland) et *Saint Barthélemy* (Worcester Art Museum) témoi-

gnent d'un style arrivé à maturité avec des formes plus amples, un modelé accusé et une gamme colorée brillante et variée. Ces qualités s'affirment dans le *Retable de saint Martin, sainte Ursule et saint Antoine abbé* (Valence, musée des Beaux-Arts) chef-d'œuvre du gothique valencien où s'équilibrent la vigueur formelle et l'élégance aristocratique proche de celle d'un Pisanello.

PÉREZ VILLAAMIL Jenaro
[Genaro au XIXᵉ s.]
(Le Ferrol 1807 - Madrid 1854).

Pérez Villaamil est le créateur incontesté et le principal représentant du paysage romantique en Espagne. Mais la biographie de cet homme, assez fantasque et secret, encore confuse sur bien des points, reste à écrire. Originaire de Galice, fils d'un professeur de dessin topographique au collège militaire de Saint-Jacques-de-Compostelle, Jenaro fut d'abord élève de son père, qui s'installa par la suite à Madrid. Jeune officier de l'armée libérale, blessé et prisonnier des troupes françaises lors de leur expédition de 1823, c'est pendant son séjour à Cadix (1823-1830), qu'il prit goût à la peinture et à la décoration théâtrale. On le trouve en 1830 à Puerto Rico où il peint des vues de San Juan et décore le théâtre (décor détruit), puis à la Jamaïque. Revenu en Espagne, il subit une double et décisive empreinte : celle des littérateurs romantiques, épris du passé de l'Espagne, qu'il fréquente à Madrid (Zorrilla, son ami, lui dédiera en 1837 la *Noche de invierno*), et celle de l'aquarelliste anglais David Roberts, qu'il rencontre, en 1833, à la Feria de Séville. Il apprendra de lui la vision romantique de l'Andalousie, nouvelle pour les Espagnols, avec l'exagération dans la proportion des édifices et les contrastes de lumière, la multiplication des figurants minuscules et des détails pittoresques : Pérez Villaamil peint ou dessine, avec un vif succès, des paysages et des monuments, réels ou imaginaires. Mais en 1842 il s'expatrie de nouveau, pour des raisons mal connues, liées sans doute à l'éphémère

dictature d'Espartero et à l'exil du ministre et poète Martínez de la Rosa, ami du peintre. Villaamil passe plusieurs mois en Belgique, visite probablement Londres et se fixe à Paris, où il est apprécié : Louis-Philippe lui achète plusieurs paysages (qui figureront à sa vente de 1853), Baudelaire parle de lui avec éloges dans son *Salon* de 1846. L'artiste, qui collabore aussi au *Seminario Pintoresco*, entreprend une grande publication – financée par un mécène espagnol, le marquis de Remisa, destinée à faire connaître les monuments gothiques espagnols (en fait surtout Burgos et Tolède) : *España artística y monumental* (1842-1844 ; une édition espagnole paraîtra après la mort de Villaamil, en 1865) – avec le concours de nombreux lithographes français qui interprètent ses dessins.

Rentré à Madrid en 1844, Villaamil reste un grand voyageur : on le trouve en 1849 tour à tour à Valence et en Galice ; il semble avoir visité la Grèce, la Turquie et une partie du Moyen-Orient (*Caravane à Tyr*, Madrid, coll. Santamarco). Académicien, premier professeur de paysage à l'École des beaux-arts, il meurt prématurément, célèbre et pauvre. Il laisse une œuvre énorme : plusieurs milliers de peintures, aquarelles et dessins exécutés avec une virtuosité étonnante. Son trait, agile et précis, est parfaitement capable d'exactitude : les dessins conservés pour la *España artística* sont beaucoup moins fantaisistes que les planches, trop « embellies » par les lithographes français. L'artiste possède un sens extrême de la mise en scène, de l'effet grandiose ou pittoresque. Mais il y a chez lui des aspects moins connus, et qui semblent refléter l'influence de Turner : de grandes flaques de lumière, des dessins tachistes – partant d'une tache d'encre – singulièrement captivants et modernes (*Gorges de Las Alpujarras*, Madrid, coll. Santamarca). Les œuvres de Villaamil sont très dispersées entre des musées provinciaux (par exemple l'admirable *Château de Gaucin* à Grenade) et des coll. part. Le Prado (annexe du Casón), le Museo Romántico de Madrid, le musée de La Corogne (qui réunit un groupe précieux de vues de Galice) permettent une approche suffisante de cet artiste singulier. Son frère Juan *(Le Ferrol ?-1863)*, peintre également, collabora avec lui à plusieurs entreprises *(théâtre de Puerto Rico, Seminario Pintoresco, España artística)*.

PEREZ VILLALTA Guillermo
(Tarifa, Cadix, 1948).

Il entreprend en 1966 des études d'architecture à Madrid, puis se consacre à la peinture. Sa première exposition personnelle a lieu en 1972 (Sala Amadis, Madrid). À la fin des années 70, il déplace une vision surréalisante vers une expression hétérogène, proposant sans hiérarchie le mélange de styles (Kitsch, Art déco, Pop) et de citations d'œuvres. Des personnages sont placés au milieu d'architectures postmodernes défiant les lois de la perspective. D'inspiration mythologique, sa peinture contient de nombreuses références aux maîtres anciens. Ainsi, les figures d'Actéon, de Diane ou de Saturne accompagnent celles de Brueghel, de Velázquez ou de Vermeer. Des scènes religieuses (*Visitation* ou *Baptême*, 1987) présentent une transgression de l'histoire sainte alors que l'artiste démystifie les figures héroïques. Chaque toile est un fragment insolite de la culture occidentale à travers un langage métaphorique, une métamorphose constante des thèmes : « Je ne cherche à apporter aucune clarification. Le chaos, la confusion, la contradiction sont pour moi fondamentaux. » La plupart des expositions personnelles de l'artiste ont été organisées par des galeries espagnoles de Madrid, de Séville, de Grenade, de Málaga. Son œuvre a été présentée dans des expositions de groupe au Guggenheim Museum en 1980, au Lijevachs Konsthall de Stockholm en 1983, au M.A.M. de Paris en 1987. Elle est conservée dans les collections publiques des musées de Madrid (M.E.A.C. et fondation March), de New York (Guggenheim) et de Séville (musée d'Art contemporain).

PICASSO Pablo Ruiz
(Málaga 1881 - Mougins 1973).

La formation. Barcelone. Bien que certains auteurs, soucieux de trouver une explication fondée sur l'hérédité à la versatilité stylistique du peintre, aient attribué à sa mère des origines juives, la famille est strictement espagnole et même andalouse, de petite bourgeoisie provinciale. Le père, José Ruiz Blasco (Picasso est le nom de la mère de l'artiste), est un peintre sans talent, professeur à l'école des Beaux-Arts de Málaga, puis au lycée de La Corogne, où il émigre avec sa famille en 1891, et enfin à Barcelone, où Pablo le rejoint en septembre 1895. C'est là que commence sa véritable éducation artistique, malgré un séjour de quelques mois pendant l'hiver de 1897-98 dans la très académique Madrid, qui n'a rien à lui apprendre tant sa maîtrise a été précoce dans ce domaine (l'*Homme à la casquette*, 1895). Le climat de Barcelone, dominé par l'extraordinaire personnalité de l'architecte Gaudí (l'atelier de Picasso se trouvait devant une maison construite par celui-ci calle Conde del Asalto), est très ouvert aux influences extérieures : celles de l'Art nouveau, de Beardsley, de Munch et, d'une façon générale, de l'Expressionnisme septentrional plutôt que de l'Impressionnisme et de la peinture française, à l'exception de Steinlen et de Lautrec, dont l'influence se manifeste très tôt dans l'œuvre de Picasso : la *Danseuse naine* (1901, Barcelone, musée Picasso). Les artistes catalans, que le peintre rencontre au café El Quatre Gats (les Quatre Chats), découvrent en même temps, à travers Greco, Zurbarán, la sculpture médiévale de Catalogne, une Espagne plus sauvage et passionnée que celle de l'enseignement officiel. Cette intelligentsia provinciale et romantique est enfin marquée par des préoccupations sociales et la violence élémentaire des milieux anarchistes.

Picasso semble avoir profondément vécu la misère matérielle et morale des prostituées et des alcooliques qui hantent les cabarets et les maisons de passe du Barrio

Chino, qui lui fourniront l'essentiel des personnages et des thèmes de la période bleue (1901-1905).

Premiers séjours à Paris. Période bleue et période rose. Il fait en 1900 un premier séjour à Paris, où il rejoint son ami Isidoro Nonell, celui des peintres catalans dont il est le plus proche, mais dont il semble bien avoir beaucoup moins subi l'influence que ne l'ont prétendu certains historiens espagnols. Il revient à Paris en 1901 et 1902, s'y installe définitivement en 1904. Malgré la tonalité parisienne de certaines toiles de cette époque (la *Femme au verre d'absinthe*, 1901, coll. part. ; le *Tub*, 1901, Washington, Philipps Coll. ; *Au Lapin agile*, 1905, coll. part.), l'œuvre demeure jusqu'en 1907 celle d'un peintre espagnol, d'un jeune peintre exceptionnellement doué qui fait à Paris solitairement son apprentissage international et assimile avec la plus déconcertante facilité les influences les plus diverses : Lautrec, Gauguin (la *Vie*, 1903, musée de Cleveland), Eugène Carrière (*Mère et enfant au fichu*, 1903, Barcelone, musée Picasso), Puvis de Chavannes (*Maternité au bord de la mer*, 1902, coll. part.) ; Picasso s'inspire aussi bien de l'esthétique décorative des Nabis (*Arlequin accoudé*, 1901, coll. part.) que de l'art grec (l'*Abreuvoir*, pointe-sèche, 1905) et de la plus pure tradition hispanique (le *Vieux Guitariste*, 1903, Chicago, Art Inst. ; *Portraits de Mme Canals*, 1905, Barcelone, musée Picasso). Après les œuvres de la période bleue, qui représentent dans un décor intemporel une humanité déchue, émaciée par le travail et la faim (le *Couple*, 1904, Ascona, coll. part. ; la *Repasseuse*, 1904, New York, Guggenheim Museum ; le *Repas frugal*, eau-forte, 1904), la période rose évoque avec moins d'âpreté et dans une tonalité plus claire mais avec les mêmes préoccupations sentimentales et décoratives le monde du cirque et des gens du voyage (*Famille d'acrobates au singe*, 1905, musée de Göteborg ; *Acrobate à la boule*, Moscou, musée Pouchkine ; les *Bateleurs*, Washington, N.G. ; *Enfant et saltimbanque assis*, 1906, Zurich, Kunsthaus).

Pablo Picasso
La Famille d'acrobates, 1905
gouache, aquarelle, pastel
et encre de Chine sur carton
104 × 75 cm
Göteborg, Konstmuseum

Avant le Cubisme. Jusqu'en 1906, la peinture de Picasso est très spontanée, indifférente aux problèmes purement plastiques, et l'artiste ne semble avoir guère manifesté d'intérêt pour les recherches de la peinture contemporaine. Dès 1905, et peut-être déjà sous l'influence de Cézanne, il paraît soucieux de donner plus de simplicité et de poids aux volumes, moins d'ailleurs dans ses premiers essais de sculpture (le *Fou*, 1905) que dans les œuvres de la période hellénisante (*Jeune Homme nu conduisant un cheval*, New York, M.O.M.A.). Mais la rupture avec le maniérisme décoratif de l'œuvre de jeunesse a lieu au cours du séjour qu'il fait pendant l'été de 1906 en

Pablo Picasso
*Nature morte à la
chaise cannée, 1912*
huile et toile cirée
collée sur toile
29 × 37 cm
Paris, musée Picasso

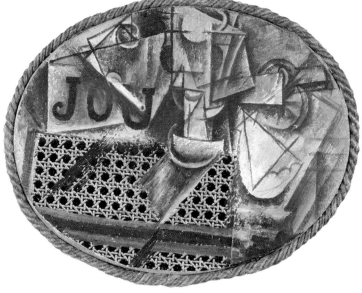

Andorre, à Gosol, au cours duquel on peut situer sa conversion à un « primitivisme » affectif et formel, qu'il ne cessera dès lors d'exploiter à intervalles plus ou moins réguliers au cours de sa carrière. Au retour de Gosol, Picasso achève avec une abrupte intensité le *Portrait de Gertrude Stein* (Metropolitan Museum), peint les déjà monstrueuses et barbares *Femmes nues* (New York, M.O.M.A.), travaille pendant tout l'hiver aux *Demoiselles d'Avignon* (New York, M.O.M.A.), toile extrêmement complexe où se mêlent l'influence de Cézanne, celle de la sculpture ibérique et celle de l'art nègre, qui est incontestablement, bien que l'artiste ait prétendu le contraire, une des sources principales du Cubisme (*Nu à la draperie*, 1907, Ermitage).

Le Cubisme. De 1907 à 1914, Picasso travaille en si étroite collaboration avec Braque qu'il n'est pas toujours possible de préciser la part qui lui revient dans les diverses étapes de la révolution cubiste. Après une période cézannienne qui s'achève avec le *Portrait de Clovis Sagot* (printemps de 1909, musée de Hambourg), il accentue

la réduction des formes à des solides géométriques (*Usine à Horta de Ebro*, été de 1909, Ermitage), gonfle et casse les volumes (*Portraits de Fernande Olivier,* 1909, Düsseldorf, K.N.W.), les fait éclater en plans et en facettes qui se prolongent dans un espace lui-même analysé comme un solide et tendant à se réduire au plan du tableau (*Portrait de D.H. Kahnweiler,* 1910, Chicago, Art Inst.). La perspective disparaît, la palette tend à devenir monochrome et, bien que le but initial du Cubisme ait été de donner le sentiment de la réalité, de la pesanteur des masses de façon plus convaincante que par les procédés traditionnels, les toiles se réduisent souvent à d'indéchiffrables rébus. Pour retrouver le contact avec la réalité, Picasso et Braque introduisent dans les tableaux des lettres d'imprimerie (l'*Aficionado,* 1912, musée de Bâle), des éléments en trompe-l'œil, puis des matériaux bruts, papier peint, fragments de journaux, boîtes d'allumettes. La technique des collages conduit Picasso à recomposer les facettes du prisme cubiste en larges plans disposés sans profondeur et d'apparence presque arbitraire (*Violon et guitare*, 1913, Philadelphie, Museum of Art, coll. Arensberg) ou à interpréter de façon détendue et humoristique les découvertes des années 1910-1913 (*Portrait de jeune fille*, 1914, Paris, M.N.A.M.). La période proprement cubiste de l'œuvre de Picasso s'achève peu après le début de la Première Guerre mondiale, qui le sépare de Braque, même si l'artiste utilise jusqu'en 1921 certains procédés cubistes pour des œuvres majeures (les *Trois Musiciens*, 1921, New York, M.O.M.A.).

L'après-guerre. Le retour à la Figuration. En 1917, Jean Cocteau persuade Picasso d'aller avec lui à Rome exécuter les décors d'un ballet, *Parade*, dont il a écrit le livret sur une musique d'Erik Satie pour Serge de Diaghilev. La collaboration de Picasso avec les Ballets russes (décors et costumes du *Tricorne* [1919], de *Pulcinella* [1920]) ranime en lui la veine décorative et lui fait retrouver les personnages de ses œuvres de jeunesse (*Arlequin*, 1913, Paris, M.N.A.M.). « Passéiste à dessein », comme disait Léon Bakst, le rideau de *Parade* manifeste le retour, amorcé dès 1915 (*Portrait de Vollard*, dessin), à un art délibérément réaliste, à un dessin élégant et scrupuleux, abusivement qualifié d'« ingresque », à des formes monumentales inspirées de l'art antique (*Trois femmes à la fontaine*, 1921, New York, M.O.M.A.) et traitées tantôt avec une robuste saveur populaire (les *Flûtes de Pan*, 1923, Paris, musée Picasso), tantôt avec une sorte de bouffonnerie épique (*Deux Femmes courant sur la plage*, 1922, Paris, musée Picasso). Le climat euphorique et conservateur du Paris d'après-guerre, le mariage de Picasso avec la très bourgeoise Olga Kokhlova, la réussite mondaine de l'artiste expliquent en partie sa conversion provisoire et d'ailleurs relative, puisqu'il continue à peindre à l'époque d'éclatantes natures mortes très cubistes d'accent, sinon d'intention (*Mandoline et guitare*, 1924, New York, Guggenheim Museum). À côté du cycle des géantes et des baigneuses, les tableaux d'inspiration « pompéienne » (*Femme en blanc*, 1923, New York,

M.O.M.A.), les nombreux portraits de la femme du peintre (*Portrait d'Olga*, pastel, 1923, coll. part.) et de son fils (*Paul en Pierrot*, 1925, Paris, musée Picasso) sont parmi les œuvres les plus séduisantes que l'artiste ait jamais peintes, même si leur classicisme un peu facile et leur apparence de pastiche déconcertent l'avant-garde de l'époque. Ces œuvres manifestent pour la première fois chez Picasso une disposition artistique qui ne fera que s'accentuer avec le temps et qui est d'ailleurs commune à beaucoup d'artistes, à Stravinski en particulier, entre les deux guerres : une curiosité à l'égard des styles du passé.

Contact avec le Surréalisme. En 1925 se décide une nouvelle rupture et débute l'une des périodes les plus complexes et les plus tourmentées de la production de l'artiste. Après l'élégance épicurienne des années 20, la *Danse* (Londres, Tate Gal.) nous introduit dans une atmosphère convulsive et hystérique, dans un climat d'irréalisme onirique que l'on peut expliquer en partie par l'influence des poètes surréalistes, influence d'ailleurs évidente et avouée dans certains dessins et qui se manifeste également dans certains poèmes écrits en 1935 et dans une pièce de théâtre écrite pendant la guerre *(le Désir attrapé par la queue)*. Pendant plusieurs années, l'imagination de Picasso semble ne pouvoir enfanter que des monstres : créatures déchiquetées (*Baigneuse assise*, 1929, New York, M.O.M.A.), hurlantes (*Femme dans un fauteuil*, 1929, Paris, musée Picasso) ou absurdement gonflées et informes (*Baigneuse*, dessin, 1927, coll. part.), ou qui évoquent des images de métamorphose et d'agression érotique (*Figures au bord de la mer*, 1931, Paris, musée Picasso). Malgré quelques œuvres plus apaisées, qui sont sur le plan pictural les plus importantes de cette époque stylistiquement très incertaine (*Jeune Fille devant une glace*, 1932, New York, M.O.M.A.), les

Pablo Picasso
La Flûte de Pan, 1923
205 × 174,5 cm
Paris, musée Picasso

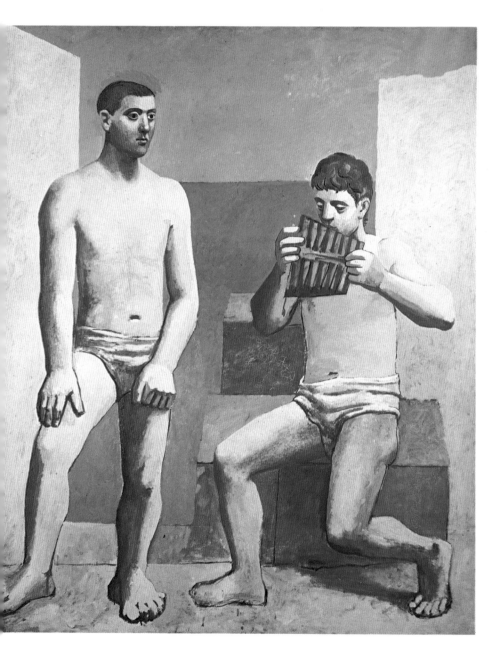

Pablo Picasso
Guernica, 1937
351 × 782 cm
Madrid, musée du Prado

femmes sont les principales victimes de ces féroces caprices de l'inconscient, peut-être parce que Picasso s'entendait fort mal avec la sienne, car, lorsqu'il rencontre en 1932 Marie-Thérèse Walter, la simple beauté de cette jeune femme lui inspire des œuvres où s'exprime sans détour une sensualité silencieuse et comblée (le *Miroir*, 1932, coll. part.). Marie-Thérèse Walter est également le modèle de certains bustes d'une monumentalité sereine qu'il exécute en 1932 à Boisgeloup, propriété qu'il a achetée en 1930. De 1930 à 1934, c'est dans la sculpture que Picasso s'exprime sans doute avec le plus de vitalité : bustes et nus féminins qui s'inspirent parfois de Matisse (*Femme couchée*, 1932), animaux, petits personnages de veine surréaliste (l'*Homme au bouquet*, 1934) et surtout constructions métalliques aux formes mi-abstraites, mi-réalistes parfois réalisées avec des matériaux de rebut, qu'il exécute avec l'aide de son ami le sculpteur espagnol Julio González

(*Construction*, 1931). À côté de ces formes étranges et pointues, les gravures qu'exécute Picasso pour illustrer *les Métamorphoses* d'Ovide (1930) et la *Lysistrata* d'Aristophane (1934) manifestent chez lui la permanence de l'inspiration classique.

Minotaure et « Guernica ». Peut-être à la suite de deux longs séjours que l'artiste fait en Espagne en 1933 et 1934, les thèmes taurins apparaissent alors dans son œuvre, sous une forme assez littéraire d'ailleurs : celle du Minotaure, qui revient avec insistance dans la très belle série de gravures exécutées en 1935 (la *Minotauromachie*). Cette image du taureau ravisseur et meurtrier conclut la période surréaliste de l'œuvre de Picasso, mais constitue encore le thème central de *Guernica*, son œuvre la plus célèbre, qu'il exécute en quelques semaines après la destruction par des avions allemands de la petite ville basque et qui marque le début de son engagement politique (Madrid, Prado ; jusqu'en 1981 le tableau fut exposé au M.O.M.A.). L'angoisse de Picasso devant la barbarie qui menace l'Europe, son horreur de la guerre et du fascisme ne s'expriment pas directement dans son œuvre, mais donnent à celle-ci une tonalité angoissée et funèbre (*Pêche de nuit à Antibes*, 1939, New York, M.O.M.A.), une intensité amère et sarcastique qui n'épargne guère que les portraits d'enfant (*Maïa et sa poupée*, 1938, Paris, musée Picasso). Encore une fois, ce sont les femmes qui sont les principales victimes de cette mauvaise humeur généralisée, une femme en particulier, Dora Maar, qui est sa compagne depuis 1936 et dont il ne se lassera pas de déformer et de faire grimacer le beau visage inquiet (la *Femme qui pleure*, 1937, Londres, anc. coll. Penrose). Jamais la misogynie de l'artiste ne s'est exprimée avec autant de férocité : couronnés de chapeaux ridicules, les visages sont vus de face et de profil, hagards, disloqués ; découpés à coups de serpe, les corps s'enflent en extrémités monstrueuses ou rassemblent leurs miettes de la façon la plus burlesque (l'*Aubade*, 1942, Paris, M.N.A.M.). L'occupation allemande n'est évidemment pas faite pour rasséréner Picasso, qui ne quitte pas Paris de 1940 à 1944. Elle ne ralentit d'ailleurs en rien l'activité de l'artiste : portraits, sculptures (l'*Homme au mouton*), natures mortes faméliques qui évoquent parfois avec une force tragique incomparable la tristesse de l'époque (*Nature morte au crâne de bœuf*, 1942, Düsseldorf, K.N.W.).

Après la Libération. La détente arrive avec la paix. Le *Charnier* (1944-45, New York, M.O.M.A.) est la dernière œuvre tragique de Picasso, et celui-ci, qui rend publique à l'automne de 1944 son adhésion au parti communiste, ne semble pas avoir mis une conviction particulière à exécuter les grandes œuvres historiques à programme que ses amis politiques attendaient peut-être de lui (*Massacre en Corée*, Paris, 1951, musée Picasso). La colombe qui illustre l'affiche du congrès mondial de la Paix à Paris en 1949 est peut-être le témoignage le plus efficace de l'engagement de l'artiste, celui aussi qui a le plus contribué à faire de lui une figure légendaire et universellement connue. Mais l'œuvre de Picasso au lendemain de la guerre est celle d'un homme heureux ; Picasso vit avec une jeune

femme, Françoise Gilot, qu'il a rencontrée en 1945 et qui lui donnera deux enfants, lui fournissant ainsi le thème de nombreux tableaux de famille robustes et charmants. Il s'éloigne de Paris, découvre le Midi, les joies du soleil, de la plage, de la mer, s'installe à Vallauris (1948), puis à Cannes (1955), achète en 1958 le château de Vauvenargues et se retire définitivement au mas Notre-Dame-de-Vie à Mougins en 1961. Les œuvres de 1945-1955, très méditerranéennes d'accent, se caractérisent par leur atmosphère d'idylle païenne et un renouveau de la veine antiquisante, qui trouve sa meilleure expression dans les salles du musée d'Antibes, devenu depuis musée Picasso (la *Joie de vivre*). Mais c'est l'abandon à la verve décorative et la recherche de moyens nouveaux d'expression qui marquent le plus fortement cette période de l'activité de Picasso : gravures, lithographies que l'artiste exécute en très grand nombre chez l'imprimeur Mourlot (près de 200 grands formats entre novembre 1945 et avril 1949), sans parler d'un ensemble considérable d'affiches, de gravures sur bois et linoléum, de poteries et de céramiques, de sculptures enfin. À l'automne de 1947, Picasso commence à travailler à Vallauris à la fabrique « Madoura » : passionné comme il l'est toujours par les problèmes de métier et le travail manuel, il réalise lui-même quantité de plats, d'assiettes décorées, de cruches anthropomorphes ou de statuettes représentant des animaux (le *Centaure*, 1958), d'un archaïsme parfois un peu superficiel, mais toujours plein de charme et d'esprit. Les sculptures sont les plus importantes qu'ait réalisées Picasso depuis Boisgeloup (la *Femme enceinte*, 1950). Certaines d'entre elles (la *Chèvre*, 1950 ; la *Guenon et son petit*, 1952), exécutées avec des matériaux de fortune (le ventre de la chèvre a été fait avec un vieux panier), comptent parmi les chefs-d'œuvre de l'« art de l'assemblage ».

En 1953, Françoise Gilot et Picasso se séparent. C'est le début pour l'artiste d'une grave crise morale dont on trouve l'écho dans une remarquable série de dessins

Pablo Picasso
Le peintre et son modèle, 1963
collection particulière

exécutés entre la fin de 1953 et la fin de l'hiver de 1954, où Picasso a exprimé à sa manière, de façon déconcertante et ironique, son amertume devant la vieillesse et son scepticisme à l'égard de la peinture elle-même. En 1954, il rencontre Jacqueline Roque, qui deviendre son épouse en 1958 et lui inspirera un très bel ensemble de portraits. Il est très difficile d'analyser la production des quinze dernières années de l'artiste tant elle est diverse et, il faut bien le dire, inégale, malgré d'incontestables réussites (l'*Atelier de Cannes*, 1956, Paris, musée Picasso). On peut cependant noter la résurgence de l'inspiration espagnole (*Portrait d'un peintre d'après le Greco*, 1950, coll. part.) et tauromachique (peut-être parce que la vogue des courses de taureaux dans le midi de la France a fait de Picasso un aficionado passionné), comme le montre la très goyesque suite de dessins et de lavis du *Romancero du picador* (1959-1968), un des meilleurs témoignages que l'artiste nous ait laissés de ses dons de conteur romantique. Mais il n'est sans doute pas de manifestation plus remarquable de l'insatisfaction permanente de l'artiste, que la série des interprétations et des variations réalisées depuis la guerre à partir de tableaux célèbres : les *Demoiselles des bords de la Seine*, d'après Courbet (1950, musée de Bâle) ; les *Femmes d'Alger,* d'après Dela-

croix (1955) ; les *Ménines,* d'après Velázquez (1957) ; le *Déjeuner sur l'herbe,* d'après Manet (1960). Aucun critique n'est parvenu à expliquer ces entreprises étranges, insolentes et sans doute inutiles, même si elles aboutissent parfois à un fort beau tableau (les *Ménines,* 17 août 1957, Barcelone, musée Picasso).

La ville de Barcelone a pu ouvrir un musée Picasso grâce à une donation de l'artiste en 1970. C'est par l'effet d'une dation en paiement de droits de succession que le musée Picasso fut inauguré à Paris en 1985 dans l'hôtel Salé, comprenant un ensemble de peintures (plus de 200), des sculptures (158), des tableaux reliefs, papiers collés et des milliers de dessins, d'estampes et de documents, ainsi que la collection personnelle de Picasso.

PINAZO CAMERLENCH Ignacio
(Valence 1849 - Godella, Valence, 1916).

D'origine modeste, il dut d'abord exercer différents métiers (doreur, peintre d'évantails...) pour vivre tout en suivant à partir de 1864 les cours de l'Académie San Carlos de Valence. Il travailla pour plusieurs églises de Valence et décora des demeures. Lors d'un premier voyage en Italie, en 1872, il visite Rome, Naples et Venise où l'influence de Fortuny le pousse vers la peinture de genre. De retour à Valence, quel-

quelques œuvres de qualité (*Mort de Jaime le Conquérant*, musée de Saragosse) lui permettent d'obtenir une bourse pour un nouveau séjour en Italie (1876). L'influence des Macchaioli le pousse à abandonner la peinture d'histoire et à se consacrer au portrait et au paysage. À côté d'une dizaine d'autoportraits (Casón, Prado ; Hispanic Society, New York...), il peint de nombreux portraits de ses enfants, conçus comme des scènes de genre (*la Leçon apprise par cœur, Petite Fille lisant*, Casón) qui révèlent son talent de coloriste et sa grande liberté de facture. Ses paysages (*Crépuscule*, Madrid, coll. part.) montrent la même liberté, avec des touches larges, épaisses et de beaux effets lumineux. Académicien à Valence et à Madrid, il enseigna un certain temps mais menait surtout une existence retirée (*Portrait de D. Emilo Alvarez, Cour de jardin*, musée de Valence). Son œuvre appelle des comparaisons avec celle de Fortuny et Sorolla.

PINHEIRO Rafael Bondalo,
peintre portugais
(Lisbonne 1846 - id. 1905).

Frère de Columbano, il fut un caricaturiste célèbre. Il dirigea une demi-douzaine de journaux de critique de mœurs qui eurent un grand retentissement dans la vie nationale. Il créa en 1875 un type symbolique, *Zé Povinho* (Joseph le Petit-Peuple), sorte de John Bull ou de Joseph Prudhomme, dont l'actualité demeure vivante cent ans après (Lisbonne, musée Rafael Bordalo Pinheiro), et exécuta de belles céramiques (fabrique-musée à Caldas da Rainha).

POLO Diego
(Burgos v. 1610 - Madrid 1665).

Disciple d'Antonio Lanchares à Madrid, il compléta sa formation en étudiant les peintures vénitiennes des collections royales. Les quelques œuvres qui lui ont été récemment attribuées (*Récolte de la manne*, Prado ; *Saint Roch*, id. ; *Flagellation de Saint Jerôme* et la *Madeleine pénitente*, Escorial) révèlent, par la liberté de la touche et la somptuosité des coloris, son admiration pour les dernières œuvres du Titien.

PONÇ Joàn
(Barcelone 1927 - St-Paul-de-Vence 1984).

En 1941, il étudie dans l'atelier de Ramón Rogent et réalise sa première exposition personnelle à Bilbao en 1946 (gal. Arte). Membre fondateur du groupe Dau Al Set, sa peinture subit l'influence des pratiques et des thèmes surréalistes.

Dès 1951, il affirme sa propre stylistique : inspiration onirique, emprunts faits à la calligraphie aztèque.

En 1957, le musée d'Art moderne de São Paulo lui consacre une importante exposition. Depuis cette date, l'œuvre de Ponç sera présentée en Europe et aux États-Unis par de nombreux musées et galeries. Il participe en 1976 à la Biennale de Venise. Il est présent dans les collections du M.E.A.C. de Madrid et de la Fondacio Caixa de Pensions de Barcelone, du musée de São Paulo.

POUSAO Henrique,
peintre portugais
(Vila Viçosa 1859 - id. 1884).

Considéré comme l'un des peintres les plus doués de la génération naturaliste, il suivit les cours de l'Académie des beaux-arts de Porto, fut influencé par Marques de Oliveira et fut pensionnaire à Paris. Malade, il s'installa à Rome puis à Capri et revint mourir prématurément à Vila Viçosa. Son œuvre se caractérise par le soin apporté aux compositions, fondées sur des lignes et des harmonies de coloris, recréant une impression de vie et de lumière, fort éloignée des principes de l'école de Barbizon (*Rue aux volets bleus, Jeune Fille couchée sur un tronc d'arbre*, Porto, Museu nacional de Soares dos Reis). On lui doit aussi quelques portraits « pris sur le vif », intenses et de grande qualité (*Cecilia*, Porto, Museu nacional de Soares dos Reis). Il a travaillé en France, dans le sud de l'Italie et à Capri, d'où il a rapporté des pochades très libres, mais néanmoins fort structurées, qui rappellent Corot. Celles-ci surtout comptent dans une œuvre qui, prématurément interrompue, marque, dans le cadre de la peinture portugaise, une innovation sensible par rapport aux formules de l'école de Barbizon, qui dominait ses compatriotes (salle au musée de Porto).

PRADILLA Francisco
(Villanueva de Gallego,
prov. de Saragosse, 1848 - Madrid 1921).

Élève de l'école des Beaux-Arts de San Fernando, il obtint en 1874 une pension pour aller travailler à Rome. Puis en 1881 il retourna dans la Ville éternelle en tant que directeur de l'Académie des beaux-arts. Peintre d'histoire d'un réalisme tendu et appliqué, il est l'auteur de la grande et devenue célèbre composition représentant *Doña Juana la Loca accompagnant le cercueil de son mari Philippe le Beau de la chartreuse de Miraflores à Grenade* (1877, Madrid, Casón). Il exécuta également des portraits (*autoportrait*, id.) et des scènes de genre.

PRADO Blas de
(Camarena, Tolède, v. 1545 - Madrid 1599)

Peu d'œuvres de ce Tolédan, très estimé par ses contemporains, sont parvenues jusqu'à nous ; elles témoignent d'une connaissance de l'art italien contemporain. La *Descente de croix* (cathédrale de Valence), peinte pour l'église San Pietro de Madrid, est une transposition de la *Pietà* exécutée par Michel-Ange pour Santa Maria del Fiore de Florence ; la *Sainte Famille avec des saints et Alonso de Villega* (1589, Prado) s'inspire d'une œuvre de G. Muziano.

En 1583, il exécute avec Luis de Velasco plusieurs grisailles afin de décorer l'arc triomphal érigé pour célébrer l'entrée des reliques de sainte Léocadie à Tolède (*Portrait de l' impératrice avec le jeune Philippe III* et l'*Infante Isabel Clara Eugenia*, Tolède, Museo de Santa Cruz). Son talent de portraitiste lui valut d'être envoyé au Maroc afin de représenter les membres de la cour du sultan. Également peintre de natures mortes, il était considéré comme le maître de Sánchez Cotán à Tolède. Plusieurs de ses dessins (Florence, Offices) révèlent d'étroits rapports avec les artistes de l'Escorial.

PRECIADO DE LA VEGA Francisco
(Ecija 1712 - Rome 1789).

Élevé à Séville, où il fut disciple de D. Martínez, il se rendit à Rome en 1733 et y travailla sous la direction de S. Conca. Un premier prix de l'académie de Saint-Luc (1739) lui valut pendant 18 ans, une bourse de Philippe V. Il participa, en envoyant remarques et conseils, à la création de l'académie madrilène de San Fernando et, en 1758, devint le premier directeur des pensionnaires espagnols à Rome ; cela jusqu'à sa mort. Apprécié de ses collègues romains, il fut deux fois secrétaire et prince-président de l'académie de Saint-Luc.

Plutôt porté vers la théorie — ce qui convenait parfaitement à ses fonctions — il publia en 1789 un traité, *Arcadia Pictorca*. Peu abondante et manquant de force, de dessin correct cependant, son œuvre laisse transparaître le passage du Baroque au Néo-Classicisme (*Venerable Contrera*, cathédrale de Séville, v. 1770 ; la *Fille de Jephté*, Madrid, académie San Fernando).

PUGA Antonío
(Orense 1602 - Madrid 1648).

Venu de Galice à Madrid, il semble avoir été un artiste cultivé, lecteur des mystiques et amateur d'estampes ; mais son œuvre reste mal connue. Disciple de E. Cajés, Puga s'intéressa aussi à Velázquez, et l'on sait qu'il peignit dans le style de celui-ci des paysages et des natures mortes. On ne conserve qu'un tableau signé de lui (*Saint Jérôme*, 1636, Barnard Castle, Bowes Museum) et on lui attribue une série de scènes de genre (le *Rémouleur*, Ermitage ; la *Soupe des pauvres*, Puerto Rico, musée de Ponce) d'une grande saveur réaliste et d'une qualité supérieure à celle du tableau signé. □

R

RABIELLA (les).
Pablo I Rabiella Diez
(Saragosse v. 1660 - id. 1719)
et Pablo II Rabiella Sanchez
(Saragosse v. 1700 - id. 1764).
Encore insuffisamment étudiés, ces deux peintres, le père et le fils, suivent avec un certain talent, pendant les deux premiers tiers du XVIIIe s. et tout à fait à l'écart des nouveaux courants madrilènes, la voie baroque ouverte par leur aîné Vicente Verdusán, mais dans une note plus tumultueuse et tourmentée. Le peintre et théoricien Palomino y Velasco loue Rabiella père comme peintre de batailles, et Ceán Bermudez, qui juge son dessin peu correct, reconnaît que sa « facture abrégée » le sert heureusement dans ce genre de sujets. À juste titre, si l'on en juge par la grande composition pleine de fougue et de vigueur qui montre l'*Apparition de saint Jacques à la bataille de Clavijo* (chapelle de Santiago à la Seo) en face d'une sombre et dramatique *Arrestation du Christ.*
Même avec des figures statiques (comme *Saint Pierre* et *Saint Paul* du musée de Saragosse, ou les *Apôtres* de la Sociedad de Amigos del País), l'emphase héroïque qui les secoue justifie la définition de Pablo Rabiella par l'historien d'art madrilène Enrique Lafuente : « une espèce de Valdés Leal aragonais ». Pablo II Rabiella Sanchez, son fils, prénommé également Pablo, fut son continuateur dans le même style (chapelles S. Marcos à la Seo, S. Juan Bautista à la basilique du Pilar). Il forme un trait d'union entre les peintres du début du XVIIIe siècle et le jeune Goya, qui put le connaître lors de ses débuts à Saragosse.

RAFOLS CASAMADA Alberto
(Barcelone 1923).
Il étudie l'architecture en 1942 à l'université de Barcelone et commence à peindre dès 1945. L'année suivante, il fait partie du groupe « Els Vuit » (les Huit) puis, en 1948, il décide de se consacrer à la peinture. En 1950, avec l'aide d'une bourse du gouvernement français, il réside à Paris, voyage en Belgique et en Hollande. Durant cette période, il réalise des céramiques. Il retourne en 1955 à Barcelone.
Ses peintures sont des compositions abstraites dont le paysage constitue le référent. Après 1959, sa découverte de l'Expressionnisme abstrait américain, avec les œuvres de Rothko, de Motherwell, de Newman et de Kline, est un facteur déterminant pour l'évolution de son œuvre. Il aborde une peinture non figurative, témoignant d'une exploitation exclusive de la couleur et de la matière. Au cours des années 60, l'intérêt qu'il porte à la linguistique et à la sémiologie lui permet de diversifier son œuvre à travers les courants de la poésie visuelle et du Néo-Dadaïsme. À cette période, l'utilisation de la photographie et de l'objet le rapproche du Nouveau Réalisme et du Pop'Art. Vers la fin des années 70, il abandonne ces différentes pratiques pour se consacrer à l'élaboration d'une peinture abstraite et intellectuelle où la couleur transgresse la rigueur d'une construction géométrique.
Rafols Casamada a développé des activités très diverses. Décorateur pour le théâtre, auteur de textes critiques sur l'art, il a publié en 1975 *Notes nocturnes* et, en 1976, *Signe d'aire.* Il a également donné des

conférences en Espagne et en Allemagne sur l'urbanisme, l'art moderne et la pédagogie des arts plastiques. En 1977, il est nommé membre de la commission des activités de la fondation Miró de Barcelone. Il a entrepris de nombreux voyages en Italie (1965), en Allemagne (1968), aux États-Unis (1972), en Grèce (1973), au Mexique (1979). Depuis 1947, ses œuvres ont été présentées dans des grandes villes espagnoles, à Paris, Bâle, Lisbonne, Stockholm, au Mexique et aux États-Unis et acquises par les musées de Madrid (M.E.A.C.), de Barcelone (musée d'Art moderne), les fondations March de Madrid et Caixa de Barcelone.

RAMALHO Antonio,
peintre portugais
(Trás-os-Montes 1858 - Figueira 1916).

Le plus intéressant des portraitistes du Groupe du Lion, il fut fortement influencé par un long séjour à Paris ; tout en connaissant la technique impressionniste, il fut surtout touché par le réalisme de Monet, tant dans la scène de genre (*Chez mon voisin,* récompensé au Salon de Paris, 1883, Lisbonne, coll. part.) que dans le portrait : l'acteur *Ferreira da Silva* (Porto, Museu Nacional de Soares dos Reis), *Hélène Dulac* (Lisbonne, M.A.C.), *Senhora vestida de Preto* (Lisbonne, Casa Museu Anastaçio Gonçalves) montrent comment il sut allier, grâce à ses recherches de composition, réalisme, sobriété et raffinement.

REGO Paula,
peintre portugais
(Lisbonne 1935).

Elle effectue ses études secondaires en Grande-Bretagne de 1945 à 1951 et reçoit à Londres l'enseignement de la Slade School of Art de 1952 à 1956. Jusqu'en 1975, elle partagera sa vie entre Lisbonne et Londres, puis s'installera définitivement en Angleterre. Depuis le début des années 60, Paula Rego développe une figuration dont les éléments appartiennent autant à l'univers des contes populaires et fantastiques

Dario de Regoyos
Paysage
Bilbao, musée des Beaux-Arts

qu'à celui de la bande dessinée ou de la caricature. Proprement illustrative, cette peinture se prête volontiers à des interprétations psychanalytiques à travers les images de l'enfance, de Walt Disney, les emprunts faits à la littérature érotique ainsi qu'à Balthus (série des *Contes populaires portugais,* Centre d'art moderne, fondation Gulbenkian de Lisbonne, 1974-75). Depuis 1965, ses œuvres sont exposées au Portugal et en Grande-Bretagne et figurent dans les collections du British Council, de galeries et collections privées.

REGOYOS Dario de
(Ribadesella, Asturies, 1857 - Barcelone 1913).

Élève du paysagiste hispano-belge Carlos de Haes à l'Académie San Fernando de Madrid, il voyagea à Paris puis séjourna en Belgique, où il se lia avec le groupe impressionniste de l'Essor. Il devait faire deux tours d'Espagne en compagnie d'artistes belges, d'abord Meunier, en 1882, puis le poète Émile Verhaeren (1899), avec qui il écrivit *l'Espagne noire*. Sa vie, sans reconnaissance officielle mais avec une participation constante aux expositions nationales, se déroula entre le nord de l'Espagne, Paris, puis Grenade et Barcelone. Avec Zuloaga, mais sur un ton plus intime, il exprime, comme Beruete, la simplicité et la gravité du paysage (le *Poulailler, Baie de Saint-Sébastien*, Madrid, Casón), notamment dans son affrontement à la révolution industrielle (*Vendredi saint en Castille*, Bilbao, musée des Beaux-Arts), ou du peuple espagnol (*Visite de condoléances*, coll. part., v. 1830). Regoyos compte parmi les initiateurs des techniques impressionnistes et postimpressionnistes en Espagne.

REINOSO André,
peintre portugais
(actif v. 1610 à 1641).

S'il fut disciple de son compatriote Simon Rodrigues – comme l'affirme, à la fin du XVIIe s., le peintre Félix Da Costa Meesen –, il s'écarta sensiblement de l'enseignement de son maître. Le même auteur lui attribue en effet les dix-neuf panneaux de la *Vie de saint François Xavier* (Lisbonne, sacristie de l'église Saint-Roch), dont la composition pittoresque, l'abondance de personnages et de détails bizarres, la richesse de la couleur et le clair-obscur évoquent l'influence des ateliers espagnols contemporains. L'église de la Miséricorde à Obidos conserve intact l'ensemble peint comprenant la *Visitation* et la *Pentecôte* (1628) au maître-autel et la *Montée au Calvaire* et la *Pietà* (1630) sur les autels latéraux. Des affinités stylistiques permettent de lui attribuer également un panneau de l'église Saint-Roch ainsi qu'une série consacrée à la *Vie de saint Jérôme* (Lisbonne, sacristie de l'église des Jeronimos de Belém).

REIS Carlos,
peintre portugais
(Torres Novas 1863 - Lisbonne 1940).

Une des figures les plus brillantes de la deuxième génération naturaliste, il fut le principal responsable de l'interprétation traditionnelle du paysage au Portugal, telle qu'elle fut pratiquée jusqu'au milieu du XXe s. par ses nombreux disciples. Il a peint aussi des portraits mondains fort habiles (*A Feira*, Lisbonne, M. A. C.).

REIXACH Juan
(documenté à Valence entre 1431 et 1462).

Son œuvre se révèle étroitement liée à celle de son contemporain Jacomart, avec lequel il travaille, soit qu'il termine des retables laissés inachevés par celui-ci, soit qu'il réalise avec lui certaines commandes (*Retable de Catí*, 1460). Son style est si proche de celui de Jacomart qu'on a pu parfois les confondre. Cependant, la découverte de la signature de Reixach sur le *Retable de sainte Ursule*, daté de 1468 (Barcelone, M. A. C.), permet de lui attribuer un groupe d'œuvres parmi lesquelles figurent les retables de *Sainte Catherine* (1448, église de Villahermosa del Rio), de l'*Épiphanie* (Barcelone, M. A. C.) et de *Saint Martin* (cath. de Segorbe), une prédelle de la *Passion* (Valence, musée des Beaux Arts), *Saint Michel pesant les âmes* (Reggio de Emilia, Galleria Parmegiani) et la *Vierge aux anges* (Pasadena, Norton Simon Foundation). Un esprit encore très gothique marque ces compositions imprégnées d'un fort accent flamand sensible dans l'expression des visages, la précision apportée aux détails et à l'architecture des villes.

RESENDE Julio,
peintre portugais
(Porto 1917).

Le plus âgé des peintres de la « troisième génération » moderne au Portugal, il est demeuré fidèle à des schémas figuratifs des années 40, qu'il résout dans des rapports spatiaux habilement organisés. Julio Resende est représenté au M.A.C. de Lisbonne et au musée de Porto.

RIANCHO Agustín
(Entrambasmesetas, prov. de Santander, 1841 - Ontañeda, id., 1929).

La longue carrière de ce peintre solitaire s'est déroulée presque totalement en marge de la vie artistique espagnole. Issu d'une famille rurale pauvre, il reçut à quatorze ans une bourse de la « Diputación provincial » de Santander. À partir de 1858 il est l'élève du paysagiste hispano-belge Carlos de Haes à l'École des beaux-arts de Madrid. Sur le conseil de son maître, il part en 1862 pour la Belgique, achève sa formation avec le peintre Lamorinière et demeure près de vingt ans à Bruxelles. Rentré en Espagne en 1883, il se retire bientôt dans ses montagnes natales, où il vieillira, solitaire et méconnu jusqu'à ses derniers temps. Il peint alors, selon ses goûts et sa vision propre, des paysages de rochers, de prairies, d'arbres majestueux (l'influence de Rousseau et des peintres de Barbizon reste sensible dans sa peinture), construits par larges masses et dont la facture, presque brutale, paraît plus proche de Vlaminck que de l'Impressionnisme.

Une grande exposition rétrospective à l'Ateneo de Santander en 1922 révéla sa personnalité puissante. C'est au musée *(La Cagigona)* et à l'Ateneo *(Arbres)* de Santander qu'on peut voir les ensembles les plus significatifs de l'œuvre de l'artiste.

RIBALTA Francisco
(Solsona, prov. de Lérida, 1565 - Algemesí, prov. de Valence, 1628).

Ce grand peintre, fondateur de l'école ténébriste de Valence, est un Catalan (la découverte de son acte de baptême à Solsona ne laisse aucun doute à cet égard) qui s'est formé en Castille, dans le milieu artistique de l'Escorial. Ses premières œuvres connues (*Christ cloué en croix*, 1582,

Ermitage) montrent sa filiation directe avec les Italiens Zuccaro et Tibaldi, ses relations avec Cambiaso et Navarrete el Mudo (dont il copiera littéralement par la suite le *Martyre de saint Jacques* de l'Escorial à l'église d'Algemesí). Il se marie en 1596 à Madrid, où naît l'année suivante son fils Juan. Mais on le trouve en 1599 à Valence, d'où, désormais, il ne s'éloignera plus, sauf pour un problématique voyage en Italie, qu'il faudrait situer entre 1613 et 1615, seule période de sa vie sur laquelle nous n'ayons aucun document (le voyage de jeunesse mentionné par les anciens biographes est écarté de toute façon). Ce voyage tardif aurait pu permettre à l'artiste de connaître l'œuvre de Caravage (copie de la *Crucifixion de saint Pierre*, signée de F. Ribalta, Rome, coll. part.). Ribalta a peint d'importants ensembles à Valence et dans les environs, notamment les retables de l'église d'Algemesí (1603-1604, partiellement détruits en 1936) et les grands tableaux du collège du Patriarche, fondation de l'archevêque Juan de Ribera (*Vision de saint Vincent Ferrier*, 1604 ; la *Cène*, 1606, au maître-autel). Il fit également plusieurs excellents portraits de l'archevêque (collège du Patriarche). Mais ses œuvres maîtresses seront les tableaux du couvent des Capucins, pour lesquels il passe contrat en 1620 (*Saint François malade réconforté par un ange*, Prado ; *Saint François aux pieds du Christ en croix*, musée de Valence), le *Christ embrassant saint Bernard* (Prado) et le retable de la chartreuse de Porta-Coeli (1625), dont les peintures ont passé au musée de Valence. Dans toutes ces dernières œuvres, le réalisme encore hésitant de ses débuts sous le signe de l'Escorial débouche sur un large naturalisme franchement baroque, où l'empreinte de Caravage se fond avec les souvenirs de Venise et une libre interprétation du modèle vivant. Ribalta a créé quelques-unes des œuvres les plus fortes et les plus nobles de toute la peinture espagnole (*Saint Pierre, Saint Paul, Saint Bruno* du retable de Porta-Coeli au musée de Valence). Il eut un important atelier, de nombreux élèves (au premier

Francisco Ribalta
Le Christ prenant dans ses bras
saint Bernard, v. 1620
158 × 113 cm
Madrid, musée du Prado

rang desquels son fils Juan), et son influence fut décisive dans l'histoire de la peinture valencienne.

Son fils **Juan** *(Madrid 1596 ou 1597 - Valence 1628)* est un représentant important de l'école valencienne. Une mort prématurée l'empêcha de donner tout ce que l'on pouvait attendre d'un talent brillant et très précoce. Juan signe dès 1613 une grande *Crucifixion* à multiples personnages (musée de Valence), où la composition, encore inspirée par le style de l'Escorial — suivant l'exemple paternel —, se nuance dans les détails d'un réalisme plus moderne. On conserve de lui très peu d'œuvres signées (*Saint Jean l'Évangéliste*, Prado ; *Saint Jérôme*, 1618, Barcelone, M. A. C.). Elles témoignent toutes d'une technique très sûre, d'un vigoureux naturalisme au chaud coloris. La collaboration de Juan avec son père fut certainement très large :

on la reconnaît aisément dans certaines peintures des retables de Porta-Coeli (1625) et d'Andilla (1622-1626).

RIBERA Carlos Luis de
(Rome 1815 - Madrid 1891).

Fils et disciple de Juan Antonio, il étudia à l'académie San Fernando et fut pensionnaire à Rome (1831) puis à Paris, où il suivit les cours de Delaroche et exposa fréquemment. Directeur de l'académie San Fernando en 1845, il dirigea la décoration du Congreso de Diputados (v. 1850) et de l'église San Francisco el Grande.

Il ne pratiqua guère la peinture d'histoire (la *Conquête de Grenade*, commencée en 1853, finie en 1890, Burgos, cathédrale), mais, dans une optique romantique, influencée par les Nazaréens, se consacra davantage au portrait (*Portrait de petite fille*, Madrid, Casón) et aux entreprises décoratives (Palacio de Visto Alegre).

RIBERA Juan Antonio de
(Madrid 1779 - id. 1860).

Élève de Ramón Bayeu, il reçut une bourse pour séjourner à Paris, où, comme Aparicio, il fut élève de David (*Cincinnatus*, Madrid, Casón). Réfugié ensuite à Rome, il peignit avec succès pour les monarques espagnols exilés. De retour en Espagne en 1816, il fut nommé Pintor de Camara et peignit à fresque dans les palais d'Aranjuez et du Pardo. À côté de ces charges royales, il réalisa quelques tableaux d'histoire (*Wamba*) et quelques portraits (le *Sculpteur Álvarez Cubero*, Madrid, coll. part.).

RIBERA Jusepe de
(Jativa, prov. de Valence, 1591 - Naples 1652).

Il n'est pas certain qu'il se soit formé à Valence, auprès de Ribalta, comme on l'a cru longtemps. Très jeune, il partit pour l'Italie et ne revint jamais en Espagne. Il visita certainement l'Émilie, car on a la trace de son passage à Parme et à Bologne, où Ludovico Carracci fait son éloge. Il

Jusepe de Ribera
Jacob recevant la bénédiction d'Isaac, 1637
129 × 289 cm
Madrid, musée du Prado

réside à Rome en 1615-16 et Mancini le cite parmi les artistes de valeur qui se sont ralliés au style de Caravage et fait allusion à sa vie de bohème agitée ; en 1616, l'artiste s'installe à Naples, où il épouse la fille d'un modeste peintre local, Azzolino. Dès lors, et grâce à la protection des vice-rois espagnols, il devient le peintre le plus connu et le plus recherché de la ville, et sa faveur ne cesse de s'accroître. Sa petite taille le fit appeler « Spagnoletto », sobriquet sous lequel il resta désigné en Italie.

La célébrité de Ribera le fit élire à l'Académie de Saint-Luc à Rome dès 1616 et il usa de son titre en signant le *Silène ivre* (1626, Naples, Capodimonte). Dans les dernières années de sa vie, après le soulèvement anti-espagnol de Masaniello (1647), il semble que son succès à Naples ait quelque peu décliné. D'autre part, à la même époque se place un épisode romanesque et qui reste confus, mais indiscutable autant que douloureux pour l'artiste : l'enlèvement d'une de ses filles par l'infant Juan José d'Autriche (dont Ribera fit pourtant deux portraits, l'un gravé, l'autre peint en 1649, Madrid, Palais royal).

On connaît mal les débuts de Ribera

comme peintre, puisque ses derniers tableaux datés ne remontent qu'à 1626. Avant cette date, on connaît essentiellement quelques gravures remarquables, qui le classent comme le plus important graveur espagnol et l'un des meilleurs graveurs européens de l'âge baroque : ses eaux-fortes *(Saint Jérôme, le Poète, Silène ivre)* sont également précieuses par la fermeté du trait et la beauté du clair-obscur. C'est vers 1615-1620 qu'il dut exécuter la série des *Cinq Sens* (trois tableaux conservés à Pasadena, Norton Simon Foundation ; Mexico, Museo Franz Meyer ; Hartford, Wadsworth Atheneum) puis le *Martyre de saint Sébastien* (Osuna, collégiale) et *Saint Pierre et saint Paul* (Strasbourg, M.B.A.).

Ces peintures sont d'obédience caravagesque très stricte, malgré certaines attaches avec la peinture bolonaise et spécialement avec Guido Reni (*Calvaire*, commandé par le duc d'Osuna, vice-roi de Naples, pour sa collégiale d'Osuna). Le goût de Ribera pour des compositions ténébristes aux violents éclairages éclate dans ses œuvres de jeunesse (*Saint Sébastien*, 1626, Ermitage ; *Martyre de saint André*, 1628, musée de Budapest). Mais la subtile calligraphie de Caravage se transforme : la composition prend chez Ribera une extraordinaire monumentalité, servie par une matière dense et compacte qui rend les poils, les rides et les verrues, les diverses qualités de la matière avec une extraordinaire véracité.

Jusepe de Ribera
Duel entre femmes, 1636
235 × 212 cm
Madrid, musée du Prado

Jusepe de Ribera
Le Martyre de saint Philippe, 1639
234 × 234 cm
Madrid, musée du Prado

Cet art de représenter la réalité tactile des objets et des êtres, de la faire éprouver concrètement au spectateur, aucun artiste baroque ne l'a probablement poussé aussi loin. Des saints pénitents, des philosophes de l'Antiquité, représentés comme des mendiants picaresques (*Archimède*, 1630, Prado ; *Diogène*, 1637, Dresde, Gg ; *Aristote ?* 1637, Indianapolis Museum Art), des figurations allégoriques des sens (le *Sculpteur aveugle* ou le *Toucher*, 1632, Prado ; la *Jeune Fille au tambourin* ou l'*Ouïe*, 1637, Londres, coll. part.) sont caractéristiques de cette production ténébriste. Mais, à partir de 1635, on note un changement considérable dans l'art de Ribera, dont la palette s'éclaircit et dont la composition,

sans perdre sa monumentalité sévère, acquiert plus de mouvement, peut-être sous l'influence des maîtres flamands que l'artiste put connaître dans les collections napolitaines et par l'étude approfondie des grands Vénitiens : ainsi dans la grandiose *Immaculée* de 1635, commandée par le vice-roi Monterrey (Salamanque, Agustinas Recoletas), le *Triomphe de la Madeleine* de 1636 (Madrid, Acad. S. Fernando), le *Martyre de saint Philippe* de 1639 (Prado). À cette époque appartiennent aussi quelques sujets de mythologie d'une chaude et brillante sensualité chromatique : *Apollon et Marsyas* (1637, Naples, museo di S. Martino, et Bruxelles, M.R.B.A.), la *Mort d'Adonis* (1637, Rome, G.N., gal. Corsini). Les figures isolées de saints conservent toujours la même grandeur paisible (*Madeleine pénitente*, Prado ; *Saint Paul ermite*, 1640, id. ; *Sainte Agnès*, 1641, Dresde, Gg). Mais les compositions témoignent d'une habileté nouvelle dans le groupement des personnages sans rien perdre de leur équilibre et de leur diversité de caractère comme de leur coloris dense et riche (*Vierge de pitié*, 1637, chartreuse de S. Martino à Naples ; *Mariage mystique de sainte Catherine*, 1648, Metropolitan Museum ; *Adoration des bergers*, 1650, Louvre). Dans quelques-unes des dernières œuvres de Ribera, on note un certain retour au ténébrisme (*Saint Jérôme*, 1652, Prado), rendu par une touche plus légère qui modèle les formes et par un raffinement chromatique accru qui joue soit avec une gamme restreinte de gris (*Miracle de saint Donat*, 1652, musée d'Amiens), soit avec une opulence majestueuse qui fait songer aux grands Vénitiens (*Communion des Apôtres*, 1652, chartreuse de S. Martino à Naples).

Une faculté exceptionnelle de capter et de traduire la réalité devait faire aussi de Ribera un puissant portraitiste (*Chevalier de Santiago* Dallas, Meadows Museum ; *Un jésuite*, 1638, Milan, musée Poldi-Pezzoli) et, à l'occasion, un implacable inquisiteur des difformités humaines, avec la curiosité d'un naturaliste (la *Femme à barbe*, 1631, Tolède, hôpital Tavera ; le *Pied-bot*, 1642, Louvre). On connaît enfin deux rares *Paysages* récemment réapparus (1639, Salamanque, coll. du duc d'Albe).

Ribera est l'une des plus grandes figures de l'âge baroque. Sa personnalité intéresse également l'art italien et l'art espagnol, puisque l'évolution de son style, riche et complexe, fut un des points de départ de l'école napolitaine et que, grâce à ses très nombreuses œuvres envoyées en Espagne, son influence fut considérable sur de nombreux peintres espagnols. On trouve même un écho de son art chez certains réalistes français du XIXᵉ s.

RICO ORTEGA Martín
(Madrid 1833 - Venise 1908).

Il fut l'élève du romantique Pérez Villaamil, et ses premiers tableaux reflètent la découverte des sierras castillanes, alors ignorées des peintres (*Sierra de Guadarrama*, 1858,

Prado). À partir de 1862, il fit un long séjour en France et en Suisse, fréquenta les peintres de Barbizon, et surtout Daubigny, rencontre Fortuny, peignant, dans un style assoupli, des vues d'Île-de-France et parfois de Bretagne (*Bords de la Seine*, musée de Saint-Sébastien ; *Lavandières bretonnes*, musée de Séville). Il visita également Londres, où il copia Turner et Ruisdael.

Revenu en Espagne en 1870, il évolua, sous l'influence de Fortuny, qu'il accompagna à Grenade, vers une manière plus colorée, chatoyante et minutieuse à la fois, la *Cueillette des oranges* à Grenade (Baltimore, Walters Art Gallery) ; ce style vaudra à ses vues de Venise, où il résida pendant une grande partie de sa vieillesse, un succès commercial considérable, *Vue de Venise* (Madrid, Cáson). Cet homme sensible et cultivé, qui a laissé d'agréables mémoires *(Recuerdos de mi vida)*, demeure un des paysagistes les plus délicats de la fin du XIXᵉ s., un « Daubigny ensoleillé », comme l'avaient baptisé les critiques parisiens.

RINCÓN Fernando del
(Guadalajara v. 1445 - après 1517).

Un certain Antonio del Rincón aurait été, d'après Palomino, le peintre de cour de Ferdinand le Catholique ; il aurait étudié à Rome et exécuté les peintures de l'ancien retable de Robledo de Chavela (prov. de Madrid) ainsi que de nombreux portraits. Mais ce personnage reste légendaire. La critique moderne ne connaît que Fernando del Rincón de Figueroa, domicilié à Guadalajara en 1491, inspecteur des peintres et des peintures sous le règne de Ferdinand, et qui sollicita de Charles Quint son maintien dans cette charge. Rincón peignit plusieurs retables, aujourd'hui perdus. La seule œuvre d'authenticité certaine qui nous soit parvenue est le portrait de *Francisco Fernández de Córdoba* (v. 1520, Prado). On retrouve même finesse de modelé, même accentuation des volumes et même emploi du clair-obscur dans le portrait de *Fray Francisco Ruiz*, qui lui a été attribué (Madrid, Inst. de Valencia de Don Juan).

RISUEÑO Y ALCONCHEL José
(Grenade 1665 - id. 1732).

Formé auprès de Juan de Sevilla, il exerça avec une égale compétence la peinture et la sculpture, s'occupant aussi d'architecture. Protégé par l'archevêque Ascargota, dont il fit un portrait particulièrement pénétrant (Grenade, palais archiépiscopal), il poursuivit l'art d'Alonso Cano tout en s'inspirant, grâce à la gravure, de l'art flamand du XVIIᵉ s. Son dessin est particulièrement soigné.

Il travailla presque exclusivement pour les édifices religieux de la ville : série d'*Anges* pour l'abbaye de Sacromonte (*in situ*, musée de Sacromonte), *Allégorie de l'ordre des Mercédaires* (musée des Beaux-Arts de Grenade) pour le couvent de Belen ; réalisés pour la cathédrale, le *Mariage mystique de sainte Catherine* et le *Couronnement de sainte Rosalie* s'inspirent clairement de Van Dyck et Rubens. Au début du XVIIIᵉ s., il assista Palomino et Duque Cornejo dans le *Sagrario* de la chartreuse de Grenade ; l'une de ses dernières grandes œuvres est le retable qui figure dans l'église San Ildefonso.

RIVERA Manuel
(Grenade 1927).

Il se forme à l'école des Beaux-Arts de Séville. En 1951, s'installe à Madrid ; deux ans plus tard il se rallie à l'Abstraction et, en 1957, il devient membre du groupe El Paso. En 1956, il commence à utiliser des écrans, puis des grillages métalliques pour accentuer les effets de superposition et de moiré, au détriment de la composition. Ses œuvres acquièrent alors une qualité de transparence mouvante, spatiale et presque aquatique. La lumière, la vibration des formes lumineuses évoquent le cinétisme, bien que l'esthétique de Rivera soit très proche de l'informel. En 1965, l'introduction d'une couleur plus vive donne aux tableaux de l'artiste davantage de luminosité et de lyrisme. Rivera a travaillé en 1967-1968 à des peintures sur papier japon.

Les « grilles » qu'il réalise au début des années 70 semblent annoncer un retour à une conception plus libérée. Il participe à des expositions de groupe à Madrid et à Barcelone parmi de nombreux abstraits, ainsi qu'aux Biennales de São Paulo et de Venise. Le M.A.M. de la Ville de Paris lui consacra une rétrospective en 1976. Manuel Rivera vit à Madrid. Il est représenté à Londres (Tate Gal.), Cuenca (musée d'Art abstrait espagnol), Madrid (M.E.A.C. et Fondation March), Amsterdam (Stedelijk Museum), La Haye (Gemeentemuseum), Zurich (Kunsthaus), New York (Guggenheim Museum, M.O.M.A.).

RIZI ou Ricci Fray Juan
(Madrid 1600 - mont Cassin 1681).

Fils d'Antonio Rizi, Bolonais, l'un des peintres mineurs attirés en Espagne par les travaux de l'Escorial, Rizi se forme à Madrid et entre, en 1627, dans l'ordre bénédictin au monastère de Montserrat. Désormais, il passera d'un couvent à l'autre pour peindre des cycles d'histoires monastiques, notamment à San Martín de Madrid, à San Millán de Yuso, en Vieille-Castille, à San Lesmes de Burgos ; il peint également dans cette ville sept tableaux (*Saint Paul ermite, Saint François*, divers saints martyrs), pour le « trascoro » de la cathédrale. Après avoir exercé plusieurs charges dans son ordre — notamment celle d'abbé à Medina del Campo —, il passe en Italie à partir de 1662 ; nommé évêque en Italie du Sud, il termine sa vie au monastère du mont Cassin. On ne connaît aucun tableau de cette dernière période italienne. En revanche, les œuvres de l'artiste conservées en Espagne font apprécier un style très personnel, d'un réalisme viril, d'une touche moelleuse et rapide, d'une couleur riche et sévère, où les rouges sombres et les carmins jouent un rôle prédominant. Fray Juan Rizi est le meilleur peintre castillan des thèmes monastiques, qu'il traite avec une gravité monumentale (*Repas de saint Benoît* et *Saint Benoît bénissant le pain*, Prado ; *Dernière Messe de saint Benoît*, Madrid,

Académie San Fernando), souvent avec de violents contrastes lumineux qui rappellent sa formation ténébriste.

Il apparaît comme une sorte de Zurbarán castillan, qui remplace les blancs des moines de la Merci et des Chartreux par les noirs puissants de l'ordre bénédictin, mais avec une égale intensité dans l'individualisation des visages, dont beaucoup semblent des portraits. Son habileté de portraitiste est attestée par le *Don Tiburcio de Redin* du Prado et par l'admirable (et assez vélazquézien) *Fray Alonso de San Vítores* du musée de Burgos.

Par malheur, comme pour Zurbarán, ses grands ensembles ont été en majorité dispersés. Seuls restent en place le « trascoro » de la cathédrale de Burgos et le cycle imposant de San Millán de Yuso (1653-1655), assez difficile d'accès, mais qui groupe autour du grandiose *Saint Millán de la Cogolla* du retable principal — solitaire vénérable mué en guerrier pour mettre les Maures en fuite — une vingtaine de remarquables peintures. Ce cycle est pour Rizi l'équivalent du cycle de Guadalupe pour Zurbarán.

Fray Juan Rizi fut aussi un savant et un théoricien de son art. Professeur de dessin de l'infant Baltazar Carlos et de la duchesse de Béjar, il écrivit pour cette jeune femme un traité de perspective, de géométrie et d'anatomie artistique qu'il illustra de beaux dessins *(De pintura sabia)*.

Son frère cadet, **Francisco** *(Madrid 1614 - l'Escorial 1685)*, fut également un peintre réputé. Élève à Madrid de Carducho, mais influencé certainement par Rubens, les Vénitiens et les Génois, il fut un des initiateurs de la peinture baroque madrilène et reste un de ses maîtres les plus dynamiques et les plus somptueux. Après le succès de la *Bénédiction de la cathédrale de Tolède par l'archevêque Jimenez de Rada* (1653), cathédrale de Tolède, il fut nommé peintre de la cathédrale. Peintre du roi en 1656, il se spécialisa dans la peinture décorative et dans la fresque (chapelle du Miracle aux Descalzas Reales de Madrid), collaborant parfois avec Carreño (Madrid,

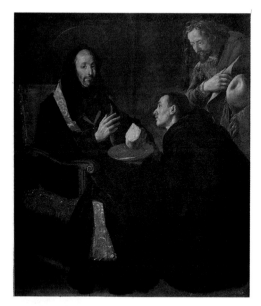

Fray Juan Rizi
Saint Benoît bénissant le pain
168 × 148 cm
Madrid, musée du Prado

S. Antonio de los Portugueses). Mais il exécuta surtout de très nombreux décors pour le théâtre et les fêtes royales. Travaillant en même temps pour les églises de Madrid et des environs, il peignit de grands tableaux d'autel à la composition très mouvementée, au riche coloris, servi par une technique toujours brillante et facile, parfois hâtive et négligée (la *Vierge avec saint Philippe et saint François*, 1650, couvent du Pardo ; la *Libération de sainte Léocadie*, Madrid, San Jerónimo ; *Martyre de saint Pierre*, église de Fuente del Saz ; de nombreuses *Immaculées*). Deux portraits d'une grande vivacité, *Un général d'artillerie* (Prado) et le *Chasseur de renard du roi* (Madrid, coll. d'Albe), dénotant une forte influence flamande, révèlent son talent encore mal connu de portraitiste. Sur un plan mineur, il faut rappeler le tableau qui représente l'*Auto da fe de 1683 sur la Plaza Mayor de Madrid* (Prado) comme un documentaire d'une rare valeur.

RODRIGO Joaquim,
peintre portugais
(Lisbonne 1912).

Tard venu à la peinture, avec une formation scientifique, il a réalisé de remarquables compositions abstraites géométriques. En 1961, il a abordé la Nouvelle Figuration dans un style où se conjuguent des éléments pop à la fois inventifs et polémiques. Une grande exposition rétrospective réalisée à Lisbonne en 1972 (Société nationale des Beaux-Arts) a mis en évidence l'originalité de sa démarche, qui aboutit à un système de notations lyriques d'un quotidien vécu notamment au cours de ses voyages. Rodrigo a obtenu le prix Soquil 1972 *(Scène, Madère, Funchal, Museu das Cruzes).*

RODRIGUES Simon,
peintre portugais
(v. 1560 - 1629).

Peut-être formé en Italie, il a dirigé à Lisbonne un atelier fort achalandé dont les commandes, provenant du centre et du sud du pays, l'occupèrent pendant la plus grande partie de sa carrière. C'est vers 1590 que l'on doit dater le *Retable de sainte Hélène* de Monte Calvario (Évora) et les principaux panneaux du maître-autel de la cathédrale de Portalegre. Parmi les œuvres de Rodrigues exécutées en collaboration avec Domingos Vieira Serrão, citons le retable de l'abside de l'église do Carmo (Coimbra, v. 1597) ainsi que les retables du maître-autel de S. Cruz de Coimbra (1612, auj. à la sacristie de l'église do Carmo, Coimbra) et de l'abside de la chapelle de l'université de Coimbra (1612-13). Rodrigues est également l'auteur du retable de l'abside de la cathédrale de Coimbra (v. 1610). À l'activité de son atelier se rattachent, par affinités stylistiques, de nombreux panneaux dispersés entre les églises de Coimbra, d'Évora, d'Elvas et de Tomar. L'artiste signait en 1620, en collaboration avec Domingos Vieira Serrão, un contrat pour plus de 20 tableaux, destinés au monastère de Santa Cruz de Coimbra, qui n'ont pas

été retrouvés. Sa présence est encore signalée à Lisbonne en 1628. Peintre de la Contre-Réforme, en relation avec les Jésuites, Rodrigues utilise des thèmes qui sont ceux des dévotions contemporaines *(Enfance et passion du Christ, Scènes de la vie de la Vierge).* Son œuvre, de dessin parfois maniériste et de couleurs austères, suit le sillage de Vasari et d'autres maîtres italiens.

RODRÍGUEZ DE GUZMÁN Manuel
(Séville 1818 - Madrid 1867).

Élève à l'école des Beaux-Arts de Séville, il acquit de son maître José Becquer la passion de la peinture « costumbriste ». Sa facilité de composition et la vivacité de sa palette lui attirent, avec des œuvres de petite envergure, le succès qui l'incite à s'installer à Madrid en 1854. Membre actif, avec Esquivel, de la Société protectrice des beaux-arts, il entreprend des œuvres de plus grand format, rappelant les grands moments de la vie sévillane *(Feria de Sevilla,* présentée à l'Exposition universelle de 1855 à Paris et *Procesión del Rocío,* Palacio Real de Riofrio, Ségovie). *La Feria de Santiponce* (Madrid, Cason) et *La Virgen del Puerto* (Madrid, Museo Romántico) font partie de la commande inachevée d'une série sur les fêtes, foires et pèlerinages espagnols par Isabelle II. Avec leur dessin minutieux, la vibration de la palette et les effets de luminosité, ces œuvres caractérisent bien son style.

Il réalisa aussi des scènes tauromachiques, quelques peintures religieuses liées à la scène de genre *(Baptême, Confession,* coll. Muñoz, Madrid) ; parmi ses quelques portraits se détache celui d'*Eugénie de Montijo* (Madrid, coll. duc d'Albe).

ROELAS Juan de
(Séville v. 1560 - Olivares 1625).

Formé peut-être en Italie (sans qu'aucun document en apporte explicitement la preuve), il apparaît en tout cas comme l'artiste sévillan qui marque le passage du Romanisme du xvie s. à un Naturalisme baroque résolument novateur. Les premières données certaines sur son compte le font apparaître en Castille : en 1598, il est à Valladolid, collaborant au monument funéraire érigé après la mort de Philippe II. Il y est encore en 1604, lorsqu'il entre dans les ordres. Mais, dès 1604, Roelas obtient une prébende à Olivares, aux environs de Séville.

Et désormais, c'est à Séville qu'il peint de grands tableaux d'autel : la *Circoncision* pour le retable de l'église des Jésuites (auj. de l'université) en 1606, en 1609 le *Saint Jacques à cheval chargeant les Maures* pour une chapelle de la cathédrale, le *Martyre de saint André* (musée de Séville), et en 1613 la *Mort de saint Isidore* (Séville, S. Isidoro), parmi une assemblée de clercs qui offre une véritable galerie de portraits et qui est peut-être son chef-d'œuvre. Nommé chapelain royal en 1614, il se rend à Madrid en 1616, sans obtenir, malgré les éloges accordés à sa vertu et à ses talents, la place de peintre du roi, à laquelle il aspire. Les dernières années de sa vie sont très mal connues : nommé chanoine de la collégiale d'Olivares, il y meurt.

Son style offre des affinités certaines avec la peinture vénitienne, notamment avec celle de Véronèse et de Tintoret. Il se distingue par l'éclat moelleux de la couleur, par la noblesse paisible et le sens vibrant de la réalité quotidienne ; on en trouve la preuve aussi bien dans la « bassanisme » de la *Nativité* aux Jésuites de Séville que dans la peinture des bourreaux et comparses à la Véronèse du *Martyre de saint André*, ou dans celle des accessoires familiers de l'*Éducation de la Vierge* (musée de Séville) : « le panier à ouvrage et les jouets », « le chien et le chat sous la table », dont Pacheco blâmait la vulgarité. C'est peut-être aussi à Roelas qu'on doit la généralisation d'un type de tableau d'autel « à grand orchestre » avec deux registres superposés, terrestre et céleste, qui a son origine à Séville et qui fera fortune en Andalousie. Par contre, la technique souple et rompue de Juan de Roelas n'eut pas d'influence immédiate dans la région.

ROMÁN Bartolomé
(Montaro, prov. de Cordoue, v. 1590 - ? 1647).

Reconnu par ses contemporains comme l'un des meilleurs peintres madrilènes de la première moitié du XVIIe s., il semble avoir vécu un peu à l'écart, ne cherchant ni la clientèle ni les honneurs, et sa production fut relativement peu abondante. Disciple de V. Carducho, d'abord influencé par le Maniérisme italianisant de l'Escorial — encore sensible dans son *Miracle de la Portioncule* à la cathédrale d'Ávila —, il semble avoir subi par la suite l'influence des Vénitiens et peut-être celle de Velázquez. S'inspirant de gravures (*Repos pendant la fuite en Egypte,* Madrid, fondation S. Marca), il a travaillé surtout pour les couvents madrilènes, représentant de grandes figures processionnelles, nobles et sereines : saints bénédictins et portraits de religieux (le *Vénérable Béda* du Prado, *Saint Gilles* du conseil d'État) ; *Archange* pour les Descalzas Reales et la Encarnación ; et, dans la sacristie de la Encarnación, son chef-d'œuvre, la *Parabole des noces* (1628), opulent de couleur, solennel et rythmique dans la composition. Il eut de nombreux élèves, parmi lesquels Carreño de Miranda.

ROSA Artur,
peintre portugais
(Lisbonne 1926).

Architecte et sculpteur de formation, il fut l'un des premiers à exploiter les voies de l'art « op » au Portugal (1960), fondant ses travaux sur des structures logarithmiques. L'une de ses œuvres la plus importante figure dans le hall d'entrée du siège de la fondation Gulbenkian (Lisbonne, 1969).

ROSALES Eduardo
(Madrid 1836 - id. 1873).

Rosales domine, avec Fortuny et un style très différent, le milieu du XIXe siècle et, comme lui, il mourut prématurément. Fils de fonctionnaire, il fut élevé aux *Escuelas*

Pias de Madrid et entra en 1851 à l'Académie des Beaux-Arts de San Fernando où il reçut l'enseignement de Federico Madrazo. Avec le peintre Vicente Palmaroli (1834-1896), il se rendit dans le sud de la France et en Italie du Nord en 1857 (Bordeaux, Marseille, Nîmes, Gênes, Florence, comme l'attestent les impressions de son journal de voyage). Déjà atteint de la phtisie qui allait l'emporter, il rentre en Espagne puis, vers 1860 obtient une bourse pour un nouveau séjour en Italie (Sienne, Rome notamment). *Tobie et l'ange* (Prado) montre l'influence qu'exercent alors sur lui les Nazaréens. Il partage ensuite sa vie entre Madrid, les Pyrénées ou la région de Murcie où il se soigne et Rome. En 1873, la Première République lui proposa la direction du musée du Prado, mais il préféra prendre en charge l'Académie espagnole de Rome. Il mourut avant d'entrer en fonction.

Son talent a d'abord été reconnu à travers ses tableaux historiques, le *Testament d'Isabelle la Catholique* (1864, Casón) - inspiré de la *Fille du Tintoret* de Cogniet. - *Présentation de Don Juan d'Autriche à Charles V* (1869, Casón) ou la *Mort de Lucrèce*, (1871, Casón). Si leurs compositions peuvent s'inspirer d'œuvres françaises du XIXe siècle, la vigueur du traitement, la subtilité des tonalités et l'ampleur du rythme montrent l'influence de Velázquez.

On lui doit aussi d'intéressants portraits où il sait allier jeu chromatique et recherche d'expression (le *Violoniste Pinelli*, Casón ; *Fille en rose et gris*, Madrid, M.A.M.), des paysages et le nu de la *Jeune Romaine* (Madrid, M.A.M.) qui traduisent la vigueur et la liberté de son trait. Sa mort prématurée a privé l'Espagne d'un de ses plus grands talents.

ROUSSILLON.

Le Roussillon et la moitié de la Cerdagne, annexés à la France par le traité des Pyrénées et inclus aujourd'hui dans le département des Pyrénées-Orientales, ont toujours été des terres catalanes. Toutefois, du fait de leur position géographique, ces pays ont eu au Moyen Âge des relations plus étroites avec la France que le reste de la Catalogne. Cela s'explique aussi par la subordination au siège archiépiscopal de Narbonne, le maintien de maisons comtales particulières jusqu'au XIIe s., l'attraction exercée par la puissance politique des comtes de Toulouse, puis des Capétiens, leurs héritiers, qui furent, contre les Aragonais, les soutiens des rois de Majorque, membres de la branche cadette de la maison royale, apanagés depuis 1276 des Baléares, du Roussillon et de la Cerdagne. L'annexion de cet État dès 1344 par Pierre le Cérémonieux n'empêcha pas le maintien des liens économiques et spirituels avec le Nord. Louis XI puis son successeur réussirent même, de 1463 à 1473, puis de 1475 à 1493, à occuper les pays cispyrénéens. Il est cependant impossible de séparer l'art roussillonnais du Moyen Âge de l'art catalan : il ne s'en distingue que par des nuances, plus ou moins accentuées suivant les époques.

RUEDA Gerardo
(Madrid 1926).

Son art est le fruit d'une longue évolution au cours de laquelle on remarque un certain nombre de constantes : discrétion, mesure, équilibre, construction, sens de l'espace. Rueda commence à peindre vers 1945 dans un style figuratif et, en 1954, il devient abstrait. En 1958, fortement influencée par de Staël, sa peinture se caractérise par l'emploi de couleurs vives et de formes construites. De 1960 à 1962, l'artiste connaît une « époque grise », où sa palette se maintient dans une gamme de gris, de noirs et de bleus très légèrement différenciés. Tout réalisme n'a pas encore disparu, car le point de départ du tableau reste une impression naturelle ou un paysage. Dégagé de l'influence de l'art informel, Rueda devait aboutir peu à peu à une peinture monochrome, où les variations de nuances et de couleurs disparaissent, remplacées par des subtilités d'animation de surfaces et de reliefs. Ces œuvres se rapprochent du

Santiago Rusiñol
La Cour aux orangers
86,5 × 107 cm
Castres, musée Goya

sentiment de l'espace de la peinture italienne ; ce sont de grandes surfaces monochromes (blanches, rouge vif, vertes, bleu outremer) accidentées par de légers reliefs de matière. En 1964, Rueda aboutit à un art géométrique très pur. L'utilisation du relief, de l'incision, du creux, de l'ombre, en relation avec sa période monochrome, joue un grand rôle. L'influence de ce peintre, qui a exécuté au cours des années 70 des reliefs en bois et en métal chromé, est grande sur la nouvelle génération. Rueda est représenté au musée de Manila, au M.E.A.C. de Madrid, au musée d'Art abstrait espagnol de Cuenca et au Fogg Art Museum de Cambridge (Mass.). Rueda vit à Madrid.

RUSIÑOL Santiago
(Barcelone 1861 - Aranjuez 1931).

Peintre de valeur, mais aussi romancier, chroniqueur, auteur dramatique, il compte avant tout dans l'histoire comme un des animateurs du « modernisme » catalan de 1890-1900 et l'un de ses principaux traits d'union avec la France. D'une famille d'industriels aisés, il fut d'abord, sous la direction de Moragas, un peintre aquarel-

liste. Contraint d'entrer dans la fabrique de tissus de son grand-père, il s'en libère en 1865 pour effectuer un premier voyage à Paris et travailler à l'Académie Gervex. En 1887, il s'installe à Montmartre, partageant la vie pleine de fantaisie d'un petit groupe espagnol dont les figures dominantes sont le critique d'art et journaliste Miguel Utrillo et le peintre barcelonais Ramón Casas, puis, à partir de 1890, le Basque Zuloaga. Fréquentant l'Académie de la Palette, où corrigent Puvis de Chavannes et Carrière, il est aussi un familier du Chat-Noir. Bohème cordial, jovial et mélancolique, il se mêle aux milieux littéraires et artistiques les plus divers ; il est un familier de Léon Daudet, de Toulet, de Curnonsky, d'Erik Satie, aussi bien que de nombreux peintres. Ses premières œuvres, influencées par Carrière, Whistler, l'estampe japonaise, autant que par les impressionnistes purs, traitent des sujets réalistes et intimistes : portraits en plein air (*Utrillo devant le Moulin de la Galette,* Barcelone, M.A.M.), coins de Montmartre, souvent en hiver, figures de jeunes femmes ou d'enfants dans des intérieurs (*Portrait de Sarah Bernhardt,* Prado, Casón), dans une gamme très fine, un peu brumeuse, où dominent les gris. Par la suite, Rusiñol évolue vers un symbolisme sentimental assez proche des préraphaélites (le *Mystique,* l'*Angélus, Nuit de veille,* musée du Cau Ferrat à Sitges). Après son retour définitif à Barcelone en 1894, il prend une place importante dans la vie artistique, par l'affiche et la décoration autant que par la peinture. Il est un des fondateurs des Quatre Gats, transposition barcelonaise du Chat-Noir et rendez-vous de toute l'avant-garde. En outre, au petit port de Sitges, la maison de pêcheur qu'il a achetée en 1892 se transforme en une vaste villa, que Rusiñol décore d'allégories gothicisantes *(Peinture, Musique, Poésie).* Le Cau Ferrat devient le théâtre de « fêtes modernistes » où affluent les artistes barcelonais ; on y

célèbre le culte de Greco, dont Rusiñol avait acquis des toiles, notamment une importante *Madeleine.* Légué à la ville de Sitges, le Cau Ferrat est rattaché depuis 1932 aux musées de Barcelone. La collection de peintures de Rusiñol apporte un témoignage précieux sur les peintures espagnols du début du siècle (Picasso, Zuloaga, Regoyos) et permet de suivre les étapes de son œuvre. Rusiñol devait en effet trouver sa voie définitive avec un thème nouveau : celui des jardins d'Espagne, qu'un voyage à Grenade lui avait révélés depuis 1892 *(Cour aux orangers,* Castres, musée Goya) ; il découvre ensuite ceux de Majorque et de Castille : Aranjuez devient pour lui un lieu de prédilection ; il y meurt en 1931. □

S

SÁNCHEZ (les).

Plusieurs œuvres sévillanes sont signées du nom de Sánchez à la fin du xvᵉ s., ce qui rend difficiles l'étude et l'identification de leurs auteurs respectifs. Sous cette signature, on dénombre pour le moins six artistes différents.

Un **Juan Sánchez de Castro** travaille v. 1478 à l'Alcázar de Séville et peint pour la paroisse de San Julian une fresque de *Saint Christophe*, datée de 1484 et aujourd'hui malheureusement détruite. Deux *Vierges de grâce* avec des saints, l'une signée (cathédrale de Séville), l'autre dans une coll. part., constituent la seule et unique base pour l'étude de cet artiste qui apporte une formule adoucie et élégante de l'art hispano-flamand de Castille par une note d'harmonie et de douceur grave.

Pedro Sánchez I est l'auteur d'une *Mise au tombeau* (musée de Budapest) aux figures très expressives, reflétant même une certaine agitation, et d'une *Véronique* (Italie, coll. part.).

Juan Sánchez de San Román signe un *Christ de douleurs* (Prado) et une *Cruxifixion* (cathédrale de Séville) où l'emploi du clair-obscur marque une avance sur le style habituel de l'époque.

Nous connaissons **Pedro Sánchez II** par une peinture sur toile, la *Vierge protectrice* autrefois au musée de Séville, œuvre particulièrement intéressante par sa composition et son iconographie, mais qui, vers 1500, prolonge encore la tradition archaïsante du xvᵉ s. andalou. Enfin, **Antonio** et **Diego** ont signé conjointement la *Montée au Calvaire*, de facture raide et d'expression pathétique, du Fitzwilliam Museum de Cambridge.

SÁNCHEZ COELLO Alonso *(Benifayo, prov. de Valence, v. 1531 - Madrid 1588).*

Il passa son adolescence au Portugal et, v. 1550, partit pour les Flandres, où il étudia pendant quelques années dans l'atelier d'Antonio Moro sous la protection du cardinal de Granvelle. Peintre de Philippe II dès le début de son règne, il accompagna la Cour à Valladolid, où il se maria, puis à Tolède et à Madrid. Le roi le chargea des peintures du salon des Portraits royaux du palais du Pardo. Les leçons de Moro se sont conjuguées dans son œuvre avec l'influence de Titien, dont il copia plusieurs tableaux (*Noli me tangere*, Escorial). Sánchez Coello est le créateur, en Espagne, d'un art de cour, sévère, mais plus humain que conventionnel, représenté plus tard par Pantoja de la Cruz et Velázquez. L'une de ses premières œuvres est sans doute le *Portrait de Marguerite de Parme*, régente des Pays-Bas (av. 1555, Bruxelles, M.R.B.A.), remarquable par l'aisance de la composition et la perfection des détails. Le *Portrait de Philippe II* (Prado) lui est généralement attribué ; le *Portrait du prince don Carlos* (id), l'un des premiers peints à la Cour, idéalise l'aspect physique du personnage, dont les tares apparaissent dans le *Portrait en pied* de 1564 (Vienne, K.M.). Portraitiste attitré des épouses et des enfants de Philippe II (*Don Diego et don Felipe*, 1579, Madrid, monastère de la Descalzas Reales), Sánchez Coello a choisi très peu de modèles en dehors de la famille royale. Il fut aussi un peintre religieux réputé (retables d'El Espinar, 1574, et de Colmenar Viejo, dans les environs de Ma-

Alonso Sánchez Coello
L'Infante Isabelle Claire Eugénie, 1579
116 × 102 cm
Madrid, musée du Prado

drid). De 1580 à 1582, il décora certains autels de l'Escorial de représentations de saints groupés deux par deux. Le *Martyre de saint Sébastien* et le *Mariage mystique de sainte Catherine* (Prado) révèlent son admiration pour Corrège et Parmesan.

SÁNCHEZ COTÁN Fray Juan
*(Orgaz, prov. de Tolède, 1560 -
Grenade 1627).*

Cet artiste au destin insolite, très apprécié à Tolède, est déjà quadragénaire lorsqu'il

décide d'entrer à la chartreuse du Paular. Pieux narrateur à la sensibilité de primitif en même temps que pionnier précoce du ténébrisme aux débuts du siècle d'or, il est l'un des maîtres espagnols qui intriguent le plus les critiques de notre temps. Formé à Tolède en compagnie de Blas de Prado, artiste alors très estimé pour des natures mortes qui nous restent inconnues, il aborde ensuite avec succès la peinture religieuse par des retables, aujourd'hui disparus. Mais, lorsqu'en 1603 il rédige son testament au moment d'abandonner le monde, l'inventaire annexe de ses biens qui est dressé mentionne plusieurs « bodegones » qu'on peut identifier avec des tableaux connus (*Légumes et gibier*, Madrid, coll. du duc de Hernani, signé en 1602).

Fray Juan Sánchez Cotán
Bodegón (nature morte)
69,5 × 96,5 cm
Madrid, collection Várez-Fisa

Entré en 1604 à la chartreuse de Grenade, il y terminera sa vie, aimé de tous et considéré comme un saint. Sa production de peintre reste abondante, mais sera dès lors exclusivement consacrée à son couvent (*Retable de l'Assomption*, v. 1609, en grande partie au musée de Grenade).

C'est v. 1615 qu'elle semble atteindre son apogée, lorsque Cotán peint pour le cloître de la chartreuse de Grenade un cycle de huit grandes « histoires » (fondation de l'ordre par saint Bruno, persécution des religieux d'Angleterre par les protestants). Il décore également la salle capitulaire, le réfectoire, plusieurs chapelles *(Cène*, épisodes de la Passion, *Immaculées)* et peint pour les cellules des religieux des images de la Vierge avec des guirlandes de fleurs, des paysages verdoyants peuplés de solitaires. Partagées aujourd'hui entre la chartreuse et le musée de Grenade, ces compositions, d'un archaïsme évident, témoignent aussi d'un vif intérêt pour les problèmes d'éclairage et de traitement des volumes. On peut parfois les comparer avec certaines œuvres de l'Italien Cambiaso, que Sánchez Cotán avait pu connaître à l'Escorial (*Vierge réveillant l'Enfant Jésus*, musée de Grenade). Les sujets monastiques sont traités — y compris les scènes de martyre — sur un rythme paisible, avec une profonde onction, une naïveté pleine de fraîcheur *(Vision de saint Hugues*, où le Christ, la

Vierge et les anges élèvent les murs de la future chartreuse, *Saint Bruno et ses compagnons devant saint Hugues, Vierge du rosaire avec les chartreux).*

D'autre part, les natures mortes de Sánchez Cotán, antérieures ou postérieures à sa profession religieuse, sont d'une qualité exceptionnelle : leur dépouillement, le rythme presque musical dans l'arabesque de leurs lignes, la distribution rigoureuse dans l'espace des volumes et des ombres (*Bodegon au Cardon*, musée de Grenade ; *Melon, citrouille, chou et coing*, musée de San Diego) évoquent les préoccupations métaphysiques des néo-pythagoriciens, comme la littérature mystique espagnole, qui donne une signification transcendante à la réalité quotidienne.

Quant à l'influence de Sánchez Cotán, elle semble avoir été plus forte que ne le laisserait supposer sa retraite. D'après Palomino, Carducho serait venu de Madrid lui rendre visite et voir ses œuvres avant d'entreprendre son grand cycle chartreux du Paular. Une visite de Zurbarán à la chartreuse de Grenade est également possible ; en tout cas, la parenté spirituelle de ses chartreux avec ceux de Sánchez Cotán est évidente. En outre, l'influence directe des « bodegones » de Cotán apparaît chez certains peintres plus jeunes, comme Felipe Ramírez (*Cardon, fleurs et raisins*, 1628, Prado) et Blas de Ledesma.

Pablo de San Leocadio
*La Vierge et l'Enfant
adorés par un chevalier
de l'ordre de Montesa*
102 × 96 cm
Madrid, musée du Prado

SAN LEOCADIO Pablo de,
peintre italien actif en Espagne
*(San Valentino, Émilie, v. 1445 -
région de Valence apr. 1520).*

Il accompagna le cardinal Borgia en Espagne en 1472 pour décorer de fresques le chœur de la cathédrale de Valence, en collaboration avec le Napolitain Francesco Pagano. En 1501, il entra au service de la duchesse de Gandia, belle-fille du pape Alexandre VI, et les documents mentionnent son activité, de 1512 à 1520, à Villareal de los Infantes (prov. de Castellón) ou à Valence. Il ne reste rien de son œuvre principale, car les fresques de la cathédrale de Valence ont été détruites ou recouvertes au XVIIe s.

La *Sainte Conversation* (Londres, N. G.), signée, « *Paulus* » et le *Saint Michel* (musée diocésain d'Orihuela) témoignent de sa formation probable dans le milieu ferrarais. C'est à Gandia que se trouvent ses principales productions ; le retable de la collégiale a été détruit en 1936 ; la *Nativité*, l'*Adoration des mages* et l'*Ascension* (couvent de Santa Clara), où dominent les tonalités rouges et bleues, sont animées de détails pittoresques. Les œuvres tardives abondent en réminiscences de l'art valencien antérieur : *Christ de douleur* (Valence, coll. Serra de Alzaga), *Retable du Sauveur* (Villareal, église de Santiago). On peut attribuer à San Leocadio les peintures sur toile destinées aux volets de l'orgue (salle capitulaire, cathédrale de Valence), exécutées en collaboration avec son élève Nicolas Falco, et de nombreuses œuvres conservées dans la région de Valence (*Vierge*, église d'Enguera). Les œuvres groupées sous le nom de Maître du Chevalier de Montesa, notamment l'*Adoration des mages* (musée de Bayonne) et la *Vierge du chevalier de Montesa* (Prado), ont été données à l'artiste par certains critiques. Son fils, **Felipe Pablo** *(1513-1547)*, peintre de transition au style plus dramatique, fut l'un des créateurs de la Renaissance espagnole.

SÁ-NOGUEIRA Rolando,
peintre portugais
(Lisbonne 1921).
Fidèle à des évocations lyriques de sites urbains, il a accompli une curieuse transposition de ses valeurs dans une formulation « pop » dont il emprunta le ton nostalgique à la jeune peinture anglaise, qu'il étudia au cours d'un long séjour à Londres, vers 1964. Ensuite, il s'est laissé influencer par certains procédés imagétiques de la peinture américaine. Ses œuvres figurent dans des coll. part.

SARAGOSSE.

Capitale de l'ancien royaume d'Aragon, Saragosse possède des richesses trop peu connues. Mais, hors de rares exceptions dans les églises (à la basilique du Pilar, le précieux petit triptyque de la *Cène* de l'Andalou Alejo Fernández ; à l'église de la Manteria, les peintures décoratives du Madrilène Claudio Coello) et à part les salles du XIXe s. au musée des Beaux-Arts et la collection du Musée Camón Aznar (installée depuis 1979 dans le palais du Pardo), les peintures de valeur sont toutes aragonaises ou, pour le Moyen Âge (en raison de l'imbrication des deux écoles), catalanes.

Le musée des Beaux-Arts permet de suivre le déroulement chronologique de la peinture en Aragon. Fondé en 1835, il occupe depuis 1911 un grand édifice construit au centre de la ville pour l'exposition qui commémora le centenaire des sièges de 1808-1809. Sa collection de primitifs, déjà importante en 1936, s'enrichit notablement après la guerre civile, grâce aux panneaux sauvés de la destruction d'églises rurales *(Retable du Sauveur* de Puebla de Castro, retable de Lanaja, etc.). De nombreuses peintures des XIVe et XVe s. (*Vierge de l'archevêque Mur*, œuvres de Huguet, Juan de la Abadía, Martin de Soria) s'encadrent entre 2 ensembles de premier ordre, documentés et datés : le *Retable de la Résurrection,* provenant du couvent du Santo Sepulcro, de Jaime Serra, belle œuvre catalane de style siennois (1361), le rude et puissant retable de Santa Cruz de Blesa *(Passion* et *Invention de la sainte Croix),* des Aragonais Bernat et Miguel Jiménez (1485).

Le Maniérisme du XVIe s. est assez bien représenté par l'*Épiphanie* de Roland de Mois et le *Retable de la Vierge* de Jerónimo Cosida. Mais la salle de peinture baroque mérite plus encore l'attention avec les grandes peintures monastiques de Jusepe Martinez *(Saint Pierre Nolasque),* de son fils Antonio, le chartreux d'Aula Dei (qui s'est représenté aussi, peignant son père, dans un excellent *Autoportrait*), et du Navarro-Aragonais Verdusán *(Histoire de saint Bernard).*

Le XVIIIe s. rassemble un groupe de portraits de Mengs (l'érudit et archéologue aragonais *Nicolas de Azara*), de F. Bayeu (sa femme et sa fille Feliciana) et surtout de Goya, dignement représenté au musée de sa ville natale : *Portrait au grand chapeau,* portraits d'*Azara*, de *Ferdinand VII* et du *Duc de San Carlos ;* quelques scènes religieuses telles que le *Songe de saint Joseph* et la *Mort de saint François Xavier.* Les exemples les plus prestigieux de cette époque demeurent à la basilique du Pilar et à la chartreuse d'Aula Dei. Les salles du XIXe s. comportent, à côté d'œuvres des peintres nationalement consacrés (cf. Lopez, Esquivel, Lucas, le paysagiste Haes, bien représenté, Mercade, Sorolla, Beruete), quelques Aragonais non dépourvus de mérite, comme Barbasán.

SARDAIGNE.

Le protectorat de la couronne d'Aragon qui s'est exercé depuis la conquête de l'île par le roi Jaime II en 1325 donne lieu à des échanges artistiques. L'art gothique sarde dérive essentiellement de la culture artistique hispano-catalane, encore que celle-ci, conjointement aux modes toscans, n'exerce décidément son influence sur la peinture sarde qu'à la fin du XIVe s. Le Gothique international d'ascendance catalane se manifeste jusqu'au milieu du XVe s. Le musée de Cagliari conserve un retable de Juan Mates et un grand polyptyque (1455) de Juan Figuera et Rafael Tomás, de Barcelone, montrant la continuelle importation des modes de la culture catalane. Les peintures que le Maître de Castelsardo a laissé à Castelsardo, à Tuili, à Saccargia, à Cagliari ainsi que celles qui sont conservées à Turin (Gal. Sabauda) et à Birmingham (City Museum) font entrevoir les premiers signes de la pénétration de la Renaissance italienne vers la fin du xve s. Le personnage de saint Nicolas de Bari de la prédelle (1515), de Giovanni Muru, dans l'église paroissiale d'Ardara, met en évidence des rapports avec l'œuvre d'Antonello de Messine. La tendance espagnole subsiste encore, à la fin du siècle, dans les œuvres d'Andrea Lusso et chez de nombreux autres peintres anonymes.

SARIÑENA Juan
(? 1545 - Valence 1619).

Originaire sans doute d'Aragon, Sariñena est la principale figure de l'école valencienne entre Juanes et Ribalta. Son séjour à Rome, documenté entre 1570 et 1575, lui permit de s'imprégner des nouvelles tendances du Maniérisme réformé. Établi à Valence depuis 1580, il jouit d'une certaine considération et reçoit des commandes de la Generalidad, du chapitre de la cathédrale, du couvent des frères prêcheurs et surtout du patriarche Juan de Ribera, son protecteur. Dans ses œuvres religieuses, il s'inspire souvent de gravures flamandes : *Christ à la colonne* (1587, musée du Patriarche) et retable des saints protecteurs des 3 « bras » du royaume, la *Vierge, l'Ange gardien et saint Georges* (Valence, chapelle de la Diputación). Mais sa principale activité est le portrait. Si les traits du roi *Jaime Ier* sont encore très idéalisés, ceux des saints et bienheureux contemporains, mis à l'honneur par l'exaltation religieuse de la Contre-Réforme, sont traités avec une grande force expressive (*S. Luis Beltrán, S. Juan de Ribera*, Valence, musée du Patriarche ; *Nicolas Factor*, Madrid, Descal-

zas Reales). Dans le décor du salon des Cortes (1591-1592), les députés du royaume sont groupés avec un tel naturel et une suggestion de l'espace établie de telle sorte qu'un jeu de miroirs semble renvoyer sur les murs l'image de l'assemblée. Sariñena se distingue des autres peintres (Requena, Posso, Mestre, Mata) qui ont collaboré à cet ensemble exceptionnel par la fermeté du style et par un certain sens de la couleur qui annonce le Siècle d'or espagnol.

SAURA Antonio
(Huesca 1930).

Il commence à peindre en 1947 à la suite d'une longue maladie. Ses débuts sont marqués par le Surréalisme (paysages du subconscient) et il pratique l'automatisme. Son dynamisme fait bientôt éclater les formes, qui explosent dans une Abstraction lyrique de caractère expressionniste. En même temps, la technique d'Antonio Saura s'enrichit par l'emploi de matières diverses qui ajoutent à la densité de ses couleurs sourdes. Dans les toiles de cette époque, on remarque aussi des effets de grattage et de larges coulures. Ces investigations dans la Non-Figuration informelle aboutissent, v. 1956, à l'irruption d'apparences de personnages imaginaires. Dès lors, Saura ne peindra et ne dessinera plus que des figures singulièrement « défigurées » par la tension qui les anime et la cruauté agressive qu'elles expriment.

Foncièrement espagnol, son œuvre traduit le sentiment tragique de la vie, l'angoisse de la destinée et atteint, par l'intensité du noir et du blanc, à peine tempérée par les demi-teintes du gris argent, à une somptuosité funèbre. Saura vit à Paris et à Madrid, où il a fondé en 1957 le groupe El Paso avec ses compatriotes Millares, Canogar et Feito.

La même année, il a montré pour la première fois à Paris quelques-unes de ses peintures à la gal. Stadler, qui a organisé de très nombreuses expositions particulières de son travail depuis 1959. Il a exposé aussi à New York à la gal. Pierre

Antonio Saura
Philippe II, 1967
collection particulière

Matisse (1961, 1964). À côté de ses peintures, il a exécuté de nombreuses œuvres graphiques, des découpages, des collages, en utilisant une technique mixte d'huile et d'encre.

En 1979, le Stedelijk Museum d'Amsterdam lui consacre une importante rétrospective, réunissant les œuvres réalisées depuis la fin des années 40. Cette exposition est constituée de la plupart des séries représentatives de l'œuvre : *Dames,* 1953-1962 ; *Autoportraits* 1959-1966 ; *Cruxifixions,* 1957-1977 ; *Portraits imaginaires,* depuis 1958 ; la *Maison du sourd* (d'après Goya), 1972-1973. Antonio Saura est représenté dans de très nombreux musées internationaux, notamment à Barcelone (M.A.M. : *Paule,* 1959), à Amsterdam (Stedelijk Museum : *Infante,* 1960), à Pittsburgh (Carnegie Inst. : *Portrait imaginaire de Goya,* 1963), à Paris (M.N.A.M. : *Portrait imaginaire de Tintoret,* 1967 ; *Diada,* 1978-1979), à New York (M.O.M.A. et Brooklyn Museum), à Stockholm (Moderna Museet).

SÉGOVIE.
Cette cité de Vieille-Castille, si riche en églises romanes tardives (XIIᵉ-XIIIᵉ s.), remarquables par leurs galeries à portiques et leurs clochers, dut être aussi à la fin du XIIᵉ s. le siège d'une école de peinture murale rayonnant sur toute la région (Maderuelo). Dans la ville, il reste plusieurs témoignages de cette activité à S. Millán et à S. Nicolas et surtout dans 2 autres églises débarrassées des enduits baroques depuis 1964 : le cycle de S. Justo, qui appartient encore au XIIᵉ s., est d'une importance tout à fait exceptionnelle avec son *Christ en majesté* entouré des vingt-quatre vieillards de l'Apocalypse et, sur les murs latéraux, la *Cène,* l'*Arrestation du Christ.* Les peintures de S. Clemente, exécutées « a tempera » au XIIIᵉ s. dans un style intermédiaire entre Roman et Gothique, sont également remarquables *(Christ et Vierge de majesté, Arbre de Jessé).*

Ségovie n'eut ensuite que des peintres d'importance secondaire, mais parfois curieux comme ce Nicolas Greco, autre Crétois fixé en Castille au début du XVIIᵉ s., avec ses tableaux d'effets nocturnes *(Adoration des bergers* au musée de la ville), ou, un peu plus tard, l'Andalou Pedro Contreras, auteur de la très attachante série de peintures symboliques sur la vie chrétienne et la mort (1653) qui orne une chapelle de la cathédrale.

Les tableaux les plus importants conservés à Ségovie viennent du dehors : c'est avant tout le grandiose triptyque de la *Descente de croix* à la cathédrale, chef-d'œuvre du Brugeois Ambrosius Benson, qui travailla peut-être en Espagne entre 1532 et 1536 et dont les ouvrages y connurent en tout cas un large succès. Ce sont aussi les tableaux peints pour Ségovie au XVIIᵉ s. par le peintre madrilène Francisco Camilo et qui comptent parmi les meilleurs de cet artiste *(Retable de N.D. de la Fuencisla, Descente de croix* à la cathédrale et surtout la *Conversion de saint Paul* de 1667, dynamique et brillante de couleur, au musée de la ville).

SEMPERE Eusebio
(Onil, Alicante, 1924 - 1985).

Il fait ses études à l'École des beaux-arts de Valence. De 1949 à 1958, il vécut à Paris, où il fréquenta Arp, Vasarely et les peintres constructivistes de la gal. Denise René. Dès 1949, sa peinture est abstraite. À partir de 1954, il s'intéresse aux problèmes de l'art cinétique avec ses « boîtes », œuvres tridimensionnelles dans lesquelles l'utilisation de la lumière et du mouvement réels joue un grand rôle. Il abandonne ensuite ces recherches expérimentales pour se consacrer aux problèmes de la lumière et des vibrations optiques. Son œuvre se caractérise alors par son lyrisme et sa liberté, et c'est l'un des rares peintres pour qui la nature et le paysage ne sont pas opposés à la géométrie et aux règles optiques. Il a réalisé ainsi de nombreux tableaux à partir d'un paysage ou d'une impression réelle. Vers 1964, parallèlement à ses œuvres semi-paysagistes et lyriques, on constate un retour à des recherches cinétiques avec des mobiles de tiges d'acier chromé où les effets proviennent du mouvement du spectateur par rapport à l'œuvre. Cette tendance plus expérimentale s'est vue confirmée par ses travaux au Centre de calcul de l'université de Madrid, où certaines de ses œuvres ont été réalisées avec une collaboration scientifique et l'aide d'un ordinateur. Sempere a également travaillé à Valence avec le groupe Antes del Arte, composé de peintres et de techniciens. Pourtant, l'aspect plus lyrique de son tempérament se manifeste toujours, par exemple dans le livre de sérigraphies, sur des poèmes de Góngora, réalisé en 1969, édité par le musée d'Art abstrait espagnol de Cuenca. On y retrouve les mêmes références à un paysage ou à une saison. La sensibilité de Sempere pour la couleur et la lumière y est présente à chaque page. L'expression de l'artiste repose sur des formes simples, géométriques, dont la répétition vise à l'extension du champ pictural. L'artiste est également l'auteur de sculptures en acier chromé, datées de 1973-1974, dont l'assemblage d'éléments modulaires produit des effets similaires. Il est représenté notamment aux M.O.M..A. de New York, au Fogg Art Museum de Cambridge (Mass.), au musée d'Art abstrait espagnol à Cuenca, au Musée de Bilbao, à l'Instituto Valenciano de Arte Moderno de Valence, aux M.A.M. de Rio de Janeiro, Barcelone, Atlanta, Valence.

SEQUEIRA Domingo Antonios,
peintre portugais
(Belém, Lisbonne, 1768 - Rome 1837)

Fils d'un pauvre marin, il suivit en 1781 les cours de la toute nouvelle École royale de dessin puis s'initia à la peinture avec le décorateur Francisco de Setubal. Une pension royale, la protection du marquis de Marialva lui permirent de se former à Rome, où il fut l'élève de Cavalucci et de Corvi. Académicien de Saint-Luc en 1793, il exécuta entre autres à Rome deux œuvres de commande : l'*Allégorie de la Casa Pia de Lisbonne* (Lisbonne, M.A.A., esquisse au Louvre et le *Miracle d'Ourique* (Eu, musée Louis-Philippe), où une certaine fougue se mêle à l'académisme de la composition. Rentré à Lisbonne en 1795 après avoir visité l'Italie du Nord, il subit de nombreuses désillusions malgré l'appui de l'Anglais Beckford. Entré par découragement à la chartreuse de Laveiras, il y demeura 4 ans avant d'en sortir pour être nommé premier peintre de la Cour en 1802 ; chargé de décorer le nouveau palais Royal d'Ajuda, travaillant à Mafra, il imagina alors plusieurs scènes historiques qu'on connaît par des esquisses et, en 1805, devint directeur de l'Académie de Porto. De retour à Lisbonne en 1808, il trouva la ville occupée par les Français et peignit une *Allégorie à Junot protégeant la ville de Lisbonne* (Porto, Museu Soares dos Reis, 1808), qui marquait son adhésion au romantisme naissant. Mis en prison, il fut libéré peu après mais s'installa à Porto, se consacrant au portrait (portrait du *Baron de Quintela* (1817), de la famille du *Premier Vicomte de Santarem*, 1817, Lisbonne, M.N.A.A.) et à des allégories marquant son repentir (*Apothéose de*

Wellington, id.). Ses sentiments libéraux le firent par la suite adhérer à la révolution de 1820. Voulant peindre un grand ensemble représentant l'assemblée des Constituants, il fit des dessins, portraits d'une intense vitalité, de chacun des membres de l'assemblée (1821, id.). L'échec de la révolution entraîna son départ du Portugal en 1823. Il exposa alors au Salon de Paris de 1824 une composition (la *Mort de Camoens,* (disparue) dont l'allure romantique fut fort appréciée, mais l'ambiance esthétique de Paris ne lui convint guère et il s'installa à Rome. Il y peignit 4 compositions religieuses : l'*Adoration des mages,* la Crucifixion, etc. (Lisbonne, coll. Palmela) – testament pictural où l'intérêt qu'il montre pour les effets de lumière permet de le rattacher à la sensibilité du xviiie s.

SERRA (les).

Le panorama pictural de Barcelone est dominé dans la deuxième moitié du xive siècle par la famille Serra. Ils étaient 4 frères peintres : Francesco, Jaime, Pedro et Joan, collaborant en certaines occasions ou bien travaillant indépendamment en d'autres.

Francesco
(documenté à Barcelone de 1350 à sa mort en 1361)
C'est le frère aîné ; il n'a laissé aucune œuvre qui puisse lui être attribuée avec certitude. Cependant, il peut être identifié comme l'auteur d'un groupe d'œuvres réunies autour du *Retable de la Vierge* (Barcelone, M.A.C.) provenant du monastère de Sigena. Les scènes, inspirées des Bassa, sont plus conventionnelles et chargées d'éléments descriptifs et vivement colorés.

Jaime
(documenté de 1358 à 1389 ou 1395).
Sa personnalité artistique peut se définir grâce au *Retable de la Vierge* que lui commanda Fray Martín de Alpartir, en 1361, pour être placé près de sa tombe dans le couvent du Saint-Sépulcre à Saragosse. Au mysticisme latent s'ajoute un accent pittoresque comme dans la *Descente aux enfers* avec les mâchoires du monstre se

refermant sur les réprouvés. Par analogie, on lui attribue le *Retable de saint Étienne* (Barcelone, M.A.C.), 5 panneaux subsistant du *Retable de la Vierge* (église de Palau de Cerdagne) et la *Cène* (Palerme, G.N.). Fidèle aux formules de Destorrents, l'art de Jaime est plus suave et dépouillé.

Pedro
(documenté de 1357 à 1408).
À partir de 1357, il fit son apprentissage pendant 4 ans dans l'atelier de Ramón Destorrents ; de 1363 à 1389, il travailla en association avec son frère Jaime. Les 2 œuvres, authentifiées par un contrat et actuellement conservées, sont postérieures à la mort de Jaime ; elles permettent de connaître le style de sa maturité : le *Retable du Saint-Esprit* (1394, Manresa, collégiale S. Maria), vaste cycle narratif (19 panneaux, sans compter quelque 30 personnages ornant les pilastres) qui déroule l'histoire du monde depuis la création pour aboutir à la Pentecôte ; ce sont des miniatures agrandies, nobles et douces, mais toujours statiques dont les couleurs dominantes (rouge, mauve et vert) s'harmonisent avec le fond d'or traditionnel. *Saint Barthélemy et saint Bernard* (1395, musée de Vich), panneau central d'un retable exécuté pour les dominicains de Manresa, révèle l'influence de Borrassa. Antérieurement, on peut lui attribuer plusieurs peintures telles que la prédelle de *Saint Onuphre* (Barcelone, musée de la cathédrale), le *Retable de saint Julien et sainte Lucie* (Saragosse, couvent du Saint-Sépulcre). Il semble être le créateur d'un type de Vierge rêveuse au visage triangulaire et aux yeux en amande, que l'on retrouve dans l'*Annonciation* (Milan, Brera), le *Retable de la Pentecôte* (église S. Llorenc de Morunys), et la *Vierge assise,* entourée d'anges musiciens (Barcelone, M.A.C.). Il faut également mentionner le *Retable d'Abella de la Conca* et celui de *Tous les saints* à S. Cugat del Vallès.

Joan
(documenté de 1365 à sa mort en 1386).
Associé avec ses trois frères, il semble avoir joué un rôle mineur dans l'atelier et il n'est

pas possible actuellement d'identifier sa participation.

SERT Y BADIA José María
(Barcelone 1876 - id. 1945).

Fils d'un dessinateur de tapisseries et d'étoffes, il travailla d'abord dans l'atelier paternel. Naturellement attiré par la peinture murale, il séjourna en Italie (1900), étudiant les fresquistes, pour s'installer ensuite à Paris, où s'affirma sa vocation de décorateur, en marge des courants artistiques, espagnols ou internationaux. José Maria Sert fut adopté par la haute société parisienne, pour laquelle il exécuta des ensembles (salon de musique pour la princesse de Polignac, salle à manger pour le baron de Wendel) qui transposent les décors de villas vénitiennes de Tiepolo. Mais il conquit aussi l'amitié de Claudel, dont il illustra *le Soulier de satin* (1928-29) et qui célébra son lyrisme baroque en des pages brillantes («Positions et propositions», «L'œil écoute»), mais peut-être avec quelque excès d'optimisme. C'est en effet l'époque où Sert entreprit la décoration de grands édifices, églises ou monuments publics : à Genève, le palais des Nations ; en Espagne, l'ensemble de la cathédrale de Vich (*Vie et passion du Christ,* présidé par les figures colossales de saint Pierre et de saint Paul, « piliers de l'Église »), achevé en 1930, incendié en 1936, et que l'artiste voulut refaire après la guerre civile, travaillant jusqu'à sa mort à une nouvelle version modifiée. D'autres décorations historico-allégoriques furent consacrées à la gloire des routiers catalans, les « Almugavares » (salon des Chroniques à l'hôtel de ville de Barcelone), et du peuple basque (chapelle du couvent de S. Telmo, aujourd'hui au musée, à Saint-Sébastien).

La peinture de José María Sert, quelque peu emphatique et boursouflée, semble s'être démodée rapidement. Mais on ne peut lui dénier un dynamisme, une invention décorative et parfois une puissance dramatique qui assurent à cet isolé une place non négligeable dans l'art du XXᵉ s.

SEVILLA Juan de
(Grenade 1643 - id. 1695).

Le principal des peintres de Grenade dans la seconde moitié du XVIIᵉ s., il collabora avec son rival Bocanegra aux peintures en trompe l'œil (balcons, rideaux) qui complétèrent en 1674-75 la décoration du chœur de la cathédrale. Mais il fut surtout l'un des grands fournisseurs des couvents de la ville. Son abondante production montre la souplesse et l'ingéniosité avec lesquelles il amalgame des influences diverses — celle de Murillo (il a peut-être séjourné à Séville), mais aussi celles de son maître Pedro de Moya, formé à Anvers, et de Van Dyck — avec un baroquisme modéré et un sens souvent raffiné de la couleur. On peut en juger par les nombreux tableaux religieux passés au musée de Grenade *(Communion de sainte Agathe ;* cycle augustin : *Transverbération de saint Augustin, Miracle de saint Nicolas de Tolentino)* comme par ceux de l'université *(Docteurs de l'Église latine).* Le grand *Triomphe de l'eucharistie avec saint Augustin et saint Thomas* (1685, aux Agustinas) est sans doute le chef-d'œuvre décoratif de Sevilla, dont le goût de la narration et sa vocation de peintre de genre apparaissent aussi dans des œuvres plus modestes, comme le *Repos de la Sainte Famille en Égypte* (musée de Budapest) et surtout le *Riche Épulon et le pauvre Lazare* (Prado).

SÉVILLE.

Jusqu'au XVIᵉ s., le rôle de Séville dans l'histoire de la peinture est très effacé. Les rares œuvres conservées du XIVᵉ s. et du début du XVᵉ sont peu originales : la *Vierge de la Antigua* à la cathédrale, la *Vierge de Rocamadour* à S. Lorenzo, la *Vierge avec des anges musiciens* signée Juan Hispalense

Pedro Serra
Prédication de saint Pierre
bois, 75 × 60 cm environ
(élément de retable)
Bilbao, musée des Beaux-Arts

(v. 1420, musée Lázaro Galdiano à Madrid), les peintures murales (saints et saintes) de Santiponce (v. 1430) reflètent, avec raideur, les influences italo-françaises habituelles à l'époque. On retrouve ces influences dans les curieuses peintures à sujets courtois et romanesques, associant mauresques et chrétiens, qui décorent la salle de la Justice à l'Alhambra de Grenade ; leurs auteurs venaient très probablement de Séville, mais aucun fait certain ne permet de l'affirmer. C'est seulement vers 1480 que des peintres assez nombreux apparaissent à Séville ; leurs personnalités se dégagent mal, mais tous – Juan Sánchez de Castro (*Vierge de grâce* à la cathédrale) et son satellite, l'anonyme qui a peint les diptyques de saints du retable des *Ordres militaires* (musée de la Ville), Juan Núñez (*Vierge de pitié*, cathédrale), Pedro Sanchez (*Mise au tombeau*, musée de Budapest) – relèvent d'une influence flamande, particulièrement impérieuse à Séville en raison des relations commerciales et maritimes avec Anvers et Bruges, mais reçue avec archaïsme et placidité. C'est d'ailleurs grâce à un artiste septentrional, mais déjà touché par la Renaissance, Alejo Fernández, que la peinture sévillane prend un essor nouveau. Fernández, mentionné comme « Aleman » par certains documents, vient de Cordoue en 1509, appelé par le chapitre, à la suite de son frère sculpteur qui travaille au grand retable de la cathédrale. Jusqu'à sa mort, en 1545, il dirige un atelier florissant. Son art (retable de l'*Épiphanie* à la cathédrale, retable de Maese Rodrigo à la chapelle du séminaire, retable de San Juan à Marchena), d'une grâce pensive, souvent mélancolique (*Vierge à la rose*, à S. Ana) – avec un sens de l'espace et de la perspective absolument neuf à Séville, avec un mélange d'architectures gothiques et italiennes –, rappelle souvent Gérard David. Son avènement coïncide avec l'ascension de Séville, devenue grand port international par le monopole du commerce avec l'Amérique, qu'elle possède depuis 1503 : c'est pour la chapelle de la casa de Contratación que Fernández peignit vers 1520 son œuvre la plus populaire, la *Vierge des navigateurs* (Alcázar). Autour de lui gravitent des peintres estimables – les Mayorga, Cristóbal de Morales (*Mise au tombeau*, musée), Pedro Fernández de Guadalupe (*Descente de croix*, 1527, cathédrale) – mais plus timides. C'est par une autre voie, celle de romanistes flamands, que la Renaissance savante fait son entrée à Séville, un peu avant la mort de Fernández. Le plus important d'entre eux est le Bruxellois Peter de Kempener (« Pedro de Campaña »), artiste « polyvalent » et international, mathématicien, architecte, astronome, qui a séjourné à Bologne et à Venise, et qui demeure à Séville de 1537 à 1562. Son œuvre considérable est de haute qualité, avec un sens monumental et un pathétique dont aucun Flamand du xvie s. n'offre l'équivalent (*Descente de croix* de la cathédrale, 1547, longuement étudiée et admirée par Murillo), un réalisme de portraitiste vigoureux, parallèle à l'allongement maniériste des compositions (donateurs du retable de la *Purification* à la cathédrale), et parfois un sens de l'intimité et du paysage que révèlent certains panneaux du retable de S. Ana. Le Néerlandais Fernand Sturm, plus anguleux et sec (retable de la *Résurrection*, cathédrale), le Flamand Frans Frutet (triptyque du *Calvaire*, au musée) ont joué également un rôle appréciable, de même que des Flamands comme l'Anversois Pereyns, qui, de Séville, apportèrent le Romanisme au Mexique.

Dans le derniers tiers du siècle se succèdent deux autres vogues italianisantes – celles-là andalouses –, avec des artistes estimables, mais dont aucun ne possède la forte personnalité de Kempener : en 1553, Luis de Vargas revient à Séville, après vingt-huit années romaines, raphaélien intégral, savant et froid (*Généalogie du Christ, Adoration des bergers* à la cathédrale, *Vierge de pitié* à S. Maria la Blanca) ; son émule, Villegas Marmolejo (*Vierge des Remèdes*, S. Vicente), est en revanche plus élégiaque que vigoureux.

Au contraire, le dernier groupe, qui apparaît vers 1575 et prolonge son activité dans les premières années du XVIIe s., procède davantage de Michel-Ange. Son Maniérisme est souvent plus emphatique et tourmenté, mais en même temps manifeste un intérêt croissant pour le naturalisme. C'est le cas du Portugais Vasco Pereira (*Martyre de saint Sébastien,* S. Maria de la O. à Sanlúcar de Barrameda ; *Saint Onuphre,* Dresde, Gg) et de 2 peintres plus importants, Alonso Vázquez et Pacheco. Le premier, né à Ronda, partit pour Mexico en 1603 et y mourut peu après, non sans avoir laissé à Séville des compositions assez neuves (*Vie de saint Pierre Nolasque* et *Cène,* au musée), des portraits d'une vie intense et des natures mortes influencées par les Flamands. Son ami et contemporain Fr. Pacheco, surtout connu comme auteur du traité *Arte de la pintura* (1649) et comme beau-père de Velázquez, fut un peintre fécond et modeste, de formation en partie flamande, mais avec une certaine sécheresse de technique. Il est avant tout intéressant comme portraitiste (*Chevalier de Saint-Jacques,* Detroit, Inst. of Arts), ne s'étant intéressé que très tard aux problèmes de la lumière. Il n'en occupe pas moins une place exceptionnelle dans l'école de Séville, par son érudition de théoricien et parce que les artistes principaux de la génération suivante, Francisco Herrera le Vieux, Velázquez, Alonso Cano, passèrent par son atelier.

À côté de ce groupe d'artistes, qui représentent un traditionalisme archaïque, les nouveautés italiennes sont introduites par Juan de las Roelas, qui apporte à Séville la richesse de la palette et la souplesse de la technique vénitiennes. Antonio Mohedano peint une *Annonciation* (église de l'université de Séville), dont le style s'apparente à celui du peintre madrilène Carducho, avec les mêmes apports florentins, bolonais et romains. Parmi les artistes mineurs de cette époque, on peut citer Legote, dont l'œuvre est le pâle reflet de celle de Ribera, et Juan del Castillo. En revanche, Herrera le Vieux fait figure de créateur puissant. Même si sa composition est parfois maladroite, il montre toujours une fougue, une intensité

expressive incomparables. L'œuvre de jeunesse de Velázquez, natures mortes et tableaux religieux, ainsi que toute la production la plus caractéristique de Zurbarán donnent à l'école de Séville un accent particulièrement « ténébriste », nuancé toutefois par le goût de la beauté sereine et l'équilibre presque classique de la composition. Les imitateurs de Zurbarán, encore mal connus (les Polancos, Bernabé de Ayala), prolongent son style en un moment où l'on connaît déjà les nouveautés de la seconde moitié du siècle. C'est ainsi que Sebastián de Llanos y Valdés – qui travaille entre 1648 et 1677 –, doué d'une personnalité certaine, part, de schémas zurbaranesques (*Vierge du rosaire,* 1667, Dublin, N.G.) pour réaliser ensuite des tableaux religieux (têtes de saints, comme le *Saint Laureano* du musée Greco à Tolède) qui reflètent l'art vigoureux de Valdés Leal.

L'influence la plus profonde que subit la peinture sévillane dans la seconde moitié du XVIIe s. est essentiellement celle de Van Dyck. Le ténébrisme de Zurbarán cède le pas à un chromatisme riant, serein chez Murillo, enflammé et dramatique chez Valdés Leal. Ces deux peintres dominent vraiment la vie artistique sévillane et, après leur mort, on ne pourra guère qu'imiter le style de Murillo, plus facile à assimiler et plus propice à des pastiches sans génie que celui de Valdés Leal, violent et irrégulier. Celui-ci ne laissa pas de disciples, sauf son fils Lucas de Valdés, décorateur habile (hôpital des Vénérables à Séville), et Matias de Arteaga y Alfaro, qui ne fut pourtant pas insensible à l'art de Murillo. Les disciples de ce dernier sont très nombreux, et on leur doit maintes toiles de style sévillan qu'on attribue à tort au maître.

Dans les dernières années du XVIIe s. et les premières du XVIIIe, les thèmes de la « Vierge » et de l'« Enfance du Christ » ont une vogue particulière, et c'est toujours la douceur et l'aménité de Murillo qui donnent le ton : ainsi chez Sebastián Gómez, l'esclave mulâtre de Murillo, chez Francisco Meneses Ossorio et chez Esteban Marquez. Plus personnels sont Bernardo

German Llorente, créateur du thème de la « Divina Pastora » (la Vierge bergère) et auteur de très curieux trompe-l'œil, genre qui semble avoir connu la faveur des Sévillans à cette époque, et Alonso Miguel de Tovar, qui est un remarquable portraitiste. Il faut mettre à part Pedro Núñez de Villavicencio, qui voyagea en Italie et dont le murillisme se limite à la thématique (*Enfants jouant aux dés,* Prado), et Francisco Antolinez. Celui-ci a répandu un type particulier de paysages et d'architectures où évoluent de petits personnages bibliques qui, tout en rappelant Murillo, conservent une certaine originalité. Un cas intéressant est celui de Cornelis Schut, peintre flamand installé à Séville, dont le style s'identifie – surtout dans ses dessins – à celui de Murillo, au point qu'on a parfois confondu les deux artistes. Les « petits genres » spécialisés tiennent moins de place à Séville qu'à Madrid. Comme peintre de natures mortes, on ne peut citer que Camprobín, artiste tolédan fixé à Séville au moins depuis 1630, dont le style, influencé par celui de Zurbarán, est d'une remarquable délicatesse ; comme paysagiste, le Basque I. Iriarte, dont l'œuvre relève plus du fantastique que du réalisme. Il semble que l'artiste ait fréquemment collaboré avec Murillo : *Paysage* (1665, Prado).

Si le XVIIIᵉ s. représente une époque de décadence économique pour Séville, déchue du monopole de la flotte au profit de Cadix et réduite à la condition de métropole provinciale, la vie artistique y reste active, et la peinture sévillane, trop négligée par les historiens, mériterait une étude plus systématique. On peut y noter la vogue nouvelle des fresques décoratives qui recouvrent les murs des églises, des compositions allégoriques ou historiques, encadrées de guirlandes de fleurs et de ballets angéliques, ainsi que l'agrément des scènes de genre et d'actualité. Domingo Martinez est à la fois le plus intéressant des décorateurs baroques à la cathédrale et le chroniqueur charmant des fêtes et mascarades qui marquèrent l'inauguration de la manufacture des tabacs ; son gendre, Juan de Espinal, continue pour le monastère de Buenavista la tradition des grands cycles narratifs, mais y apporte une note nouvelle, anecdotique et parfois humoristique (*Vie de saint Jérôme,* musée).

Aux XIXᵉ et XXᵉ s., si l'école des Beaux-Arts de S. Isabel de Hungria, fondée sous le règne de Charles III, continue à être une pépinière de peintres, souvent brillants, on ne peut plus parler d'« école sévillane », la plupart des artistes étant attirés par Madrid et résidant dans la capitale. On peut dire cependant qu'il subsiste un « courant sévillan » romantique très perceptible, une technique coloriste et « clair-obscuriste », murillesque et antiacadémique – que représentent un Gutierrez de la Vega, voire un Esquivel –, en même temps qu'une gentillesse et une aménité dans la peinture de coutumes et de types populaires, qu'on trouve notamment chez Valeriano Bécquer. On peut aussi noter, en plein XXᵉ s., la permanence à Séville de quelques artistes indépendants, comme Gonzalo Bilbao, évocateur des paysages urbains et des métiers sévillans (les *Cigarières,* musée), comme Gustavo Bacarisas, qui célébra les jardins de Séville avec un lyrisme rutilant, ou Alfonso Grosso, peintre en mineur de l'intimité des cloîtres et des hôpitaux sévillans.

Musées et églises. Un trésor de peintures comparable à celui d'Anvers ou de Venise s'était accumulé dans les églises et les palais sévillans durant les deux siècles glorieux qui firent de Séville, point de départ de la flotte des Indes, l'emporium de la Péninsule et l'un des grands ports du monde. Intact au début du XIXᵉ s., il fut terriblement « écrémé » par l'occupation française (le maréchal Soult se constitua une magnifique collection aux dépens des couvents sévillans), par la vogue de Murillo auprès des amateurs anglais, enfin par la suppression des couvents d'hommes durant la guerre carliste (1835) et l'énorme liquidation qu'elle entraîna. Aussi, même le musée des Beaux-Arts, quelle que soit sa richesse, ne peut donner une idée complète et équilibrée de la peinture sévillane.

C'est la **Cathédrale** qui constituerait aujourd'hui le meilleur musée, des primitifs au XVIIIe s., si les grands tableaux protégés par les grilles des chapelles étaient plus facilement visibles. Du moins les deux sacristies découvrent leurs richesses (que préside la majestueuse *Descente de croix* du Bruxellois Pedro de Campaña, initiateur du « romanisme » sévillan). Mais les chapelles abritent quelques-unes des œuvres maîtresses de la peinture sévillane (*Retable du Maréchal* de Campaña, *Retable de la Résurrection* de Sturm, *Adoration des mages* de Vargas, *Retable de saint Pierre* de Zurbarán) et les grands tableaux d'autel de Roelas (*Saint Jacques à cheval* « matamoros »), de Murillo *(Apparition de l'Enfant Jésus à saint Antoine de Padoue)*, de Herrera le Vieux *(Triomphe de saint François)*.

Cette prise de contact doit être complétée par la visite de certaines églises, paroissiales plus souvent que conventionnelles : **S. Ana de Triana** (*Vierge à la rose* d'Alejo Fernández, grand retable de Campaña), **S. Pedro** (œuvres de Campaña, *Délivrance de saint Pierre* de Roelas), **S. Isidoro** (*Mort de saint Isidore*, chef-d'œuvre de Roelas). L'ex-église des Jésuites (auj. de l'université) possède un des plus majestueux ensembles du début du XVIIe s. (*Circoncision* de Roelas, œuvres de Pacheco, Mohedano) ; **S. Pablo**, ex-église des Dominicains, en grande partie détruite par un tremblement de terre à la fin du XVIIe s. et pourvue d'une nouvelle parure, offre un bel ensemble de décoration baroque (Lucas de Valdés, Cl. de Torres). Enfin et surtout peut-être l'**hôpital de la Caridad**, fondé par un pénitent célèbre, Miguel Mañara, conserve une part importante *(Sainte Élisabeth, Saint Jean de Dieu)* des peintures exécutées par Murillo sur les thèmes de la charité et les spectaculaires *Allégories des fins dernières* de Valdés Leal. Il faut ajouter que l'**Alcázar royal** montre un témoignage essentiel sur l'école sévillane aux temps des grandes découvertes maritimes : la *Vierge des navigateurs* d'Alejo Fernández, de l'ancienne chapelle de la Casa de Contratación, ainsi qu'une intéressante collection de peinture romantique

conservée dans les appartements royaux.

Reste enfin le **musée des Beaux-Arts,** ancien couvent de la Merced, qui possède le charme rare de son cadre (patios fleuris, séparés par un escalier monumental). Les primitifs et le XVIe s. sévillan font en grande partie défaut, malgré l'intérêt de quelques panneaux andalous (Cristóbal de Morales, *Diptyque des ordres militaires*) et hispano-flamands (Frutet) ainsi que des œuvres qui marquent la transition du Maniérisme au Réalisme (cycle de la Merced de Pacheco et Alonso Vázquez). Pour le Siècle d'or, Roelas et Herrera sont représentés, le premier par le *Martyre de saint André,* le second par la *Vision de saint Basile.* Le musée, d'où Velázquez était absent, s'est enrichi en 1970 d'une œuvre maîtresse de sa jeunesse sévillane : la *Vierge remettant la chasuble à saint Ildefonse,* propriété de l'archevêché, où elle était très difficilement visible. Le Zurbarán monastique brille avec des œuvres très variées : le grand *Triomphe de saint Thomas d'Aquin,* les 3 *Histoires des Chartreux* de Triana, les *Saints dominicains* de Porta Coeli, auxquels s'ajoutent 4 pathétiques *Christs en croix* et la charmante théorie des 8 *Saintes* de l'hôpital de la Sangre. Murillo est représenté par la presque totalité des tableaux des Capucins, où l'on trouve le meilleur (les grandes figures nobles et douces : *Saint Joseph, Saint Léandre et saint Bonaventure, Saintes Justine et Rufine*) et le pire (les fades extases de *Saint Antoine de Padoue* et de *Saint Félix de Cantalicio avec l'Enfant Jésus*). La salle du tumultueux et mélancolique Valdés Leal le montre sous son meilleur jour avec la *Déroute des Sarrasins* et la *Procession de sainte Claire,* avec le cycle hiéronymite, brillant de couleur, plein de mouvement *(Saint Jérôme flagellé par les anges)* et aussi de spiritualité (les docteurs de l'ordre, dont Fr. *Gonzalo de Illescas,* Fr. *Hernando de Talavera*). Le musée possède également, outre un des plus beaux portraits de Greco (*Portrait d'un peintre,* qui est peut-être le fils du maître, Jorge Manuel), d'intéressantes séries narratives sacrées ou profanes du XVIIIe s. sévillan (Lucas de Valdés, Domingo

José Maria Sicilia
Flor Línea negra
300 × 300 cm
Bordeaux, C.A.P.C.,
musée d'Art contemporain

Martinez, Espinal) et une collection consi-dérable de peinture du XIXᵉ s. espagnol, où l'on relèvera particulièrement la place des Sévillans Antonio Maria Esquivel (une soixantaine d'œuvres), Gutierrez de la Vega (portraits), Gonzalo Bilbao (types et aspects de Séville). On relèvera encore, parmi les rares œuvres non espagnoles, le *Calvaire* de Lucas Cranach (1538), œuvre capitale ré-cemment retrouvée.

SICILIA José Maria
(Madrid 1954).

Étudiant à l'École des Beaux-Arts de Ma-drid de 1975 à 1979, il quitte l'Espagne pour s'installer à Paris en 1980. À une période où les galeries et la critique françaises sont attentives à la jeune création, il apparaît aux côtés de Barceló et de Campano, qui vivent également à Paris, comme l'un des représentants les plus significatifs de la peinture espagnole des années 80. Les premières images de Sicilia, traitées dans un style proche de la Bad Painting, comme les peintures d'objets réalisées en 1982, confirment son intérêt pour les nouveaux courants de la peinture figurative. Son travail s'organise par séries de peintures où se trouvent réunies des natures mortes ainsi que la représentation d'outils et d'ustensiles ménagers. Ces œuvres sont exposées aux « Ateliers » de l'ARC, musée de la Ville de Paris, et à la gal. Crousel-Hussenot en 1984.

Au cours des années 1985 et 1986, il connaît une renommée internationale en France et à New York, où il séjourne pendant un hiver pour y préparer l'exposi-tion personnelle que lui consacre la gal. Blum Helman. Les œuvres qui y sont présentées témoignent du renouvellement actif de son travail. Il inaugure une nou-velle série, intitulée « Fleur », résultant plus d'un traitement abstrait du motif que d'un souci de réalisme. Sicilia, dont les peintures jusqu'en 1985 sont marquées par la liberté du geste, la violence de la couleur et la dynamique des tracés, s'oriente par la suite vers une recherche de la picturalité où dominent les questions de l'analyse des

formes, de la structure du tableau et de la matérialité de la touche.

Des expositions personnelles de son œuvre sont réalisées par le musée d'Art contemporain de Bordeaux (1987) et par le Palacio Velázquez de Madrid (1988). José Maria Sicilia vit à Paris.

SIÈCLE D'OR.

Thèmes et caractères généraux. Le XVIIᵉ s. correspond, dans le panorama général de l'Europe, à l'âge d'or de la peinture espagnole, tant par son importance quantitative que par son originalité. Cependant la situation économique et sociale ainsi que le rôle politique de l'Espagne, bastion de la tradition catholique issue de la Contre-Réforme, limitent dans une certaine mesure sa production, surabondante en œuvres religieuses mais presque dépourvue de scènes profanes et mythologiques. La peinture de genre elle-même est relativement rare, et seule la nature morte (avec des artistes tels que Sánchez Cotán, A. de Loarte et J. Van der Hamen) acquiert une personnalité et une qualité qui la distinguent parmi les thèmes profanes et décoratifs. Un réalisme

Diego Velázquez
Vénus au miroir
122 × 177 cm
Londres, National Gallery

immédiat, d'un sentiment intense et presque mystique, imprègne, surtout dans la première moitié du siècle, des compositions d'une solennelle naïveté. Le paysage existe à peine en tant que genre indépendant ; et, s'il apparaît comme fond de scènes bibliques ou évangéliques, il n'échappe guère alors au conventionnel, sauf chez Velázquez. Un style caractéristique se manifeste cependant dans le portrait. Le portrait collectif, à la manière vénitienne ou hollandaise, le portrait d'apparat, à la mode française, ou l'allégorie mythologique, tant prisée de la société flamande ou française, n'existent guère. Le portrait espagnol, dont la présentation est d'une frappante austérité et dont les accessoires sont très réduits, insiste surtout sur l'individualité du personnage, sur sa dignité et sa qualité humaine, obtenant ainsi des effets d'une intense humanité, même chez des êtres difformes, malades ou de la plus humble condition.

Le « portrait divinisé », qui représente un personnage avec les attributs du saint dont il porte le nom, est un genre presque exclusivement espagnol et témoigne encore de l'importance de la religion dans la vie espagnole du siècle. Hormis les thèmes évangéliques habituels, les saints patrons et quelques motifs bibliques, les cycles monastiques occupent la place principale dans la peinture religieuse proprement dite, la vie monacale jouant en effet un rôle capital ; les grands ordres traditionnels (Franciscains, Dominicains, Chartreux, Bénédictins) ainsi que les ordres nouveaux, créés ou réformés à la Contre-Réforme (Carmélites, Trinitaires, Jésuites), fournissent un très vaste répertoire de thèmes, presque toujours exposés sous forme cyclique. La plupart des peintres espagnols d'une certaine notoriété ont travaillé à ces suites, parfois très nombreuses, destinées à décorer cloîtres, sacristies et salles capitulaires.

Un aspect fortement réaliste, accentué par le goût de l'immédiat, du détail quotidien et du trait individuel, distingue ces cycles espagnols, dans lesquels est utilisé le langage plastique du naturalisme caravagesque pour souligner ce caractère concret, qui a fréquemment été lié à la sensibilité, à la fois réaliste et mystique, de sainte Thérèse d'Ávila. Ce n'est que vers le milieu du siècle qu'une tendance pour la mise en scène et le fantastique se développe assez largement sans que diminue pour autant l'intérêt pour le quotidien et l'observation directe. Ces caractéristiques concernent la peinture espagnole dans son ensemble, mais il faut insister sur l'extrême différence de qualité que l'on décèle entre les artistes de premier plan, tels que Ribera, Cano, Velázquez, Zurbarán, Murillo, et les autres. La peinture espagnole vaut surtout par ces grandes figures, qui dépassent de beaucoup leurs contemporains. Les écoles locales, bien qu'on les distingue par des critères précis, n'ont ni la même importance ni la même cohésion qu'en Italie ou en Hollande.

La première moitié du XVIIe siècle. Entre le Maniérisme de Greco (mort en 1614) ou les modestes imitations des estampes italiennes et flamandes d'un grand nombre d'artistes provinciaux, durant le dernier quart du XVIe s., et le Naturalisme du XVIIe s., les Italiens jouent un rôle très important : non seulement Caravage, dont certaines oeuvres furent rapidement connues en Espagne, mais surtout les Toscans ou Génois qui travaillent à l'Escorial, ainsi que leurs descendants et leurs disciples fixés dans la Péninsule. Les deux peintres qui introduisent, dans une certaine mesure, le Naturalisme en Castille et à Valence, Sánchez Cotán et F. Ribalta, ont été formés à l'école de l'Escorial et doivent à Luca Cambiaso une grande partie de leur intérêt pour la lumière. À Madrid, Vicente Carducho et Eugenio Cajés, respectivement frère cadet et fils d'artistes appartenant à l'équipe de l'Escorial, s'inspirent du retour modéré à la réalité des Toscans, eux-mêmes formés au contact de la riche sensualité vénitienne. Les grands maîtres vénitiens étaient fort prisés en Espagne, et les collections royales, en particulier, étaient abondamment pourvues de leurs œuvres. Roelas, initiateur du Naturalisme à Séville, s'inspire de la peinture vénitienne et, à Tolède, Orrente crée une école de style véneto-bassanesque, avec les apports naissants du Caravagisme. Le commerce d'art avec l'Italie est intense ; certains peintres italiens renommés voyagent en Espagne, et, d'une manière générale, le premier Naturalisme espagnol est issu de suggestions italiennes. Les grands maîtres nés à la jonction des XVIe et XVIIe s. (Ribera, 1591 ; Zurbarán, 1598 ; Velázquez, 1499 ; Cano, 1601) ont été formés dans cette tradition italienne, plus ou moins directement caravagesque, axée sur la reconquête de la réalité et l'intense mise en valeur de la lumière. Ils évolueront tous plus tard vers des formes personnelles et plus libres, excepté peut-être Zurbarán, qui demeura presque toute sa vie attaché à une expression apparemment plus archaïsante. Ribera se rend très tôt en Italie, et son influence s'y exercera autant qu'en Espagne. Velázquez pourra jouir d'une plus grande indépendance et bénéficier d'une meilleure

Francisco de Zurbáran
Saint Sérapion, 1628
120 × 103 cm
Hartford (Connecticut),
Wadsworth Atheneum

Diego Velázquez
Les Ménines, v. 1656
321 × 281 cm
Madrid, musée du Prado

formation. À partir du ténébrisme, il crée un style personnel de peinture pure, qui ne fera pas école, sauf dans le portrait ; d'autre part, il traite la mythologie avec un réalisme qui lui est propre. Cano, quelque peu isolé, crée un monde presque néo-renaissant par l'évocation de la beauté pure, qui pourrait l'apparenter à certains artistes italiens.

La seconde moitié du XVIIe siècle. La situation évolue de façon assez radicale dans la seconde moitié du siècle. On peut, brièvement, la caractériser par une substitution presque absolue de l'influence flamande de Rubens et de Van Dyck à celle de l'Italie, bien que l'intérêt pour la couleur claire et sensuelle de Venise demeure encore. La composition fermée, tassée et d'un calme relatif, fréquente dans la première moitié du siècle, l'éclairage ténébriste et la disposition harmonieuse font place dès lors à un dynamisme tendu, à une lumière uniforme et à une gamme claire

de couleurs, qui recourt parfois, pour suggérer les profondeurs, à des contrastes de clair-obscur, ainsi qu'à une composition plus ouverte sur des perspectives diagonales. La recherche réaliste s'atténue légèrement. On apprécie davantage la grâce et le caractère flatteur des interprétations, et les formes du Baroque décoratif, à la manière flamande, se répandent largement, jusque dans les sujets religieux. Une peinture décorative, à fresque, ignorée dans la première moitié du siècle, apparaît également avec des effets scéniques et de « trompe-l'œil ». Les centres artistiques se réduisent maintenant à Madrid et à Séville, tandis que Valence et Tolède perdent de leur notoriété. À Madrid, un groupe important d'artistes, d'une grande sensibilité à la couleur : Rizi, Carreño, Coello, Cerezo, Antolinez, Escalante, constituèrent peut-être la seule école homogène, d'une qualité élevée et équilibrée, ouverte à de nombreux élèves. Formés dans le culte vénitien et flamand, ils se distinguent surtout par leurs dons d'excellents coloristes et d'habiles décorateurs. On trouve également parmi eux des portraitistes de talent, dont la sobre expressivité est typiquement espagnole. À Séville, la seconde moitié du siècle est axée sur la rivalité de deux grands maîtres, Murillo et Valdés Leal, aux côtés de qui les autres ne sont que de modestes épigones. Le premier représente le côté tendre, musical et féminin de la dévotion bourgeoise espagnole et, jusque dans les scènes de genre, il apporte une note de sentimentalité qui élimine tous les aspects dramatiques et désagréables. Valdés, au contraire, possède un esprit dramatique, d'une énergie puissante, même s'il est parfois incorrect et maladroit, qui convient parfaitement à la violence ou à un expressionnisme parfois cruel qu'on a appelé la « veine féroce » de l'art espagnol et qui n'évite pas les aspects les plus rebutants. Les derniers artistes, nés et formés durant ce siècle, prolongent jusqu'aux premières années du XVIIIe s. les formes de ce Baroque décoratif, à l'apparence exubérante et à la technique habile, mais déjà d'invention pauvre et conventionnelle, reprenant avec monotonie les thèmes religieux. Le succès de la dynastie des Bourbons, en 1700, a entraîné, à Madrid du moins, et exclusivement à la cour, la substitution, à des formes traditionnelles, de celles d'un Classicisme rhétorique, à la française. Le public religieux et le peuple demeurèrent sans doute longtemps fidèles aux formes du XVIIe s., déjà très appauvries, particulièrement en province, jusqu'à la fondation, à l'imitation de la France, des académies, dont la première, l'Académie royale San Fernando, fut créée en 1752.

SIGENA.

Le monastère de Sigena (prov. de Huesca) a été créé en 1187 par la reine d'Aragon, Sancha, et l'évêque de Huesca, Ricardo. Les constructions ont été commencées à la fin du XIIe s. et achevées vers 1258. Elles ont souffert d'un grave incendie en 1936. Ont été ainsi fortement endommagées les belles décorations peintes de la salle capitulaire, de l'abside et du chœur de l'église. Leurs vestiges noircis ont été recueillis au M.A.C. de Barcelone.

SILVA-PORTO Antonio,
peintre portugais
(Porto 1850 - Lisbonne 1893).

Après des études à l'Académie des Beaux-Arts de Porto, s'étant spécialisé dans la peinture de paysages et d'animaux, il fut, de 1873 à 1879, pensionnaire du gouvernement portugais à Paris. Élève de Daubigny à l'École des Beaux-Arts, il fut influencé par l'école de Barbizon et voyagea en Italie et en Angleterre : nommé professeur à l'École des Beaux-Arts de Lisbonne en 1879, Antonio Silva-Porto introduisit le Naturalisme au Portugal avec de vastes scènes champêtres inondées de lumière et attentives à la vie quotidienne (*Un petit malheur,* Porto, Museu Nacional Soares dos Reis ; *A Ceifa,* Lisbonne, Casa Museu Anastaçio Gonçalves), rappelant parfois Monet (*Barcos de Avintes,* Porto, Hôtel de Ville).

José Solana-Gutiérrez
Femme et mannequins
Buenos Aires, musée national des Beaux-Arts

SKAPINAKIS Nikias,
peintre portugais
(Lisbonne 1931).

Peintre réaliste, il a toujours refusé l'Abstraction, qui a cependant pénétré sa peinture. Elle entraîna une sorte de Réalisme poétique. Vers 1968, il a créé des images érotiques dont l'allure polémique s'inspire des procédés des posters. Il a exposé à Paris (fondation Gulbenkian) en 1972 et a réalisé l'une des peintures de l'important ensemble qui décore le café A Brasileira à Lisbonne. Il est représenté à la fondation Gulbenkian à Lisbonne et dans des coll. part.

SOLANA-GUTIÉRREZ José
(Madrid 1886 - id. 1945).

Ses premiers maîtres furent Garcia del Valla et Diez Palma. Résidant à Santander jusqu'en 1918, ce personnage singulier étudia ensuite à l'école des Beaux-Arts de Madrid. Il sut adapter les influences traditionnelles à l'art contemporain et devint le porte-parole de la génération littéraire de 1898. En 1927, le musée d'Art moderne de Madrid organise sa première exposition personnelle. L'année suivante, il voyage à Paris et expose à la gal. Bernheim-Jeune. Ses toiles sont âpres et dramatiques, et leurs thèmes préférés s'inspirent de rudes visages plébéiens, de processions lugubres, de maisons closes sordides, de corridas (les *Jeunes Femmes toréros*, Paris, M.N.A.M). Il est l'héritier d'une tradition picturale espagnole du baroque, exploitant autant le grotesque que le goût du macabre et écrit comme il peint, d'une façon crue et réaliste. Ses toiles figurent au M.E.A.C. et au M.A.M. de Madrid et au musée de Bilbao.

SOLBES Rafael.
→ *EQUIPO CRÓNICA.*

SOLIS Francisco de
(Madrid 1620 - Marchena 1684).

Homme cultivé, collectionneur de dessins, artiste discret et fécond, il appartient à la pléiade des artistes madrilènes de la seconde moitié du XVIIᵉ siècle épris de compositions baroques. Il travailla pour les églises de Madrid et pour certaines villes plus éloignées de la capitale telles que Valladolid et Marchena. Pour le couvent des Récollets d'Alcalá de Henares, il réalisa de nombreuses toiles telles que la *Visitation* (Prado) et la *Présentation au Temple* (musée de Cadix), les seules conservées ; à la cathédrale de Vitoria demeure le *Retable de saint Marc*. Proches de Francisco Rizi, ses compositions, animées d'un violent éclairage, sont traitées dans une gamme froide et précieuse.

SORIA Martín de
(actif en Aragon entre 1471 et 1487).

Il appartient au vaste cercle de Jaime Huguet, mais il donne à ses personnages des physionomies plus caractérisées et différenciées que le créateur de l'école. Son œuvre la plus connue est le retable de *Pallaruelo de Monegros* (signé et daté 1485). Soria est aussi l'auteur des retables de *Saint Christophe* (Chicago, Art Inst.), de *Saint Michel et saint Antoine abbé* (Boston, Museum of Fine Arts) et de *Saint Pierre* (id.) ; celui de *Saint Blas* (v. 1487, église de Luesia,dans la prov. de Saragosse) est probablement sa dernière œuvre.

SOROLLA Y BASTIDA Joaquín
(Valence 1863 - Cercedilla,
prov. de Madrid, 1923).

Issu d'une famille d'artisans valenciens, orphelin dès l'enfance, élevé par un oncle forgeron, qui l'employait le jour et lui laissait les soirées pour suivre des cours, notamment à l'Académie des Beaux-Arts, il révéla ses dons très jeune. Dès 1884, il obtenait une médaille à l'Exposition nationale de Madrid avec son *Dos de Mayo a Valencia* (Vilanova, musée Balaguer), tableau d'histoire dans le goût de l'époque, mais peint en plein air, et, l'année suivante, une œuvre de même genre *(Soulèvement de Valence contre Napoléon)* lui valait un séjour à Rome, qui n'eut aucune influence sur son art. En revanche, Paris allait lui révéler en 1885 à la fois le réalisme de Bastien Lepage et la technique des impressionnistes, sans qu'il eût été en rapports personnels avec eux. De retour en Espagne, installé à Madrid, il éclaircit sa palette ; à Valence, où il se rend fréquemment, il est attiré à la fois par la lumière du paysage et par la vie des pêcheurs ; il se met à peindre les paysages ensoleillés du Levant espagnol. Entre 1890 et 1900, il se partage entre Madrid et Valence : il atteint la plénitude de son art, se dégageant graduellement d'un certain naturalisme anecdotique et humanitaire *(Et ils disent que le poisson est cher,* 1895, Prado) et adoptant pour des sujets « intemporels » – plages méditerranéennes, jeux d'enfants nus, pêcheurs valenciens *(Retour de pêche,* 1892 ; *Bœufs tirant une barque,* Paris, musée d'Orsay) – une ma-

Joaquín Sorolla y Bastida
Enfants sur la plage, 1910
118 × 185 cm
Madrid, musée du Prado

nière de plus en plus lumineuse et abrégée. Exposant fréquemment en Espagne, en France, en Allemagne et aux États-Unis, il collectionne les médailles et triomphe à l'Exposition universelle de Paris en 1900 : Monet parle avec éloges de son art joyeux et coloré. Dans les années 1910, son œuvre devient plus lumineuse, sa manière plus brusque (*Enfants sur la plage*, 1910, Casón, Madrid ; *Baie de Valence le matin*, 1908, Hispanic Society of America à New York.

Ce succès se confirme avec une exposition de ses œuvres aux Craffton Galleries de Londres (1908) puis en 1909 à la toute nouvelle Hispanic Society de New York. Le fondateur, Archer Huntington lui commande en 1911 le décor d'une salle spéciale-ment conçue à cet effet sur le thème des *Costumes et Fêtes des Provinces d'Espagne*, l'un de ses centres d'intérêts. 14 grandes toiles, lumineuses, joyeuses, sont le brillant point d'orgue du « costumbrisme » espagnol

(1911-1919) [esquisses au musée Sorolla à Madrid]. Il réalisa également, pour la bi-bliothèque d'Huntington, fortement in-fluencé par la génération de 98, 47 portraits d'intellectuels espagnols (Ortega y Gasset, Pardo Bazén...). Son art du portrait peut d'ailleurs traduire un Sorolla plus intime, portraitiste parfois sobre et pénétrant de ses familiers (*D'Antonio Garcia*, son beau-père ; le *Docteur Gonzalez*, musée de Valence), de ses filles (*Maria convalescente, Valencienne à cheval*, Valence, musée des Beaux-Arts), des écrivains, artistes en vogue au début du XXe s. (le peintre *Aureliano de Beruete*, les actrices *Maria Guerrero*, Prado ; *Lucrecia Araña*, musée de Valence). Certains ta-bleaux de ses dernières années, où Ségovie et Burgos voisinent avec Grenade et Ibiza, surprennent par des architectures simpli-fiées, une matière épaisse, des harmonies éclatantes et larges. Le peintre légua à l'État espagnol sa maison et son atelier de Madrid, devenus aujourd'hui le musée Sorolla. Le Prado, le musée de Valence, de nombreux musées provinciaux et, surtout, l'Hispanic Society of America de New York abritent l'essentiel de son œuvre.

Amadeo de Souza-Cardoso
Les Cavaliers, 1913
100 × 100 cm
Paris, musée national
d'Art moderne

SOUZA-CARDOSO Amadeo de,
peintre portugais
(Amarante 1887 - Espinho 1918).

Né dans une riche famille de propriétaires
fonciers du Nord du Portugal, il fréquenta
l'École des beaux-arts de Lisbonne avant de
venir à Paris (1906) pour y poursuivre des
études d'architecture. Il abandonna bientôt
cette voie et — lié d'amitié avec Modigliani,
avec qui il exposa en 1911 — se consacra
définitivement au dessin (*XX Dessins*, préface de Jérôme Doucet, Paris, 1912) et à la
peinture. Il exposa au Salon des indépendants (1911, 1912, 1914), au Salon d'automne (1912) et participa à l'Armory Show
(New York, 1913). Après avoir suivi la
manière précieuse de Modigliani, il fut
attiré par le Cubisme en 1912 et, au cours
de la même année, évolua rapidement vers
l'Abstraction. Dès 1914, ses tableaux évo-
quaient les futures réalisations du Purisme.
La guerre le contraignit à regagner son
pays. Bien qu'il ait subi l'influence des
Delaunay, émigrés au Portugal, en 1915-16,
il vécut les dernières années de sa vie isolé
dans la propriété de sa famille et fut victime
de l'épidémie de grippe espagnole à la veille
de son retour à Paris. Ses œuvres ultimes
révèlent des éléments complexes, expressionnistes, futuristes, voire dadaïstes. Les
quelque 150 toiles qu'il a laissées lui
confèrent la première place parmi les
artistes portugais de sa génération et pour-
raient lui assurer une position relativement
importante sur un plan international. Son
œuvre, encore mal connu à l'étranger, a fait
l'objet de 2 expositions à Paris (1925 et
1958). L'artiste est représenté à Paris (le
Cavalier, 1912, M. N. A. M.). La plus grande
partie de son œuvre appartient à sa veuve
(Paris) ainsi qu'au musée d'Amarante (Portugal), dont elle constitue le noyau. La
fondation C. Gulbenkian possède, depuis
1969, 5 toiles représentatives de l'évolution
de l'artiste *(Grande Nature morte).*

SUNYER Joaquín
(Sitges 1875 - id. 1956).

Éudiant à l'École San Jorge de Barcelone
et issu du milieu « moderniste » de cette
ville, il partit très jeune pour Paris, où il
demeura jusqu'en 1911 et où il puisa

Salvador Dalí
Hallucination (partielle).
Six images de Lénine sur un piano, 1931
114 × 146 cm
Paris, musée national d'Art moderne

l'essentiel de sa formation artistique, influencée avant tout par Cézanne et Renoir. Il expose en 1904 à Paris auprès de Matisse, Vuillard, Marquet, Valloton. Artiste « méditerranéen » probe et discret, profondément épris de sa terre natale, il choisit les campagnes et les côtes catalanes comme théâtre de pastorales et d'idylles rustiques où des figures de jeunes femmes — paysannes ou baigneuses, mères entourées de leurs enfants — se groupent sur des rythmes harmonieux avec des formes arrondies et simplifiées. Cet art optimiste, d'une paisible innocence, d'une noblesse spontanée, mais quelque peu monotone, n'a guère évolué au cours de la longue carrière de l'artiste. On peut s'en rendre compte notamment au M. A. C. de Barcelone, qui expose une vingtaine d'œuvres de Sunyer, d'autres figurant dans le collections du M. E. C. de Madrid.

SURRÉALISME.

Le Surréalisme est un mouvement poétique, littéraire, philosophique et artistique né en France, qui a connu son apogée dans l'entre-deux-guerres, principalement sous l'impulsion d'André Breton.

Le Surréalisme en Espagne. Les plus grands peintres espagnols du début de ce siècle sont marqués par l'attraction de Paris. C'est là qu'allait s'élaborer la rénovation de l'école espagnole, grâce principalement à Picasso, qui, à Barcelone, produisit des œuvres influencées par le Modernisme catalan et surtout par Nonell. Installé à Paris en 1904, Picasso est, avec Braque, l'initiateur du Cubisme. Après la Première Guerre mondiale, sa collaboration avec les ballets russes de Diaghilev, ses périodes néo-classique et ingriste, ses contacts avec le Surréalisme, son engagement politique, conséquence de la guerre civile espagnole, font de lui une sorte de symbole en qui se résument les courants de l'avant-garde. C'est au cours de la guerre civile qu'il peignit *Guernica* (1937, Madrid, Prado).

Dans le groupe cubiste de Paris figurait aussi Juan Gris, qui représente l'autre veine de la sensibilité espagnole, celle de la méditation et de l'analyse. Cubiste de la première heure, Maria Blanchard évolua vers une sorte de réalisme magique, apparemment froid, mais en réalité très sensible et féminin. L'influence cubiste pénètre en Espagne v. 1910. Daniel Vázquez Díaz, ami des cubistes parisiens, l'exprima d'une manière très personnelle par un mélange de réalisme cézannien et de géométrie cubiste. Il exerça une grande influence sur les jeunes artistes v. 1940. Dans un genre fort différent, le Basque Aurelio Arteta s'inspira aussi du Cubisme dans ses grandes peintures murales et Cézanne influença le Galicien Manuel Colmeiro vers les années 30.

À Barcelone, l'avant-garde devint internationale avec la création de la galerie Dalmau en 1906 et l'apparition d'une nouvelle génération de peintres. En 1917, réfugié à Barcelone, Francis Picabia fonda la revue dadaïste *391* (4 numéros). En 1922, il exposa chez Dalmau (catalogue préfacé par André Breton) ; le Surréalisme obtint par la suite une audience importante en Catalogne (Joan Miró et Salvador Dalí). La peinture du premier se caractérise par l'humour et le rêve. Peu à peu, il aboutit à une peinture de motifs simples et d'idéogrammes magiques, en tons purs. Miró a profondément influencé les peintres catalans de la seconde après-guerre.

Salvador Dalí, ami du poète Lorca et du cinéaste Buñuel, commence à peindre, dès sa jeunesse, des paysages où se mêlent le réalisme méditerranéen, la peinture métaphysique chiriquienne et la vision cubiste, au profit d'un réalisme fantastique, où toutes choses sont mystérieuses mais où rien n'est illogique. Il participe au Surréalisme parisien et collabore aux films de Buñuel *l'Âge d'or* et *Un chien andalou.*

L'Abstraction s'introduit lentement en Catalogne et Madrid, moins ouverte à l'Europe, sort de sa léthargie. En 1925 se tient la célèbre Exposition des arts ibériques, première manifestation publique de l'avant-garde, tournée en dérision par la presse réactionnaire de l'époque. La création du groupe A.D.L.A.N. (« amis de l'art nouveau »), du groupe d'art constructiviste par Torres-Garcia (qui fonda Cercle et Carré à Paris, avec Seuphor et Mondrian), l'exposition itinérante de Picasso (1936) sont quelques-unes des phases d'une évolution difficile. Le Surréalisme gagne des adeptes, qui vont occuper à Paris une place importante dans l'avant-garde : Francisco Borés, peintre lyrique et coloriste semi-abstrait, Peinado, Gonzales Gómez de la Serna, Luis Fernández. À Madrid, citons Maruja Mallo, liée à la *Revista de Occidente*, Manuel Angeles Ortiz, ami de Lorca, et surtout Benjamín Palencia, dessinateur et peintre qui, à ce moment, allie le Surréalisme à une vision austère du terroir castillan.

Aux Canaries, le critique Eduardo Westerdhal et le peintre Oscar Dominguez animent un important groupe surréaliste, qui publie *Gaceta de Arte* et organise en 1933 une grande exposition surréaliste internationale. ☐

T

TÀPIES Antoni
(Barcelone 1923).

Il découvre l'art contemporain pendant ses études et commence, dès 1934, à s'intéresser au dessin et à la peinture. Fortement marqué par la guerre civile et ses atrocités, il tombe malade et se remet à peindre pendant sa convalescence. En 1946, il réalise quelques œuvres peintes en pâtes épaisses ainsi que des collages, faits de fils, de papiers, de cartons, qui évoquent certaines œuvres de Miró. En 1948, il fonde avec un groupe d'écrivains et de peintres de Barcelone la revue *Dau al Set,* expose pour la première fois au Salon d'octobre de Barcelone et fait la connaissance de Miró. C'est alors que se situe sa féconde période « surréaliste », qui voit naître un grand nombre de tableaux dans lesquels se révèlent les influences de Klee, d'Ernst et de Miró : peinture très lisse, aux couleurs chaudes, dont les formes – empruntées au répertoire plastique et poétique de ces peintres : soleils, lunes, croissants, damiers, figures géométriques, paysages et personnages irréels – se détachent sur des fonds très nuancés où jouent des contrastes d'ombres et de clartés *(Desconsuelo Lunar,* 1949 ; *Parafaragamus).* En 1949, Tàpies commence à graver à l'eau-forte, technique dans laquelle il se distinguera (prix de la Biennale de Ljubljana, 1967). Sa première exposition personnelle a lieu à Barcelone en 1950 (Galerias Laietanes), préfacée par J. E. Cirlot, puis au musée municipal de Mataro. Il obtient une bourse du gouvernement français pour venir travailler à Paris, où il fera par la suite de nombreux séjours. C'est ainsi qu'il découvre l'Art informel,

Antoni Tàpies
Trois chaises, 1967
114 × 146 cm
collection particulière

Antoni Tàpies
Grande surface marron, 1967
collection particulière

dont Dubuffet, Fautrier, Michaux, Wols ont ouvert les voies. Après la dissolution du groupe Dau Al Set en 1951 et une courte période plus géométrique, il revient à ses premières recherches de matière, aux empâtements et aux « grattages » de ses débuts. Il mêle alors aux couleurs à l'huile du marbre pulvérisé, du sable, du latex, des couleurs en poudre pour obtenir cette facture qui caractérise dès lors sa peinture, évocation de murs immémoriaux (*Rojo,* 1955 ; *Negro y ocre,* 1955). La matière est parfois plissée, ridée, lourde et comme prête à couler, ou rayée de tracés incertains, très apparentée à celle de Dubuffet. Par la suite apparaissent de grands espaces presque vides, marqués seulement de quelques signes ou empreintes, d'incisions précises,

de sortes de « coutures » laissant voir un fond de couleur différente. La première exposition personnelle de l'artiste à New York a lieu en 1953 (gal. Martha Jackson) et à Paris en 1956 (gal. Stadler). La tentation de l'objet s'insinue de bonne heure dans l'œuvre de Tàpies, où des formes de plus en plus directement exploitées apparaîtront jusqu'à devenir le thème central de certains « tableaux » (*Rideau de fer et violon,* 1956, *Bois et chevalets,* 1970, Paris ; *Caisse à la chemise rouge,* 1972). Parallèlement, des allusions figuratives, détails monumentaux emplissant presque tout l'espace, revêtent une ambiguïté fascinante (*Matière en forme de pied,* 1965 ; *Matière en forme d'aisselle,* 1968). Installé à Saint-Gall, en Suisse, en 1962, il a travaillé pour divers édifices de la ville (peinture murale pour le théâtre, 1972). Depuis 1970, il pratique la sculpture et a réalisé en 1983, à Barcelone, un *Monument à Picasso.* En 1982-83, il a peint une série de toiles directement avec le vernis qui ne lui servait jusqu'alors que de base et de liant à ses mélanges de poudres et de matériaux. Il a publié *la Pratique de l'art* (1970), *l'Art contre l'Esthétique* (1974) et une auto-biographie, *Mémoire* (1981). La Fondation Tàpies est créée en 1984 à Barcelone. L'année suivante, la ville consacre à l'artiste une importante exposition alors qu'une rétrospective de son œuvre graphique est organisée dans différentes universités des États-Unis.

Il est représenté dans la plupart des grands musées d'art moderne du monde.

TARRAGONE.

Cette ville d'Espagne, ancienne cité ibéri-que conquise par les Romains et devenue la capitale de la province de Tarraconaise, a livré de belles mosaïques, conservées dans les musées de la ville *(Persée et Andromède, Ulysse dans l'antre de Polyphème).*

Par sa cathédrale et le musée diocésain, installé depuis 1935 dans l'ancienne salle capitulaire, Tarragone apporte aussi une contribution importante à la connaissance de la peinture catalane du Moyen Âge. On y relèvera surtout les fresques romanes de Peralta (*Adam et Ève,* notamment), les volets du reliquaire de S. Tecla, les œuvres de Joan de Tarragona (mil. XIVe s.), les peintures murales et plusieurs retables ou panneaux des principaux maîtres barcelo-nais du XVe s. : Ramón de Mur (avec le *Retable de saint Pierre,* 1420, provenant de Vinaíxa), Matieu Ortonena *(Retable de la Vierge),* Martorell (avec le beau retable de la chapelle San Miguel, apporté de Pobla de Ciervoles, et le panneau des deux *Saint Jean*), Juan Mates (avec le *Retable de saint Jacques* de Vallespinosa).

TENEBROSI (les).

Ce terme fut employé par les anciens historiens pour désigner les peintres, sur-tout napolitains et espagnols, qui, dans la tradition de Caravage, développèrent, jusqu'à leurs extrêmes conséquences, les aspects « ténébreux » de son art, c'est-à-dire la prédominance des tons sombres par rapport aux tons clairs, le goût du clair-obscur et des forts contrastes lumineux qui soulignent les effets dramatiques du Natu-ralisme. Le terme moderne de « téné-brisme », forgé de toute évidence d'après la vieille définition, s'applique d'une façon plus large à ce même phénomène.

THARRATS Juan José,
(Gérone 1918).

Autodidacte, il fonde le groupe Dau Al Set en 1948 aux côtés d'artistes barcelonais. Il participe également au groupe « Taüll » qui apparaît en 1954. Tharrats expose depuis le début des années 50 tant en Espagne et en d'autres pays d'Europe qu'aux États-Unis.

En 1955, il aborde un traitement de la matière picturale inédit à travers des œu-vres qu'il nomme « Maculaturas » (Sala Gaspar, Barcelone). Visions minéralogi-ques ou tectoniques, ses toiles ont partie liée à certaines des peintures de Dubuffet ainsi qu'avec les plus inventives des expé-riences de l'artiste français. C'est ainsi que l'œuvre de Tharrats fonde sa singularité parmi la première génération des abstraits espagnols, née après 1945, et correspond avec les courants européens avant-gardistes de la même période.

Il est représenté dans les nombreux musées internationaux de Montréal, de Boston, d'Art moderne de Zurich ainsi qu'à la Tate Gallery, au Solomon R. Guggenheim de New York, au M.E.A.C. de Madrid, etc.

TOBAR Alonso Miguel de,
(Higuera de la Sierra 1678 - Madrid 1758).

Né trop tard pour être le disciple de Murillo, il en fut l'un des épigones, et son importance historique est indéniable ; il a contribué à diffuser l'œuvre et le culte du maître, en même temps qu'à compliquer la tâche de ses historiens. Car c'est par des copies de Murillo qu'il se fit connaître, reproduisant ses *Immaculées*, ses *Vierges à l'Enfant,* son *Autoportrait* (copie réduite au Prado) « avec tant d'exactitude qu'on confondait les copies avec les originaux » (Ceán Bermudez). Beaucoup d'œuvres lui ont été attribuées de manière erronée, comme *Saint François recevant l'ampoule.* Sa *Vierge de consolation avec saint François et saint Antoine* (1720, cathédrale de Séville) est un des meilleurs tableaux religieux du XVIIIe s. espagnol. Il fut aussi un bon portraitiste (*Portrait d'homme,* 1711, (musée de Providence, Rhode Island). Philippe V et Isabelle Farnèse, admirateurs et collectionneurs de Murillo, le distinguèrent lors de leur séjour à Séville. Nommé Pintor de Camara en 1729, Tobar suivit la Cour à Madrid, où il passa la moitié de sa carrière et dut se consacrer au portrait (*Portrait de petite fille,* 1732, musée de Meiningen).

TOLÈDE.

On ne peut parler à Tolède (Nouvelle-Castille) d'une « école tolédane » comparable, par son volume et sa continuité, aux écoles de Valence et de Séville : cette étiquette vaut tout au plus pour la première moitié du XVIe s. – avec l'influence de Juan de Borgoña, messager d'un italianisme florentin déjà attardé dont les peintres locaux recueillent, un peu mollement, l'héritage – et pour le début du XVIIe s., avec le groupe de très bons peintres qui gravitent autour du « météore » génial qu'est Greco. Pourtant, Tolède, métropole religieuse de l'Espagne, carrefour d'artistes et d'influences, occupe une place très importante dans l'histoire de la peinture espagnole, et cela depuis les premiers temps de la Reconquête (fresques du XIIe s. aux absides de l'ancienne mosquée du Cristo de la Luz et de la chapelle du Cristo de la Vega) jusqu'à la fin du XVIIIe s., où les décors du cloître de la cathédrale par F. Bayeu et F. Maella représentent un effort important de grandes compositions narratives sur l'histoire du diocèse et de ses saints.

L'alternance des courants italiens, français et flamands, de l'âge gothique à la Renaissance, se manifeste éloquemment à la cathédrale, avec l'admirable *Bible* française offerte par Saint Louis (1250), les fresques italiennes de la chapelle S. Blas (début du XIVe s.), les retables hispano-flamands du XVe s. des chapelles de Santiago et de S. Martin, les peintures de la salle capitulaire et les 3 retables par Juan de Borgoña, Français qui introduit à Tolède un style méditerranéen (en rapport avec la manière lombarde et celle de Provence). Mais ce sont le XVIe s. et le début du XVIIe s., avant la décadence irrémédiable qui suit l'expulsion des morisques, qui marquent la principale floraison de la peinture tolédane. C'est, après les italianisants aimables et timides que furent Correa et Comontes, l'apparition d'un génie solitaire, mais fortement enraciné dans la vie et dans l'âme tolédane. Greco apporte en même temps l'éclat fiévreux de Tintoret, le « préténébrisme » de Bassano et un sentiment religieux personnel, ascétique et lyrique qui appartient déjà au Siècle d'or, dont ses disciples directs ou indirects – Tristán, Orrente, Maino, Sánchez Cótan, qui infléchissent son art dans un sens plus réaliste ou ténébriste – sont déjà des représentants intégraux. L'influence des 3 peintures de Saraceni, placées v. 1614 dans la chapelle de la Vierge du Sagrario, fut sans doute déterminante.

Mais, à part Luis Tristán (retable de Santa Clara) et Pedro Orrente (*Miracle de S. Leocadia,* cathédrale), ces peintres figurent à peine dans les églises tolédanes. Pour Greco lui-même, si la chapelle de S. Tomé, qui garde son chef-d'œuvre, l'*Enterrement du comte d'Orgaz,* est devenue une sorte de lieu de pèlerinage, 2 de ses grands ensembles, celui de S. Domingo et Antiguo, sa première commande tolédane, et celui de la capilla San José, ont été indignement dépecés. Il n'y a plus à S. Domingo que la *Résurrection* et des grisailles michélangelesques *(Saint Jean-Baptiste),* à la capilla San José, fondée par sainte Thérèse, que le grand tableau de *Saint Joseph promenant l'Enfant Jésus.*

Il reste du moins 4 musées dont Greco forme le cœur, et autour de lui s'agglomèrent d'autres groupes de qualité. L'émouvante tache de pourpre de l'*Espolio* préside toujours la sacristie de la cathédrale, qui possède également un des *Apostolados* de Greco, de bons tableaux castillans du début du xviie s. (Orrente, B. González) et un saisissant Goya rembranesque, l'*Arrestation du Christ* (1799).

Les 2 grands hôpitaux qui sont les chefs-d'œuvre de la Renaissance tolédane ont été aménagés en musées de façon exemplaire. À Santa Cruz, le musée provincial des Beaux-Arts montre des œuvres intéressantes des Tolédans Comontes et Correa (en partie dépôts du Prado), une belle *Sainte Famille* de Ribera ; surtout, on a regroupé dans un des bras de la salle cruciforme tous les Greco recueillis dans les paroisses de Tolède. Il s'y ajoute le *Retable de Talávera la Vieja* (1592), venu des confins de l'Estrémadure, œuvre qui marque le début du style « visionnaire » de la dernière époque. Parmi des peintures toutes intéressantes éclate la sublime *Assomption* de San Vicente, chef-d'œuvre de la vieillesse de Greco.

L'autre hôpital, celui-là hors les murs, de « Tavera » ou « de S. Juan Bautista », possédait déjà la dernière œuvre laissée inachevée du maître (le *Baptême du Christ*), le portrait du fondateur (d'après son masque mortuaire) et une très intéressante statuette du *Christ nu*. Mais ces œuvres se sont intégrées dans un ensemble plus vaste : la donation de la duchesse de Lerma, morte sans héritiers. Des portraits de famille de grande valeur, bien que sans lien direct avec Tolède, y tiennent la place principale (Sánchez Coello, Pantoja, Zurbarán), mais pas exclusive, car on y trouve également un « beau monstre », l'étonnante et repoussante *Femme à barbe* de Ribera.

Enfin, le « musée » et la « maison » de Greco donnent encore plus que leur titre ne promet. Fondation du marquis de la Vega Inclán, qui a restauré et aménagé avec goût non la maison habitée par Greco (depuis longtemps détruite), mais un autre édifice du même groupe, celui des « Casas de Villena », le musée réunit quelques œuvres importantes de la vieillesse de Greco : l'étrange *Saint Bernardin,* des *Apôtres* beaucoup plus fiévreux que ceux de la cathédrale et la grande *Vue de Tolède,* étonnamment « moderne » de facture, que Greco peignit pour la municipalité. Elles sont accompagnées de quelques peintures du xviie s. (comme la *Pentecôte* de Francisco Herrera le Vieux, la *Vierge d'Atocha* de Carreño de Miranda).

TOLEDO Juan de
(Lorca 1611 - Madrid 1665).

Né dans le royaume de Murcie, fils de peintre et formé par son père, il connut un destin nomade et quelque peu hors série. Il fut soldat en Italie et y atteignit le grade de capitaine de cavalerie. Il se serait lié d'amitié à Rome avec Cerquozzi, le « Michel-Ange des batailles », et aurait appris de lui à peindre des sujets guerriers, bien que ses œuvres fassent plutôt songer à Salvator Rosa et aux peintres de l'Italie du Sud. Rentré en Espagne, il s'installa d'abord à Grenade et y conquit le succès par ses tableaux de batailles, terrestres et navales. Il séjourna ensuite à Murcie, collaborant avec Gilarte à la chapelle du Rosaire de S. Domingo, y peignant sans doute la grande *Bataille de Lépante* en ne laissant à Gilarte que la partie décorative. Il se fixa enfin à Madrid, où il termina sa vie.

Le Prado (avec 6 tableaux de combats navals entre Espagnols et Turcs, de débarquements, de naufrages), les musées de Murcie et de Porto, le Bowes Museum à Barnard Castle, la coll. Harrach à Vienne l'accréditent — avec la turbulence de ses figurines adroitement groupées et leur lumière un peu glauque — comme un peintre habile et sensible, le meilleur d'Espagne en ce genre. Mais on ne doit pas oublier que Toledo fut dans sa période madrilène un excellent peintre de tableaux religieux. Ses œuvres du couvent des Mercédaires d'Alarcón à Madrid *(Immaculée* du grand retable, *Saint Pierre Nolasque)* marquent sa place au tournant du xviie s. entre le style encore un peu raide des disciples de Carducho et les prémices du baroque.

TORNER Gustavo
(Cuenca 1925).

Il fit des études de sylviculture, mais abandonna peu à peu cette activité pour se consacrer à la peinture. Il vit depuis 1953 à Cuenca, où il a fondé en 1966 le musée d'Art abstrait espagnol avec Fernando Zóbel et Gerardo Rueda. Son œuvre, d'abord figurative, participe à partir de 1958 de l'esthétique informelle, alors très en faveur ; elle se caractérise d'abord par un abandon presque total de la forme et l'importance donnée à la matière : terres, racines, plâtres.

À partir de 1960, le tableau se divise en deux zones horizontales, l'une toujours chargée de matière, l'autre pratiquement lisse. Ainsi, par cette division horizontale très définie, s'amorce l'équilibre entre l'ordre et un désordre organisé qui est une des constantes de la peinture de Torner. Dans la période suivante, on retrouve cette même répartition dans des reliefs métalliques. À partir de 1964, l'œuvre de Torner acquiert ses caractéristiques actuelles. Elle repose sur une vaste culture classique et contemporaine, où le Maniérisme et le Surréalisme jouent un grand rôle. L'artiste exploite le procédé de l'évocation, de la citation, qui renvoie toujours à des artistes très choisis et caractérisés, et il utilise le minimum d'éléments, chacun d'eux étant chargé du maximum de significations. Il a ainsi rendu hommage, dans une de ses séries les plus caractéristiques, à Quevedo, à Antonioni, à Ingres, à Magritte (dont le mécanisme des idées – mais non des formes – est pratiquement le même que le sien), à Friedrich, à Uccello, à Zurbarán. L'humour de Torner est un humour cérébral, difficile. L'artiste aime à juxtaposer des matières de provenance très diverse, qu'il réussit à rendre homogènes : plastiques aux couleurs criardes, bois, objets précieux, papiers rares, cadres baroques, témoignant d'un goût sûr. Torner est représenté à Madrid (M.E.A.C., Fondation Juan March), à Londres (Tate Gal.), à Cambridge, Mass. (Fogg Art Museum), à Rochester (Memorial Art Gal.), à Cuenca (musée d'Art abstrait espagnol), au musée de Nuremberg, à la Library of Congress de Washington, à Chicago (Newberry Library) et à Tōkyō (M.A.M.).

TORRES Clemente de
(Cadix 1662 - id. 1730).

Ce Gaditan formé à Séville fut un des meilleurs élèves de Valdés Leal et le camarade de son fils Lucas. Il collabora avec celui-ci à la décoration murale du couvent de San Pablo, où la série d'*Apôtres* qu'il peignit sur les piliers de la nef compte parmi les œuvres les plus monumentales de la peinture baroque andalouse. Par la suite, il séjourna à Madrid et s'y lia d'amitié avec Palomino, à qui il dédia un sonnet (1724) ; il revint finalement mourir dans sa ville natale, apprécié comme dessinateur autant que comme peintre. Divers tableaux au musée de Séville *(Saint Denys l'Aréopagite, Saint Nicolas de Bari)* et de Cadix *(Couronnement de la Vierge)*, confirment son habileté à camper des figures monumentales, en même temps qu'une certaine prédilection de Clemente de Torres pour des tonalités grises ou froides, très différentes de celles de son maître sévillan.

TORRES Matias de
(Aguilar de Campóo, prov. de Palencia, 1635 - Madrid 1711).

Venu du nord de la Castille à Madrid, travaillant à l'Alcázar en 1646 avec Claudio Coello et José Jimenez Donoso (ses décorations à la fresque ou à la détrempe sont aujourd'hui malheureusement perdues), connu également comme peintre de batailles, de paysages, de natures mortes et exécutant des décors éphémères dans Madrid, Matias de Torres se caractérise entre les peintres de la seconde moitié du siècle par la délicatesse minutieuse, le coloris raffiné, le sens de la lumière de ses petits tableaux religieux : *Érection de la Croix* (1668, Madrid, Acad. S. Fernando), *Jésus parmi les docteurs* (Vienne, Akademie), la *Purification* (1697, Ermitage).

TRAMULLAS (les).

La renaissance de la peinture catalane au XVIIIe s., commencée par Viladomat, se poursuit avec les meilleurs disciples de cet artiste, les frères Tramullas, Manuel et Francisco, qui l'affirment.

Manuel *(Barcelone 1715 - id. 1791)* s'orienta plutôt vers la peinture décorative et « perspectiviste ». Chargé de peindre la nef de S. Maria del Mar (œuvres détruites en 1936) et la salle de l'Opéra, que lui avait confiée le capitaine général, le marquis de la Mina, il a laissé également de bons tableaux (*Charles III prenant possession de son canonicat,* cathédrale).

Francisco *(Perpignan 1717 - Barcelone 1773),* qui semble le plus doué, fut aussi le plus nomade. Il compléta ses études à Paris, puis à Madrid (1746), où il demeura deux ans, et fut élu académicien de San Fernando (1754). Il reçut également la commande de 3 grands tableaux pour la cathédrale de Perpignan. Il travailla pour les églises de Gérone et Tarragone. Les peintures de la chapelle S. Esteban à la cathédrale de Barcelone *(Vie de saint Étienne)* donnent une bonne idée de sa manière agile et brillante.

TRISTÁN Luis
(Tolède v. 1586 - id. 1624).

Formé chez Greco et très lié avec la famille de son maître, il dut séjourner quelque temps en Italie entre 1606 et 1613, puis se fixa définitivement à Tolède. Son style se rattache à celui du Crétois, surtout par les schémas de la composition et l'allongement encore maniériste des personnages : *Trinité* (1624, cathédrale de Séville), *Retable* (1623, Tolède, couvent de S. Clara). Mais, en même temps et peut-être sous l'influence d'autres artistes tolédans et de quelques-uns des Italiens qui travaillaient à l'Escorial, il évolue sensiblement vers le Naturalisme. Il modifie la gamme des couleurs froides caractéristiques de Greco et emploie des tonalités chaudes avec des préparations rougeâtres et une pâte épaisse, tandis qu'il

Luis Tristán
La Trinité, 1624
150 × 97 cm
Séville, cathédrale

accentue les contrastes de lumière suivant l'esthétique des « tenebrosi » (*Retable* de Yepes, 1616 ; *Saint Louis distribuant des aumônes,* Louvre). L'ensemble de son œuvre montre clairement le passage du Maniérisme au Naturalisme baroque ; les œuvres les plus intenses et les plus réalistes de l'artiste (*Saint François,* Louvre ; *Saint Dominique pénitent,* Tolède, musée du Greco) se rattachent naturellement aux aspects les plus caractéristiques de la peinture espagnole du XVIIe s. Comme portraitiste (le *Cardinal Sandoval,* 1619 cathédrale de Tolède), Tristán assure la transition entre Greco et Velázquez par son objectivité et sa technique simple et sûre. □

VYZ

VALDÉS Lucas de
(Séville 1661 - Cadix 1725).

Il manifesta très jeune sa vocation, exécutant ses premières gravures dès l'âge de onze ans. Mais son père, Juan de Valdés Leal, exigea qu'il étudiât le latin et les mathématiques chez les Jésuites, avant de se consacrer à la peinture. Marié en 1681, Lucas de Valdés eut une activité artistique importante après la mort de son père, comme peintre décorateur et graveur ; ses dernières années (1719-1725) se passèrent à Cadix, comme professeur de mathématiques à l'École navale, qui venait de s'y installer (signe caractéristique du déclin commercial et maritime de Séville).

Lucas de Valdés, s'il doit beaucoup à son père, n'est pas un simple épigone. Il est moins dramatique et moins « expressionniste », tout aussi dynamique, mais plus orienté vers les recherches de scénographie et de perspective. Il a peint de grands tableaux narratifs, fort estimables, dont certains sont déposés au musée de Huelva *(Sainte Isabelle de Portugal faisant l'aumône, Allégorie de la fondation du tiers ordre de la Merci).* Mais il est surtout peintre de décoration à la détrempe – comme la très remarquable voûte à colonnades feintes de l'église jésuite S. Luis ou les revêtements à la manière de tapisseries de la nef des Vénérables –, ou des vastes compositions murales, comme les transepts de l'église dominicaine S. Pablo *(Procession de la Vierge présidée par le roi saint Ferdinand, Autodafé).*

Il a laissé également une œuvre abondante d'aquafortiste, aussi bien par des sujets religieux *(Apparition de la Vierge et de l'Enfant Jésus à saint Félix de Cantalicio)* que par des portraits de religieux (le *Jésuite, P. Tamariz,* 1707) et de notabilités de la ville de Séville.

VALDÉS Manolo
(Valence 1942).

De 1965 à 1981, Valdés forme avec Rafael Solbes le groupe Equipo Crónica. À la mort de Solbes en 1981, il poursuit une œuvre personnelle qui peu à peu trouve sa singularité par rapport aux œuvres réalisées durant la période de l'Equipo Crónica. Le regard qu'il porte sur la tradition de la grande peinture espagnole est à l'origine de cette remarquable série des « Ménines » – tableau historique s'il en est –, qu'il présente en 1986 (gal. Maeght, Barcelone), laquelle constitue un étonnant contrepoint aux interprétations que Picasso fit du même sujet.

Valdés est l'auteur de sculptures en bois, métal ou plomb qui puisent leur inspiration dans l'art moderne : *Nature morte, Picasso* ou *Nature morte, Morandi* (1985).

Il est représenté par la gal. Maeght de Barcelone. Ses œuvres ont été exposées dans différentes capitales (Berlin, Madrid, Paris, Caracas). Elles figurent dans les collections de la fondation March de Madrid.

VALDÉS LEAL Juan de
(Séville 1622 - id. 1690).

Fils d'un orfèvre portugais, Fernando de Niza, et d'une Andalouse, il peignit sous le nom de sa mère. Il fit ses études à Cordoue, où sa famille s'était installée et où il dut

Equipo Crónica
Paris doré, 1971
collection particulière

connaître Antonio del Castillo, dont le style influença nettement ses premières peintures. Il s'intéressa également à l'œuvre de Herrera le Vieux, dont l'énergie s'accordait bien à son propre tempérament (*Saint André*, 1649, église S. Francisco de Cordoue). Marié à Cordoue en 1647, il était revenu à Séville en 1650. La plus importante réalisation de cette période juvénile est le grand cycle de l'*Histoire de sainte Claire*, exécuté en 1653-54 pour le couvent des clarisses de Carmona (dispersé auj. entre l'hôtel de ville de Séville et la coll. March de Palma de Majorque). On y trouve encore de nombreuses réminiscences des personnages de Castillo, mais la personnalité de Valdés Leal s'affirme dans le dynamisme presque brutal de certains tableaux : *Assaut d'un couvent par les Maures* (Alcázar, Séville).

En 1657, Valdés reçoit du monastère hiéronymite de Buenavista, près de Séville, la commande d'un cycle de peintures consacré à la *Vie de saint Jérôme* et aux grandes figures de l'ordre hiéronymite, qu'il réalise dans les années suivantes. Les scènes de la vie du saint (au musée de Séville) sont très remarquables par la richesse du coloris. Malgré les négligences évidentes du dessin, les figures de religieux de l'ordre (auj. dispersées entre le Prado, les musées de Séville, de Dresde, du Mans, le Bowes Museum de Barnard Castle) frappent par la vigueur du caractère individuel (*Frère Atanaso d'Ocaña*, musée de Grenoble ; *Frère Juan de Ledesma*, musée de Séville).

En 1658, Valdés achève le grand retable du couvent des carmélites de Cordoue (*Élie sur le char de feu, Élie et Élisée au désert*, bustes de saintes et têtes coupées de martyrs), très baroque d'esprit et de facture inégale. En 1660, il est nommé « député » de l'académie de dessin, récemment créée à Séville et qu'il présidera en 1664. C'est en cette même année qu'il dut se rendre à Madrid, ce qui lui permit de connaître les collections royales et d'entrer en contact avec les peintres de l'école madrilène contemporaine. On lui a parfois attribué des œuvres d'artistes madrilènes (F. Rizi et Camilo, en particulier), ce qui témoigne de la parenté des styles. En 1671, à l'occasion des fêtes de la canonisation de S. Fernando,

Juan de Valdés leal
*Portrait d'Alonso de Ocaña,
cistercien*
250 × 131 cm
Grenoble, musée de Peinture
et de Sculpture

Valdés prépare les fastueuses décorations de la cathédrale de Séville. L'année suivante, il travaille avec Murillo à l'hôpital de la Charité de Séville, fondation de don Miguel de Mañara (dont il fait le portrait), où il laisse ses chefs-d'œuvre : les célèbres *Allégories de la Mort,* témoignage capital du réalisme macabre le plus sombre. L'archevêque de Séville, Ambrosio Spinola, lui commande, en 1673, pour l'oratoire de son palais, un retable dédié à son saint patron (Suisse et France, coll. part.).

Entre 1674 et 1676, il peint le cycle de la *Vie de saint Ignace* (auj. au musée de Séville), ouvrage hâtif très inégal et de facture souvent négligée, mais où se manifeste pourtant une évidente originalité d'invention.

Contemporain de Murillo, Valdés Leal exprime une sensibilité diamétralement opposée à celle de son compatriote. Totalement indifférent à la beauté physique, à la séduction charnelle, son art se définit par un expressionnisme dramatique très personnel : saisir le mouvement, la tension pathétique dans son dynamisme (*Chemin du Calvaire,* musée de Séville ; *Libération de saint Pierre,* cathédrale de Séville) intéresse le peintre bien plus que l'équilibre ou l'harmonie. Les compositions inspirées à Valdés Leal par la vie de Marie (*Vierge des orfèvres,* musée de Cordoue ; *Assomption de la Vierge,* Washington, N. G. ; *Immaculée,* 1661, Londres, N. G.) sont d'une remarquable richesse plastique, mais n'atteignent jamais à la beauté ou à l'élégance de celles de Murillo ou d'Antolinez. En revanche, l'artiste possède un don exceptionnel pour traduire la réalité concrète des choses : il a laissé de remarquables natures mortes du genre « vanitas » (*Allégorie de la Vanité,* 1660, Hartford, Wadsworth Atheneum ; *Allégorie du Salut,* musée de York). Dans les deux grandes toiles de l'hôpital de la Charité *(Finis Gloriae Mundi* et *In ictu oculi),* l'aspect macabre du thème atteint son paroxysme.

Excessif, personnel, violent, Valdés Leal ne laissa pas de disciples, à l'exception de son fils Lucas, qui devait achever son œuvre décorative commencée à l'hôpital des Vénérables de Séville.

VALENCE.

Foyer commercial très important, en relation avec le bassin méditerranéen et même l'Europe centrale, Valence est une plaque tournante où les divers courants de l'art toscan se mêlent de façon originale aux apports nordiques.

Le XVe siècle. La peinture du Gothique international connaît à Valence (ville de

Juan de Valdés Leal
Les Noces de Cana, 1660
bois, 23,5 × 34 cm
Paris, musée du Louvre

l'est de l'Espagne) une qualité et un raffinement exceptionnels et correspond à l'une des hautes manifestations de l'art espagnol.
La première moitié du XVᵉ siècle. Vers 1400, les artistes vraiment indépendants sont rares ; des liens étroits unissent l'école de Valence à celle de Catalogne, en particulier au cercle des Serra *(Retables de Villahermosa del Rio) ;* plus étroite encore, pour ne pas dire totale, est sa dépendance à l'égard des modèles toscans *(Retable de sainte Lucie,* Albal). Il faut également rappeler la présence et l'activité du peintre florentin Starnina (à Valence de 1398 à 1402), bien que nous n'ayons rien conservé de lui de façon certaine. Aux alentours de 1400 est exécutée une œuvre magistrale, le *Retable des saints sacrements,* donné à la chartreuse de Porta Coeli par le prieur Bonifacio Ferrer (musée de Valence). Cette peinture anonyme est, par son charme, comparable aux peintures d'Orcagna ou de Lorenzo Monaco à Florence. Durant les mêmes années, le nom le plus apprécié, d'après les documents, est celui de Lorenzo Zaragoza, d'origine aragonaise. Après lui, la personnalité la plus forte est certainement celle de l'Allemand Andrés Marzal de Sax, qui donna à la peinture valencienne un souffle dramatique expressionniste et une vicacité narrative pleine de fougue. Pere Nicolau et Miguel Alcañiz, qui se rendra peu après à Majorque, travaillent à ses côtés. Ces deux peintres réalisent une heureuse synthèse de l'Expressionnisme germanique et de la finesse de l'arabesque latine.

Gonzalo Perez et Gerardo Genes – qui travaillent souvent en collaboration – atteignent, surtout le premier (l'auteur du *Retable de la famille Martí de Torres,* musée de Valence), l'apogée de l'élégance et de la distinction qui règnent alors dans la peinture valencienne. Le Maître anonyme de Burgo de Osma, parfois appelé Maître de Rubielos, est également remarquable ; il est proche de Nicolau, et sa sensibilité est plus nerveuse et ses figures sont plus fragiles encore *(Vierge à l'Enfant, Saints,* Louvre ; *Retable* de Rubielos de Mora).

L'influence de Valence se répandit dans tout le sud de l'Espagne jusqu'à Murcie *(Retable de saint Michel* à la cathédrale) et se transmit à Majorque. Mais vers 1440 la grâce raffinée du Gothique international cède le pas à la puissante influence flamande, qui se manifeste précisément dans l'œuvre du peintre valencien Luis Dalmau.

La seconde moitié du xvᵉ s. La période italo-flamande. C'est un virage sans brutalité, mais très net : l'influence flamande va se conjuguer désormais avec celle de l'Italie. Le roi Alphonse V, le conquérant de Naples, est un ardent admirateur de Van Eyck et des nouvelles techniques à l'huile. Il envoie étudier en Flandre un de ses peintres, le Valencien Luis Dalmau, dont l'œuvre majeure, la *Vierge des conseillers* (1445), peinte pour la municipalité de Barcelone, est au musée de cette ville, mais qui revint à Valence et y acclimata la manière flamande. L'autre « fidèle familier et peintre de la Chambre » du roi, Jacomart Baco, fut appelé par lui à Naples au lendemain de la conquête et demeura quatre ans en Italie, travaillant également pour le cardinal Borgia (le futur pape Calixte III). Son *Retable de saint Ildefonse*, commandé par le cardinal pour la collégiale de Jativa, met l'éclat et la densité de la technique flamande au service d'un style qui a plus d'élégance que de vigueur. Mais ses disciples, Juan Reixach et Valentin Montoliu (le peintre de la région montagneuse du Maestrazgo), durcissent et popularisent son style pour une clientèle bourgeoise et artisanale, souvent éloignée de la capitale. Cet art italo-flamand atteint son apogée avec le Maître du Chevalier de Montesa et Rodrigo de Osona, un maître qui a le sens de l'architecture et du drame et qui signe en 1476 le magnifique *Calvaire* de S. Nicolas de Valence. Mais un rival lui arrive d'Italie en la personne de Pablo de San Leocadio, qu'un autre cardinal Borgia, le futur Alexandre VI, amène à Valence en 1472 et qui y demeurera jusqu'à sa mort, en 1514 : bon peintre sans grande personnalité, il vulgarise à Valence les recherches spatiales et les architectures à l'antique et précipite l'avènement d'un italianisme aimable et doux, dont on trouve le reflet chez les Valenciens de la fin du siècle, le Maître de Perea, Rodrigo de Osona le fils notamment.

Le XVIᵉ siècle. Désormais, Valence s'affirme comme l'introductrice précoce de la Renaissance dans la Péninsule. De 1504 à 1513 y séjournent 2 Castillans qui ont sans doute travaillé avec Léonard de Vinci aux cartons de la *Bataille d'Anghiari*, Fernando de Llanos et Fernando Yañez de la Almedina. Ils vulgarisent les types et le sfumato léonardesques, avec des formes plus massives et une certaine rusticité, au grand retable de la cathédrale (1507).

L'étape suivante sera, dans le deuxième

quart du siècle, celle du Raphaélisme, que pratiquent avec un grand succès les Macip, père et fils. Travaillant souvent ensemble, ils sont parfois difficiles à dissocier. Mais, dans ses œuvres certaines (*Retable de Ségorbe*, 1530 ; *Baptême du Christ* à la cathédrale de Valence), le père, Vicente, apparaît plus énergique en même temps que plus nourri d'une tradition de réalisme familier. Son fils, Juan Vicente, dit Juan de Juanes, dont les œuvres de jeunesse (retables de S. Nicolas de Valence) ont un charme certain, se fige dans un académisme d'une exécution brillante et minutieuse, que la sincérité du sentiment ne préserve pas de la fadeur. Juan est un peintre de la dévotion valencienne, de l'Immaculée et de l'Eucharistie, et sa popularité se fait encore sentir en plein XVIIᵉ siècle. À sa suite, et dans son orbite, plusieurs artistes dévots, Fr. Nicolas Borras, B. Factor, se complaisent dans le même maniérisme suave. D'autres, Requena, Sariñena, sont de solides portraitistes (salon des Cortes au palais de la Députation du royaume), avec une certaine note de raideur propre à l'époque de Philippe II et qu'on retrouvera dans les œuvres religieuses d'un attardé, dont la carrière se prolonge jusque sous Philippe IV, Cristóbal Llorens.

Le XVIIᵉ siècle. Riche de la tradition picturale issue de la Renaissance, le Naturalisme baroque s'implante à Valence avec l'œuvre de Francisco Ribalta, Catalan d'origine, formé à Madrid, établi à Valence en 1599.

Autour de lui se constitue une école importante composée d'artistes du Naturalisme puissant, quelque peu forcé, offre une technique vigoureuse et libre, une gamme de couleurs chaudes posées sur des fonds rougeâtres. Son fils Juan (mort très jeune), ses gendres Vicente Castello et Gregorio Castañeda, son disciple Gregorio Bausá répandent son style dans toute la région. Au même groupe, mais avec une personnalité indépendante, appartient Jacinto Jérónimo de Espinosa, peintre attitré des couvents : il exécute cycles monastiques et grands tableaux d'autel. Le peintre tolé-dano-murcian Orrente fait de longs séjours dans la ville et forme des disciples : Esteban March et son fils Miguel, célèbres pour leurs scènes de batailles et leurs tableaux de genre. Quelques autres artistes de même style achèvent de remplir la première moitié du XVIIe s. : ainsi Pablo Pontons (*Saint Pierre Nolasque*, musée de Valence), Andrès Marzo ou Mateo Gilarte, qui travaille à Murcie.

Ribera, dont toute la carrière s'est déroulée à Naples, n'a laissé que peu de traces dans son pays natal, hors quelques imitations très tardives. La seconde moitié du siècle n'offre à Valence rien de comparable à l'ample développement que connaissent alors les écoles madrilène ou sévillane.

Les problèmes de perspective et de traitement de l'espace, tels que les pose Velázquez, ne trouvent un écho, très relatif d'ailleurs, que chez Vicente Salvador Gómez, qui reste fidèle à la palette chaleureuse des disciples de Ribalta. L'exécution se fait de plus en plus sommaire, pour aboutir à la sécheresse d'Evaristo Muñoz et de Senen Vila, qui travaillent également à Murcie. Le seul artiste qui ait une certaine envergure baroque et décorative est Juan Conchillos y Falcó (tableaux du couvent de S. Faz près d'Alicante), célèbre pour ses excellents dessins de type académique. Palomino séjourne à Valence (fin du XVIIe s. - début du XVIIIe) et y laisse un disciple : Dionisio Vidal, auteur de fresques intéressantes à S. Nicolas de Valence (1697-1700).

Les genres « mineurs » sont représentés par un paysagiste et « perspectiviste » habile, Vicente Giner, formé en Italie, et par Thomas Hiepes, auteur de natures mortes assez personnelles.

Les XVIIIe et XIXe siècles. Si la première moitié du XVIIIe s. semble sclérosée, avec des épigones du Siècle d'or, comme Miguel Jordan, la seconde est beaucoup plus active. L'Académie de San Carlos, filiale de l'Académie de San Fernando à Madrid, débute en 1753 et prend sa forme définitive en 1768. Son organisateur, José Vergara, est un décorateur assez brillant, mais un pein-

tre religieux sans personnalité. Le Néo-Classicisme académique a inspiré d'excellents portraits, des sujets de genre agréables, quelques modestes et sympathiques peintres de natures mortes (Enguidanos) et de fleurs (Benito Espinos), mais il n'a nourri aucun génie. Et, surtout, ses peintres les plus doués ont été absorbés par la Cour : Maella comme décorateur, Vicente López comme portraitiste ; même des peintres de genre comme Camarón y Bonomat ou comme les disciples valenciens de Goya, Esteve et Asensio Julia, appartiennent à l'histoire générale de la peinture espagnole. Il en est de même, et plus encore, dans le plein XIXe s., où une note valencienne de virtuosité brillante, d'éclat tapageur, de goût pour les gros effets gâte les dons indiscutables de peintres qui furent les enfants chéris du public espagnol, de Gisbert à Sala, de Domingo à Pinazo, de Muñoz Degrain à Sorolla.

Musées et églises. Presque aussi riche que Séville en peintures qui reflétaient la continuité de son école depuis la fin du XIVe s., Valence aura connu, par rapport à la capitale andalouse, un destin presque inverse. Elle souffrit à peine des guerres napoléoniennes et de l'occupation française : bien différent de son collègue Soult à Séville, le maréchal Suchet s'efforça de préserver les peintures des couvents supprimés et d'enrichir le musée naissant de l'Académie de San Carlos (fondé dès 1800 et qui se trouve être de ce fait le plus ancien musée d'Espagne). Ce musée des Beaux-Arts reçut par la suite des dons nombreux et surtout plusieurs centaines de tableaux provenant des biens conventuels ; il fut installé en 1838 dans un couvent désaffecté, le Carmen. Il l'occupait encore lors de la guerre civile. Celle-ci éprouva les églises valenciennes plus cruellement qu'en aucune autre ville d'Espagne, dévasta le musée diocésain, et causa de sérieux dégâts au musée des Beaux-Arts.

Musée des Beaux-Arts. Celui-ci donne une bonne vue d'ensemble de la peinture valencienne ; il est actuellement en cours d'agrandissement. Maintenant, la représentation des primitifs est complète et permet d'apprécier la floraison picturale de Valence, du Gothique italianisant de la fin du XIVᵉ s. au début de la Renaissance. Après le Maître de Villahermosa *(Saint Luc écrivant sous la dictée de la Vierge)*, après Pedro Nicolau, principal représentant du Gothique international *(Scènes de la vie de saint Dominique* et *Retable de la Vierge* provenant de Sarrión) avec Gonzalo Pérez *(Retable des Martí de Torres)* et Miguel Alcaniz *(Retable de la sainte Croix)*, et l'artiste délicat, probablement italien, qui a peint v. 1400 le *Retable de Fray Bonifacio Ferrer*, viennent les peintres du milieu et de la fin du XVᵉ s., qui associent à des degrés divers les influences italiennes et flamandes. Des œuvres significatives représentent l'atelier de Jacomart *(Saint Gilles et saint Jacques)* ; on remarque des œuvres de Reíxach (retable de la chartreuse de Porta Coeli, avec la *Vie de la Vierge* et 5 remarquables *Prophètes*) et de Rodrigo de Osona *(Vierge de pitié au pied de la Croix)*. D'autres retables anonymes constituent des témoignages essentiels : celui de la chapelle des Perea à S. Domingo (v. 1490) et, à l'aube du XVIᵉ s., mais encore gothique, le retable eucharistique du couvent de la Piedad, peut-être œuvre de Nicolas Falco.

Si les introducteurs léonardesques de la Renaissance, Llanos et Yáñez, sont représentés par des œuvres secondaires *(Calvaire, Résurrection)*, le peintre raphaélesque resté cher à la piété valencienne, Juan de Juanes, occupe l'une des salles principales *(Noces mystiques du bienheureux Agnesius)*. Les peintres de la fin du siècle, intéressants et mal connus, comme Fray Nicolas Borras, peintre, plus suave qu'énergique, de la *Vierge des docteurs et des martyrs*, Sariñena *(Calvaire, Apôtres)*, le rude Cristóbal Llorens, narrateur de la *Vie de saint Dominique*, conduisent au Siècle d'or et à la naissance du ténébrisme valencien. Le grand Valencien absent de Valence, Ribera, est évoqué par un *Saint Sébastien soigné par Irène*.

Deux maîtres prennent du moins à Valence toute leur dimension. Francisco Ribalta se signale avec le *Saint François au pied de la Croix* des Capucins et le retable de la chartreuse de Porta Coeli, œuvre maîtresse de sa dernière époque : évangélistes (notamment *Saint Luc faisant le portrait de la Vierge), Saint Pierre, Saint Paul* et *Saint Bruno,* admirable symbole du silence cartusien (il faut rappeler aussi, de Juan de Ribalta, fils du peintre mort prématurément, le remarquable *Calvaire* qu'il signa à dix-huit ans). Espinosa est présent par une série de grandes peintures de la Merci *(Saint Pierre Nolasque, Messe de saint Pierre Pascual),* dominicaines *(Mort de saint Louis Bertrand),* jésuites *(Apparition du Christ à saint Ignace) ;* son chef-d'œuvre (qui put inspirer Goya), la *Communion de la Madeleine,* permet de rendre justice au « Zurbarán valencien » trop longtemps méconnu. À côté de lui, les March font figure honorable : le père (Estéban) par des batailles, le fils (Miguel) par un beau *Saint Roch soignant les pestiférés.*

Le XVIIIᵉ s. académique et facile des Vergara, Camarón, Maella et, au tournant du XIXᵉ s., de Vicente López est abondamment représenté. Très attachants sont les peintres de fleurs et de « bodegones », Espinos et Parra, et le disciple valencien de Goya, Asensio Julia (le *Naufragé).* Le XIXᵉ s., presque exclusivement valencien, occupe de nombreuses salles, consacrés à Fr. Domingo, à Sala, à la dynastie des Benlliure, à l'inépuisable Munoz Degrain, à Sorolla (portraits, scènes de plage et marines de qualité).

L'intérêt du musée n'est pas exclusivement régional. On y trouve quelques œuvres de premier ordre, diverses de provenance et d'époque : la *Vierge des Fièvres* de Pinturicchio, envoyée par le pape Alexandre VI Borgia à la collégiale de Jativa, un *Autoportrait* de Velázquez, enfin, un groupe d'œuvres de Goya, composé surtout d'admirables portraits *(Bayeu,* le graveur *Estève,* le secrétaire de l'Académie de Valence *Mariano Ferrer* et surtout *Joaquina Candado,* la gouvernante du peintre).

Divers autres édifices publics apportent

au musée des Beaux-Arts de précieux compléments. **Le Musée historique,** installé à l'hôtel de ville, possède – outre un manuscrit célèbre, le *Livre du consulat de la mer,* enluminé par D. Crespi en 1407 – quelques belles œuvres du Siècle d'or valencien : *Calvaire* de Ribalta, *Sacrifice d'Isaac* d'Orrente, *Saint Pierre Nolasque prédisant au roi Jaime Ier la conquête de Valence* de J.J. Espinosa. De ce même peintre, le consulat de la mer (à la Lonja) garde la grande *Immaculée* de 1662, avec les magistrats de Valence, et une intéressante collection de peintures contemporaines.

D'autre part, le **palais de la Députation du royaume,** destiné aux réunions des Cortes valenciennes, abrite, dans le magnifique décor du grand salon, « azulejos » et « artesonados » dorés, un ensemble de portraits collectifs unique en Espagne, dû aux meilleurs peintres valenciens de l'époque de Philippe II (1591-1593) : *Séance de la députation permanente* (par Sariñena), les *Trois « Bras » du royaume : ecclésiastique* [par Requena], *nobiliaire* [par Posso], *municipal* [par Mestre et Mata]. Dans l'oratoire attenant, le retable des saints patrons de Valence a été peint par Sariñena.

Heureusement préservés pendant la guerre civile, deux grands monuments conservent le trésor de peinture qu'ils possédaient avant 1936.

À la **cathédrale,** le retable principal, constitué par 12 scènes de la *Vie de la Vierge,* est l'œuvre capitale de la peinture valencienne de la Renaissance : commandé en 1509 aux deux disciples espagnols de Léonard de Vinci, Llanos et Yañez de la Almedina, dès leur retour d'Italie, il marque le début d'un âge nouveau dans l'art espagnol. La cathédrale garde aussi des œuvres importantes du xve s. valencien (Marzal de Sax, Jacomart), ou des premières années du xvie (l'Italien P. de Santa Leocadio, R. de Osona Jeune, le Maître de Saint Narcisse). Pour la période suivante, signalons le *Baptême du Christ* de Vicente Macip, père de Juan de Juanes, et le *Saint Sébastien* du ténébriste Pedro Orrente.

Enfin, Goya décora en 1788 la chapelle de Saint-François-de-Borgia, dont son protecteur, le duc d'Osuna, était le patron : l'un de ses tableaux (*Saint François au chevet d'un mourant impénitent)* annonce curieusement le visionnaire futur.

Le **collège du Patriarche** (ou du Corpus Christi) est une fondation du célèbre archevêque de la Contre-Réforme, saint Jean de Ribera, qui y mourut en 1611. L'église de style escorialesque, avec un vaste décor de fresques eucharistiques dû à l'Italien Matarrana, conserve 2 chefs-d'œuvre de Ribalta : la *Cène* du maître-autel (1606), qui affirme l'influence persistante à Valence du raphaélesque Juanes, et l'*Apparition du Christ à saint Vincent Ferrier.* Dans la sacristie, l'émouvant triptyque de Morales, le *Jugement de l'âme* du fondateur, rappelle que celui-ci, ancien évêque de Badajoz, avait employé et protégé le peintre d'Estrémadure. Enfin, un musée de peinture aménagé dans le collège compte, parmi des oeuvres valenciennes (dont un portrait célèbre du fondateur âgé par Ribalta), deux chefs-d'œuvre : le *Triptyque du Calvaire* de Bouts, réplique réduite de celui qu'Isabelle la Catholique légua à la chapelle royale de Grenade, et une fulgurante *Adoration des bergers* de la vieillesse de Greco.

Enfin, dans les autres églises qui ont échappé aux incendies de 1936, il faut signaler quelques ensembles significatifs pour la pré-Renaissance et la Renaissance : celui de S. Nicolas, avec l'œuvre capitale de Rodrigo de Osona, le *Calvaire,* signé en 1476, et les retables de Juan de Juanes *(Création, Vie du Christ, Apôtres et docteurs, Couronnement de la Vierge),* véritable musée de l'œuvre de jeunesse du peintre ; à S. Esteban, le cycle de tableaux d'Orrente *(Martyre de saint Laurent)* et d'Espinosa est essentiel pour l'histoire du ténébrisme valencien, tandis qu'à S. Domingo les grands panoramas historiques de Vicente Salvador Gomez (*Accord de Caspe, Retour des vaisseaux sauvés par saint Vincent Ferrier,* 1664) indiquent une pénétration, d'ailleurs superficielle, du « velázquézisme ». Enfin, pour le Baroque décoratif, la coupole de la

Virgen des Desamparados, peinte par l'Andalou Palomino en 1701 durant son long séjour à Valence *(Triomphe de la Vierge avec les saints valenciens)*, est demeurée intacte, tandis que le chef d'œuvre du peintre, l'immense vision apocalyptique des *Douze Apôtres jugeant les douze tribus de l'Apocalypse* (1697-1700), qui couvrait toute la nef de S. Juan del Mercado, a subi en 1936 des dégâts difficilement réparables.

VALLADOLID.

Capitale de la sculpture renaissante et baroque en Castille, Valladolid n'a été qu'un foyer de peinture éphémère, lié à la prospérité économique de la ville sous Philippe II et surtout à la présence de la Cour sous Philippe III (1601-1606), avec le stimulant qui en résulta pour les artistes locaux quelques années encore après son départ.

Le **Musée national de sculpture** est installé de façon exemplaire dans un des plus beaux édifices du Gothique isabélin, le collège de S. Gregorio. Il est unique en Espagne, et sans doute dans le monde, pour la sculpture religieuse de bois polychrome : les maîtres de cette technique, Alonso Berruguete, Juan de Juni, Gregorio Fernandez, y tiennent la place d'honneur. Il est vrai que leurs retables associent peinture et sculpture, que Berruguete d'abord, peintre comme son père, fait alterner dans son œuvre maîtresse (le *Retable de San Benito*, 1526-1534) reliefs, statues et panneaux peints *(Nativité, Fuite en Égypte, Évangélistes)*, et qu'au siècle suivant l'un des principaux peintres de Valladolid, Diego Valentin Diaz, collabora étroitement avec Gregorio Fernandez, peignant les chairs et les vêtements de ses sculptures. Il faut signaler la présence de quelques remarquables peintures castillanes du XVe s. : le *Retable de saint Jérome* attribué à Jorge Inglés et les 3 panneaux du Maître de Saint Ildefonse représentant *Saint Louis de Toulouse, Saint Athanase, Saint Jacques et saint André*. La section de peinture baroque est installée dans l'ancienne église de la Passion. Ces salles, complétées par les retables de

quelques églises de la ville, permettent de suivre la brève floraison picturale de Valladolid, qui se place entre 1600 et 1640 environ, avec son apogée dans le premier quart du XVIIe s., transition du Maniérisme florentin au ténébrisme. On peut distinguer trois groupes : les peintres amenés par la Cour, Pantoja de la Cruz (avec sa *Résurrection* précocement ténébriste de 1609, à l'hôpital général), Vicente Carducho (*Naissance de saint Jean-Baptiste, Miracle de la Portioncule, San Diego*, au musée), ou travaillant au-dehors pour la Cour (ensemble du ténébriste italien O. Borgianni [*Vie de la Vierge, Saint Dominique*], peint après son retour en Italie, entre 1610 et 1614, pour le couvent des dominicains de Porta Coeli, fondation du ministre Rodrigo Calderón) ; des peintres locaux très estimables : Bartolomé de Cardenas avec *Saint Dominique triomphant des albigeois* (au musée) et le puissant *Christ en croix* ténébriste, son œuvre maîtresse (1621, Audiencia), Gregorio Martinez (*Annonciation*, au musée, scènes de martyres à la cathédrale), Matias Blasco (*Martyre de saint Laurent* et *Miracles de la Vierge*, à S. Lorenzo) ; à la génération suivante, on remarque Diego Valentin Diaz, l'ami de Velázquez, avec, au musée, la *Sainte Famille*, la *Portioncule*, le portrait de *Gregorio Fernandez* et les peintures du Colegio de Niñas Huerfanas (1612), ainsi que Felipe Gil de Mena avec le très attachant et réaliste *Repas de saint François et saint Dominique*, au musée ; enfin, d'autres artistes, nés à Valladolid, qui émigrèrent par la suite à Madrid : Bartolomé Gonzalez, devenu peintre du roi (*Fuite en Égypte*, de 1627, au musée), Antonio de Pereda, dont l'œuvre capitale, peinte pour les Capucins de Valladolid en 1640, *Mariage de la Vierge*, se trouve aujourd'hui à l'église Saint-Sulpice de Paris, mais qui est représenté au musée de Valladolid par un tableau caractéristique, le *Miracle des roses* (1664).

De même, parmi les nombreuses peintures conservées dans les églises de Valladolid, on doit mentionner au moins le *Retable de saint Jean-Baptiste* au Salvador, œuvre d'un disciple de Metsys, le Maître du triptyque Morrison, et le cycle bénédictin de l'église S. Ana, partagé entre Fr. Bayeu et Goya : le meilleur des trois Goya, *Saint Bernard baptisant un néophyte*, annonce de façon saisissante, en 1788, le futur peintre visionnaire.

VALLS Domingo
(Tortosa, actif entre 1366 et 1398).

Il est cité en 1373 dans une lettre du roi Pierre IV et désigné pour terminer un retable de l'église d'Albocácer. Sur la base de ce document on a pensé pouvoir lui attribuer le *Retable des deux saints Jean* conservé dans l'église d'Albocácer et une série d'œuvres présentant les mêmes caractéristiques stylistiques. Comme l'a remarqué à juste titre A. José Pitarch, ces peintures qui reflètent les innovations de Borrassá et de Marzal de Sax ont été exécutées par un artiste d'une génération postérieure à celle de Valls ; il propose le peintre Pere Lembrí.

VARGAS Luis de
(Séville v. 1506 - id. 1567).

Il jouit, de son vivant, d'une très grande renommée, mais aucune des œuvres qu'il exécuta pendant ses deux longs séjours en Italie (1527-1534 et 1541-1549) n'a pu être identifiée. Il passa là ses treize dernières années. Perino del Vaga, qui fut peut-être son maître, exerça en tout cas une influence décisive sur sa peu abondante production, conservée à Séville. Le *Retable de la Nativité* (1555, cathédrale), œuvre la plus ancienne que nous connaissions de cet artiste, est également la plus représentative de son talent. La composition ascendante, héritée de Raphaël, dirige toute la ferveur vers la Vierge, dont l'attitude, empreinte d'élégance et de recueillement, inspirera les *Immaculées Conceptions* de Montañés. L'importance accordée aux thèmes secondaires (animaux, natures mortes) révèle l'étude des peintres des Pays-Bas, Kempeneer et Sturm, installés à Séville. L'*Allégorie de l'Immaculée Conception* (1561, cathédrale), surnommée la « Gamba » par un peintre italien contemporain, à cause de la perfection de la jambe d'Adam, s'inspire peut-être d'une peinture de Vasari. Cette œuvre, d'une grande habileté technique, fut l'un des principaux modèles des artistes sévillans du XVIIe s. La *Pietà* (1564, Séville, S. Maria la Blanca) manque d'intensité dramatique ; la part de l'atelier de Vargas doit également être prépondérante dans *Les préparatifs de la Crucifixion* (Philadelphie, Museum of Art). La *Purification* (Madrid, coll. part.) se déroule dans un décor architectural romain et obéit au canon maniériste. Selon Pacheco, Vargas introduisit à Séville la technique de la fresque, mais ses peintures murales ont été détruites ou très mal conservées ; le *Jugement dernier* (musée de Séville), peint pour l'hôpital de la Miséricorde, qui lui fut jadis attribué, est l'œuvre de son disciple Luis de Valdivieso.

VAZ Gaspar,
peintre portugais
(? v. 1490 - ? v. 1569).

Il se forma à Lisbonne, dans l'atelier du peintre royal Jorge Afonso (où il travaillait en 1514-15), mais résida dès 1522 à Viseu, où il vécut jusqu'à sa mort, dans l'orbite du grand maître local Vasco Fernandes. On suppose qu'il est l'auteur du retable de *Notre-Dame de gloire* (v. 1540, Lamego, monastère de S. João de Tarouca). Gaspar Vaz dut également collaborer à l'exécution de travaux attribués à Vasco Fernandes. Influencé par cet artiste régional, mais sans jamais oublier l'enseignement plus raffiné de Jorge Afonso, il connut à travers ces deux maîtres le reflet de l'école d'Anvers, dont l'un et l'autre s'étaient inspirés.

VÁZQUEZ Alonso
(Ronda 1565 - ? Mexico 1608).

Mort prématurément au zénith d'une carrière déjà brillante, cet ami et collaborateur de Pacheco, présente un double intérêt : par sa position à la charnière de deux siècles, entre le Maniérisme du XVIe s. et le Naturalisme du XVIIe ; par son rôle de trait d'union entre l'école sévillane et la jeune peinture mexicaine. Peut-être formé à Cordoue, près de l'italianisant Céspedes, il réside sûrement à Séville entre 1590 et 1603. Il montre son habileté de dessinateur et sa science de l'anatomie, avec un michélangelisme desséché, propre aux Andalous de l'époque, dans la *Résurrection* (1590, Séville, Santa Ana), la première de ses œuvres certaines ; et cet aspect de son art se maintiendra dans ses retables ultérieurs, comme ceux de l'*Assomption* (1594, Séville, cath.) et de l'*Immaculée Conception* (1598, Séville S. Andrés) ainsi que celui de l'hôpital de la Sangre *(Évangélistes, Pères de l'Église).* Mais Vázquez apparaît avec un curieux mélange d'emphase et d'opulence réaliste dans le tableau du *Festin du mauvais riche,* peint pour le duc d'Alcalá (Madrid, coll. part.), que Pacheco loue pour l'association habile des vaisseliers et des victuailles avec les personnages (il en est de même dans la grande *Cène* du musée de Séville, qu'on lui attribue aujourd'hui). Un réalisme plus sobre et plus vigoureux se manifeste dans les 2 scènes conservées de la *Vie de saint Pierre Nolasque,* peintes en 1600-1601 pour le cloître de la Merci (auj. au musée de Séville) en même temps que celles, plus compassées, de Pacheco. Il domine dans le grand tableau d'autel à 2 étages — l'un terrestre et l'autre céleste — de la *Mort de saint Herménegilde* (1603, musée de Séville), qui montre de très beaux portraits, un peu durs, annonçant déjà Zurbarán. Mais Vásquez, laissant inachevé son ouvrage (l'étage céleste sera terminé par Juan de Uceda), part en 1603 pour le Mexique. Il semble y avoir été accueilli triomphalement, si l'on en juge par les dithyrambes — « dessin de Michel-Ange, couleur de Titien » — que les écrivains mexicains consacraient au *Retable de sainte Catherine* et aux autres tableaux qu'il peignit pour le vice-roi. Alonso Vázquez semble, malgré la brièveté de son séjour, avoir laissé dans ce pays une trace durable et un héritier en la personne du principal peintre mexicain des années 1620, Luis Juarez.

VÁZQUEZ DÍAZ Daniel
(Nerva, prov. de Huelva, 1882 - Madrid 1969).

Un des peintres espagnols les plus importants de la première moitié du XXe s., Vázquez Díaz fut le principal initiateur des Madrilènes à la peinture postcubiste, mais il introduisit dans celle-ci une gamme de couleurs et un style proprement andalou, nullement « folklorique », grave et simple, où le dessin, robuste et dur, accuse géométriquement les volumes par des fuites de perspective en oblique. Venu à Séville de la Costa Blanca de Huelva, il délaissa très vite ses études de commerce pour la peinture. Attiré par le Paris des années 10, il y passa plusieurs années, collaborant modestement avec Bourdelle pour des décorations murales, fréquenta Picasso, Juan Gris, Max Jacob, Modigliani. Revenu en Espagne après la guerre, il tarda longtemps à connaître autre chose que des succès d'estime, dans les expositions madrilènes. L'année 1929 marque pour lui le tournant décisif grâce à une importante commande de l'État : le cycle mural du monastère franciscain de la Rabida, près de Huelva, qui fut un havre de grâce pour Colomb dans les moments difficiles qui précédèrent son embarquement pour l'Amérique. La vie de Colomb parmi les moines, la réunion des marins, des guerriers, des paysans andalous, le serment des adieux ont inspiré à Vázquez Díaz de grandes compositions statiques, d'un dessin large et anguleux, qui se situent aux antipodes des décorations baroques et tourmentées de Sert. L'influence de la lumière atlantique y est sensible, mais aussi celle de Zurbarán, que Vázquez Díaz contribua beaucoup à remettre à la mode : les constructions puissantes et simples et la diversité de la gamme de blancs se retrouvent dans le *Repas des chartreux* et dans quelques portraits de religieux, comme celui du *P. Getino* (Madrid, M. E. A. C.).

Vázquez Díaz, dont l'œuvre est très abondante, a peint également des paysages blancs, d'ascendance nettement cubiste (*Fa-*

Daniel Vázquez Díaz
*Eva, retrato, estatua o
retrato en blanco, 1944*
Madrid, musée national d'Art contemporain

brique de brouillard, musée de Bilbao), des nus, des natures mortes, des compositions (qui sont en réalité des portraits collectifs) comme le *Torero mort*. Mais c'est sans doute sa série de portraits d'écrivains, par le style un peu âpre, l'alliance rigoureuse de construction et d'expression, qui a le plus contribué à sa renommée. Vázquez Díaz a été le peintre par excellence de toute l'intelligentsia espagnole des années 20 : Ruben Dario, Zuloaga, J. R. Jiménez (Madrid, M. E. A. C.), Azorín, Marañon, Unamuno (musée de Bilbao). Académicien, professeur à l'École des beaux-arts, il forma toute une génération de peintres. Dans ses dernières années, il connut une gloire

tardive, mais solide. Depuis sa mort, plusieurs expositions importantes ont été consacrées à sa mémoire. Le musée de Bilbao, avec une dizaine de toiles, donne une idée de l'œuvre de Vázquez Díaz.

VELÁZQUEZ Diego
(Séville 1599 - Madrid 1660).

Prince incontesté de l'école espagnole, le peintre de Philippe IV est exemplaire par son destin comme par son œuvre : un génie plein d'aisance, un homme dont la finesse et la courtoisie gagnent l'amitié du roi et forcent le respect des envieux ; une vie digne, peu chargée d'événements et que les remous de la cour n'ont jamais troublée ; une carrière à la fois éclatante et discrète, dont l'ascension paisible rapelle celle de Rubens. Trois faits majeurs en rythment les étapes : l'installation à Madrid (1623) après les débuts sévillans, les deux séjours en Italie, le premier de dix-huit mois (août 1629-janv. 1631), le second de deux ans et demi (janv. 1649-juin 1651).

Les années sévillanes. Diego de Silva Velázquez (il inversera plus tard l'ordre de ses patronymes, comme l'ont fait plusieurs artistes du temps) naît à Séville et y est baptisé le 6 juin 1599 : ses parents, nés aussi à Séville, appartiennent tous deux à la petite noblesse ; la famille de son père vient de Porto. En 1611, ses dons précoces le font inscrire comme apprenti chez Pacheco, peintre de transition qui flotte entre un maniérisme déjà périmé et un réalisme timide, mais excellent professeur, humaniste et théoricien de son art, chez qui se réunissent les poètes et les peintres de Séville. Diego, son élève préféré, reçu brillamment en 1617 dans la corporation des peintres, devient son gendre l'année suivante. Juana Pacheco, aimante et discrète, lui assure un foyer heureux ; deux filles naissent en 1619 et en 1621. Les œuvres de cette première époque reflètent à peine l'influence de Pacheco, davantage celle du fougueux coloriste Herrera ; celle de Montañés, le maître de la sculpture polychrome sur bois, et surtout la vague de ténébrisme et de naturalisme caravagesque qui déferle sur Séville et conquiert toute la jeune génération. Ce sont d'abord des scènes de vie populaire incorporant, à la manière d'Aersten ou de Beuckelaer, d'importantes natures mortes – œufs, poissons, cruches et fiasques, en général avec des personnages assez grands : le *Vendeur d'eau* (Londres, Apsley House), la *Vieille Femme faisant frire des œufs* (1618, première œuvre datée, Edimbourg, N.G.), les *Musiciens* (Berlin-Dahlem), *Trois Hommes à table* (Ermitage) ayant parfois un double sens et d'autres fois, un prétexte sacré : les *Pèlerins d'Emmaüs* (Chicago, Art Inst.), le *Christ chez Marthe et Marie* (Londres, N.G.) ; ce sont des tableaux d'un éclat dur, aux volumes puissamment accusés, qui semblent parfois taillés dans du bois, exprimant avec violence la qualité des matières, les contrastes de lumière et de couleur. Ils suffisent à révéler un maître, qui peint avec le même succès des portraits, d'un relief sculptural : *Mère Jerónima de la Fuente* (Prado), *Cristóbal Suárez* (Séville, musée des Beaux-Arts), et des sujets religieux : l'*Immaculée* (Londres, N.G.), l'*Apparition de la Vierge à sainte Ildefonse* (Séville, Palais archiépiscopal), l'éclatante *Adoration des mages* de 1619 (Prado) et *Saint Thomas* (musée d'Orléans).

Velázquez à la cour (1623-1629). La cour de Madrid exerçant une véritable fascination sur les artistes sévillans, Pacheco compte sur le comte-duc d'Olivares, andalou et tout-puissant ministre du jeune Philippe IV, pour introduire son gendre au palais. Après un premier séjour infructueux en 1622 (Portrait de *Luis de Góngora* [Boston, Museum of Fine Arts] pour le recueil des hommes illustres de Pacheco), Velázquez retourne à Madrid dès août 1623 pour briguer la succession de Villandrando, peintre du roi. Un portrait (perdu) du roi lui attire la faveur de Philippe IV et il est nommé peintre du roi en octobre. Devait alors commencer, entre le jeune roi épris de peinture et le jeune Sévillan, une relation qui, pendant une quarantaine d'années, allait créer l'un des meilleurs exemples de mécénat royal. À l'admiration réelle du roi répondait l'ambition de Velázquez, qui mena, parallèlement à son rôle de peintre, une carrière de courtisan qui le conduisit à occuper en 1652 le plus haut poste de la cour, celui d'*Aposentador Mayor de Palacio*, maréchal du palais.

Si beaucoup de ses premières œuvres ont disparu, plusieurs portraits de la famille royale (*Philippe IV, Don Carlos*, Prado), d'Olivares (Hispanic Society, New York, São Paulo, Museu de Arte) nous montrent la permanence du naturalisme sévillan, alors que l'*Expulsion des morisques* (1627, disparue), qui lui permit de s'affirmer face aux autres grands peintres de la cour, révèle l'admiration pour Titien, si bien représenté dans la pinacothèque royale. Le second séjour de Rubens à Madrid, en 1628, ouvre de nouveaux horizons à Velázquez, qui, dans les *Buveurs* (Prado), mêle Bacchus, traité en dieu, à une représentation réaliste des paysans.

Les conseils de Rubens, l'arrivée à la cour d'œuvres italiennes contemporaines augmentent son désir d'aller en Italie et, en juin 1629, il obtient la permission royale.

Premier voyage en Italie (1629-30). S'arrêtant à Gênes, Venise, Ferrare, Rome et Naples, où il dut rencontrer Ribera, Velázquez fit avant tout un voyage d'études et copia de nombreuses œuvres (*Communion des apôtres* de Tintoret, Prado). La *Forge de Vulcain* (Prado) et la *Tunique de Joseph* (Escorial) montrent le changement drastique de sa manière : une palette plus claire et plus nuancée, un intérêt beaucoup plus grand pour l'espace, la lumière, le goût pour l'histoire et la représentation des « affetti », l'étude des corps nus... À Naples, il peignit *Marie de Hongrie*, sœur de Philippe IV (Prado), où le modelé délicat du visage s'impose sur l'ensemble, traité très légèrement.

Velázquez, peintre de la cour. Rentré à Madrid, il ne s'en éloignera qu'une fois en dix-huit ans, pour accompagner son maître en Aragon durant la campagne contre les Catalans révoltés (1644). L'Italie lui a appris le « grand style », a assoupli son dessin,

Diego Velázquez
Les Buveurs
ou *le Triomphe de Bacchus, 1629*
165 × 225 cm
Madrid, musée du Prado

aiguisé encore son regard. Velázquez campe des figures, désormais sans raideur, dans un espace baigné d'air, avec des harmonies de gris, d'ocres, de verts qui n'appartiennent qu'à lui. Il demeure avant tout le portraitiste de la famille royale : il transforme les couleurs vénitiennes en une gamme subtile, mêlant brun, rouge et gris, et installe ses personnages dans un cadre qui devient atmosphère (*Philippe IV en brun et argent*, Londres, National Gallery), où apparaît sa technique « impressionniste », *Philippe IV à la chasse, Baltasar Carlos à la chasse* (Prado, Madrid), le *comte-duc d'Olivares à cheval* (Prado et Metropolitan Museum, New York), *Philippe IV à Fraga* (1644, Frick Collection, New York). Sa

force d'introspection se lit dans la *Dame à l'éventail* (Londres, Wallace Collection), *Martínez Montañes* (Prado) et surtout dans la longue galerie des bouffons et des nains (1632-1649, *Pablos de Valladolid, Niño de Vallecas, Calabacillas, Don Sebastian de Morra,* Prado), où l'humanité, le respect adoucissent la difformité, la différence. Peu nombreuses, les peintures religieuses sont proches du classicisme d'un Guido Reni (*Christ en croix,* Prado ; le *Christ à la colonne,* Londres, Nat. Gallery ; *Couronnement de la Vierge,* Prado).

Devenu valet de la garde-robe (1634), valet de chambre du roi en 1643, il s'occupa de plus en plus de l'aménagement des palais madrilènes, jouant certainement un rôle dans la conception du décor du *Salon des Royaumes* (1634), pièce centrale du nouveau palais du Buen Retiro : sa *Reddition de Breda* (*Les Lances,* Prado), centrée sur la noblesse du geste de Spinola, vainqueur des Hollandais, accompagnait les peintures de victoire commandées à V. Carducho,

Diego Velázquez
Le Bouffon don Sebastian de Morra, v. 1644
106 × 81 cm
Madrid, musée du Prado

Maino, Leonardo, Zurbarán... tandis que les deux entrées de la salle étaient dominées par ses portraits équestres des souverains et de l'héritier, *Baltasar Carlos,* peints sur le fond de la montagne du Guadarrama (Prado). Au rendez-vous de chasse de la Torre de la Parada, ses portraits du roi, de son fils et de don Fernando en chasseur (Prado), les interprétations « picaresques » de Ménippe et Esope (id.) voisinaient avec le cycle mythologique conçu par Rubens. « Surintendant des travaux particuliers » dans l'Alcázar de Madrid depuis 1643, il dirigea l'aménagement du *Salon des Miroirs,* du *Salon octogone* et c'est en grande partie grâce au prétexte de trouver des antiques pour les orner qu'il put entreprendre en 1649 un second voyage en Italie. **Le second voyage d'Italie.** De Malaga, Velázquez s'embarque vers Gênes, retourne à

Venise et, par Modène, Parme et Florence, gagne Rome : il y sélectionne les antiques à copier, commande des sculptures à Finelli et y rencontre un véritable succès comme portraitiste : du portrait de son esclave *Juan de Pareja* (Metropolitan Museum, New York) à celui du pape *Innocent X* (Galeria Doria Pamphili, Rome) et à ceux de Mgr *Camillo Massimi* (Kingston Lacy, The National Trust) et du cardinal *Camillo Astalli* (Hispanic Society, New York). Nommé académicien de Saint-Luc, il réalise les deux vues révolutionnaires de la *Villa Médicis* (Prado), paysage réel où prime le jeu de lumière.

Il faut un ordre du roi pour rappeler le peintre – qui a eu un petit garçon d'une Romaine – à Madrid, où il revient en 1651. Est-ce là, ou en Espagne, v. 1648, qu'il peint la *Vénus au miroir* (Londres Nat. Gallery), nu délicatement sensuel qui appartenait au marquis de Haro en 1651 ? **Le grand maréchal du palais.** Son retour à Madrid ouvre une phase nouvelle de sa carrière. Nommé *Aposentador Mayor* en 1652, Velázquez assume avec conscience des charges administratives parfois lourdes ; il conçoit notamment l'accrochage des peintures de la collection royale dans les sacristies de l'Escorial. La faveur royale lui vaudra en 1659, après l'interminable enquête sur la « pureté » du sang et l'absence d'activités mercantiles, l'habit de chevalier de Saint-Jacques : honneur sans exemple pour un peintre. Velázquez n'en profite que quelques mois. Au printemps suivant, le mariage de l'infante Marie-Thérèse avec Louis XIV lui impose un voyage fatigant à la frontière d'Irun pour y préparer le logement de la Cour et l'entrevue des deux souverains. Velázquez revient en juin après les fêtes, épuisé ; atteint d'une fièvre violente, il meurt après quelques jours de maladie. Sa femme ne lui survit qu'une semaine. L'inventaire après décès confirme sa large aisance, la richesse des meubles et du vestiaire, l'abondance de joyaux, de livres et d'objets d'art.

Peu nombreuses, les œuvres de ces dernières années marquent un renouvellement

Diego Velázquez
Les Fileuses, 1657
220 × 289 cm
(tableau avant restauration)
Madrid, musée du Prado

des thèmes et du style : la jeune reine et les enfants qui naissent du mariage royal y tiennent une place prépondérante. Velázquez traite les images de ces créatures frêles et un peu inexpressives, figées dans leurs atours, comme des « harmonies » colorées : les roses pâles et les gris d'argent des parures se marient aux carmins des rideaux, aux ors assourdis des consoles et des glaces. Il substitue aux contours arrêtés un jeu de taches vibrantes qui nuance, modèle, fait miroiter les formes : de là cet aspect « magique » d'un monde clos où tout est suggéré plutôt qu'exprimé, où les objets et leurs reflets se fondent ; de là l'exceptionnelle séduction de certains portraits du Prado (la *Reine Marianne*, l'*Infante Marguerite-Marie à la rose)* et de ceux qui furent envoyés à la branche autrichienne des Habsbourg, qui ont passé au K.M. de Vienne (3 portraits de l'*Infante Marguerite, Infant Philippe Prosper).*

Deux grandes toiles forment comme la synthèse de ces recherches : les *Menines,* 1656 (Prado), évoquent la vie quotidienne de la famille royale autour de la petite infante, de ses demoiselles d'honneur et de ses nains familiers ; les *Fileuses* (Prado), qui semblent un peu plus récentes, transportent le mythe de la jeune Lydienne Arachné (la trop habile fileuse persécutée et métamorphosée en araignée par Athéna pour avoir osé la défier dans l'art de tisser et de broder) dans l'atelier royal de S. Barbara, et sous la forme d'une tapisserie, tandis que les ouvrières travaillent au premier plan : le réel et le mythe se fondent en tons amortis et rompus qui ont la douceur d'une tapisserie. Ce dernier Velázquez, dont l'univers poétique, un peu mystérieux, a pour notre temps une séduction majeure, anticipe sur l'art impressionniste de Monet et de Whistler, alors que leurs prédécesseurs immédiats voyaient en lui le réaliste épique et lumineux, celui qui « faisait tomber les écailles des yeux » et qu'à Madrid Manet proclamait le « peintre des peintres ».

VENEGAS Francisco,
peintre portugais d'origine espagnole
*(documenté à Lisbonne
à partir de 1582 - avant 1594).*

Il étudia à Séville dans l'atelier de Luís de Vargas qui l'initia à l'art des maîtres italiens contemporains, en particulier Perino del Vaga, maître de Vargas à Rome. En 1582, il est cité pour la première fois à Lisbonne pour le décor mural de l'Hôpital de Tous-les-Saints (détruit en 1601) ; en 1583 il est nommé peintre de Philippe II. On lui doit, entre autres, les principaux panneaux du retable du maître-autel de l'église de la Lumière (Carnide, Lisbonne), exécuté v. 1590 en collaboration avec Diogo Teixeira. Dans son œuvre, Venegas se révèle comme un bon interprète du Maniérisme italien, particulièrement influencé par Parmesan. Certains de ses dessins (Lisbonne, M. A. A.) témoignent également d'emprunts à Corrège et à Raphaël.

VERDUSÁN Vicente
(Navarre v. 1625 - Tudela 1697).

Il est le plus fécond sans doute et, malgré ses inégalités, l'un des meilleurs parmi les peintres de l'Espagne du Nord dans la seconde moitié du XVIIe s. On trouve le peintre, Navarrais d'origine, en 1670 à Tudela, sur l'Ebre, et c'est surtout en Aragon qu'il peignit, soit des tableaux d'autel (la *Vierge enfant et ses parents, Saint Martin,* cathédrale de Huesca), soit des cycles narratifs ou symboliques destinés à des couvents (grandes scènes de la *Vie de saint Bernard,* son œuvre la plus brillante, peinte pour les cisterciens de Veruela, auj. au musée de Saragosse ; tableaux de thèmes eucharistiques pour les jésuites de S. Carlos à Saragosse). Influencé sans doute par les deux grands maîtres de Madrid qui travaillèrent pour la contrée — Carreño à Pampelune (1666), Claudio Coello à Saragosse (1683) —, Vicente Verdusán s'orienta résolument vers le Baroque décoratif madrilène, dans cet Aragon resté longtemps fidèle à un ténébrisme brutal, issu de Caravage

et de Ribera. En dépit d'un dessin assez mou et trop souvent hâtif, il intéresse par sa fougue, sa recherche ingénieuse d'éclairages imprévus.

VERGARA José
(Valence 1726 - id. 1799).

Fécond autant qu'habile, instaurateur à Valence avec son frère aîné, le sculpteur Ignacio (1714 - 1776), des disciplines académiques et d'un Néo-Classicisme assez éclectiquement modéré, José Vergara a régné sur la peinture valencienne de la seconde moitié du XVIIIe s. Par ses mérites de professeur et son prestige, il a contribué à un renouveau incontestable, mais il est responsable aussi d'une facilité un peu molle, qui est le lot de ses héritiers comme le sien. Fils de sculpteur, venu très jeune à la peinture, il fonde en 1744 une école de dessin placée « sous l'égide de la patronne de la reine (« Santa Bárbara »), alors que l'Académie de Madrid est encore dans les limbes. Son école deviendra en 1768 l'Académie de San Carlos, filiale de celle de Madrid et dont il sera l'organisateur et, à plusieurs reprises, le directeur. La virtuosité de Vergara apparaît surtout dans les nombreuses fresques exécutées pour les églises de Valence (1760, Sainte Rose de Lima ; chapelle Saint-Vincent-Ferrier du couvent dominicain) et en dehors de la capitale pour Saint-Jean-Baptiste de Chiva (1769-1790) et le baptistère de la cathédrale de Palma. Pour toutes ces compositions le musée de Valence conserve une série importante de dessins préparatoires. Ses peintures sur toile ou sur bois, aussi bien religieuses (*Immaculée* à la cathédrale de Valence, *Sainte Famille* au musée), que profanes (*Télémaque dans l'île de Calypso,* 1754, Madrid, Academia S. Fernando), sont souvent dépourvues de sentiment personnel. En revanche, ses portraits, fermes de dessin et souples d'exécution (*Autoportraits* à l'Academia San Fernando à Madrid et au musée de Valence, *Portrait de son frère Ignacio* au même musée), justifient pleinement sa renommée.

VERGOS (les)
(actifs en Catalogne dans la seconde moitié du XVᵉ s).

Cette dynastie de peintres catalans tint une place importante dans la peinture barcelonaise, surtout dans les dernières années du xvᵉ s., pendant la vieillesse et après la mort de Jaime Huguet (1492) ; l'atelier des Vergos collabora étroitement avec ce maître et recueillit peut-être sa succession. Son caractère assez industriel rend presque impossible la différenciation des divers membres de la famille et l'identification d'œuvres dont beaucoup, attribuées massivement aux Vergos par les premiers historiens de la peinture catalane, leur ont été retirées par la suite.

Aucune œuvre certaine n'a survécu des « fondateurs », **Jaime Vergos I** *(doc. 1425 à 1460)* et **Francisco Vergas II** († *1503*), peintre connu (il fut conseiller municipal), ni aucune œuvre de son second fils, **Rafael**, tous trois apparaissant comme des satellites du fils aîné, **Pablo** († *1495*), le grand nom de la famille, auquel ils survécurent. Le retable de Granollers (M. A. C. de Barcelone), commencé par Pablo en 1493, fut terminé par eux en 1506. Si les scènes de la *Vie de saint Étienne* sont un reflet affaibli de l'art de Jaime Huguet, les grandioses figures de *Prophètes* attestent à la fois la vigueur de Pablo et son archaïsme, avec leurs couronnes d'or compliquées chargées de reliefs en stuc, leur indifférence à l'espace et au mouvement.

VESPEIRA,
peintre portugais
(Samouco, Lisbonne, 1925).

Après un début dans les rangs du Réalisme socialiste, il est devenu en 1947 l'un des principaux adeptes du Surréalisme portugais. Sa peinture, caractérisée par un érotisme virulent, évolua vers l'Abstraction lyrique, dans le cadre de laquelle il a proposé une sorte d'« espace élastique », aux palpitations organiques, fort original (*Peinture*, Lisbonne, M.A.C.).

VIANA Eduardo,
peintre portugais
(Lisbonne 1885 - id. 1967).

Bien qu'influencé par son ami Delaunay dans sa jeunesse, il demeura toute sa vie attaché au thème de la nature morte, qu'il traita avec une robuste sensualité. Il a travaillé longtemps en Belgique, jusqu'en 1939. Il est bien représenté à Lisbonne (*Natures mortes ; Nu,* M. A. C.).

VIEIRA Domingos,
dit O Escuro (l'Obscur),
peintre portugais
(? v. 1600 - ? 1678).

Actif dès 1626/27, Vieira travailla au palais du Buen Retiro à Madrid. Il résidait à Lisbonne en 1643, y eut un atelier et fut nommé peintre royal à une date indéterminée. Il a laissé une magnifique série de portraits qui fait de lui le plus important des peintres portugais du xvIIᵉ s. Son naturalisme calme, de couleur sobre, ignore les raffinements des maîtres contemporains des Pays-Bas, mais traduit intensément la réalité physique et psychologique des modèles (*Portrait de Doña Isabel de Moura*, 1635, Lisbonne, M. A. A. ; *Un Magistrat*, id. ; *Doña Margarida Moreira*, Lisbonne, coll. Freitas Branco). C'est sans doute à son séjour en Espagne que l'artiste doit son clair-obscur et sa technique ainsi que le caractère impressionniste de ses « blancs », qui reflète la leçon de Greco. Vieira fut également l'auteur d'œuvres religieuses qui n'ont pas été retrouvées.

VIEIRA João,
peintre portugais
(Vidago 1934).

Ayant fait de longs séjours à Paris et à Londres, il pratiqua une Abstraction poétique. Son écriture, élégante et très construite, est fondée sur des formes de l'alphabet latin, qu'il arrive (1969) à organiser en des objets à trois dimensions, créant ainsi des « environnements ».

Maria Helena Vieira da Silva
La Bibliothèque, 1949
114,5 × 147,5 cm
Paris, musée national
d'Art moderne

VIEIRA DA SILVA Maria Helena,
peintre français d'origine portugaise
(Lisbonne 1908).

Elle vient à Paris en 1928, travaille à la
Grande Chaumière, à l'Académie scandi-
nave ainsi qu'avec les sculpteurs Bourdelle
et Despiau (1928-29). Ayant renoncé à la
sculpture, elle suit l'enseignement de
Friesz, de Léger et de Bissière ; à partir de
1930, son meilleur guide est son mari, le
peintre Arpad Szenes. Sa première exposition particulière a lieu à la gal. Jeanne
Bucher. Réfugiée au Brésil pendant la
guerre, elle revient à Paris en 1947, où sa
peinture ne tarde pas à prendre une place
de premier plan.

Son évolution se présente comme une
suite d'étapes qui s'enchaînent et se complètent pour aboutir à cette pleine maîtrise qui
caractérise ses œuvres récentes. L'espace
vide qui occupe certains de ses premiers
tableaux laisse progressivement affluer des
images de la réalité (rues, villes, échafau-
dages, bibliothèques) qui, à leur tour, se
décantent, perdent leur aspect figuratif
pour redevenir une expression de l'espace,
espace labyrinthe cette fois. Cette peinture
extrêmement élaborée livre son message
d'angoisse au niveau même de la touche.
Le pinceau, léger ou insistant, sillonne la
toile, des lignes discontinues esquissent des
directions multiples, tandis que la couleur,
d'une gamme très variée et chaque fois très
complexe, suggère cette même atmosphère
d'élans brisés indéfiniment recommencés.
En 1982, la galerie Jeanne Bucher présenta
l'exposition « Perspective, labyrinthe, dessins », suite d'œuvres des années 1981-82
exécutées selon diverses techniques :
crayon, fusain, encre que Zao Wou-ki lui
apporta de Chine, tempera et huile. Vieira
da Silva a reçu le premier grand prix à la
biennale de São Paulo en 1961 et le Prix
national des Arts en 1966. En 1976, elle
acheva la réalisation des vitraux de l'église
Saint-Jacques, à Reims. Elle est particulièrement bien représentée au musée de Dijon
(donation Granville) ainsi qu'au M.N.A.M.,
auquel elle donna plusieurs de ses dessins
en 1976. Une rétrospective a été présentée
à Lisbonne (Fondation L. Gulbenkian) et
à Paris (Grand Palais) en 1988.

VIEIRA LUSITANO,
Francisco V. de Matos dit,
peintre portugais
(Lisbonne 1699 - id. 1783).

Il fut le plus important artiste du XVIIIe siècle à la cour portugaise. À 13 ans, il partit
comme membre de l'ambassade du mar-

quis de Fontes à Rome, où il étudia auprès de Benedetto Lutti et de Francesco Trevisani (1712-1719), obtenant un premier prix à l'Académie Saint-Luc. Rentré au Portugal, il commença à travailler pour D. Joao V et réalisa les panneaux de la chapelle Saint-Antoine dans l'église Sáo Roque de Lisbonne. Une vie sentimentale malheureuse le poussa à repartir en 1721 pour Rome. Durant ce second séjour (jusqu'en 1729), il développa son talent pour la gravure, s'affirmant comme l'un des meilleurs créateurs d'eaux-fortes du XVIII*e* s. (les *Trois Parques coupant le fil de la vie, Minerve transformant Coronis).* Rentré au Portugal, il réussit à épouser D. Ines Helena. Comme le montre la *Sainte Famille* de Mafra, son style, élégant, reposant sur un dessin et une composition soignés, est fortement marqué par l'Italie. Son érudition le pousse à intégrer, par des hiéroglyphes, des symboles, de nombreux concepts ornant le sujet principal. En 1733, alors qu'il repartait pour l'Italie, il est nommé peintre du roi, succédant au Français Quillard. Sa carrière sera alors assez prolifique, marquée par des œuvres religieuses (*Saint Augustin,* Lisbonne, M.A.; *Saint Antoine,* Lisbonne, église Saint-Roch, reprenant avec une certaine mollesse les schémas académiques internationaux, et des décors pour le palais-monastère de Mafra, in situ, vers 1775). On lui doit aussi quelques portraits (*D. Lourenço de Lencastre,* Lisbonne, M.A.A.). Cet académicien de Saint-Luc s'occupa activement de la création d'une Académie du nu à Lisbonne. Sa vie artistique et sentimentale nous est connue par un poème autobiographique qui montre une sensibilité préromantique, opposée à l'éclectisme international de son style.

VILA Senén
(Valence 1640 - Murcie 1707).

Valencien, élève d'Esteban March, il passe à Alicante, où il travaille entre 1670 et 1678 (ainsi qu'aux environs : Onteniente, Orihuela), pour se fixer à Murcie à partir de 1678. Il demeura le peintre le plus réputé de cette ville jusqu'à sa mort et travailla surtout pour les couvents. Il y maintint la tradition de Gilarte et cultiva, en pleine époque baroque, un art narratif, paisible, un peu archaïsant, d'une grave douceur. Ses œuvres les plus représentatives sont à la Madre de Dios *(Communion de saint Laurent Justinien)* et à S. Domingo (les *Trois Saintes Marguerite avec un ange).* Vila se révèle aussi comme un excellent portraitiste, avec le portrait équestre dans un paysage du lieutenant général de Philippe V, *Carlos San Gil Lajusticia* (1707, coll. part.). Son fils Lorenzo *(Murcie 1681 - id. 1713)* fut son plus fidèle disciple.

VILADOMAT Antonío
(Barcelone 1678 - id. 1755).

Issu d'une famille de doreurs, il étudia dans des ateliers locaux jusqu'à l'arrivée en 1703 du grand décorateur italien Fernando Bibbiena — appelé par l'archiduc Charles à son éphémère cour de Barcelone pendant la guerre de la Succession —, qui exerça sur lui une influence considérable. Très habile dessinateur, dont le néo-classique Mengs devait louer la correction, Viladomat eut des activités multiples : portraitiste, paysagiste, peintre de scènes de genre — comme la charmante série des *Quatre Saisons* (Barcelone, M. A. C.), qui put inspirer Goya pour certains cartons de tapisserie et peintre de nature morte, influencé par l'école napolitaine. Pourtant, il reste avant tout un peintre religieux, très lié à la tradition du Siècle d'or. Si la plupart de ses décorations d'églises ont disparu depuis le XIX*e* s., 3 ensembles importants permettent d'apprécier son art : les 25 tableaux de la *Vie de saint François* peints de 1722 à 1724 pour le couvent des Frères mineurs de Barcelone et passés au M. A. C. ; une autre *Vie de saint François,* de plus petit format, à l'église de Berga ; les scènes de la *Vie de la Vierge* et de la *Passion* à S. Maria de Mataró (1727-1737). Superficiellement touché par le Baroque, Viladomat conserve la gravité, la vigueur réaliste, parfois la sobre grandeur des meilleurs maîtres valenciens ou castil-

Antonío Viladomat
Les Quatre Saisons, l'hiver
Barcelone, musée d'Art
de Catalogne

lans du XVIIᵉ s., un Espinosa ou un Fray Juan Rizi. Certaines scènes de la vie de saint François — comme le *Repas de saint François et sainte Claire* ou la *Mort de saint François* — comptent parmi les « nocturnes » les plus saisissants de la peinture espagnole. Fondateur d'une école de dessin prospère, jouissant d'une grande renommée, Viladomat eut de nombreux disciples, dont les meilleurs furent les frères Tramullas. Il apparaît comme la figure la plus significative de la première moitié du XVIIIᵉ siècle à Barcelone.

VILLALBA Diaro
(San Sebastián 1939).

Étudiant à l'École des beaux-arts San Fernando de Madrid, il complète sa formation, au début des années 50, à l'université de Harvard (Boston). Il vit aux États-Unis jusqu'en 1954 et se consacre à la peinture à partir de 1957. L'année suivante, il travaille à Paris dans l'atelier d'André Lhote.

L'œuvre personnelle de Villalba s'impose à partir des années 70 à travers des photographies noir et blanc de grand format qui représentent des personnages dans des attitudes et des comportements particulièrement expressifs et émotifs (Louisiana Museum au Danemark, 1975). On peut déceler dans ces œuvres réalistes l'influence du Pop'Art. Son œuvre évolue après 1980, lorsqu'il commence à réaliser

des collages dont la grande qualité graphique et picturale le place dans une tradition espagnole de la peinture matiériste et d'une expression violente qui confère à la fois à son œuvre son originalité et sa filiation historique.

Alors que le M.E.A.C. de Madrid organise en 1970 une importante exposition de l'artiste, il reçoit en 1973 le premier prix international de la Biennale de São Paulo. Représenté par la galerie Mordo de Madrid, son œuvre a été exposé en Italie, à New York, Bâle, Cologne. Il a participé à de nombreuses expositions de groupe en Europe et aux États-Unis. Il est présent dans les musées des Beaux-Arts d'Ostende, de Genève (musée d'Art et d'Histoire), de Madrid (M.E.A.C.) et de Séville (musée d'Art contemporain).

VILLANDRANDO Rodrigo de
(? v. 1580 - 1628).

Peintre du roi Philippe III et courtisan , cet artiste mal connu (on sait seulement qu'en septembre 1628 il avait cessé de vivre) a laissé un certain nombre de portraits, d'un style quelque peu attardé et desséché, bons exemples de la continuité du portrait de cour espagnol entre Sánchez Coello et Velázquez. Ils révèlent en outre un sens assez délicat de la couleur, dans une gamme claire. Ceux que le Prado possède représentent le futur *Philippe IV* et sa jeune femme *Isabelle de Bourbon,* tous deux en blanc et or. Ils doivent se placer, d'après l'âge apparent des modèles, entre 1615 et 1620. Le prince appuie la main sur le bras du nain Soplillo, venu de Flandre en 1614. D'autres portraits sont conservés dans des coll. part. ou des couvents.

VILLAVICENCIO Pedro Nuñez de
(Séville 1640 - id. avant 1698).

Ce gentilhomme, fils d'une illustre famille de militaires, figure parmi les membres fondateurs de l'Académie de peinture de Séville en 1660, au côté de Murillo, dont il restera l'ami plus encore que le disciple et qui deviendra son exécuteur testamentaire. En 1661, il entre dans l'ordre de Saint-Jean-de-Jérusalem et effectue plusieurs voyages en Italie et à Malte, où il dut rencontrer Mattia Preti. Deux peintures sont en relation directe avec Preti : *Judith et la tête d'Olopherne* (1674, Séville, coll. part.) et la *Pietà avec la Madeleine* (Prado).

À la différence des autres satellites de Murillo, Villavicencio semble avoir retenu surtout les sujets profanes inspirés par l'enfance. Son œuvre la plus connue, les *Jeux d'enfants* (Prado), qu'il offrit au roi Charles II, affirme une certaine indépendance par rapport au maître : personnages plus nombreux, plus animés et traités davantage en scène de genre, lumière plus grise et tourmentée.

D'autres toiles reflètent des influences italiennes, en particulier celle du Danois Bernardo Keil, établi à Rome depuis 1656 : les *Joueurs de cartes* et les *Joueurs de dés* (musée de Leicester), *Jeune Garçon attaqué par un chien* (musée de Budapest) et son pendant (Modène, Gal. Estense), *Enfant jouant avec un chat* (Loko Park).

VILLEGAS MARMOLEJO Pedro de
(Séville 1519 - id. 1596).

Il fut l'un des représentants les plus caractéristiques du Romanisme sévillan dans la seconde moitié du XVIe s. Un éventuel voyage en Italie n'est confirmé par aucun document. Homme cultivé, il compta parmi ses amis le poète Mal Lara et le solitaire d'Aracena, le grand humaniste chrétien Arias Montano, qui parle souvent de lui avec éloges ; il collectionna les antiques et réunit une bibliothèque latine renommée. Comme peintre, moins ingénieux et moins ambitieux dans ses compositions religieuses que son émule en raphaélisme Luis de Vargas, il séduit davantage par la majesté mélancolique de compositions plus contemplatives que narratives. Ses œuvres principales sont, avant tout, le *Retable de la Visitation* (1566), à la cathédrale de Séville (où la scène principale est accompagnée du *Baptême du Christ*, de plusieurs saints et de portraits de donateurs), la *Virgen de los Remedios* (Séville, S. Vicente) et les tableaux de S. Lorenzo, la *Sainte Famille* et l'*Annonciation* de 1593, qui est sa dernière œuvre connue.

VIOLA Manuel
(Saragosse 1919 - El Escorial, Madrid, 1987).

Il fut en contact avec les groupes surréalistes et, en 1939, partit en France, où il connut Picasso et d'autres peintres. Dès 1945, il participa à toutes les activités d'avant-garde de Paris, à l'époque où naissait la peinture informelle. Il revint en Espagne en 1949 et, après une expérience de deux ans comme toréador amateur, il se consacra entièrement à la peinture. Il vécut dès lors à Madrid, séjournant de temps en temps à Paris. Sa peinture, encore figurative v. 1945, s'est rapprochée de plus en plus de l'Informel, en hésitant d'abord entre la calligraphie et les recherches de matières. En 1958, l'artiste aboutit à son style personnel, où les signes et les calligraphies se détachent, comme des flammes, sur des fonds sombres et dont l'utilisation de clairs-obscurs accentués est la principale caractéristique. L'exécution fait preuve de brio, et la critique a rattaché l'œuvre de Viola à la tradition expressionniste et au clair-obscur espagnol ; en particulier, la relation avec Valdés Leal est évidente, tant par la technique que par les effets de lumière. L'œuvre de Viola est un exemple de peinture informelle littéraire : elle se prête à des interprétations cosmiques et mystiques. Le principal mérite du peintre fut d'être sans doute le premier en Espagne à participer à l'Informel et d'avoir assuré la transition entre l'avant-garde de 1939 et celle qui suivit la guerre. Au cours des années 80, son œuvre est exposé en Espagne (Sala Caja de Antequera de Málaga, 1980 ; gal. Raynela de Madrid, 1982) et aux États-Unis (gal. Armas, Miami, et First National Bank, Palm Beach, 1983). Manuel Viola est représenté à Madrid (M.E.A.C., Fondation March), Cuenca (musée d'Art abstrait espagnol), Bilbao, New York (Guggenheim Museum), Cologne, Liège.

YÁÑEZ DE LA ALMEDINA Fernando
*(Almedina, prov. de Cuìdad Real,
v. 1459 - Cuenca ? v. 1536).*

Il collabora avec Fernando Llanos (de 1507 à 1510) au retable du maître-autel de la cathédrale de Valence, qui fut longtemps attribué à des Italiens. En 1513, Yáñez est encore à Valence, et la dernière mention le concernant est un contrat signé en 1531 pour divers retables de la cathédrale de Cuenca. La critique est divisée au sujet de la répartition des peintures de Valence entre les deux artistes, qui travaillèrent peut-être parfois aux mêmes tableaux. La *Présentation de la Vierge au Temple*, la *Visitation*, l'*Adoration des bergers*, la *Purification* sont généralement attribuées à Yáñez, à qui certains auteurs accordent également ment la *Mort de la Vierge* et la *Pentecôte*. Très influencé par Léonard de Vinci, qu'il a peut-être connu en 1505 lors d'un voyage probable à Florence (cf. LLanos), Yáñez reste très attaché aux figures monumentales drapées de vêtements aux plis rectilignes, tout en manifestant un goût marqué pour le pittoresque : animaux et nature morte ; berger arrachant une épine de son pied dans la *Rencontre à la porte Dorée*. Les perspectives architecturales, le décor d'arabesques et les coiffures dérivent directement de l'art florentin, ainsi que les tona-

lités dominantes, bleu outremer et laques carminées. Une *Déploration du Christ* (cathédrale de Valence) est certainement l'œuvre de Yáñez.

Le musée de Valence conserve plusieurs tableaux qui sont attribués à ce dernier : *Ecce homo*, *Calvaire*, la *Vierge avec sainte Anne et saint Bernard*, et une *Résurrection*. À Valence, il faut encore citer une *Annonciation* (musée du Patriarche) et le *Retable de la Vierge* (église S. Nicolas). Le *Jugement*

Fernando Yáñez de la Almedina
Sainte Catherine
212 × 112 cm
Madrid , musée du Prado

dernier de la collégiale de Játiva a été détruit en 1936. L'*Adoration des mages,* la *Crucifixion* et une *Pietà* décorent la chapelle des Albornoz à la cathédrale de Cuenca, et abondent en réminiscences italiennes, qui s'allient à une étude attentive des visages, nettement différenciés. La *Sainte Catherine* du Prado est traitée dans un style sculptural animé de chaudes tonalités. Le même musée conserve deux autres œuvres de Yáñez de la Almedina : *Saint Damien* et une *Sainte Famille,* ainsi qu'une copie de la *Joconde,* qui lui a été attribuée.

YEPES. → *HIEPES.*

ZARAGOZA Lorenzo
(originaire de Cariñena,
province de Saragosse).

Connu de 1363 à 1405 pour son activité très variée dans tout le royaume d'Aragon, de Barcelone à Valence en passant par Saragosse, Zaragoza jouissait d'une grande estime dans les milieux de la Cour : en 1373 il est qualifié par le roi Pierre IV de meilleur peintre de Barcelone. La seule œuvre que les documents puissent peut-être lui attribuer est le *Retable de la Vierge* de Jérica (prov. de Teruel, disparu en 1936) qui date de 1395-96. Zaragoza s'y révèle comme un artiste de haute qualité grâce au raffinement linéaire du dessin, à l'extrême sveltesse des proportions, à la gamme de tons très clairs. Il apparaît aussi comme le créateur probable d'un type de Vierge élégante et frêle, assise sur un trône gothique, entourée d'un chœur d'anges musiciens, qui connaîtra une grande fortune dans toute l'école valencienne au moment du Gothique international. Certains historiens, pensant que ce retable est stylistiquement postérieur à l'activité de Zaragoza, tendent à lui attribuer des œuvres de la période italo-gothique comme la *Vierge au lait* provenant de Torroella de Montgri (Barcelone, coll. part.) et les retables de l'église de Villahermosa.

ZÓBEL Fernando
(Manille, Philippines, 1924 - Rome 1984).

Après une étape figurative d'un Expressionnisme humoristique, sa peinture devient abstraite v. 1955. Influencé par la calligraphie orientale, son style se simplifie ensuite pour aboutir en 1960 à des signes noirs tracés sur un fond blanc. Zóbel revient progressivement à la réalité, et ses tableaux commencent à évoquer des valeurs spatiales et luministes. En 1965 s'effectue un retour à une gamme de couleurs plus ample, puis le peintre adopte une palette composée d'ocres, de verts, de gris, de roses, de jaunes et de marron. La lumière, le dessin, l'espace sont les éléments essentiels de cette peinture, qui se situe dans la tendance lyrique de la peinture espagnole, l'expérience informelle une fois assimilée. Après 1980, les œuvres de plus en plus épurées de Zóbel manifestent l'intérêt renouvelé de l'artiste par le vide dans la peinture orientale.

Zóbel fut d'autre part fondateur et directeur du musée d'Art abstrait espagnol de Cuenca, installé dans les fameuses « Casas colgadas » (maisons perchées) de la ville. Ces édifices traditionnels ont été modifiés et réorganisés pour conserver les œuvres des meilleurs peintres espagnols contemporains.

La remarquable harmonie entre l'espace architectural et les œuvres abstraites que contient le musée est un exemple de restauration et d'utilisation intelligente d'un édifice ancien. Zóbel est représenté également au M.E.A.C. et à la Fondation March de Madrid, au Fogg Art Museum de Cambridge (Mass.) et au musée de Bilbao.

ZULOAGA Y ZABALETA Ignacio
(Eibar 1870 - Madrid 1945).

Né au cœur du Pays basque dans une ville célèbre par son artisanat de damasquineurs, il appartient à une lignée d'armuriers et d'orfèvres qu'on suit depuis le XVIII^{e}s. Le jeune Ignacio fit un séjour à Madrid, qui le familiarisa avec Ribera et

Ignacio Zuloaga y Zabaleta
La Veille de la course
aux taureaux, av. 1905
Bruxelles, Musées royaux des Beaux-Arts

Velázquez et lui fit découvrir Greco, puis un séjour à Rome, où il travailla dans l'atelier du sculpteur Folgueras, qui fut décevant.

C'est Paris, où il arrive en 1890, qui devient son lieu d'élection pour un quart de siècle ; en dépit de fréquents voyages, Montmartre demeurera jusqu'à la Première Guerre mondiale le port d'attache de Zuloaga. Adopté d'emblée par la « bande catalane » (Rusiñol, Casas, Utrillo), celui-ci expose dès 1891 chez Le Barc de Boutteville et devient bientôt l'un des fidèles de la Société nationale des beaux-arts. Parmi ses nombreux amis peintres se détachent Degas, Gauguin, Émile Bernard, Charles Cottet (qu'il conduira par la suite en Castille),

Maxime Dethomas (dont il épousera la sœur en 1899). Plus tard viendront les écrivains comme Barrès (à qui il révélera Greco et dont il fera en 1913 un portrait célèbre devant le paysage de Tolède) ou Rilke.

Le tempérament de l'artiste, qui remonte consciemment à la tradition du Siècle d'or, qui s'attache à construire et simplifier les formes, parfois brutalement, l'associe à la réaction anti-impressionniste de 1890.

Zuloaga s'affirme comme le peintre d'une Espagne folklorique mais nullement fade et d'un expressionnisme parfois grinçant. Une « Espagne blanche », celle de Séville, où tiennent le premier plan danseuses, gitanes et toreros, lui valut en 1895 ses premiers succès de public. Elle est remplacée bientôt par cette « Espagne noire », Vieille-Castille immuable qui fut révélée au peintre en 1898 par l'installation de son oncle Daniel à Ségovie : laboureurs, muletiers, vieilles femmes enveloppées de noir, nains et goitreux devant des châteaux forts et des villes perchées – Ségovie, Turegano, Sepulveda –, sous des ciels d'orage à la Greco. Cette image figée et durcie, presque tragique, d'une Castille « essentielle » est celle-là même que fixera la « génération de 1898 », dont les maîtres, Unamuno, Azorin, Baroja, seront amis et modèles du peintre ; elle décide de sa renommée en Espagne et de son succès mondial. Des expositions à Düsseldorf (1904) et à New York (1909) lui valent une pluie de commandes. C'est alors le portrait d'apparat – aristocrates, financiers, écrivains, actrices et mondaines – qui passe au premier rang de sa production et lui assure une fortune considérable. La Première Guerre mondiale ramène Zuloaga en Espagne. L'artiste vivra désormais au bord de la mer Cantabrique, à Zumaya. Il transporta dans la villa-musée qu'il avait fait construire ses collections parisiennes, dont le joyau était l'une des dernières œuvres de Greco, l'*Ouverture du septième sceau*, achetée par le Metropolitan Museum aux héritiers du peintre. Le côté « peintre mondain » de Zuloaga, la virtuosité conventionnelle et creuse, dont la *Comtesse de Noailles* (musée de Bilbao) et la *Duchesse d'Albe* (Madrid, musée de la Casa de Alba) sont des exemples trop connus, résistent mal à l'épreuve du temps. Mais d'autres portraits de parents ou de familiers (les *Jeunes Toreros à Turegano* du musée de Saint-Sébastien, *Gregorio et Botero* du musée Pouchkine de Moscou, les *Sorcières de San Millán* du musée de Buenos Aires), et d'autres secteurs moins connus réservent d'heureuses surprises, comme ses paysages. *Paysage de Alhama* et *Paysage basque* (M.E.A.C. de Madrid).

ZURBARÁN Francisco de
(Fuente de Cantos, prov. de Badajoz, 1598 - Madrid 1664).

Fils d'un Basque, commerçant établi et marié en Estrémadure, Zurbarán part en 1613 pour Séville. Il entre comme apprenti chez un peintre d'images, Pedro Díaz de Villanueva, dont nous ne connaissons au-

cune œuvre. Pendant ces 3 années, il a dû connaître les peintres les plus éminents de Séville, J. de Roelas, F. Herrera le Vieux et surtout A. Cano et D. Velázquez, alors jeunes apprentis dans l'atelier de F. Pacheco. Il s'installe en 1617 à Llerena, ville de l'Estrémadure du Sud, où il se marie et réside plus de dix ans, travaillant pour divers couvents d'Estrémadure et de Séville. Sa première œuvre datée qui nous soit parvenue (*le Christ en croix*, 1627, Chicago Art Institute) d'un réalisme saisissant, révèle un artiste parfaitement au courant des conceptions esthétiques du Caravage par le réalisme de la figure transcendée par le faisceau d'une lumière surnaturelle. Ce tableau peint pour le couvent dominicain de S. Pablo remporta un grand succès et lui attira de nombreuses commandes. Outre les scènes de la vie de saint Dominique (2 à la Magdalena de Séville) et les figures en pied des Pères de l'Église (*Saint Ambroise, Saint Grégoire* et *Saint Jérôme*, musée de Séville), Zurbarán s'engage à peindre, en 1628, une série de tableaux pour le couvent de la Merci de Séville. Dans le petit cloître, le cycle de la vie de saint Pierre Nolasque (Prado ; The Cincinnati Art Museum ; Mexico, Museo Franz Meyer ; coll. duc de Westminster) s'inspire de gravures d'après J. Martinez ; le *Saint Sérapion* (1618, Hartford, Wadswoth Atheneum), destiné à la salle « de Profundis », par l'intensité de la composition et la qualité superbe de l'ample habit blanc, compte parmi ses chefs-d'œuvre. De 1629 date la série des tableaux pour le collège franciscain de S. Buenaventura, commencée par Herrera le Vieux (Gg de Dresde, musée de Berlin — détruit en 1945 — et Louvre). Ce sont peut-être les tableaux les plus solidement construits de toute son œuvre et ceux où l'ardeur spirituelle se fait sentir avec le plus d'intensité.

En cette féconde année 1629, la municipalité de Séville invite Zurbarán à fixer sa résidence dans la cité ; l'artiste accepte et s'installe à Séville avec sa deuxième femme, Beatriz de Morales, et ses enfants. Ses admirateurs le protégeront contre les tracasseries des peintres locaux jaloux de son succès et lui commanderont une *Immaculée* pour l'hôtel de ville.

La décennie qui commence en 1630 est la plus féconde et la plus heureuse de toute sa carrière. Le grand tableau dominicain du *Triomphe de saint Thomas d'Aquin* (1631, musée de Séville) est, malgré sa disposition archaïque, encore maniériste, en deux zones superposées, une œuvre maîtresse, exceptionnelle par la vigueur réaliste, la richesse de la matière et de la couleur, l'intensité d'expression des visages.

En 1634, Zurbarán est appelé à Madrid, sans doute sur la recommandation de Velázquez (qu'il a connu jadis à Séville). Pour le nouveau Palais royal du Retiro, il peint une série mythologique (*Travaux d'Hercule*, Prado) et des tableaux de batailles (*Défense de Cadix*, id.). En 1637, il commence le cycle de la chartreuse de Jerez, auj. dispersé entre le Metropolitan Museum et les musées de Cadix, de Grenoble et de Poznań, et qui compte également parmi ses œuvres majeures. Les 4 grands tableaux du retable (*Annonciation, Adoration des bergers, Épiphanie, Circoncision,* au musée de Grenoble) ont une solennité toute liturgique par le hiératisme des figures se détachant sur des fonds d'architecture et par le chromatisme éclatant des costumes. Cette gravité se prolongeait par la série des petites figures de chartreux qui formaient une procession le long du couloir menant à la chapelle du Saint-Sacrement (« Sagrario »). L'intensité passionnée de l'univers mystique s'extériorise ici avec une force extraordinaire : *Saint Anthelme,* le *Bienheureux Houghton* ou le *Cardinal Albergati* (musée de Cadix) détachent d'une masse d'ombre dense, puissamment ténébriste, des visages illuminés et des habits d'une blancheur éclatante.

À la même époque, à partir de 1638, Zurbarán décore la nouvelle sacristie du monastère de Guadalupe (Cáceres), sanctuaire fameux où règne l'ordre hiéronymite. Ce cycle, le seul resté en place, ne sera pas achevé av. 1645. Dans les grands tableaux consacrés à la vie de saint Jérôme, le ténébrisme s'accuse avec une grande énergie, évoquant Ribera, que Zurbarán a pu étudier à Madrid en 1634 *(Tentations de saint Jérôme)*. Dans les tableaux consacrés aux principales figures de l'ordre hiéronymite, on voit alterner les contrastes lumineux violents *(Tentation de Fray Diego de Orgaz, Vision de Fray Pedro de Salamanca)* et la sérénité grave des scènes de vie conventuelle, pleines d'intensité méditative et de concentration mystique : *Apparition du Christ à Fray Andrés Salmerón, Fray Gonzalo P. de Illescas écrivant.* C'est probablement à cette époque qu'il faut situer l'exécution des 3 tableaux (dont la date fait l'objet de nombreuses discussions) qui proviennent de la sacristie de la Charteuse de Triana ; l'*Entrevue de saint Bruno avec le pape, la Vierge de Miséricorde* et *Saint Hugues au réfectoire des Chartreux.* La clarté de la mise en pages, la répartition équilibrée de la lumière, sans effets de clair obscur, enfin la touche légère militent en faveur d'une exécution tardive (v. 1650).

La vogue de Murillo commence à Séville, et il semble que Zurbarán, voyant diminuer sa clientèle ordinaire, inaugure (ou développe) une exportation de peintures vers l'Amérique, avec la participation d'un atelier de qualité très inégale. De nombreuses allusions documentaires révèlent l'importance des cycles *(Apôtres, Saints fondateurs d'ordres, Saintes, Vierges, Empereurs romains)* envoyés en Amérique. Quelquesuns ont été localisés *(Apôtres* à S. Domingo de Guatemala, à S. Francisco de Lima ; *Saints fondateurs* au couvent de la Buena Muerte de Lima) et montrent toujours de grandes inégalités.

En 1643, Zurbarán peint un retable pour la ville de Zafra, en Estrémadure, œuvre excellente, de tonalités éclaircies et d'un dessin déjà « baroque » par l'arabesque onduleuse. De sa dernière époque, on ne

Francisco de Zurbarán
L'Adoration des bergers, 1638
267 × 185 cm
Grenoble, musée de Peinture et de Sculpture

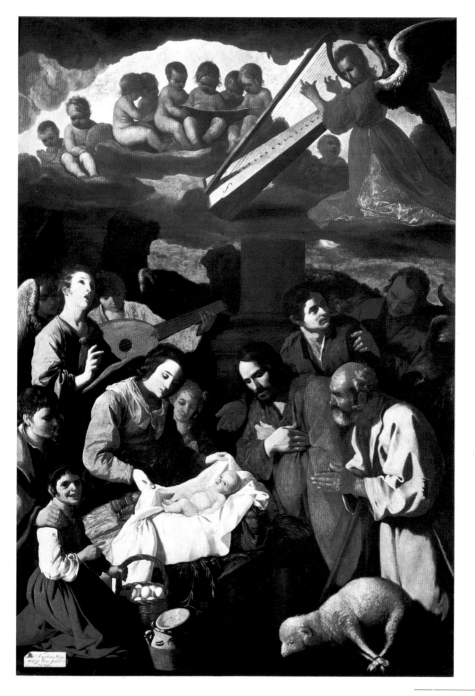

Francisço de Zurbarán
Sainte Élisabeth de Portugal
184 × 90 cm
Madrid, musée du Prado

fois, avec des enfants en bas âge, compte sans doute sur l'appui de Velázquez pour trouver des commandes à la Cour. Sa production sera désormais de tableaux d'autel ou d'oratoire, souvent de petit format, avec un traitement plus lyrique de la lumière et un modelé plus doux, (*Christ après la flagellation*, 1661, église de Jadraque ; *Vierge avec l'Enfant Jésus et saint Jean-Baptiste*, 1662, musée de Bilbao ; *Immaculée Conception*, 1661, église de Langon, près de Bordeaux, et musée de Budapest).

Zurbarán est un artiste fondamental dans la peinture espagnole et celui qui peut-être incarne le mieux certains traits caractéristiques du Siècle d'or : un réalisme rustique, plein de simplicité humaine, une connaissance profonde de la spiritualité monastique dans ses aspects les plus nobles, une grande rigueur dans la conception et une grande tendresse pour les menus détails, pour l'humble visage de la réalité quotidienne, qui laissent deviner une âme de « primitif ». On doit signaler aussi, dès sa jeunesse, son goût pour les formes amples et pour la plénitude des volumes. Il en est de même pour le traitement des étoffes dans les figures processionnelles de saintes (*Sainte Élisabeth de Portugal*, Prado ; *Sainte Marguerite*, Londres, N. G.). Son amour des choses se manifeste dans les détails de ses grands tableaux, où toujours apparaît quelque morceau de nature morte — livre, fleur ou pichet —, et plus encore dans certains tableaux d'« intimités chrétiennes » (*Vierge enfant en extase*, Jerez, collégiale ; *l'Enfant Jésus se blessant avec la couronne d'épines*, musée de Cleveland) ainsi que dans quelques « bodegones » — citrons, oranges et tasse —, qui comptent parmi les chefs-d'œuvre du genre (Poteries et tasses, 1635, Pasadena, Norton Simon Foundation ; Prado). Son art de capter l'individuel fait aussi de lui un excellent portraitiste (série de *Docteurs de la Merci*, Madrid, Acad. S. Fernando, *Docteur de Salamanque*, Boston, Gardner Museum, *D. Alonso Verdugo de Albornoz,* musée de Berlin-Dahlem). Zurbarán est maladroit à composer les scènes et doit souvent recourir à des estampes fla-

conserve que des œuvres isolées mais datées, qui permettent de suivre son évolution et de situer les nombreux tableaux dépourvus de documents et de dates. En 1658, Zurbarán se rend à Madrid, où il témoigne en faveur de Velázquez lors de l'enquête qui précède la concession au peintre de Philippe IV de l'habit de Saint-Jacques. C'est le prélude d'une installation définitive. Zurbarán, marié une troisième mandes; mais sa sévérité, sa paix silencieuse, ses grands dons de coloriste et la merveilleuse humilité de son naturalisme le classent parmi les maîtres du XVIIe s. qui touchent le plus la sensibilité moderne.

Après l'exposition de 1964-1965 à Madrid (Buen Retiro), une très importante rétrospective présentant 73 œuvres a été consacrée à Zurbáran en 1987 (New York, Metr. Museum of Art) et en 1988 (Paris, Grand Palais).

Son fils **Juán** *(Llerena 1620 - Séville 1649)* fut son disciple. La personnalité de Juán commence à se dessiner grâce à trois *Natures mortes* (1639, Bordeaux, coll. part. ; 1640, musée de Kiev signées et datées 1645, Finlande). On sait que l'artiste réalisa des œuvres de caractère religieux, mais dont aucune n'a été conservée. Le style de Juán est très proche de celui de son père, avec lequel il collabora sans doute très largement. Le peintre mourut victime de la grande peste de 1649, qui dévasta Séville.

ZUSH, Albert Porta, dit
(Barcelone 1946).

Albert Porta adopte le pseudonyme de Zush en 1968. À cette date, il s'installe à Ibiza. En 1975, il quitte l'Espagne pour un séjour de deux ans à New York. Depuis 1977, l'artiste vit à Barcelone et à New York.

Autodidacte, Zush est l'auteur de peintures, de dessins, d'assemblages, de livres et de photomontages. Toute son œuvre, marquée par une création graphique extrêmement personnelle, fait référence à l'invention de son propre état *Evrugo Mental State*, territoire fictionnel, état mental et poétique.

Zush use avec une certaine subtilité de la contradiction que représente, dans son œuvre, la rencontre d'une schizophrénie recherchée et contrôlée avec une fausse naïveté, teintée de surréalisme. Ainsi, il développe une écriture obsessionnelle, parfois délirante et cependant construite. Zush a débuté en 1971 une carrière internationale (gal. Rive gauche à Paris et gal. Lanzenberg à Bruxelles). Il a participé à de nombreuses expositions collectives en Europe et aux Etats-Unis. Il est présent dans de nombreuses collections privées et publiques, dont celles du Guggenheim Museum de New York, du M.E.A.C. de Madrid, de la Generalitat de Catalunya. □

Bibliographie

ESPAGNE

I. Ouvrages généraux

BATICLE J. et MARINAS C., *la Galerie espagnole de Louis-Philippe*, R.M.N., Paris, 1981.
CARDUCHO V., *Diálogos de la pintura...*, Madrid, 1633 ; éd. critique F. Calvo Serraller, Madrid, 1979.
CÉAN BERMÚDEZ J.A., *Diccionario histórico de los más ilustres profesores de las bellas artes en España*, 6 vol., Madrid, 1800 ; rééd., Madrid, 1965.
LAFUENTE FERRARI E., *Breve historia de la pintura española*, 4ᵉ éd., Madrid, 1953.
MARTÍNEZ J., *Discursos practicables del nobilisimo arte de la pintura* ; éd. V. Carderera, Madrid, 1866.
PACHECO F., *Arte de la pintura*, 1638, Séville ; éd. critique F.J. Sánchez Cantón, 2 vol., Madrid, 1956 ; *l'Art de la peinture*, morceaux choisis en français par L. Fallay d'Este, Klinecksiek, Paris, 1986.
PALOMINO A., *Museo pictórico y escala óptica*, 3 t., Madrid, 1715-1724 ; éd. Aguilar, Madrid, 1947.
PONZ A., *Viage de España...*, 18 t., Madrid, 1772 ; éd. Aguilar, 1947.
SÁNCHEZ CANTÓN F.J., *Fuentes literarias para la historia del arte español*, 5 vol., Madrid, 1923-1941.
DE LA VIÑAZA C., *Adiciones al diccionario histórico... de J.A. Ceán Bermúdez*, 4 t., Madrid, 1894.
VALDIVIESO E., *Historia de la pintura sevillana siglos ; XIII al XX*, Séville, 1986.

MOYEN ÂGE

AINAUD DE LASARTE J., *Jaime Huguet*, Madrid, 1955.
ALCOLEA BLANCH S., *El pintor Bernat Martorell* (1427-1452), San Celoni, 1985.
ALCOLEA BLANCH S., voir GUDIOL.
BALAGUER F.,« Datos inéditos sobre artifices aragoneses », *Argensola*, II, 6, 1951
BATLLE HUGUET P., « Las pinturas góticas de la catedral de Tarragona y su museo diocesano », *Boletin arqueológico*, LII, Tarragone, 1952.
BOHIGAS TARRAGO P., *La ilustracion y la decoracion del libro manuscrito en Cataluña*, Barcelone, 1965.
BOLOGNA F., *Napoli e le rotte Mediterranee delle pintura. Da Alfonso il Magnanimo a Ferdinando il Catolico*, Naples, 1977.
BOSQUE A. de, *Artistes italiens en Espagne du XIVᵉ siècle aux Rois Catholiques, Paris*, 1965.
CAMÓN AZNAR J., « Martin de Soria », *Goya*, 68, Madrid 1965.
CAMÓN AZNAR J., *Pintura medieval española*, Summa Artis, XXII, Madrid, 1966.
CATALA GORGUES M.A., COMPANY CLIMENT X., GARIN LLOMBART F.V., HERIARD DUBREUIL M., *la Edad media : el gótico* (peinture), *in Historia del arte valenciano*, II, Valence, 1988.
CID PRIEGO C., « Las pinturas murales de la iglesia de Santo Domingo de Puigcerda », *Anales del Instituto de estudios gerundenses*, 1961-1962.
COMPANY CLEMENT X., *Pintura del Renaixement al Ducat de Gandia*, Valence, 1985.
COMPAGNY CLEMENT X., voir CATALÁ GORGUES M.A.
COOK W.W.S. et GUDIOL J., *Pintura e imaginería*

románicas, Ars hispaniae, VI, Madrid, 1950.
DALMASES N. de et JOSÉ PITARCH A., *L'art gòtic, s. XIV-XV, in Historia de l'art catalá*, III, Barcelone, 1984.
DALMASES N. de et JOSÉ PITARCH A., *L'epoca del Cister, s. XIII, in Historia de l'art catalá*, II, Barcelone, 1985.
DOMÍNGUEZ BORDONA J., *Manuscritos con pinturas*, Madrid, 1933.
DURAN SANPERE A., *Barcelona i la seva historia, III : L'art i la cultura*, Barcelone, 1975.
DURLIAT M., *Arts anciens du Roussillon*, Perpignan, 1954.
GARÍN LLOMBART F.V., voir CATALÁ GORGUES M.A.
GRIZZARD M.F.M., *Bernardo Martorell, Fifteenth Century Catalan Artist*, Ann Arbor, The University of Michigan, 1978.
FREIXAS CAMPS P., *L'art gòtic a Girona, segles XIII-XV*, Gérone, 1983.
GAYA NUÑO J.A., *Fernando Gallego*, Madrid, 1958.
GUDIOL J., *Borrassa*, Barcelone, 1953.
GUDIOL J., *Pintura gótica*, Ars hispaniae, IX, Madrid, 1955.
GUDIOL J., *Bernardo Martorell*, Madrid, 1959.
GUDIOL J., *Pintura Medieval en Aragón*, Saragosse, 1979.
GUDIOL J., ALCOLEA BLANCH S., *Pintura gótica catalana*, Barcelone, 1986.
HERIARD DUBREUIL M., *Valencia y el gótico internacional*, 2 vol., Valence, 1987.
HERIARD DUBREUIL M., voir CATALA GORGUES M.A.
JOSÉ PITARCH A., « Llorenc Saragossa y los origenes de la pintura medieval Valencia », D'Art, Universidad de Barcelona, n° 5, 1979 ; nᵒˢ 6 et 7, 1981.
JOSÉ PITARCH A., *Pintura gótica valenciana. El periodo internacional*, Universitad de Barcelona, 1982 (résumé de thèse).
JOSÉ PITARCH A., voir DALMASES N.
LACARRA DUCAY M.C., *Primitivos aragoneses en el museo provincial de Zaragoza. Catálogo*, Seminario de arte aragones, XVI-XVIII, 1970.
LACARRA DUCAY M.C., *Aportacion al estudio de la pintura mural gótica en Navarra*, Pampelune, 1974.
LLOMPART G., *La pintura medieval mallorquina*, 4 vol., Palma de Majorque, 1977-1980.
LLOMPART G., *La pintura gótica en Mallorca*, Barcelone, 1987.
LLONCH S., « Pintura italo-gótica valenciana », *Anales y boletin de los museos de arte de Barcelona*, XVIII, Barcelone, 1967-1968.
MADURELL J.M., « El arte en la comarca alta de Urgel », *Anales y boletin de los museos de arte de Barcelona*, III, 4, 1945 ; IV, 1-4, Barcelone, 1946.
MADURELL J.M., « El pintor Lluis Borrassa : su vida, su tiempo, sus seguidores y sus obras », *Anales y boletin de los museos de arte de Barcelona*, VII, 1949 ; VIII, 1950 ; X, Barcelone, 1952.
MAÑAS BALLESTIN F., *Pintura gótica aragonesa*, Saragosse, 1979.
MEISS M., « Italian style in Catalonia and a

Fourteenth Century Catalan Workshop », *The Journal of the Walters Art Gallery*, Baltimore, 1941.
PIJOAN J., *les Peintures murales catalanes*, Barcelone, 1907-1921.
POST C.R., *History of spanish painting*, 12 vol., Cambridge, Mass., 1930-1966.
SANCHIS SIVERA J., « Pintores medievales en Valencia », *Archivo de arte valenciano*, Valence, 1928, 1929, 1930-1931.
SAMPERE MIQUEL S., *Los quatrocentistas catalanes*, 2 vol., Barcelone, 1906.
SARALEGUI L. de, « La pintura medieval valenciana », *Archivo de arte valenciano*, Valence, 1935, 1936, 1952, 1954, 1956, 1957, 1958, 1959.
SARELEGUI L. de, « Visitando colecciones : la de la marquesa Viuda de Benicarlo, *Arte Español*, 1944.
SARALEGUI L. de, « Visitando colecciones : la del marques de Montortal », *Arte español*, 1947.
STERLING C., « Tableaux espagnols et un chef-d'œuvre portugais méconnus du xvᵉ siècle », in *Actes du XXIIIᵉ congrès international d'histoire de l'art*, Grenade, 1973, Université de Grenade, 1976, I.
SUREDA J., *El gotic Català. Pintura*, Barcelone, 1977.
TORMO E., *Jacomart y el arte hispano-flamenco cuatrocentista*, Madrid, 1913.
TRENS M., *Ferrer Bassa i les pintures de Pedralbes*, Barcelone, 1936.
YARZA J., « La edad media », in *Historia del arte hispanico*, II, Barcelone, 1980.
YOUNG E., *Bartolomé Bermejo. The Great Hispano-Flemish Master*, Londres, 1975.

XVIᵉ SIÈCLE
ALBÍ J., BENITO DOMÉNECH F., CATALA GORGUES M.A., COMPANY CLIMENT X. et GARIN ORTIZ DE TARANCO F.M., « El renacimiento », in *Historia del arte valenciano*, III, Valence, 1986.
ALBÍ J., *Joan de Joanes y su círculo artístico*, 3 vol., Valence, 1979.
ALVAREZ LOPERA J., *De Ceán a Cossio. La fortuna crítica del Greco en el siglo XIX*, Madrid, 1987.
ALVAREZ LOPERA J., voir PITA ANDRADE J.M.
ANGULO IÑIGUEZ D., *A. Fernandez*, Madrid, 1946.
ANGULO IÑIGUEZ D., *P. de Campaña*, Séville, 1951.
ANGULO IÑIGUEZ D., *Pintura del renacimiento*, Ars hispaniae, XII, Madrid, 1954.
ANGULO IÑIGUEZ D., *Juan de Borgoña*, Madrid.
BACKSBACKA I., *Luis de Morales*, Helsinki, 1962.
BENITO DOMENECH F., voir ALBI J.
BREUER S., *Alonso Sánchez Coello*, Munich, 1984.
BUENDIA J.R., « Pintura del Renacimiento » in *Historia del arte hispanico*, II, Madrid, 1980.
BUSTAMANTE A. et MARIAS F., *Las ideas artísticas de El Greco*, Madrid, 1983.
CAMÓN AZNAR J., *Dominico Greco*, Madrid, 1970.
CAMÓN AZNAR J., *La pintura española del XVI*, Summa Artis, XXIV, Madrid, 1970.
CAMÓN AZNAR J., *Alonso Berruguete*, Madrid,1980.
CATÁLA GORGUES M.A., voir ALBÍ J.
COMPANY CLIMENT X., *Pintura del Renaixement al Ducat de Gandia. Imatges d'un temps i d'un pais*, Valence, 1980.
COMPANY CLIMENT X, *La pintura valenciana de Jacomart a Pau de Sant Leocadi | el corrent hispanoflamenc i els inicis del Renaixement*, Barcelone, 1987.
COMANY CLIMENT X., voir ALBÍ J.
COSSIO M.B. *El Greco*, rééd., Barcelone, 1972.
MARTIN CUBERO M.L., *Alejo Fernandez*, Fundación universitaria, Madrid, 1988.
GARÍN ORTIZ DE TARANCO F.M., *Yáñez de la Almedina*, Cuidad Real, 1974.

GARÍN ORTIZ DE TARANCO F.M., voir ALBÍ J.
GAYA NUÑO J.A., *Luis de Morales*, Madrid, 1961.
GUINARD P. et FRATI T., *Tout l'œuvre peint du Greco*, Paris, 1971.
MATEO GÓMEZ I., *Juan Correa de Vivar*, Madrid.
PITA ANDRADE J.M. et ALVAREZ LOPERA J., *El Greco*, Paris, 1983.
POST G.R., *History of Spanish Painting*, vol. X à XIV, Cambridge, Mass., 1953-1966
SERRERA J.M., *Pedro de Villegas Marmolejo*, Séville, 1976.
SERRERA J.M., *Hernando de Esturmio*, Séville, 1983.
SERRERA J.M., *Pintura y pintores del siglo* xvi, in « *La catedral de Sevilla* », Séville, 1985.
SERRERA J.M., *Vasco Pereira, un pintor portugues en la Sevilla del siglo* xvi, Séville.
WETHEY H.E., *El Greco and His School*, Princeton, 1962 ; éd. espagnole, Madrid, 1967.

XVIIᵉ SIÈCLE
ANGULO IÑIGUEZ D., *Pintura del siglo* xvii, Ars hispaniae, XV, Madrid, 1971.
ANGULO IÑIGUEZ D., *Murillo, su vida, su arte, su obra*, 3 vol., Madrid, 1981.
ANGULO IÑIGUEZ D., *José Antolinez*, Madrid, 1957.
ANGULO IÑIGUEZ D. et PÉREZ SÁNCHEZ A.E., *Pintura madrileña del primer terci del siglo* xvii, Madrid, 1969.
ANGULO IÑIGUEZ D. et PÉREZ SÁNCHEZ A.E., *Pintura toledana de la primera mitad del siglo* xvii, Madrid, 1972.
ANGULO IÑIGUEZ D. et PEREZ SÁNCHEZ A.E., *Pintura madrileña del segundo tercio del siglo* xvii, Madrid, 1983.
ANGULO IÑIGUEZ D. et PÉREZ SÁNCHEZ A.E., *A Corpus of Spanish Drawings*, 4 vol., Londres, 1975, 1977, 1985, 1988.
BATICLE J., « l'Âge baroque en Espagne, la peinture espagnole de la seconde moitié du xviᵉ à la fin du xviiᵉ siècle », in *l'Âge baroque en Espagne et en Europe septentrionale*, Genève, 1981.
BOTTINEAU Y. et BARDI P.M., *Tout l'œuvre peint de Velázquez*, Paris, 1975.
BROWN J., *Zurbarán*, New York, 1973.
BROWN J., *Images and Ideas in Seventeenth Century Spanish Painting*, Princeton 1978 ; éd. espagnole, Madrid, 1980.
BROWN J., *Velázquez, Painter and Courtier*, New Haven, 1986 ; éd. espagnole, 1986 ; éd. française, Paris, 1988.
BROWN J. et ELLIOTT J.H., *A Palace for a King : the Buen Retiro and the Court of Philippe IV*, New Haven, 1980 ; éd. espagnole, Madrid, 1981.
BUENDIA J.R. et GUTIERREZ PASTOR I., *Vida y obra del pintor Mateo Cerezo*, Burgos, 1986.
CALVO SERRALLER F., *Teoría de la pintura en el siglo de oro*, Madrid, 1981.
CAMON AZNAR J., *La pintura española del siglo* xvii, Summa Artis, XXV, Madrid, 1977.
CRAWFORD VOLK M., *Vicenzio Carducho and the Seventeeth Century Castillian Painting*, Yale University, 1973.
ELLIOT J.R., voir BROWN J.
FELTON C., *Jusepe de Ribera : a Calatogue Raisonné*, Ann Arbor, Michigan, 1974.
FRATI T., voir GAYA NUÑO J.A.
GALLEGO J., *Vision et symboles dans la peinture espagnole au Siècle d'or*, Paris, 1968.
GALLEGO J., *Diego Velázquez*, Barcelone, 1983.
GALLEGO J. et GUDIOL J., *Zurbarán, 1598-1664*,

Barcelone, 1976 ; éd. française, 1987.
GAYA NUÑO J.A., *Claude Coello*, Madrid, 1957.
GAYA NUÑO J.A. et ESTEBAN C., *Tout l'œuvre peint de Murillo*, éd. française mise à jour par A. Cloulas, Paris, 1980.
GUDIOL J., *Velázquez*, Barcelone, 1973.
GUDIOL J., voir GALLEGO J.
GUINARD P., *Zurbarán et les peintures espagnoles de la vie monastique*, Paris, 1960 ; rééd. 1987.
GUINARD P. et FRATI T., *Tout l'œuvre peint de Zurbarán*, Paris, 1975.
GUTIERREZ PASTOR I., voir BUENDIA J.R.
HARAZSTI-TAKACS M., « Pedro Nuñez de Villavicencio, disciple de Murillo », *Bulletin du musée hongrois des Beaux-Arts*, n°ˢ 48-49, 1977.
HARAZSTI-TAKACS M., *Spanish Genre Painting in the Seventeenth Century*, Budapest, 1983.
HARRIS E., *Velázquez*, New York, 1982.
JORDAN W.B., *Juan Van der Hamen*, Ann Arbor, Michigan, 1967.
KINKEAD D.T., *Juan de Valdés Leal (1622-1690). His Life and Work*, New York et Londres, 1978.
KOWAL D.M., *Ribalta y los ribaltescos. La evolución del estilo barroco en Valencia*, Valencia, 1985.
LOPEZ-REY J., *Velázquez. The Artist as a Maker*, Lausanne-Paris, 1979.
LOPEZ TORRIJOS R., *La mitología en la pintura española del Siglo de oro*, Madrid, 1985.
MALLORY AYALA N., *Murillo*, Madrid, 1983.
MARTÍN GONZÁLEZ J. J., *El artista en la sociedad española del siglo XVII*, Madrid, 1984.
MARTINEZ RIPOLL A., *Francisco de Herrera el viejo*, Séville, 1978.
MARTINEZ RIPOLL A., *La iglesia del colegio de S. Buenqvantura*, Séville, 1976.
MAZÓN DE LA TORRE M.A., *Jusepe Leonardo y su tiempo*, Saragosse, 1977.
PÉREZ SÁNCHEZ A.E., *Jerónima Jacinto de Espinosa*, Madrid, 1972.
PÉREZ SÁNCHEZ A.E., *Juan Carreño de Miranda (1614-1685)*, Madrid, 1985.
PÉREZ SÁNCHEZ A.E., *la Nature morte espagnole du XVIIᵉ siècle à Goya*, Fribourg, 1987.
PÉREZ SÁNCHEZ A.E., voir ANGULO IÑIGUEZ D.
SEBASTIAN S., *Contrarreforma y barroco. Lecturas iconográficas e iconologicas*, Madrid, 1981.
SORIA M., *The Paintings of Zurbarán*, Londres, New York, 1955.
SPINOSA N. et PÉREZ SÁNCHEZ A.E., *La obra pictórica completa de Ribera*, Barcelone, Madrid, 1979.
SULLIVAN E.J., *Baroque Painting in Madrid. The Contribution of Claudio Coello, with a Catalogue Raisonné of his Works*, University of Missouri Press Columbia, 1986.
VALDIVIESO E., *Juan de Roelas*, Séville, 1978.
VALDIVIESO E., *Valdés Leal*, Séville, 1988.
VALDIVIESO E., et SERRERA J.M., *Pintura sevillana del primer tercio del siglo XVII*, Madrid 1985.
WETHEY H.E., *Alonso Cano, pintor, escultor y arquitecto*, Madrid, 1983.
ZUERA TORRENS F., *Antonio del Castillo. Un gran pintor barraco*, Cordoue, 1987.

XVIIIᵉ SIÈCLE

ALCOLEA S., « La pintura en Barcelona durante en siglo XVIII », *Anales y boletín de los museos de arte de Barcelona*, t. XIV-XV, 1959-1962, publ. 1969.
APARICIO OLMO E.M., *Palomino, su arte y su tiempo*, Valence, 1966.
ARNAIZ J.M., *La familia González Velázquez*, 1989.

BEDAT C., *l'Académie des beaux-arts de Madrid 1744-1808*, Toulouse, 1974.
BOTTINEAU Y., *l'Art de cour dans l'Espagne de Philippe V (1700-1746)*, Bordeaux, 1962 ; éd. espagnole mise à jour *El arte cortesano en la España de Felipe V (1700-1746)*, Madrid, 1986.
BOTTINEAU Y., *l'Art de cour dans l'Espagne des lumières (1746-1808)*, Paris, 1986.
CAMÓN AZNAR J., MORALES J.L., VALDIVIESO E., *Arte español del siglo XVIII*, Summa Artis, vol. XXVII, Madrid, 1984.
DELGADO O., *Paret y Àlcazar*, Madrid, 1957.
GALLEGO J., *Los bocetos y las pinturas murales del Pilar*, Saragosse, 1987.
GAYA NUÑO J.A., *Palomino*, Madrid, 1956.
MORALES Y MARÍN, *Los Bayeu*, Madrid, 1979.
PERALES PICQUER R.M., *Juan de Espinal*, Arte hispalense, Séville, 1981.
SAMBRICIO V. de, *José del Castillo*, Arte y artistas, Madrid, 1957.
SÁNCHEZ CANTÓN F.J., *Escultura y pintura del siglo XVIII. Francisco Goya*, Ars hispaniae XVII, Madrid, 1965.
TRIADÓ J.R., *L'època del barroc. s. XVII-XVIII*, Història del Art català, Barcelone, 1985.
TUFTS, E.M., *Luis Meléndez, Eighteenth Century Master of Spanish Still Life with a Catalogue Raisonné*, Columbia, 1985.

GOYA

ANGELIS R. et GUINARD P., *Tout l'œuvre peint de Goya*, Paris 1976.
BATICLE J., *Goya d'or et de sang*, « Découvertes », Gallimard, Paris, 1986.
GASSIER P. et WILSON J., *Vie et œuvre de Goya. L'œuvre complète et illustrée : peintures, dessins, gravures*, Paris 1970 ; éd. anglaise, Londres, 1971.
GLENDINNING N., *Goya and His Critics*, Londres, 1977.
GUDIOL J., *Goya*, Barcelone, 1970.
GUE TRAPIER E. du, *Goya and His Sitters*, New York, 1964.
LAFUENTE FERRARI E., *Antecedentes, coincidencias e influencias del arte de Goya*, Madrid, 1947 ; rééd. 1987.
SAMBRICIO V., *Tapices de Goya*, Madrid, 1946.

XIXᵉ SIÈCLE

AINAUD DE LASARTE J., *R. Casas*, Madrid, 1968.
AGUILERA CERNI V., *I. Pinazo*, Valence, 1982.
ARIAS ANGLES E., *El paisajista romántico Jenaro Perez Villaamil*, Madrid, 1986.
ARIAS ANGLES E., voir ZAVALTA.
ARNAIZ, J.M., *E. Lucas, su vida y obra*, Madrid, 1981.
EALO DE SA, M., *José de Madrazo, primer pintor neo-classico de España*, Santaner, 1981.
EGEA, Miguel A., *Carlos Luis de Ribera, pintor romántico madrileno*, Madrid, 1983.
EGEA Miguel P., *Juan Antonio de Ribera, pintor néoclásico*, Académia, 1983.
ESPI VALDES A., *Vida y obra del pinto Gisbert*, Valence, 1971.
GAYA NUÑO J.A., *Arte del siglo XIX*, Ars hispaniae, XIX, Madrid, 1966.
FONTBONA F., *Del neoclassicisme a la Restauració 1808-1888*. Hist. de l'art català, VI, Barcelone, 1983.
GUERRERO LOVILLO J., *Antonio Maria Esquivel*, Madrid, 1957.
JARDI E., *Nonell*, Barcelone, 1969.
JARDI E., *Joaquim Mir*, Barcelone, 1975.
LAFUENTE FERRARI E., *La vida y el arte de Ignacio Zuloaga*, Madrid, 1972.

LIPSCHUTZ I.H., *Spanish Paintings and the French Romantics*, Madrid, 1982.
MORALES Y MARÍN J.L., *V. López*, Saragosse, 1980.
NONELL C., *I. Nonell. Su vida y su obra*, Madrid, 1963.
OSMA G., *Mariano Fortuny, His Life and Work*, New York, 1980.
PANTORBA B. de, *Sorolla. Estudio biográfico y crítico*, 2ᵉ éd., Madrid, 1977.
PENA LÓPEZ M.C., *El paisage español del siglo XIX : del naturalismo al impresionismo*, Madrid, 1982.
PENA LÓPEZ M.C., *Pintura de paisage e ideología. La generación del 98.*, Madrid, 1983.
PEREZ MONRANDEIRA R., *Vicente Palmaroli*, Madrid, 1971.
REINA PALAZÓN D., *La pintura costumbrista en Sevilla (1830-1870)*, Séville, 1979.
REVILLA UCEDA M., *Eduardo Rosales en la pintura española*, Madrid, 1982.
REYERO C., *Imagén histórica de España (1850-1900)*, Madrid, 1987.
RINCON GARCÍA, S., *Muñoz Degraín. Pintor valenciano y español*, Valence, 1966.
SIMO T., *Joaquim Sorolla*, Valence 1980.
VALDIVIESO E., *Pintura sevillana del siglo XIX*, Séville, 1981.
ZAVALA I.M., ARIAS ANGLÉS E., NAVASCUÉS PALACIO P., et d'autres, *La época del romantismo (1808-1874)*, vol II, Las Cetras, Las Artes...

XXᵉ SIÈCLE

L'art español en la colección de la Fundación Caixa de Pensions, Barcelone, 1986.
Arte español contemporaneo en la collección de la Fundación Juan March, Madrid, 1985.
Arte español en Nueva York 1950-1970, colección Amos Cahan, Fundación Juan March, Madrid, 1986.
Barceló Barcelona, Pintures de 1985 a 1987, Ajuntament de Barcelona, Barcelone, 1987.
Barcelona Paris New York, El cami de dotze artistes catalans 1960-1980, Generalitat de Catalunya, Departament de Cultura, Barcelone, 1985.
BARROSO VILLAR J., *Grupos de pintura y grabado en España 1939-1969*, Oviedo, 1979.
BOZAL V., *El realismo entre el desarollo y el subdesarollo*, Madrid, 1966. *Joan Brossa o les paraules son les coses*, Fundació Miró, Barcelone, 1986.
Broto, MEAC, Madrid, 1987.
CAMPOY A.M., *Diccionario crítico del arte español contemporaneo*, Madrid, 1973.
CASTRO F., *O. Domínguez y el surrealismo*, Madrid, 1978.
CATALÁ GORGUES M.A., *100 años de pintura, escultura y grabado valencianos, 1878-1978*, Caja de Ahorros de Valencia, 1978.
CHAVARRI R., *Mito y realedad de la escuela de Vallecas*, Madrid, 1975.
CIRICI PELLICER A., *La estética del franquismo*, Barcelone, 1977.
CIRLOT L., *La pintura informal en Cataluña, 1951-1970*, Barcelone 1983. *Antoni Clavé*, musée des Augustins, Toulouse, 1981.
CORREDOR J., *Benjamín Palencia*, Madrid, 1979. *Dobles Figuras/Double Figures*, Museum of Modern Art, Oxford, 1986.
FERMIGIER A., *Picasso Five Spanish Artists*, Artists Space, New York ; Europalia Gent-Namur, 1985.
Ferrán García Sevilla, Generalitat de Catalunya, Department de Cultura, Barcelone, 1989.
GARFIAS F., *Vida y obra de Vásquez Diaz*, Madrid, 1972.
BAYA NUÑO J.A., *Arte del siglo XX*, Art hispaniae,

XX, Madrid, 1977.
GONZÁLEZ de DURANA J., *Adolfo Guiard*, Bilbao, 1982. *Luis Gordillo*, Museo Bilbao, 1981.
LEYMARIE J., *Picasso. Métamorphoses et unité*, Genève, 1971.
Madrid DF, Museo Municipal, Madrid, 1980.
MAINER J.C., *Modernismo y 98*, Barcelone, 1980.
MEAC, Museo Español de Arte Contemporaneo, 2 tomes, 1984.
MIRALLES F., « L'epoca de les aventguartes 1917-1970 » in *Historia de l'art catalá*, III, Barcelone, 1983.
MIRALLES F., *Hermen Anglada Camarasa*, Barcelone, 1981.
Obra de Juan Miró, Fundació Miró, Barcelone, 1988.
Miró en las colecciones del estado, Centro Reina Sofia, Madrid, 1987.
Museo de arte abstracto español, Cuenca, Fundación Juan March, Madrid, 1988.
New Images from Spain, Guggenheim Museum, New York, 1980.
26 pintors, 13 critics, panorama de la jove pintura espanyola, Centre cultural de la Caixa de Pensions, Barcelone, 1982.
El Paso despues El Paso, en la colección de la Fundación Juan March, Fundación Juan March, Madrid, 1988.
Le Dernier Picasso 1953-1973, M.N.A.M. et musée Picasso, Paris, 1988.
Pintura española, aspectos de una decada 1955-1965, Fundación Caja de Pensions, Madrid, 1988.
Pintores y escultores espanoles 1981-1986, Fundación Caja de Pensions, Madrid, 1986 ; fondation Cartier, Jouy-en-Josas, 1986.
Rafols-Casamada, Exposicio antologica 1957-1985, Generalitat de Catalunya ; Fundació Miró, Barcelone, 1985.
SELVA J., « La pintura », in *L'art catala contemporani*, Barcelone, 1972.
José Maria Sicilia, C.A.P.C. de Bordeaux, 1987.
Tàpies, fondation Maeght, Saint-Paul-de-Vence, 1976.
Antoni Tàpies, *Mémoire*, éd. Galilée, Paris, 1981.
Tàpies, peintures, encres, vernis, 1982-1983, Renault Recherches et Industrie, abbaye de Senanque, Gordes, 1983.
TOUSSAINT L., *El paso y el arte abstracto en España*, Madrid, 1983.
Zush Evrugo Mental State, centre d'Art contemporain Labège-Innopole.

II. Catalogues d'expositions
(ordre chronologique)

Trésors de la peinture espagnole : églises et musées de France, Paris, musée des Arts décoratifs, 1963 (Laclotte, Baticle, Mesuret).
Centenario de Alonso Cano en Granada, vol. II (Orozco Diaz), Hôpital royal de Grenade, 1968, publ. Grenade, 1970.
Joaquín Mir (1873-1940), Madrid, 1971.
Eugenio Lucas et les satellites de Goya (Baticle, Ressort), Castres, Lille, 1973.
La obra de Eduardo Rosales (1836-1873) [Salas], Madrid, Casón del Buen Retiro, 1973.
Caravaggio y el naturalismo español (Pérez Sánchez), Alcázar de Séville, 1973.
Pintura española del siglo XIX, Lisbonne, Fondation Gulbenkian, 1974.

Mariano Fortuny et ses amis français (Ressort), Castres, 1974.
Primer centenario de la muerte de Fortuny (Ainaud de Lasarte), Barcelone, Madrid, Reus, 1974-1975.
La Peinture espagnole du Siècle d'or, de Greco à Velázquez (Pérez Sánchez), Paris, Petit Palais, 1976.
Crónica de la pintura española de la postguerra 1940-1960, Madrid, Museo de Arte contemporaneo, 1976.
Art i modernitat als països catalans, Berlin, Staatliche Kunsthalle, 1978.
Murillo and His Drawings (Brown), Princeton, 1976.
Don Antonio de Pereda y la pintura madrileña de su tiempo (Pérez Sánchez), Madrid, Palacio de bibliotecas y museos, 1978-1979.
Pintura en Sevilla en la epoca de los duques de Montpensier (Valdivieso, Lleo Cana), Séville, 1979.
L'Art européen à la cour d'Espagne au XVIIIᵉ siècle (Baticle, Bottineau, Luna, Pérez Sánchez), Bordeaux, Paris, Madrid, 1979-1980.
Salvador Dalí (1920-1980) [Abadie], Paris, Centre Georges-Pompidou, 1979-1980.
Panorama de la pintura española desde los Reyes Catolicos à Goya, Buenos Aires, Madrid, 1980.
El dibujo español de los Siglos de oro (Pérez Sánchez), Madrid, 1980.
Joan de Joanes (Albi, Garín Llombart), Madrid, Valence, 1980.
Barcelona Restaura, Barcelone, Salo del Tinell, 1980.
La pintura gótica en la corona de Aragón (Alcolea Blanch, José Pitarch, Lacarra Ducay, Llompart Moragues), Saragosse, 1980.
Cien años de cultura catalana (1880-1980), Madrid, Palacio de Velázquez, 1980.
Pablo Picasso (Rubin, Bozo), New York, Museum of Modern Art, 1980.
El Greco a Goya, the Taste for Spanish Painting in Britain and Ireland (Braham), Londres, National Gallery, 1981.
Nonell (Mendoza, Vidal), Barcelone, Palau de la Virreina, 1981.
Imagen romántica de España, Madrid, Palacio de Velázquez, 1981.
Picasso (1881-1973), Madrid, Museo de Arte contemporaneo ; Barcelone, museo Picasso, 1981-1982.
Exposición commemorativa de la escuela de Altamira, Santillana del Mar, 191 .
Antoni Tàpies, Madrid, Museo de Arte contemporaneo, 1981.
Equipo Crónica, Madrid, Museo de Arte contemporaneo, 1981.
El arte en la epoca de Calderón (Diaz Padrón), Madrid, Palacio de Velázquez, 1981-1982.
Ramón Casas, Barcelone, Palau de la Virreina, 1982.
Eduardo Arroyo, Madrid, Museo de Arte contemporaneo, 1982.
Painting in Spain 1650-1700 from North American Collections (Sullivan, Mallory), Princeton, The Art Museum, 1982.
El Greco de Toledo (Jordan, Brown, Pérez Sánchez, Kagan), Madrid, Prado ; Washington, National Gallery ; The Toledo Museum of Art ; Dallas Museum of Fine Art, 1982-1983.
El Toledo de El Greco (Pérez Sánchez), Tolède, Hospital de Tavera, 1982.
Jusepe de Ribera (Felton, Jordan), Fort Worth, Kimbell Art Museum, 1982.
Vásquez Diaz, Madrid, Museo de Arte contemporaneo, 1982.
Bartolomé Estebán Murillo (Angulo Iñíguez, Mena Marqués, Valdivieso), Madrid, Prado ; Londres,

Royal Academy, 1982-1983.
Pintores Granadinos del siglo XVII (Pareja Lopez), Séville, Museo de Bella Artes, 1982.
La época de Murillo, antecedentes y consecuencas de su pintura (Valdivies Serrera), Séville, 1982.
Pintura española de los siglos XVI al XVIII en colecciones centroeuropea (Pérez Sánchez, Georg, Nyerges), Madrid, Prado, 1981-1982.
Luis Melendez, bodegonista español del siglo XVIII (Luna), Madrid, Prado, 1982. (Tufts, Luna) Raleigh, Dallas, New York, 1985.
El niño en el museo del Prado, Madrid, Prado, 1983.
Goya en las coleccciones madrilenas (Lafuente Ferrari), Madrid, Prado, 1983.
Murillo dans les musées français (Ressort), Paris, 1983.
Aureliano de Beruete, 1845-1912, Madrid, Fundacion de la Caja de Pensions 1983.
Pintores españoles de la luz, Madrid, Banco de Bilbao ; Barcelona, Museo de Arte moderno ; Oviedo, Museo de bellas artes de Asturias, 1983.
Exposición Sorolla, Tarrasa, Barcelone, Villanueva y Geltru, 1983.
Pintura española de bodegones y floreros de 1600 a Goya (Pérez Sánchez), Madrid, Palacio de bibliotecas y museos, 1983-1984.
Sevilla en el siglo XVII (Guerrero Lovillo), Séville, 1983-1984.
La escuela de Vallecas, Madrid, Centro cultural Alberto Sánchez, 1984-1985.
Pintura napolitana de Caravaggio a Giordano (Pérez Sánchez), Madrid, 1985.
Spanish Painters in Search of Light (1850-1950), Montreal ; Harvard, Fogg Museum ; Dallas, Meadows Museum ; New York, National Gallery of Design, 1985.
Splendeurs d'Espagne et des villes belges, 1500-1700, Europalia 85, Bruxelles, 1985.
Goya, Europalia 85, Bruxelles, 1985.
Dario de Regoyos, Europalia 85, Bruxelles, 1985.
Los Beatos, Europalia 85, Bruxelles, 1985.
Spanish Still Life in The Golden Age (Jordan), Fort Worth, Kimball Art Museum, 1985.
Imatge i Paraula als segles XIV, XV, Valence, 1985.
Luis Fernandez, Madrid, 1985.
Los Madrazo, una familia de artistas (La Puente, Gallego, Carrete), Madrid, Museo municipal, 1985.
Sorolla, Solana, Europalia 85, Liège, 1985.
Ignacio Zuloaga, Saint-Sébastien, Museo San Telmo ; Vittoria, Museo de Bellas Artes ; Zumaya, 1985-1986.
L'art als Bisbats de Catalunya 1000-1800, Barcelone, Fundación Caixa de Pensions, 1986.
Carreño, Rizi, Herrera y la pintura madrileña de su tiempo (1650-1700) [Pérez Sánchez], Madrid, Palacio de Villahermosa, 1986.
Antonio de Castillo (Valverde Madrid, Valverde Candil, Valdivieso), Cordoue, 1986.
Monstruos, Enanos y bufones en la corte de los Austrias, Madrid, Prado, 1986.
Dario de Regoyos (1857-1913), Barcelone ; Madrid, Fundación Caja de Pensions, 1986-1987.
Renacimiento y baroco, colección grupo franco hispano americano, Tolède, Museo de Santa Cruz, 1987.
Tesoros de las colecciones particulares madrileñas. Pintura desde el siglo XV a Goya, Madrid, Real Academia de San Fernando, 1987.
El arte en las colecciones de la Casa de Alba, Barcelone ; Madrid, Fundación Caja de pensions, 1987.
Pintura española del siglo XIX. De Goya a Picasso,

Moscou, Leningrad, 1987.
La vida cotidiana en la pintura andaluza del XIX,
Séville, Archivo histórico provincial, 1987.
*L'epoca dels genis. Tresors del museu d'Art de
Catalunya, Renaixement, Barroc,* Gérone, 1987.
De Greco à Picasso (Pita Andrade, Gallego), Paris,
Petit Palais, 1987.
Le Siècle de Picasso (Llorens, Calvo Serrailer), Paris,
musée d'Art moderne, 1987.
L'Imagination nouvelle : les années 70-80, Paris,
musée d'Art moderne, 1987.
Los Ribalta y la pintura española de su tiempo
(Domenech), Madrid, Prado, 1987.
Zurbarán (Baticle, Ressort, Delenda, Powell), New
York, Metropolitan Museum ; Paris, Grand Palais,
1987-1988.
Los pintores de la Ilustración (Arnaiz, Morales),
Madrid, Centro del Conde Duque, 1988.
Fortuny, Barcelone, Valence, 1988.
Les Demoiselles d'Avignon, Paris, musée Picasso,
1983.
Zurbarán (Baticle, Pérez Sánchez, Serrera), Madrid,
Prado, 1988.
*Tesoros de las colecciones particulares madrileñas :
tablas españolas y flamencas 1300-1550* (Azcárate),
Madrid, Real Academia de bellas artes de San
Fernando, 1988.
Goya y el espiritu de la ilustración (Pérez Sánchez,
Sayre, Mena Marqués), Madrid ; Prado ; Boston, Fine
Arts Museum ; New York, Metropolitan Museum,
1988-1989.
Obras Maestras de la colección Masaveu, Madrid,
Palacio de Villahermosa, 1989.
*Las edades del hombre. El arte en la iglesia de Castilla
y Leon,* Valladolid, 1988-1989.
*Carlos III en Italia. Itinerario de un monarco español
1731-1759* (Urrea), Madrid, Prado, 1989.
*Painting in Spain During The Later Eighteenth
Century* (Helston), Londres, National Gallery,
1989.
Ignacio Zuloaga in America 1909-1925, New York,
Spanish Institute, 1989.
Historia y arte de la iglesia cataláña, Millenum,
Barcelone, Salo del Tinell, 1989.

III. Catalogues
des principaux musées
et monuments
qui conservent des peintures espagnoles
(ordre alphabétique)

ESPAGNE
Badajoz
ARAYA C. et RUBIO F., *31 obras del museo provincial
de Bellas Artes,* Badajoz, 1986.
Barcelone
AINAUD DE LASARTE J., *Guía del museo de Arte
de Cataluña, Romanico,* Barcelone, 1973.
AINAUD DE LASARTE J., *Donacio Fontana. Cataleg,*
Barcelone, 1976.
AINAUD DE LASARTE J., *Donacio Joan Prats i
Tomas,* Barcelone, 1982.
SÁNCHEZ CANTÓN F.J., *La colección Cambó,* Barce-
lone, 1955.
Colección Matias Mundadas, Barcelone, 1957.
MENDOZA C., *Cataleg de pinturas dels seglos XIX
i XX,* Barcelone, 1987.
Museu Picasso. Cataleg de pintura i dibuix, Barce-
lone, 1984.

Bilbao
Museo de Bellas Artes, Bilbao, 1969.
BENGOECHEA J., *Catálogo de arte contemporaneo
del museo de Bellas Artes,* Bilbao, 1980.
Burgos
OSABA Y RUIS de ERENCHUN B., *Museo arqueoló-
gico de Burgos,* Burgos, 1974.
Cadix
PEMAN Y PEMARTIN C., *Catálogo del museo
provincial de Cadix. Pinturas,* Madrid, 1964.
Castellon de la Plana
DIAZ MANTECA E., *Guía del museo de Bellas
Artes,* Castellon, 1984.
Cordoue
RAYA RAYA M.A., *Catálogo de las pinturas de la
catedral de Córdoba,* Monte de Piedad y Caja de
Ahorros de Córdoba, Cordoue, 1988.
Cuenca
Colección del arte abstracto. Museo de Cuenca, 1966.
Gérone
LAMBERTO FONT P., *Gerona. La catedral y el museo
diocesano,* Gérone, 1952.
Grenade
OROZCO DIAZ E., *Guía del museo provincial de
Bellas Artes,* Madrid, 1966.
Huesca
LACARRA DUCAY M.C. et MORTEGARCIA C.,
Catálogo del museo episcopal y capitular de Huesca,
Saragosse, 1984.
Játiva
SARTHOU CARRERES C., *El museo municipal de
Játiva,* Valence, 1947.
La Corogne
MARTINEZ BARBEITO I., *Catálogo del museo
provincial de Bellas Artes,* La Coruña, 1957.
Madrid
SANZ PASTOR C. et PIEROLA F. de, *Museo Cerralbo,*
Madrid, 1969.
SANZ PASTOR C. et PIEROLA F. de, *Museo Cerralbo.
Catálogo de dibujos,* Madrid, 1976.
CAMÓN AZNAR J., *Guía del Museo Lazaro Galdiano,*
Madrid, 1981.
SÁNCHEZ CANTÓN F.J., *Catálogo de las pinturas del
Instituto de Valencia de Don Juan,* Madrid, 1923.
Museo del Prado. Catálogo de las pinturas, Madrid,
éd., 1987.
ARNAEZ R., *Museo del Prado. Dibujos españoles,* II
(A à B), Madrid, 1975.
PÉREZ SÁNCHEZ A.E., *Museo del Prado. Dibujos
españoles I, siglos XV-XVII,* Madrid, 1972, *III, siglo
XVIII (C à Z) ;* Madrid, 1977.
PUENTE J. de la, *museo del Prado ; Casón del Bueno
Retiro. Pintura del siglo XIX,* Madrid, 1985.
MIRO J., RENAU J., SERT J.L., TUSELL J. et
CHIPP, H., *Guernica-Legado Picasso,* Madrid, museo
del Prado, 1981.
PÉREZ SÁNCHEZ A.E., *Real Academia de Bellas
Artes de San Fernando. Inventario de las pinturas,*
Madrid, 1964.
LABRADA F., *Real Academia de Bellas Artes de San
Fernando. Catálogo de las pinturas,* Madrid, 1965.
GÓMEZ MORENO M.E., *Guía del museo romántico,*
Madrid, 1970.
PANTORBA B., *Museo Sorolla,* Madrid, 1965.
Málaga
MURILLO CARRERAS R., *Pintores y escultores de
los siglos XVI, XVII, XVIII,* Málaga, 1945.
Murcie
*Museo de Murcia. Catálogo de su seccion de Bellas
Artes,* Murcie, 1910.
Oviedo

FERNANDEZ CASTANON J.A. et VALLAURE E.M., *Museo de Bellas Artes de Asturia*, Oviedo, 1986.
Palencia
SAN MARTIN PAYO J., *Guía del museo catedralicio*, Palencia, 1976.
Pampelune
MEZQUIRIZ M.A., *Museo de Navarra, Guía*, Pampelune, 1978.
Salamanque
GALLEGO DE MIGUEL A., *El museo de Bellas Artes de Salamanca*, Salamanque, 1975.
Santander
ZAMANILLO F., *Museo de Santander*, 1981.
Saragosse
BELTRÁN LLORIS A., *Museo de Zaragossa. Secciones de arqueologia y bellas artes*, Madrid, 1976.
Séville
HERNÁNDEZ DÍAZ J., *Museo provincial de Bellas Artes de Sevilla*, Madrid, 1967.
MOYA VALGANON G., *Nuevas adquisiciones y restauraciones*, Séville, 1971.
MORALES A.J., SANZ M.J., SERRERA J.M. et VALDIVIESO E., *Guía artistica de Sevilla y su provincia*, Séville, 1981.
VALDIVIESO E., *Catálogo de las pinturas de la catedral de Sevilla*, Séville, 1978.
VALDIVIESO E. et SERRERA J.M., *Catálogo de las pinturas del Palacio arzobispal de Sevilla*, Séville, 1979.
VALDIVIESO E. et SERRERA J.M., in *La catedral de Sevilla*, Séville, 1985.
Tarragone
BATTLE HUGUET P., *Las pinturas góticas de la catedral de Tarragona y de su museo diocesano*, Tarragone, 1952.
Tolède
GÓMEZ MORENO M.E., *La casa y el museo del Greco*, León, 1974.
REVUELTA TUBINO M., *Museo de Santa Cruz de Toledo, I, siglos XIV, XV, XVI*, Tolède, 1987.
Valence
SARALEGUI L., *El museo provincial de Bellas Artes de San Carlos. Tablas de la salas 1a y 2a de los primitivos valencianos*, Valence, 1954.
GARIN LLOMBART F.V., *Breve visita al museo de Bellas Artes de Valencia*, Valence, 1977.
ESPINOS DIAZ A., *Museo de Bellas Artes de Valencia. Catálogo de dibujos (siglo XVIII)*, Madrid, 1984.
CATALÁ GORGUES M.A., *Colección pictórica del Excmo. Ayuntamiento de Valencia*, I, Valence, 1981. II, 1983.
BARBERA A., *Museo arqueologico diocesano de Valencia*, Valence, 1923.
PÉREZ SÁNCHEZ A.E., *Museo del Patrarca. Catálogo de pinturas*, Valence, 1980.
Valladolid
GARCIA DE WATTENBERG E., *Museo nacional de Escultura. Seccion de Pintura*, Valladolid, 1969.
RODRIGUEZ VALENCIA V., *Museo diocesano y catedralicio*, Valladolid, 1965.

PAYS hors ESPAGNE

Barnard Castle
HELSTON M., *Catalogue of Spanish Paintings. The Bowes Museum*, Barnard Castle, 1988.
Baltimore
JOHNSTON W.R., *The 19 th Century Paintings in the Walters Art Gallery*, Baltimore, 1982.
Bayonne
DUCOURAU V., *le Musée Bonnat à Bayonne*, Paris, 1988.

Berlin
Catalogue of Paintings, Berlin-Dahlem, 1978.
Boston
MURPHY A.R., *European Paintings. Museum of Fine Arts*, Boston, 1985.
Bucarest
STELA RUSSU, *Catalogue of the Universal Art Gallery, II, Spanish Painting*, Bucarest, 1974.
Budapest
PIGLER A., *Katalog der Galerie Alter Meister*, Budapest, 1967.
HARASZTI-TAKACS M., *la Peinture espagnole des primitifs à Ribera*, Budapest, 1982.
Cambridge
GOODISON J.W. et SUTTON D., *Fitzwilliam Museum. Catalogue of Paintings, II, French, German, Spanish*, Cambridge, 1960.
Castagnola
BORGHERO G., *Coll. Thyssen-Bornemisza. Catalogue raisonné des œuvres exposées*, Castagnola, 1971.
Castres
AUGÉ J.L., *Petit Album des collections. Musée Goya*, Castres, 1989.
Chicago
MAXON J., *The Art Institute of Chicago*, Chicago, 1970.
Cincinnati
ROGERS M.F., *Spanish Paintings*, Cincinnati Art Museum, 1978.
Cleveland
European Paintings before 1500, Cleveland, 1974.
Dallas
JORDAN W.B., *The Meadows Museum. A Visitor's Guide*, Dall Soutern Methodist University, 1974.
Dresde
MARX H., *Spanische und Franzosische Gemalde in Gemaldegalerie Altemeister*, Dresde, 1982.
Dublin
MULCAHY R.M., *Spanish Paintings in the National Gallery of Ireland*, Dublin, 1988.
Dulwich
MURRAY P., *Dulwich Picture Gallery*, 1980.
Édimbourg
BRIGSTOCKE H., *Italian and Spanish Paintings in The National Gallery of Scotland*, Glasgow, 1978.
Fort Worth
Kimbell Art Museum. Handbook of the collection, Fort Worth, 1981.
Greenville
Bob Jones University Catalogue, Greenville, 1954.
Indianapolis
JANSON A.F., *Handbook of European and American Painting, Indianapolis museum of Art*, 1980.
Leningrad
Ermitage. Département d'art occidental. Catalogue I, Italie, Espagne, Suisse; 2ᵉ éd., Leningrad, 1976 (en russe).
KAGANÉ L., *la Peinture espagnole de l'Ermitage*, Leningrad, 1977 (en russe).
KAGANÉ L., *Murillo et les peintres andalous du XVIIᵉ siècle à l'Ermitage*, Leningrad, 1984 (en russe).
Liverpool
Walker Art Gallery. Foreign Catalogue, 1977.
Londres
MAC LAREN N. et BRAHAM A., *National Gallery Catalogue*, Londres, 1970.
INGAMELLS J., *The Wallace Collection. Catalogue of Pictures, I, British, German, Italian, Spanish*, Londres, 1985.
Los Angeles
WESCHER P., *A Catalogue of Italian, French and*

Spanish Paintings *XIV-XVIII th. Century*, Los Angeles, 1954.
Mexico
REYES RETANA G. de, *Guía oficial del museo de San Carlos*, Mexico.
Milan
MODIGLIANI E., *Catalogo della Pinacoteca di Brera*, Milan, 1974.
Munich
SOEHNER V.H., *Alte Pinakothek. Spanische Meister*, Munich, 1963.
New York
GUE TRAPIER E. du, *Catalogue of Paintings in the Collection of Hispanic Society of America*, New York, 1968. *The Frick Collection. Paintings II*, id., 1968.
Paris
BATICLE J., LACAMBRE G. et RESSORT C., in *Catalogue sommaire illustré des peintures du musée du Louvre*, II, Paris, 1981.
BESNARD-BERNADAC M.-L., RICHET M., SECKEL H. et MARCEILLAC L., *Catalogue sommaire illustré des collections du musée Picasso*, 2 vol., Paris 1985 et 1987.

Pasadena
Selected Paintings at The Norton Simon Museum, 1981.
Ponce
HELD J.S., *Paintings of the European and American Schools*, 1965.
Prague
KODALIK J., *Narodni Galerie*, Prague, 1984.
Raleigh
SULLIVAN E.J., *The North Carolina Museum of Art. Catalogue of Spanish Paintings*, 1986.
Reggio Emilia
PEREZ SANCHEZ A.E., *Dipinti della civica galleria Anna e Luigi Parmeggiani, Dipinti Spagnoli*, Reggio Emilia, 1969.
San Diego
MONGAN A.E., *European Paintings in the Timken Art Gallery. Fine Arts Gallery Catalogue*, 1960.
Stockholm
NORDENFALCK C., *Peintures et sculptures des écoles étrangères antérieures à l'école moderne*, Stockholm, 1958.
Washington
European Paintings. National Gallery, 1985.

PORTUGAL

I. Ouvrages généraux

ANACLETO R., *Neoclassicismo e romantismo, história da arte em Portugal*, vol. 10, Lisbonne, 1986.
Anos Quarenta. Arte portuguesa, catalogue tomes 1 et 2, Fundacão Calouste Gulbentrian, Lisbonne ; 1982
BARRADAS CALADO M.M., *Gregório Lopes. Revisão da obra do pintor régio e sua integraçao na corrente maneirista*, 2 vol., Lisbonne, faculté des lettres, 1973.
BOTTINEAU Y., *le Portugal et sa vocation maritime*, Paris, 1977.
CORREIA BARGES N., *Do barroco ao rococo, história da arte em Portugal*, vol. 9, Lisbonne, 1986.
DESWARTE S., *Les Enluminures de la Leitura nova, 1504-1552. Études sur la culture artistique au Portugal au temps de l'humanisme*, Paris, Fundaçao Calouste Gulbenkian, 1977.
DIAS P., *Álvaro Nogueira e a pintura maneirista de Coimbra*, 1977.
DIAS P., *Pintura maneirista de Coimbra* (catálogo), Coimbra, Museu nacional de Machado de Castro, 1983.
DIAS P., *O gótico, história da arte em Portugal*, vol. 4, Lisbonne, 1986.
DIAS P., *O manuelino, história da arte em Portugal*, vol. 5, Lisbonne, 1986.
DOS SANTOS R., *Oito séculos de arte portuguesa, históriae espírito*, Lisbonne, 1966-1970.
FRANCA J.A., *A arte em Portugal no século XIX*, Lisbonne, 1966-1967.
FRANCA J.A., *O romantismo em Portugal*, Lisbonne, 1974 ; éd. française, 1975.
FRANCA J.A., *Rafael Bordalo Pinheiro - O Português tal e qual*, Lisbonne, 1981.
FRANCA J.A., *O retrato na arte portuguesa*, Lisbonne, 1981.
GONZALVES F., *O retábulo de Sant'Iago*, Lisbonne, 1963.
GUSMAO A de, *Nuno Gonçalves*, Lisbonne, 1957.
JIRMOUNSKY M.M., *A pintura á sombra dos mosteiros*, Lisbonne, 1957.

JIRMOUNSKY M.M., *Escola do mestre do Sardoal*, Lisbonne, 1959.
MARKL D., *O renascimento, história da arte em Portugal*, vol. 6, Lisbonne, 1986.
MOURA C., *O limiar do barroco, história da arte em Portugal*, vol. 8, Lisbonne, 1987.
REIS SANTOS L., *O Mestre da Lourinhã*, Lisbonne, 1963.
REIS SANTOS L., *Jorge Afonso*, Lisbonne, 1963.
REIS SANTOS L., *Eduardo « O Porguguês »*, Lisbonne, 1966.
RIO-CARVALHO M., *Do romantismo ao fim do século, história da arte em Portugal* vol. II, Lisbonne, 1986.
SEGURADO J., *Francisco d'Holanda*, Lisbonne, 1970.
SERRAO V., *O maneirismo, história da arte em Portugal*, vol. 7, Lisbonne, 1986.
SMITH R.C., *The Art of Portugal 1500-1800*, New York, 1968.
VIEIRA SANTOS A., *Primitivos portugueses do Museu de Setubal*, Lisbonne, 1955.

II. Catalogues d'expositions

Pintura dos Mestres do Sardoval e de Abrantes, Lisbonne, Fundacao Calouste Gulbenkian, 1971.
Portuguese Discoveries and Renaissance Europe, exposition du Conseil de l'Europe, Lisbonne, 1983.
Artistas do grupo do Leão, Exposição do Centenário, Caldas da Rainha, museu de José Malhoa, 1982.
Cinquenenário da morte de José Malhoa, Caldas da Rainha, 1983.
Pintores de escola do Porto século XIX e XX, Lisbonne, Fundação Calouste Gulbenkian, 1983.
D.A. Sequeira 1821 (França), Paris, Fondation Calouste Gulbenkian, 1983.
Henrique Pousão, Lisbonne, Fundação de Casa de Bragança, 1984.
Josefa d'Obidos, (Serrao), Obidos, 1984.
Soleil et ombres, l'art portugais au XIXe siècle (França), Paris, Petit Palais, 1987.

Crédits photographiques

Aubin Imprimeur
LIGUGÉ, POITIERS

Photocomposition Maury Malesherbes
Dépôt légal octobre 1989
N° série éditeur 15299
N° d'imprimeur P 33072
Imprimé en France
(Printed in France) — 740016 octobre 1989